정신건강론

| 이순민 저 |

Mental Health

학지사

본 저술은 세종사이버대학교 출판지원사업으로
수행되었으며, 이에 감사드립니다.

머 | 리 | 말

보건복지부의 2011년도 '정신질환실태 역학조사'(조맹제 외, 2011)에 따르면, 전체 정신장애의 평생유병률은 2011년 28.1%로 우리나라 국민 100명 중 약 28명이 평생에 한 번쯤은 정신장애를 경험한다고 볼 수 있다. 우울증, 공포증, 강박장애, 섭식장애 등 주변이나 뉴스에서 정신장애에 대한 이야기를 듣는 것은 이제 드문 일이 아니다.

사회복지사도 정신장애를 갖고 있는 클라이언트와 실천 현장에서 함께 일할 기회가 많아졌다고 볼 수 있다. 사회복지사가 정신장애를 가진 클라이언트를 적절하게 돕기 위해서는 정신장애에 대한 이해와 관련 정신보건법 및 정책에 대한 지식이 있어야 한다. 이에 이 책은 정신보건 분야에 종사하고 있는 사회복지사뿐만 아니라, 사회복지를 실천하는 데 정신보건 분야의 지식을 필요로 하는 사회복지사, 그리고 예비 사회복지사에게 조금이나마 도움이 되었으면 하는 바람에서 만들어졌다. 이 책을 통해 예비 사회복지사나 사회복지실천 현장의 사회복지사가 정신장애를 갖고 있는 클라이언트와 함께 일할 때 적용할 수 있는 정신장애 관련 지식을 배우고, 정신장애를 갖고 있는 사람의 권익과 인권을 보장하는 사회복지적 개입 방법에 대해 논의할 수 있는 기회를 갖기 바란다. 또한 아직도 은연중에 사회에 자리 잡고 있는 정신장애를 갖고 있는 사람에 대한 편견이나 차별에 맞서서 실천할 수 있는 사회복지사로서의 가치관을 정립할 수 있기를 바란다.

2013년 5월에 정신장애의 분류체계로 가장 널리 사용되고 있는 『정신장애의 진단 및 통계 편람(*Diagnostic and Statistical Manual of Mental Disorders*)』의 다섯 번째 개정판인 DSM-5가 출간되었다. DSM-5는 정신장애를 20개의 주요 범주로 나누고, 이전 DSM-IV에서 사용했던 다축 진단체계 폐기 및 차원적 사정(dimensional classification) 도입 등 많은 부분이 변경되었다. 이에 이 책에서는 개정된 DSM-5의 분류체계를 반영하고, 정신장애에 관한 최신 연구 성과를 소개하고자 하였다. DSM-5의 새로운 정신장애 범주와 순서에 따라 이 책을 구성하였으며, 자폐 스펙트럼 장애나 저장장애, 표피박리 장애와 같이 명칭이 변경되거나 재범주화 또는 새로이 포함된 정신장애들을 모두 반영하였다.

이 책은 다음과 같이 구성되어 있다. 제1장에서 제4장까지는 정신건강의 개요에 해당하는 내용들을 다루고 있다. 제1장에서는 정신건강의 의미 및 정신장애의 관점이 어떻게 변천되어 왔는지를 다룬다. 제2장에서는 정신병리학의 개념과 정신의학적 증상들에는 무엇이 있는지를 살펴보고, 정신장애의 진단분류에 대해 소개한다. 제3장에서는 정신건강서비스의 발달과정과 정신보건사회복지의 개념 및 발달사를 고찰하였다. 제4장에서는 인간의 발달단계에 따라 나타날 수 있는 정신건강에 영향을 줄 수 있는 문제들과 정신장애들을 논의하였다.

제5장에서 제13장까지는 정신보건사회복지 분야에서 사회복지사들이 알아야 할 정신장애에 관한 내용들을 개정판인 DSM-5의 정신장애 범주와 순서에 따라 소개한다. 제5장 신경발달 장애에서는 지적 장애(지적 발달장애), 의사소통장애, 자폐 스펙트럼 장애, 특정 학습장애 및 주의력결핍 과잉행동 장애에 대해 다룬다. 제6장은 망상장애, 단기 정신증적 장애, 정신분열형 장애, 정신분열증, 분열정동장애를 포함하는 정신분열 스펙트럼 및 기타 정신병 장애에 대해 논의한다. 제7장은 양극성 장애 I, 양극성 장애 II, 순환성 장애를 포함하는 양극성 및 관련 장애를 다룬다. 제8장은 파괴적 기분 조절곤란 장애, 주요 우울장애, 지속적 우울장애(기분부전증), 월경전 불쾌장애와 같은 우울장애를 소개하였다. 제9장에서는 분리불안 장애, 선택적 함구증, 특정공포증, 사회불안 장애, 공황장애, 광장공포증, 범불안장애를 포함한 불안장애에 대해 알아본다. 제10장에서는 강박 및 관련 장애인 강박장애, 신체변형장애, 저장장애, 발모광, 표피박

리 장애(피부 뜯기 장애)에 대해 다룬다. 제11장에서는 파괴적, 충동조절 및 품행장애에 해당하는 반항장애, 간헐성 폭발장애, 품행장애, 반사회성 성격장애, 방화광, 병적 도벽에 대해 논의한다. 제12장은 물질 관련 및 중독 장애에 대한 것으로, 물질 관련 장애인 알코올 관련 장애와 비물질 관련 장애인 도박장애에 대해 다룬다. 제13장은 편집성 성격장애, 반사회성 성격장애, 회피성 성격장애 등 A, B, C군 성격장애들에 대해 살펴본다.

제14장과 제15장은 정신보건사회복지에서 실제로 실천할 때 필요할 수 있는 정신사회재활과 정신장애 관련 법 및 정책 등에 대해 다루고 있다. 제14장은 지역사회정신보건에서 특히 만성 정신장애인에게 필요한 정신사회재활에 대해 살펴본다. 제15장은 1995년에 제정된 「정신보건법」의 내용과 현재 추진되고 있는 「정신보건법」과 정책들을 중심으로 살펴보고, 정신장애인의 인권에 대해서 살펴본다.

이 책은 독자의 이해도를 높이기 위해 정신장애에 대한 관련 기사 및 사례를 담으려 노력하였다. 그리고 사회복지사가 실천하는 정신사회복지에 대한 내용도 포함시켰다. 하지만 시간의 촉박함으로 인해 정신장애에 대한 다양한 내용들을 심도 있게 다루지 못한 점이 아쉬움으로 남는다. 또한 전문 번역가가 아니기 때문에 개정된 DSM-5의 내용을 번역하는 과정에서 오역이나 미흡한 점이 많을 것이라고 생각한다. 번역이 매끄럽지 않거나 오역의 가능성이 있을 수 있는 표현에 대해서는 원어를 병기하였다. 그럼에도 미흡한 부분에 대해서는 독자 여러분의 애정 어린 관심과 조언을 부탁드린다.

끝으로, 이 책이 출판될 수 있도록 지원해 주신 학지사 김진환 사장님과 오랜 시간 원고를 기다려 주신 한승희 부장님 및 편집부 김선영 과장님께 감사드리며, 이 책을 쓰는 데 많은 힘이 되어 준 가족, 특히 정신적 힘이 되어 준 남편과 수빈, 그리고 치원이에게도 고마운 마음을 전한다.

2014년 1월

이순민

차 | 례

MENTAL HEALTH

제1장

정신건강의 의미 및 정신장애의 관점 변천

MENTAL

학습목표

- 정신건강의 의미와 관련 개념을 이해한다.
- 여러 기준에 따라 정상과 이상을 구분할 수 있다.
- 역사와 문화에 따라 정신장애의 관점이 변화해 온 과정을 설명할 수 있다.
- 이상행동의 원인과 치료에 대한 여러 이론들을 설명할 수 있다.

HEALTH

학습내용

- 정신건강의 의미
- 정상과 이상
- 정신위생, 정신질환 및 정신장애의 구분
- 정신장애인의 법적 정의
- 정신장애 관점의 역사적 변천
- 동양 및 우리나라의 정신장애에 대한 관점
- 이상행동의 원인과 치료

1. 정신건강의 의미

복잡하고 분절되어 있는 현대사회에서 많은 사람들은 우울증, 불안감, 스트레스, 자살 위기 등의 정신건강 문제를 겪고 있고, 개인의 행복한 삶을 위해 정신건강의 중요성이 강조되고 있다. 그렇다면, 정신건강이란 과연 무엇인가? 정신건강의 의미를 규정하는 것은 쉬운 일이 아니다. 정신건강의 의미를 살펴보기 전에 정신건강이 포함되는 더 넓은 개념인 건강에 대한 정의를 먼저 살펴볼 필요가 있다.

세계보건기구(World Health Organization, 2013)에 따르면, "건강이란 단순히 질병의 부재를 뜻하는 것이 아니라, 육체적으로나 정신적으로 또는 사회적으로 완전히 안녕(well-being)한 상태"를 말한다. 즉, 정신건강은 건강의 한 요소이며, 단순히 정신질환이 없는 상태를 말하는 것이 아니라 정신적으로 완전히 안녕한 상태라고 할 수 있다.

이와 비슷하게, 미국 의무국장(Surgeon General)의 1999년도 정신건강보고서(U.S. Department of Health and Human Services, 1999)는 "정신건강(mental health)은 정신적 기능의 성공적 수행 상태로, 생산적 활동을 수행하고, 다른 사람들과의 만족스러운 관계를 유지하고, 변화에 적응하고 역경에 대처할 수 있는 능력을 가진다."(p. 4)고 정의하고 있다.

이러한 정의들을 요약하면, 정신건강은 '일상적으로 단지 질병이 없고 신체에 이상이 없는 것'이라는 협의적 개념부터, '신체적 · 정신적 · 정서적 · 사회적 측면뿐만 아니라 가치적 · 윤리적 측면까지도 포함하여 개인의 전인적 능력을 주위 환경에 잘 적응시키면서 최대로 발휘할 수 있는 상태'라는 광의적 개념까지 포함한다고 할 수 있다.

따라서 정신건강을 위한 활동은 건강의 한 요소인 정신적 안녕에 직간접적으로 연관되어 있는 광범위한 분야의 활동들을 모두 포함한다. 즉, 정신적으로 건강하지 못한 상태의 사람 또는 정신질환을 갖고 있는 사람을 치료하고 재활하기 위한 노력과 같은 소극적인 정신건강 활동부터 개인이 최선의 기능을 발휘하고 정신적으로 건강한 상태, 즉 개인의 안녕을 유지하고 증진하는 적극적인 정신건강 활동까지(조대경, 이관용, 김기중, 1994)를 말한다.

2. 정상과 이상

정신의학에서 정상(normal)이란 정상적 규준(norm) 안에 들어가는 것이고, 이상(abnormal)은 정상적 규준에서 벗어난 행동을 말한다(송지영, 2009). 하지만 정상과 이상은 선을 긋듯이 명확하게 구분할 수 없다. 정상과 이상은 상대적 개념이며, 특히 변화무쌍한 정신건강의 상태에서 정상행동과 이상행동은 절대적이지 않다. 어떤 관점에서는 정상적인 행동이 다른 관점에서는 이상한 행동으로 간주되기도 한다. 또한 이상행동은 시대와 문화에 따라 정상행동으로 받아들여지기도 한다. 정상과 이상을 구분하는 기준으로는 통계적 관점, 사회적 규범의 관점, 주관적 불편감의 관점, 부적응성의 관점이 있다(Alloy, Riskind, & Manos, 2010).

1) 통계적 관점

통계적 관점은 인구학적 통계 기준이나 평균치를 기준으로 한 사람의 행동이 다른 많은 사람들의 평균 행동과 비교하여 매우 일탈되어 있을 때 이상행동이라고 규정한다. 즉, [그림 1-1]과 같은 종 모양의 좌우대칭형의 분포 형태를 보이는 정상분포곡선(normal distribution curve)에서 분포의 중앙인 평균으로부터 얼마나 이탈했는지의 정도를 정상과 이상을 구분하는 기준으로 본다. 가장 많은 사람들이 밀집되어 있는 보편적인 정신생활과 행동을 보이면 정상으로 간주하고, 평균에서 양방향으로 멀어지는 예외적 · 왜곡적 정신생활과 행동을 보이면 이상행동으로 간주한다. 하지만 감정이나 의지, 성격처럼 수량화하기 어려운 개념에 대한 통계적 평균을 정하는 것은 매우 어려우며, 평균을 정하는 데 개인의 사회적 · 문화적 환경의 영향을 받게 되는 가치 판단이 개입될 수 있다

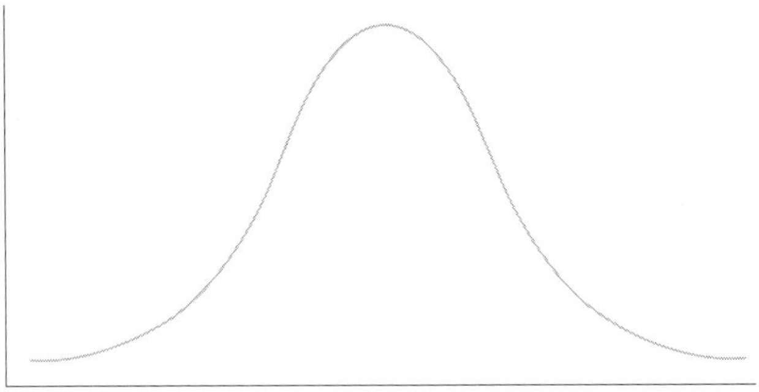

[그림 1-1] 정상분포곡선

는 한계점이 있다.

2) 사회적 규범의 관점

사회적 규범의 관점은 어떤 사회·문화권의 가치나 문화적 관점에서 받아들여지느냐에 따라 정상행동과 이상행동을 구분한다. 즉, 개인이 속한 사회의 규범을 어기고 일탈된 행동을 하는 경우를 이상행동이라고 규정한다. 그렇기 때문에 사회와 문화에 따라 정상으로 받아들여지는 기준이 다를 수 있다. 예를 들어, 한 10대 여성이 치장을 목적으로 흉터를 만들기 위해서 팔과 얼굴에 칼집을 낸다면, 우리나라에서는 병리적 자해로 볼 수 있다. 하지만 아프리카 문화에서는 정상적 관습에 따른 정상행동으로 보일 수도 있다(Alloy, Riskind, & Manos, 2010).

3) 주관적 불편감의 관점

주관적 불편감의 관점은 개인이 자신의 상태에 대해서 스스로 불편해하고 고통스러워할 때 비정상적이라고 규정하는 것이다. 예를 들어, 어떤 사람이 어머니를 병환으로 잃고 난 후에 심하게 우울해져서 잠을 잘 이룰 수 없고 식사도 제대로 할 수가 없다. 이것이 심리적 장애인지, 아니면 정상적인 슬픔에 대처하는 과정인지를 판단하는 것은 자신이 느끼는 주관적 불편감이 기준이 될 수 있다는 것이다. 어머니를 잃은 슬픔에 빠진 사람이 스스로 이 심리적 장애에 대해 대처할 수 있다고 느낀다면, 이상행동으로 분류되지 않을 수도 있다. 하지만 자신의 슬픔 때문에 큰 고통을 느끼고 치료가 필요하다고 느낀다면 이상행동으로 간주될 수 있다.

4) 부적응성의 관점

부적응성의 관점은 개인의 행동이 자신과 사회에 해로운 결과를 가져오고 사회적 · 학업적 · 직업적 생활의 부적응이 초래될 때 이를 이상행동으로 정의하는 것을 말한다. 예를 들어, 한 중년 남성이 잦은 음주와 폭주로 직장을 잃을 위험에 처하였다. 이러한 행동은 중년 남성 자신의 건강에 손상을 주며, 사회적 · 학업적 · 직업적 생활의 부적응이 초래되므로 이상행동으로 정의할 수 있다.

3. 정신위생, 정신질환 및 정신장애의 구분

정상행동과 이상행동을 구분하는 것이 단순 · 명확하지 않았던 것처럼, 정신장애(mental disorder)를 규정하는 것도 쉬운 일이 아니다. 정신장애는 단순히 병리학적 용어로 정의되는 것이 아니라, 시대와 사회 · 문화에 따라 의미가 변화하는 사회역사적 개념이기 때문이다(양옥경, 2006). 예를 들어, 사회규범적 관점에서 이상행동으로 구분했던 동성애(homosexualism)는 더 이상 정신장애로 구분되지 않으며, 멜랑콜리아(melancholia)나 히스테리아(hysteria)가 기분장애의 우울증(depression)과 전환장애(conversion disorder)로 변천된 것처럼 정신장애가 재명명되거나 재유형화되기도 한다(Cockerham, 1996). 이렇듯 정신장애가 재유형화되는 예시로는 『정신장애의 진단 및 통계 편람(*Diagnostic and Statistic Manual of Mental Disorders: DSM*)』 4판인 DSM-IV에서는 자폐증, 아스퍼거 증후군 그리고 비전형적 자폐증으로 구분되던 개별 진단들이 개정판인 DSM-5에서는 자폐 스펙트럼 장애라는 하나의 진단명으로 통합된 것을 들 수 있다.

정신장애는 정신위생과 정신질환 등 유사한 용어들과 혼용되기도 하는데, 이러한 유사 용어들과는 미묘한 개념의 차이가 존재한다. 첫째, 정신위생(mental hygiene)은 인간이 바라고 원하는 방향으로 하나의 목표가 어느 정도 달성된 이상적 상태를 일컫는 정신건강을 유지하기 위해 최적의 적응과 원만한 인간관계를 유지해 나가는 실천적 수단을 보다 강조(조대경 외, 1994)하는 용어다. 즉, 정신위생은 정신건강이라는 상태를 유지하기 위한 적극적이고 실천적인 자세라고 할 수 있다.

둘째, 정신질환(mental illness)은 질병의 개념을 강화한 용어로, 질병에 대한 적절한 치료를 강조한다. 정신질환은 정신병적(psychotic)이고 신경증적(neurotic)인 것을 모두 포함하는데, 정신병은 정신분열병 환자들이 보이는 환청 및 망상과 같은 기질적(organic)이거나 기능적(functional)인 증상(Kaplan, Sadock, & Greb, 1994)을 말하는 반면, 신경증은 우울 또는 불안의 증상을 주 특징으로 한다. 즉, 정신질환은 정신기능의 제 영역인 지능, 지각, 사고, 기억, 의식, 정동, 성격 등에서 병리학적 현상이 진행되는 것을 말한다.

적극적·실천적 면에 중점을 둔 정신위생과 병리적 면을 강조한 정신질환과는 달리, 정신장애(mental disorder)는 정신질환과 지적 장애의 개념을 포괄하는 광의적 개념이다. 즉, 정신장애는 타인과 상호적 관계를 맺는 데 문제를 안고 있는 정서적으로 건강치 못한 상태부터, 신체질환 또는 정신질환 및 그와 관련된 조건에 의해 영구적 또는 반영구적으로 정신의 제 영역에서 예상되는 발달을 하지 못하거나 질병 이전의 정신적 기능이 회복되지 못해 일상생활과 사회활동에 나타나는 기능이 저하된 상태까지를 모두 포함한다. 미국 의무국장(Surgeon General)은 1999년도 정신건강보고서(U.S. Department of Health and Human Services, 1999)에서 정신장애를 "고통 또는 손상된 기능에 연관되어, 생각, 기분 또는 행동 변질되는 것으로 특징지어지는 건강 상태(p. 5)."로 규정하고 있다. 『정신장애의 진단 및 통계 편람(DSM-5)』에서는 현저한 고통이나 주요 활동에서의 장애와 연관 지어 다음과 같이 정신장애를 규정하고 있다.

정신장애는 정신 기능의 기반이 되는 심리적, 생물학적 혹은 발달 과정에서의 역기능을 반영하는 개인의 인지, 정서 조절 혹은 행동에서의 임상적으로 현저한 장해(disturbance)를 특징으로 하는 증후다. 정신장애는 현저한 고통(distress)이나 사회적, 직업적 혹은 다른 중요한 활동에서의 장애(disability)와 보통 연관된다. 어떤 특정한 스트레스 요인이나 사랑하는 사람의 죽음과 같은 상실에 대한 예상되거나 문화적으로 허용되는 반응은 정신장애가 아니다. 일탈이나 갈등이 위에서 설명한 것처럼 개인의 역기능에서 기인한 것이 아니라면, 사회적으로 일탈한 행동(예: 정치적, 종교적 또는 성적)과 개인과 사회 간에 주로 나타나는 갈등은 정신장애가 아니다(American Psychiatric Association, 2013, p. 20).

이와 같은 정의를 정리하면, 정신장애는 '개인의 정신 또는 행동이 변화되어야 하고, 이러한 변화로 인해 행동적, 심리적 또는 생물적 기능장애가 나타나야 하며, 그 증후가 일반적으로 스트레스나 상실로 인해 예상되는 반응이거나 문화적으로 허용될 수 있는 범위의 반응이 아닌 상태'라고 할 수 있다.

4. 정신장애인의 법적 정의

우리나라에서 정신장애에 관련한 법으로는「정신보건법」과「장애인복지법」이 있다.「정신보건법」(2011. 8. 4. 개정)에서는 정신질환자를 "정신병(기질적 정신병 포함) · 인격장애 · 알코올 및 약물중독 기타 비정신병적 정신장애를 가진 자"로 정의하고 있다. 그리고「장애인복지법」제1장 제2조에서는 장애인을 "신체적 · 정신적 장애로 인하여 장기간에 걸쳐 일상생활 또는 사회생활에 상당한 제약을 받는 자"라고 정의하고 있으며, 생활을 곤란하게 하는 장애인의 범주를 신체적 장애(주요 외부 신체기능의 장애, 내부기관의 장애)와 정신적 장애(정신지체, 발달장애 또는 정신적 질환 등으로 발생하는 장애)로 구분한다. 즉, 정신적 장애를 장애인의 범주에 포함하고 있다.

하지만「정신보건법」은 2013년 5월부터 7월까지 입법예고를 통해 정신건강증진법으로 바뀔 예정이다. 정신건강증진법에서는 정신질환자의 범위를 "사고

장애, 기분장애, 망상, 환각 등 정신질환으로 인하여 독립적으로 일상생활을 영위하는 데 중대한 제약이 있는 사람" 으로 축소하였다. 이는 외래치료로 일상생활이 가능한 사람을 정신질환자의 범위에서 제외하는 것이다. 「정신보건법」에서는 환자 상태의 경중도를 고려하지 않고, 정신과 의사와 단순한 상담만을 한 사람도 정신질환자 범주에 포함되어, 보험 가입 및 직장 등에서 차별을 받는 문제가 있어 왔다. 이에 「정신건강증진법」에서는 정신질환자에 대해 입원치료 등이 요구되는 중증환자로 정의하여 그 범위를 대폭 축소하고자 한다.

또한 「장애인복지법 시행령」(2012. 5. 1. 개정)에 따른 정신건강과 관련한 장애인 분류에서는 정신장애와 관련하여 지적장애인, 자폐성장애인, 정신장애인으로 다음과 같이 구분하고 있다.

- 지적장애인: 정신 발육이 항구적으로 지체되어 지적 능력의 발달이 불충분하거나 불완전하고 자신의 일을 처리하는 것과 사회생활에 적응하는 것이 상당히 곤란한 사람
- 자폐성장애인: 소아기 자폐증, 비전형적 자폐증에 따른 언어 · 신체표현 · 자기조절 · 사회적응 기능 및 능력의 장애로 인하여 일상생활이나 사회생활에 상당한 제약을 받아 다른 사람의 도움이 필요한 사람
- 정신장애인: 지속적인 정신분열병, 분열형 정동장애(여러 현실 상황에서 부적절한 정서 반응을 보이는 장애), 양극성 정동장애 및 반복성 우울장애에 따른 감정조절 · 행동 · 사고 기능 및 능력의 장애로 인하여 일상생활이나 사회생활에 상당한 제약을 받아 다른 사람의 도움이 필요한 사람

〈읽을거리〉

우리나라 정신질환 실태 어떻길래 종합대책 나왔나

자살률 10만 명당 31.2명, OECD 국가 중 1위…자살 원인 1위는 정신적 문제

보건복지부가 정신질환자 범위를 축소하고 생애주기별로 건강검진을 실시하는 내용을 핵심으로 하는 정신건강증진종합대책을 내놓은 것은 '2011년 정신질환실태 역

학조사' 결과가 심각하다는 판단에서다.

조사결과에 따르면 18세 이상 성인 중 519만 명이 평생 한 번 이상 정신질환을 경험한 것으로 나타났다.

주요 정신질환 비율도 2006년 12.6%였지만 2011년 14.4%로 가파르게 증가했고 이 기간 동안 정신질환 추정자도 128만 명이 증가한 것으로 파악됐다.

우리나라 자살사망률은 세계 최고 수준이다. 2010년 자살률 10만 명당 31.2명은 OECD 국가 중 1위이고, 특히 10~30대 사망원인의 1위가 자살이다. 노인자살률 10만 명당 81.9명은 미국이나 일본 등 선진국에 비해 5~6배가량 높은 수치다.

정신질환과 자살 간에도 높은 상관관계가 있는 것으로 나타났다. 자살의 가장 큰 원인이 정신적 문제(29.5%)였고 그 다음이 질병(23.3%), 경제적 어려움(15.7%) 등이었다.

또 자살을 한 경우의 57%, 자살계획을 한 경우의 73.7%, 자살시도를 한 경우의 75.3%가 정신질환을 경험한 것으로 조사됐다.

사정이 이렇게 심각함에도 정신질환 경험자 중 정신과 전문의나 정신건강 전문가를 통해 상담 · 치료를 받은 비율은 15.3%에 불과했다. 미국 39.2%, 뉴질랜드 38.9% 등과 비교하면 절반에도 못 미치는 수치다…….

출처: CBS 노컷뉴스(2012. 6. 24.)에서 발췌

5. 정신장애 관점의 역사적 변천

정신장애의 원인을 보는 입장이나 정신장애인을 처우하고 치료하는 방법은 사회 및 시대에 따라 변천되어 왔다. 그럼에도 몇몇 관점들은 상당히 보편적으로 세계 각국의 역사에서 지속적으로 관찰되기도 하였다. 예를 들어, 이상행동을 악령이나 악마와 같은 초자연적이고 무속적인 현상으로 보는 신비적 관점은 선사시대부터 현대사회에까지 계속해서 존재하고 있다. 지속적으로 반복되는 또 다른 관점은 기질적 관점인데, 이는 신체의 특정한 기관이 결함으로 인해 제대로 기능하지 못해서 이상행동이 나타나는 것으로 본다. 또한 개인이 사고하고 느끼고 사회를 인식하는 방식이 부적절하기 때문에 이상행동이 나타난다고

보는 심리학적 견해도 역사적으로 반복되어 나타난다. 이러한 정신장애에 대한 시각은 그 당시의 사회적 가치와 정치제도 등을 반영한다. 그리고 정신장애를 어떤 의미를 두고 바라보느냐에 따라 정신장애인에 대한 치료와 처우가 달라진다. 신비적 관점에서는 귀신 쫓기(exorcism), 주술 등을 통해 이상행동을 치료하려 하였다. 기질적 관점에 의해서는 두개골에 구멍을 뚫는 천공술(trephination)을 통해 정신장애를 치료하려고 했다는 증거가 발견되었으나, 그 의미를 명확하게 이해하기에는 어려움이 있다. 심리학적 견해에서는 이상행동을 보이는 개인이 자신의 사고를 탐색하고 부적절한 행동을 수정할 수 있도록 도움으로써 치료하고 있다(Sarason & Sarason, 2001). 이 단락에서는 사라손과 사라손(2001)이 나열한 정신장애에 대한 역사적 견해를 바탕으로, 각 시대별로 정신장애에 대한 관점이 어떻게 달라져 왔는지 서구를 중심으로 알아보고자 한다.

1) 고대

기원전 800년 전, 고대 그리스에서 정신장애는 처음에는 신성모독에 대한 벌로 해석되었다. 그렇기 때문에 치료의 신인 아스클레피우스(Asclepius)의 신전에서 정신장애를 가진 사람들의 치료가 이루어졌다. 그 이후에는 정신질환이나 이상행동을 신화적 현상이 아니라, 좀 더 자연적 현상으로 보기 시작한 관점이 나타났다. 히포크라테스(Hippocrates, 460~377 B.C.)는 간질발작과 같은 사람들의 이상행동이 뇌의 질병에서 비롯된다고 보았고, 이를 치료하기 위해 휴식, 목욕, 식이요법 등을 행해야 한다고 보았다. 그리스 철학자인 소크라테스(Socrates, 470~339 B.C.)와 플라톤(Plato, 427~347 B.C.)은 이성능력을 적응적 행동의 기본으로 간주하는 심리학적 입장을 취했다. 소크라테스는 질문을 통한 자기탐색과 이성적 추론을 함으로써 행복한 삶을 얻을 수 있다고 보았다. 플라톤은 유기체적 관점을 발전시켜 행동을 개인의 심리학적 과정의 전반적 표현으로 보았다. 플라톤은 정신장애 행동을 이성과 감정 사이의 내적 갈등으로부터 나타나는 것으로 여기고, 정신질환자를 지역사회에서 격리시켜야 한다고 보았다. 로마의 내과 의사인 갈렌(Galen, A.D. 130~200)은 혈액(blood), 흑담즙(black bile), 황담즙(yellow bile), 점액질(phlegm)의 네 가지 체액들 간의 불균형으로 인해 다양한 장애가 나타난다고 믿었다. 그리고 개인의 심리학적 특징은 이 네 가지 체액의 균형 상태에 의해서 영향을 받는 신체과정의 표현이라고 주장하였다. 이러한 고대의 철학자 및 의사의 정신장애에 대한 기질적 · 심리적 접근은 현재까지도 계속해서 영향을 준다.

2) 중세

중세에는 정신질환에 대해 미신적 믿음을 갖는 견해와 정신장애인에 대한 보호를 주장한 견해라는 두 대조적인 견해가 존재하였다. 신학자이자 철학가인 성 어거스틴(St. Augustine, A.D. 354~430)은 개인의 정서적 삶을 내성하고 자신의 사고에 대해 탐색하는 정신과정을 논의함으로써, 현대 정신역동이론의 기반을 닦는 데 일조하였다. 하지만 이러한 시도는 교회의 영향력이 커지면서 중세 후기에는 지속되지 못하였고, 의술의 목적이나 다양한 상황에 대한 치료 방법 등의 의료 행위가 교회에 의해 통제되었다. 교회의 권위자는 정신질환자를 악마의 대리인 또는 마녀라고 생각하고 이들을 박해하였다. 같은 시기에 스페인의 의사 파라켈수스(Paracelsus, 1493~1541)와 의사이자 심리학자인 후안 우아르테(Juan Huarte, 1530~1589)는 이런 미신적 믿음에 대해 비판하였다. 그리고 영국에서는 '자연적 우둔자(natural fool)'나 '정신이 온전하지 못한 사람(persons noncompos mentis)'이라고 불리던 두 범주의 정신질환자들을 보호가 필요하다고 보고 국가 차원에서 이들을 보호하려 하였다.

3) 르네상스

15세기 후반과 16세기에는 교육이 증가되었음에도 불구하고, 마녀가 여전히 박해받았다. 그러나 네덜란드의 의사였던 요한 바이어(Johann Weyer, 1515~1576)는 와해된 대인관계와 심리적 갈등이 정신장애의 원인이 된다고 강조하면서, 종교적 박해보다는 정신질환자에 대한 임상적 치료를 해야 한다고 주장했다. 바이어는 정신질환을 가진 사람에 대한 신중한 심리검사를 바탕으로 망상, 간질, 정신증, 우울증, 지속적인 악몽과 같은 이상행동을 기술하였으며, 신학으로부터 정신장애의 치료를 분리하는 밑바탕을 마련하였다.

4) 이성의 시대와 계몽운동

17세기와 18세기에는 과학적인 지식이 증가하여, 이전 시대의 신앙과 교리에 바탕을 둔 접근과는 다르게, 과학자와 철학자는 인간 존재의 주관적 경험에 초점을 맞추어 인간의 감정과 동기에 접근하였다. 스피노자(Spinoza, 1632~1677)는 육체와 마음을 분리할 수 없다고 보았으며, 정서나 사고, 삶에서의 욕구의 역할에 대해 저술했고, 행동에 영향을 미치는 무의식적 기제들을 언급하였다. 영국의 의사인 하비(William Harvey, 1578~1657)도 생명의 생리학적 측면과 심리학적 측면의 관계에 대해서 저술했다. 옥스퍼드 대학교에서 신학을 가르치던 버튼(Robert Burton, 1577~1640) 교수는 『우울의 해부(*The Anatomy of Melancholy*)』에서 우울증을 심리학적 시각에서 기술하고 분석했다.

이러한 이상행동에 대한 심리적·신체적 관점은 악마나 초자연적 힘이 이상행동의 원인이 된다는 생각을 거부하였고, 이에 따라 18세기 말에는 합리주의에 대한 몰입, 과학적 관찰, 정신질환자에 대한 인간적 치료 등이 나타나게 되었다.

17세기 후반부터 19세기까지 체형, 특히 얼굴을 보고 개인의 특성과 성격과 감정을 판단하는 관상술, 신체 외관으로 성격을 판단하는 기술, 그리고 정신적 능력을 두개골의 굴곡으로 알 수 있다고 보는 골상학 등이 대두되었다. 이와 함께, 빈의 의사인 메즈머(Franz Anton Mesmer, 1734~1815)는 체내에 흐르는 자기유동체를 작용하면 모든 질병을 치료하고 예방할 수 있다고 보는 동물자기론(animal magnetism)을 주장하였으며, 정신질환자의 치료에 최면술을 사용하기도 하였다. 메즈머는 궁극적으로 정신질환자의 자기암시를 통해 치료 효과를 보는 임상 기법에 기여하였다.

5) 개혁운동

18세기의 정신장애에 대한 과학적 관점은 19세기의 정신장애자의 고통에 대해 인도적 개혁운동의 기초가 되었다. 프랑스의 피넬(Philippe Pinel, 1745~1826)

은 정신장애자에게 인간적 보살핌과 치료가 필요하다고 믿었고, 쇠사슬을 없애고, 환자를 잔인하게 다루는 것을 금지하는 도덕적 치료를 개발하였다. 도덕적 치료는 환자를 통제하고 재활하도록 하는 것을 목적으로, 규칙적 습관을 갖도록 격려하고, 최소한의 제한을 두고 친절하게 치료하고자 하였다. 병원의 감독자는 설득하고 격려하는 지도자로서의 역할을 하며, 조용하고 즐거운 환경, 장애의 정도에 따라 분리된 수용시설, 적절한 식사, 약간의 약물치료, 그리고 조직화된 신체적 · 정신적 활동 등을 통해 정신장애자를 치료하였다. 피넬의 도덕적 치료에 의해 정신질환자에 대한 보다 인간적인 치료를 향한 운동이 시작되었다.

영국에서는 1815년 하원 의회가 영국의 정신병원을 조사할 것을 요구하기도 하였다. 조사된 정신병원들 중에서 특히 런던 베들레헴의 성 메리 병원의 환자들이 처한 혹독한 상태가 폭로된 이후 전면 조사가 실시되었고, 이에 따라 정신질환자를 위한 계몽적인 법률 제정에 대한 요구가 더욱더 높아졌다.

미국 정신의학의 창시자인 러시(Benjamin Rush, 1745~1813)는 정신질환은 뇌혈관의 충혈 때문에 생긴다고 믿었고, 출혈시키기, 정화, 물 치료와 같은 치료 방법을 통해 뇌혈관의 압력을 줄여 정신질환을 치료하려 하였다. 딕스(Dorothea Dix, 1802~1887)는 미국에 정신질환자를 위한 인간적 치료와 시설이 없다는 것에 분개하고, 정신질환자를 위한 기관을 개혁하는 데 앞장섰다. 딕스에 의해 32개의 정신병원이 세워졌으며, 인도주의적 치료운동이 시작되었다. 그리고 비어스(Clifford Beers, 1876~1943)는 정신질환자였던 자신의 경험을 바탕으로 하여 정신질환자의 인간적 치료뿐만 아니라 정신질환을 예방하는 것을 목적으로 한 정신위생운동을 벌였다.

19세기 초반에는 이전의 이성적이고 과학적인 사고의 관점에 반발하여 비이성적인 사고를 강조하는 관점이 나타났다. 독일의 정신과 의사인 하인로스(Johann Christian Heinroth, 1773~1843)는 정신질환을 수용할 수 없는 충동과 그러한 충동들이 유발한 죄책감 사이의 내적 갈등의 결과라고 보았다. 하인로스는 인간의 전반적인 내면생활, 심리적 스트레스, 관찰할 수 있는 행동의 바탕이 된 긴장 등 심리적 요인에 대해 기술하고자 하였고, 이는 이상행동에 대한 정확한 관찰과 기술이 요구되는 이성주의자의 관점과는 대조되었다. 100년 후에, 하인로스와 마찬가지로, 프로이트(Sigmund Freud, 1856~1939) 역시 정신장애의 원인으로 심리학적 요인을 찾았다. 프로이트는 무의식적 수준에서 충돌이 나타나며, 이러한 갈등을 의식하는 것이 곧 불안을 이해하고 해소하는 방법이자 부적응적 행동을 치료하는 방법이라고 보았다.

이러한 심리학적 접근과는 달리, 이상행동에 대한 생리학적 요인에 대한 관점이 나타나기 시작했다. 독일의 정신과 의사인 그리징거(Wilhelm Griesinger, 1817~1868)는 인도주의적 치료를 옹호하고, 인간 갈등에 대해 민감하게 관찰하였지만, 이상행동은 심리적 요인보다는 기질적 요인에 의한 것이라고 믿었다. 그리징거는 정신질환이 뇌 기능의 장애에서 비롯되는 것이라고 주장하였고, 이 관점을 바탕으로 독일의 정신학자인 크레펠린(Emil Kraepelin, 1856~1926)은 입원이 필요한 심각한 장애의 분류체계를 구축하였다. 특히, 크레펠린은 장애인 조발성 치매(dementia praecox)와 조울증(manic-depressive psychosis)을 구별하였고, 이 두 장애는 특정한 기관과 연관된 질병이라고 믿었다.

19세기 말에는 심리학적 접근과 기질적 접근을 통합하고자 하는 새로운 입장이 나타났다. 프랑스의 신경학자인 샤르코(Jean Martin Charcot, 1825~1893)는 기관의 결함이 정신장애의 원인이 된다고 기질적 관점을 갖고 있었으나, 환자를 연구하고 치료하는 데는 심리학적 접근을 사용하였다. 샤르코는 심리상태가 신경증의 증상과 관련이 있다고 보고, 신경증 환자를 치료하기 위해 최면과 암시를 사용하였다. 샤르코의 제자인 자네(Pierre Janet, 1859~1947)는 샤르코의 접근 방법을 바탕으로, 환자의 증상이 발달 초기에 경험했던 불쾌한 사건과 관련된 강한 느낌을 표현함으로써 감소된다는 것을 발견했다. 샤르코와 자네는 심리적 원인이 많은 행동장애에 중요한 역할을 한다는 것을 강조했을 뿐만 아니라, 정신장애의 범주에 심각한 정신질환뿐만 아니라 미약한 부적응적 행동도 포함시켰다.

6. 동양 및 우리나라의 정신장애에 대한 관점

서양과는 달리, 동양에서는 정신장애를 질환과 질병 개념의 토대가 아닌 그때마다의 정신생리적 상태의 단면인 증세를 진단하였다. 동양 전통의학에서는 정신병리 현상을 병태생리와 체질적 조건, 신체 상태와 밀접한 관련이 있다고 보았다. 동양의학은 밖으로 드러나지는 않으나 안에서 진행된 마음의 변화나 질병과정에 대해서도 통찰하였으며, 여러 병이 동시에 나타난다는 개념이 일찍부터 있어 왔다(이부영, 2001).

전통의학에서는 심신동시론적 질병 개념을 갖고 있다. 즉, 정신장애와 신체장애를 뚜렷이 구분하지 않으며, 정신장애를 음(陰)과 양(陽)의 조화의 문제로 보았다(양옥경, 2006). 양(陽)이 음(陰)보다 넘치는 것을 광(狂), 즉 정신장애로 보았다. 중국의 『황제내경』에서는 오늘날의 간질과 유사한 증후를 보이며, 정신적 침체, 위축을 특징으로 하는 정신이상 상태를 전(癲)이라 기재하였다. 반면, 조증, 망상과 환각을 수반한 정신분열증의 긴장성 흥분상태와 열성 섬망을 포함한 기질적 정신병적 증후를 보이는 경우에는 광(狂)이라 진단했다. 하지만 정신의 흐림, 위축 등의 증후를 가진 전(癲)과 흥분의 특징을 가진 광(狂)은 다른 증후이면서도 서로 공존하거나 이행할 수 있는 것으로 보았다(이부영, 2001).

조선시대인 1611년에 집필한 『동의보감』에서는 중국의 『황제내경』과 『난경』 등을 인용하여 정신장애를 전광(癲狂) 또는 노광(怒狂)이라 부르고, 이미 고대부터 사용하던 울금환(鬱金丸), 통설산(通泄散), 진사산(辰砂散), 삼성산(三聖散) 등의 약을 먹이는 것을 치료 방법으로 소개하였다. 조선시대 말인 1885년 최초로 서양의학식 병원인 광혜원이 왕립병원으로 설립되었다. 1899년에는 현 서울대학교 의과대학의 전신인 관립 경성의학교가 설립되었으나, 정신의학교육은 1901년 이후에나 일본인과 서양 선교사에 의해 실시되었다(양옥경, 2006).

7. 이상행동의 원인과 치료

개인에게 정신장애나 이상행동이 나타나는 원인은 무엇인가? 가족 중에 정신질환의 유전적 요인이 있기 때문인가? 단순히 스트레스를 많이 받아 생긴 불안증세 때문인가? 개인이 가진 자원이나 스트레스 대처기술이 적절하지 않기 때문인가? 아니면 가족과의 갈등 관계 때문인가?

정신장애는 여러 가지 원인에 의해 영향을 받을 것이며, 정확한 원인이 무엇인지를 판단하기는 매우 어렵다. 동일한 상황이나 사건에 대해서도 사람들은 서로 다른 반응과 행동을 한다. 예를 들어, 사랑하는 연인과 헤어지는 경우 어떤 사람은 쉽게 극복하는 반면, 다른 사람은 심한 우울증상을 보이기도 한다. 이렇게 특정 사람은 정신장애에 더 취약한 소인이나 기질적 · 심리적 · 사회문화적 원인을 갖고 있을 수도 있다.

정신질환이나 이상행동에 영향을 미치는 요인으로 여섯 가지 모형, 즉 ① 신체과정의 역할을 강조하는 생물학적 모형, ② 개인 내부의 불안과 무의식적 내적 갈등의 역할을 강조하는 정신분석학적 모형, ③ 이상행동이 환경 속에서 어떻게 학습되는지를 연구하는 행동주의적 모형, ④ 자아실현을 이루는 과정에서의 자유를 강조하는 인본주의적 모형, ⑤ 사회적 관계 및 사회문화적 조건이 부적응 행동에 미치는 영향을 연구하는 사회문화적 모형, 그리고 ⑥ 잘못된 사고와 신념이 이상행동을 유발한다고 보는 인지적 모형 등이 있다(Sarason & Sarason, 2001).

1) 생물학적 모형

생물학적 모형은 생리학적 모형, 의학적 모형 또는 질병모형으로도 불린다. 생물학적 모형은 생물학적 요소가 정신장애에 영향을 미친다고 본다. 예를 들어, 영구적 손상을 일으킬 수 있는 선천적 결함, 병균 감염으로 인한 결함이나 고열 또는 개인 내부 또는 외부 환경의 영향으로 뇌 조직의 손상이나 침해가 정신장애의 원인이라 설명한다. 즉, 신체적 병과 마찬가지로, 이상행동 역시 유전적 영향, 대뇌 및 신경계, 내분비선 등의 영향으로 인한 신체구조 혹은 기능의 장애로 인해 나타난다는 것이다.

• 유전적 영향

정신분열증, 우울증, 정신지체 등의 다양한 정신장애에 유전적 요소가 영향을 미친다고 본다(Sarason & Sarason, 2001). 또는 다운증후군은 염색체 이상으로 나타난다. 하지만 개인이 특정 질환을 유발할 수 있는 유전자를 가지고 있다고 해도 정신장애가 발생하지 않고 가벼운 증상만 나타날 수도 있다. 유전적 요인은 다른 환경적 요인과 상호작용하여 정신장애 발생에 영향을 주기 때문이다. 예를 들어, 정신분열증의 유전 소인을 갖고 있는 사람이더라도 극심한 스트레스를 받지 않는 환경에서 스트레스에 대한 적절한 방어기제를 갖고 있다면, 정신분열증이 나타날 가능성이 낮아질 것이다.

◦ 뇌 구조 및 기능의 이상

많은 이상행동들이 뇌의 구조와 관련되어 있기 때문에, 뇌의 해부학에 대한 지식은 정신질환을 이해하는 데 중요하다. 뇌 피지의 외부 표면에는 많은 열과 능이 있는데, 종열은 중앙을 따라 뇌를 두 반구로 나눌 수 있다. 각 반구에는 상이한 기능을 하는 4개의 엽이 있다. 조절 구조에는 시상하부와 변연계, 시상, 기저핵, 소뇌, 그리고 뇌교, 연수, 망상체 활성계를 포함하는 구조인 뇌간이 있다. 심리적 장애는 이런 구조들의 기능장애로 야기되는 것으로 보인다. 예를 들어, 만성정신분열증 환자는 전두엽피질, 해마 앞부분, 편도핵 등의 구조가 위축되어 있다.

◦ 신경생화학적 영향

뇌와 척수로 구성된 중추신경계는 정보를 처리하고, 전달하고, 저장함으로써 행동을 통제한다. 신경전달물질이 두 개의 신경원 혹은 신경세포 사이의 시냅스를 지나 신경충격의 전달을 조절하는데, 이런 신경전달물질로는 아세틸콜린, 도파민, 엔케파린, 노르에피네프린, 세로토닌 등이 있다. 신경전달물질인 노르에피네프린, 세로토닌, 도파민의 과다 혹은 결핍으로 정신장애가 나타난다고 본다.

예를 들어, 세로토닌은 의지적 행동을 할 때 운동기능을 조절하는 기능과 관련되어 있다고 알려져 있다. 세로토닌이 아주 낮은 경우에는 충동억제력이 감소하고, 상황에 대해 지나친 반응, 불안정성, 충동적 성행동 혹은 과식, 공격적 행동과 같은 행동 변화를 유발하기 쉽다. 노르에피네프린은 스트레스나 위급 상황 시에 부신선에서 분비되는 물질로 자율신경계에서 심장박동률과 혈압의 증가와 같은 반응을 조절하며, 공포장애, 공황장애와 관련이 있는 것으로 알려져 있다. 도파민은 모험적이고 즐거움을 추구하는 경향과 관련이 있으며, 파킨슨병이나 정신분열증과 관계가 있는 것으로 보인다(Alloy, Riskind, & Manos, 2010).

(1) 치료

생물학적 모형에서는 물리적 수단을 통해서 치료하는 약물치료, 전기충격치료, 뇌 수술 등으로 정신장애를 치료한다. 신경전달물질의 불균형을 바로잡기 위해 신경전달물질의 활동을 억제하거나 강화하는 약물치료는 이상행동의 생물학적 치료제로 가장 널리 사용되고 있다. 약물의 종류로는 항불안제, 진정 또는 최면제, 항정신병 약물, 항울제, 항조증 또는 기분안정제 등이 있다. 뇌의 구조와 심리적 기능 사이의 관계에 관한 연구를 위해 뇌전도(EEG), 뇌자기도(MEG), 양전자방출단층촬영도(PET), 컴퓨터 단층촬영도(CT) 그리고 자기공명상(MRI) 등이 이용되고 있다. 기질적 뇌 장애가 없이 나타나는 이상행동을 줄이기 위해서 뇌 수술이 정신외과에서 시행된다. 전전두엽 절제술(lobotomy)은 더 이상 시행되지 않으나, 대상절개 수술과 정위 하미상부 신경로 절개술(stereotactic subcaudate tractotomy) 등의 수술은 시행되고 있다.

(2) 비판 및 긍정적 효과

생물학적 모형에 대한 비판으로는 정신장애가 신경체계의 특정한 화학적 이상과 같이 단순히 병리적 요인들에 근거하지 않는다는 비판이 있다. 생물학적 모형을 강조하다 보면 심리치료나 상담을 소홀히 할 수 있으며, 뇌 수술에 따른

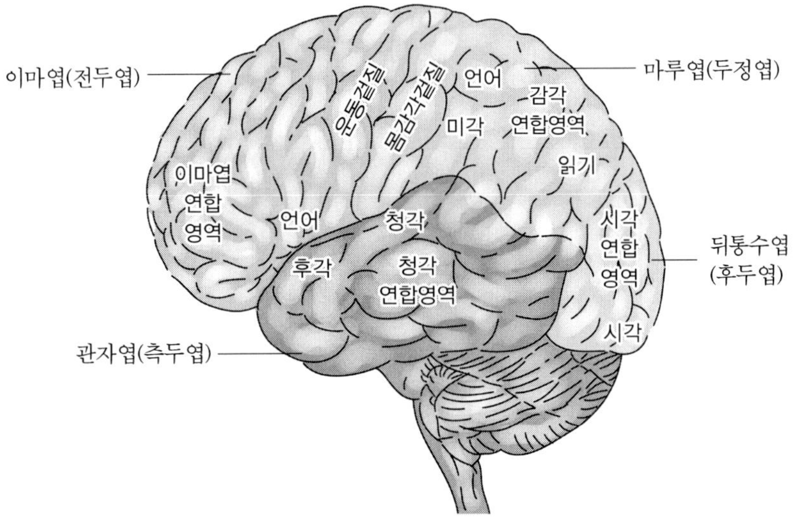

[그림 1-2] 대뇌의 구조

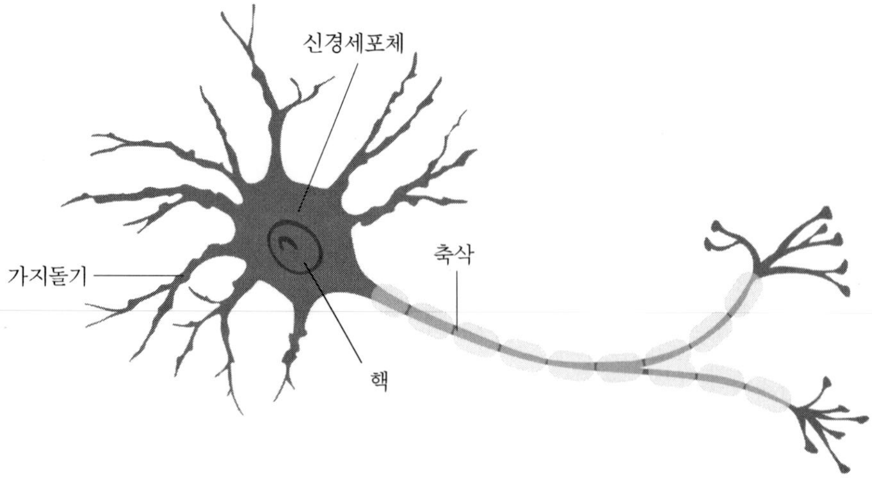

[그림 1-3] 신경세포

부작용과 같은 윤리적인 문제가 제기될 수 있다. 생화학적 이상이나 신경조직이 정신장애와 연관되어 있다 하더라도 이것이 정신장애를 일으키는 원인이라고 단정할 수 없으며, 아직 밝혀지지 않은 부분도 많다. 하지만 생물학적 모형은 약물치료의 근거를 제공하고 과학적 연구를 추구한다는 점에서 정신질환자 치료에 긍정적 효과를 가지고 왔다.

2) 정신분석학적 모형

정신분석학적 모형은 사고와 정서를 행동의 주요한 원인으로 보고, 이상행동의 원인을 개인 내부의 무의식적 갈등에서 찾고 있다. 이상행동을 이해하기 위해서는 이상행동과 연관된 생각을 분석해야 하고, 내면 깊은 곳에 있는 정서와 감정을 탐색해야 한다는 것이다. 특히, 정신분석학적 모형은 지나온 과거의 발달과정에서 경험한 것에 의해 인간의 정신활동이 결정된다고 보는데, 유아기의 부모와의 관계, 또는 아동기의 정서적 경험을 중시하였다.

정신분석학적 모형을 대표하는 학자로는 프로이트와 에릭슨이 있다.

- **프로이트**(Sigmund Freud, 1856~1939)**의 정신분석이론**

정신분석이론은 심리적 원인을 주장하는 대표적 이론이며, 인간의 마음은 사고, 감정, 본능, 충동, 갈등, 동기로 채워져 있다고 보았다. 이러한 정신적 사건들의 대부분은 정신의 가장 깊은 곳에 위치해 있는 무의식(unconscious) 혹은 현재는 의식하지 못하지만 조금만 노력하면 이용 가능한 전의식(preconscious)에 위치한다. 전의식은 의식(conscious)의 영역으로 쉽게 바뀔 수 있지만, 무의식은 의식의 영역으로 바뀌기가 어렵다. 개인의 성격구조는 원초아, 자아, 초자아의 상호 영향을 받는다. 이때, 즉각적이고 본능적인 욕구나 충동인 원초아(id), 원초아의 욕구를 현실적인 방법으로 충족시키려고 하는 자아(ego), 옳고 그른 것을 결정하며 도덕적 기준에 따라 행동하는 초자아(superego) 사이의 균형이 깨지거나 심한 위협이 있어 적응하기 어려운 상태를 심리적 장애라고 본다.

프로이트는 지각된 위협이나 스트레스에 대한 반응으로 불안이 나타난다고 보았다. 불안은 개인에게 강한 무의식적 갈등이나 받아들일 수 없는 소망과 같은 위험이 있을 때 나타나며, 이러한 불안을 다스리지 못하게 되면 자아는 무의식적 방어에 착수하게 된다. 어떤 사람이든 위험이나 무의식적 갈등을 경험하는 상황에서, 하나 또는 그 이상의 방어기제를 사용하게 된다.

방어기제(defense mechanism)는 스트레스를 주는 상황을 왜곡하여 자신을 속이는 방법으로 불안, 갈등, 좌절 등을 감소시키는 역할을 하며, 무의식적으로 자기 자신을 기만하는 과정으로 현재 처한 괴로운 문제에서 발생하는 불안을 감소시키는 데 일시적으로 도움을 준다. 〈표 1-1〉은 방어기제의 종류와 역할을 보여 주고 있다.

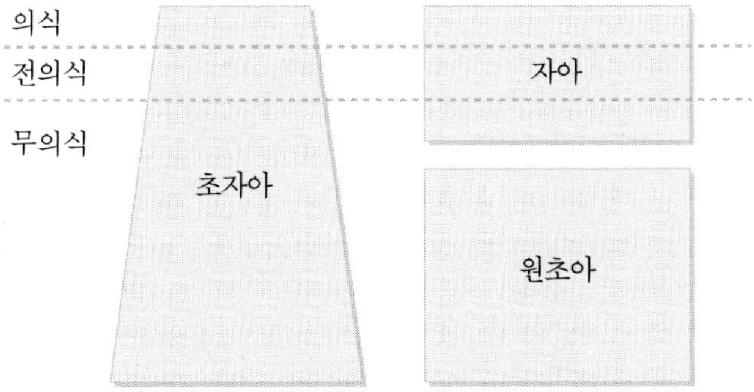

[그림 1-4] 프로이트의 성격구조와 의식구조

표 1-1 방어기제의 종류와 역할

종류	역할
억압 (repression)	의식에서 용납하기 어려운 생각, 욕망, 충동 등을 무의식 속에 머물도록 눌러 놓는 것 (예시: 학대를 경험한 아동이 성장한 이후에 그 사실 자체를 망각하는 것)
부정 (denial)	의식화하기에는 고통스럽거나 위협적인 어떤 생각, 욕구, 충동, 현실 등을 받아들이기 두려울 때, 그 상황의 존재를 무의식적으로 부정함으로써 불안으로부터 자신을 방어하는 것 (예시: 불치병 선고를 받은 환자가 의사의 오진이라고 주장하는 것)
합리화 (rationalization)	자기보호와 체면의 유지를 위해 자신의 언행 속에 숨어 있는 용납하기 힘든 충동이나 욕구에 대해 무의식적으로 사회적으로 그럴 듯한 설명이나 이유를 대는 것 (예시: 어떤 목표를 달성하려 했으나 실패한 사람이 자신이 처음부터 그 목표를 원하지 않았다고 변명하는 것, 자기가 현재 가지고 있는 것이야말로 바로 자신이 진정 원하던 것이라고 스스로 믿는 것)
투사 (projection)	자신의 용납할 수 없는 억압된 동기, 생각 및 감정을 다른 사람이 이러한 충동, 생각, 행동을 느끼거나 행한다고 믿는 것 (예시: 바람을 피우고 싶은 욕구가 강한 경우에 그것을 오히려 배우자에게 뒤집어씌움으로써 배우자가 부정하다고 의심하고 불평하는 것)
동일시 (identification)	부모, 형, 주위의 우월하다고 생각되는 사람의 가치와 행동을 닮는 것으로, 자신의 무능력이나 나약함을 회피하는 것 (예시: 직업적으로 성공하지 못한 동생이 형의 직업적 성공을 마치 자신이 한 것처럼 느끼면서 형과 동일시하거나 더 큰 우월감을 느끼는 것)
반동 형성 (reaction formation)	무의식 속의 받아들여질 수 없는 생각, 욕구, 충동 등을 반대되는 생각이나 감정으로 과장되게 표현함으로써 본래 자신이 가지고 있는 생각이나 감정을 은폐시키는 것 (예시: 남편과 다른 여자의 사이에서 태어난 아이를 키우면서 과잉보호하는 것)
전위 (displacement)	어떤 사람이나 대상에 대한 억압된 충동이나 감정을, 어떤 감정을 표현해도 덜 위협적인 다른 대상에게 대체하여 표현하는 것 (예시: 아버지에게 혼이 난 후에 힘이 약한 친구에게 화풀이하는 것)
승화 (sublimation)	본능적 에너지, 특히 억압된 성적·공격적 충동이나 감정을 개인적으로나 사회적으로 용납되는 형태로 유용하게 돌려쓰는 것으로 건전하고 적절한 방어기제 (예시: 강한 공격적 욕구를 가진 사람이 권투선수가 되는 것)

(계속)

퇴행 (regression)	심한 스트레스나 욕구 좌절을 경험했을 때, 현재의 발달단계보다 더 어린 시절의 발달단계로 후퇴하는 것 (예시: 동생이 태어나자 큰 아이가 갑자기 아기처럼 행동하는 것)
백일몽 (daydreaming)	마음속에서 유쾌한 일을 상상함으로써 불만족한 현실이나 불쾌한 문제 상황에서 해방되고자 하는 시도 (예시: 어머니의 잔소리를 들을 때 다른 것을 공상하는 것)
고립 (isolation)	어떤 일에 관련되는 것을 거절하고 회피함으로써 그로 인해 생길지도 모르는 정서적 긴장과 갈등의 상황을 벗어나려는 행동 (예시: 거절당할 것이 두려워 아예 데이트 신청을 하지 않는 것)

출처: 박선환, 박숙희, 이주희, 정미경, 김혜숙(2008).

방어기제는 불안과 고통에서 개인을 지킨다는 점에서 긍정적이지만, 방어기제의 사용 강도가 너무 세거나, 한 가지 방어기제만을 사용하거나, 사용한 방어기제가 연령 측면에서 적절하지 않거나, 위험이 사라지고 나서도 방어기제를 계속 사용하는 등으로 지나치게 의존하거나 무분별하게 사용할 때는 정신장애를 초래할 수 있다. 정신장애 치료를 위해서는 방어기제를 제거하기보다는, 더 적응적으로 생활하기 위해서 특정 방어기제를 강화하거나 적절한 방어기제를 개발하는 것이 필요하다.

에릭슨(Erik Erikson, 1902~1994)의 심리사회이론

에릭슨은 개인과 환경 간의 상호 적합성을 강조한 심리사회이론을 주장하였다. 에릭슨은 문화와 사회가 인성 발달의 가장 중요한 결정 요인이며, 인간의 발달이 심리사회적인 측면에서 이루어진다고 보았다. 프로이트와는 달리, 에릭슨은 인간행동의 기초로서 원초아보다 자아를 더 강조하였다. 성격은 자아의 지배력과 사회적 지지로 형성되며, 발달에서 환경의 역할이 중요하다고 보았다. 에릭슨의 심리사회이론에 따르면, 인간의 성격은 전 생애에 걸쳐 일련의 단계를 거쳐서 계속적으로 발달하며, 각 단계마다 수행해야 할 과제가 있다. 각 발달단계마다 위기를 극복하고 발달과제를 성취하면 통합적이고 건강한 성격을 형성하게 된다. 반면, 단계적 발달과업을 성취하지 못했을 경우에 정서적 문제를 갖게 된다. 예를 들어, 유아기에는 기본적 신뢰감 대 기본적 불신감의 위기를 성공적으로 해결해야 한다. 신뢰 대 불신의 갈등이 성공적으로 해결되면 희망이라는 심리·사회적 능력을 획득하고 이는 성격 형성에도 영향을 미친다.

(1) 치료

정신분석학적 모형에서 치료의 목적은 내면의 억압된 갈등이나 충동, 억압된 정서와 동기, 그리고 초기 아동기 때 형성된 무의식적 갈등을 찾아내고 이를 의식화함으로써 그 갈등을 보다 합리적이고 현실적인 방식으로 처리할 수 있도록 만드는 것이다. 즉, 현재 갖고 있는 개인의 문제를 해결하기 위해서는 개인의 생애 초기 부모와의 관계 그리고 형제자매들과의 관계에서 형성된 무의식적 기반을 이해해야 한다.

(2) 비판 및 긍정적 효과

프로이트의 정신분석이론은 심리학에 많은 기여를 했지만, 인간의 성격발달에 대해서 인간의 성적 욕망을 지나치게 강조하며, 인간을 과거의 경험 및 무의식에 지배되는 수동적이고 소극적인 존재로 간주하였다고 비판받았다. 특히, 발달에 미치는 대인관계 또는 사회적 요인의 영향을 고려하지 않고 지나치게 인간의 정신 내적인 현상을 강조함에 따라, 기계론적이고 결정론적인 인간관을 강조한다. 그리고 실험적 연구의 뒷받침을 받지 못하고 있으며, 지나치게 추론에 의존한다는 비판을 받았다. 그러나 정신분석이론은 인간의 성격이나 이상심리를 이해하는 심리학적 학설을 세우는 데 크게 공헌하였으며, 인간의 발달단계 특징과 심리적 기제를 체계적으로 설명하였다. 클라이언트 스스로 일상생활의 생각과 선입견을 제거하고 어떤 감정이나 생각도 억압하지 않고 자유롭게 말하도록 하는 자유연상이라는 방법을 개발함으로써 심리치료와 상담이 자리잡는 데 기여하였다.

3) 행동주의적 모형

행동주의를 창시한 왓슨(John B. Watson, 1878~1958)은 발달은 전적으로 기계적으로 조건형성 과정에 의해 만들어진다고 보았다. 행동주의는 내적 동기와 욕구, 지각에 초점을 두기보다는 구체적으로 관찰할 수 있는 행동에 초점을 둔다. 이상행동은 잘못된 학습의 결과라고 해석하며, 행동이나 습관이 형성될 때 부적응적 방향으로 강화를 받거나 부적응적 자극과 연합된 경험을 했기 때문에 형성된다고 본다. 즉, 인간행동은 보상과 처벌과 같은 외적 자극에 의해 동기화되며, 행동에 따르는 강화에 의해 인간의 행동이 전적으로 결정된다는 것이다. 강화된 행동은 습관이 되고, 습관이 성격의 일부가 되는 것으로, 일반화와 자극에 대한 변별능력이 적절하게 강화된 행동이 발달되면서 건전한 성격을 형성한다.

(1) 치료

행동주의적 모형에서는 이상행동이 어떻게 학습되었는지를 살피고 학습의 원리를 적용해서 적응적 행동을 재학습시키고, 강화물을 체계적으로 변경하는 등 정적 강화, 강화계획, 행동조성을 통해 환경을 바꾼다.

표 1-2 행동 변화의 기제

개념	정의	예시
정적 강화	즐거운 결과를 부여하여 행동의 재현 또는 증가를 가져오는 것	아이가 학교에 지각을 하지 않으면, 사탕을 준다.
부적 강화	혐오스러운 결과를 제거함으로써 바람직한 행동의 재현 또는 증가를 가져오는 것	아이가 학교에 지각을 하지 않으면, 청소를 면제해 준다.
정적 처벌	어떤 행동을 했을 때, 부정적이거나 혐오스러운 자극을 제시하여 해당 행동의 빈도를 감소시키는 것	친구에게 욕을 하는 아이에게 체벌을 한다.
부적 처벌	특정 행동 뒤에 유쾌한 자극이나 정적 강화물을 제거함으로써 특정 행동의 빈도를 줄이는 것	친구에게 욕을 하는 아이에게 좋아하는 간식을 주지 않는다.
소거	더 이상 강화를 받지 못해서 행동이나 반응이 사라지거나 약화되는 것	아이가 마트에서 인형을 사 달라고 떼를 써도 무시한다.

(2) 비판 및 긍정적 효과

행동주의적 모형은 인간의 내부에서 일어나는 과정에는 관심이 없고, 표면적으로 나타나는 행동 자체에 관심을 둔다. 인간의 대부분의 행동을 조건형성의 산물로 봄으로써, 환경의 결정력을 지나치게 강조하고 행동에 영향을 미치는 인간의 내적 · 정신적 자율성을 무시한다. 하지만 인간은 강화 없이도 내적 흥미를 가지고 자발적으로 행동할 수 있다. 행동주의는 인간을 조작이 가능한 대상으로 취급하고 인간의 모든 행동이 조작을 통해 변화될 수 있다고 보아, 인간을 지나치게 단순화, 객관화 그리고 과학화함으로써 자유와 존엄성을 무시할 수 있다. 그러나 행동주의적 모형은 치료의 초점을 인간의 정신 내적 갈등에서 외적 행동으로 이동시키면서 행동수정과 행동치료의 고전적 조건화와 조작적 조건화의 원리 등에 따라 개입 기법을 적용하였다는 점에서 긍정적 효과가 있다. 또한, 클라이언트의 행동수정과 행동치료를 위한 다양한 개입 방법을 제시하였다. 행동주의적 모형은 이상행동을 구체적 자극과 반응의 연합으로 정의함으로써, 이상행동의 형성과 치료과정을 객관적으로 기술하고 인간의 신체적 · 심리적 발달에 대해서 환경의 중요성을 강조하였다. 그리고 인간의 외적 행동에 초점을 맞춤으로써 치료의 효과성을 과학적으로 평가하기 쉬우며, 특히 공포증, 불면증, 아동의 품행장애, 비만, 흡연, 고혈압 등의 치료에 행동치료가 매우 성공적인 것으로 알려져 있다.

4) 인본주의적 모형

인본주의적 모형은 정신분석학적 모형이나 행동주의적 모형과는 달리 인간 본성에 대한 낙관적 태도를 보이며, 인간의 전인성과 잠재적 창조성을 강조하였다. 심리장애는 자아실현(self-actualization)이 봉쇄된 결과로 나타나는 것이라고 보았다. 즉, 인간은 자유를 추구하고 자아를 실현하고자 하는 긍정적 존재인데 자아실현이 봉쇄되었을 때 이상행동이 나온다는 것이다. 정신분석학적 모형이나 행동주의적 모형은 비정상적이거나 일탈적 인간 행동에 초점을 두는 반면, 인본주의적 모형은 긍정적이고 성장 지향적인 인간의 본질에 초점을 두었다.

로저스(Carl Rogers, 1902~1987)는 인본주의 심리학자로, 인간은 다양한 주관적 경험들을 통해 성격이 형성되는 것으로 보았다. 성격발달에서 삶의 경험에 따라 개인의 성격이나 독특성이 달라진다는 것이다. 자아실현의 동기가 있기 때문에 인간은 사회적 · 협력적 · 창의적 · 자기 지향적 인간이 될 수 있다. 인간은 객관적 상황이 아니라 상황을 받아들이는 주관적인 경험 방식에 따라 행동이 달라진다.

로저스의 현상학이론에 따르면, 인간은 자신의 자기개념과 실제 경험이 일치하지 않을 때 긴장, 불안, 내적 혼란을 느낀다. 이때, 인간은 다양한 방어기제를 사용하는데, 자기개념과 상충하는 경험을 부정하거나, 그 경험을 왜곡하거나 합리화하여 자신의 자기개념과 일치하는 것으로 지각하기도 한다. 하지만 이러한 부적응에 적절한 방어기제를 사용하지 못할 경우에는 우울, 긴장, 불안, 죄책감, 수치심 등의 감정이 유발될 수 있다.

(1) 치료

로저스는 자기 존중이 부족하고 자기 자신과 세계를 왜곡되게 지각하는 불안하고 고통스러운 사람이 도움을 찾는 것이 심리치료라고 보았다. 정신장애를 가진 사람은 자기 자신의 경험과 조화되지 않는 자기개념을 갖고, 자기 자신을 보호하기 위해 또는 다른 사람들로부터 승인을 받기 위해 자기 자신을 왜곡하게 된다. 그러므로 치료자는 정신질환자를 가치와 존엄성이 있는 사람으로 인정하고, 정신질환자의 감정을 이해하는 것이 필요하다. 인본주의 모형에 따르면, 정신질환자가 현실을 있는 그대로 자기 자신의 경험을 지각하여 현실 지각력을 높이고, 자신의 잠재력을 긍정적으로 수용하여 자기충족감을 높임으로써 개인의 가치감 및 성장 가능성을 증가시킬 때 정신장애의 치료가 가능하다고 본다.

(2) 비판 및 긍정적 효과

인본주의적 모형은 기본적인 인간 본성에 대한 선한 측면을 너무 강조하였기 때문에 인간의 악한 면과 부적응적 인간에 대한 설명이 부족하다는 비판을 받는다. 또한, 창조적 인간을 강조하다 보니, 인간 행동에서 무의식적인 과정이나 학습을 통한 인간 행동의 발달을 고려하지 않고, 인간의 내적 측면과 환경에 의한 영향을 무시한 면이 있다. 성격발달에 관한 자료를 제공해 주지 못하며, 정서문제나 행동문제가 왜 발생하는지에 대해 설명하지 못하였다. 특히, 정신장애나 부적응 문제에 대한 클라이언트 자신의 인식과 이해를 증가시키려는 통찰 지향적 접근을 취함으로써 관찰할 수 있거나 개입의 효과성을 검증하기가 어렵다. 그러므로 인본주의적 모형은 특정한 심리적 장애를 이해하고 장애를 치료하는 특정한 이론과 기법을 제안하지 않는 취약점이 있다.

그러나 인본주의적 모형은 인간의 긍정적이고 성장적인 측면을 부각시켰으며, 개인의 고유성이나 잠재력 그리고 내적 욕구의 중요성을 강조하였다. 또한, 인간의 이해에 대해서 개인의 주관적 경험에 관한 해석과 이해를 존중하고 강조함으로써 이상행동을 이해하는 데 기여하였다. 인본주의적 모형은 심리적 장애에 대한 일반 입장을 제안하고, 긍정적 관심과 공감적 이해와 같은 심리치료와 상담에 대한 치료자의 기본 태도나 자세를 규명하였다. 따뜻하게 관심을 갖는 치료적 관계, 개인의 존엄성과 가치, 자기결정권, 비심판적 태도, 문제해결자로서의 클라이언트를 강조하는 등 정신병리의 낙인이나 명명에서 내담자가 받는 불이익과 치료 상황에서의 피동성을 불식시킴으로써 심리치료와 상담 영역에 많은 영향을 미쳤다. 특히, 클라이언트 중심 치료는 정서적 장애를 가진 사람의 치료에 유용한 것으로 평가되고 있다.

5) 사회문화적 모형

사회문화적 모형에서는 부적응 행동이 스트레스에 효과적으로 대처하지 못하는 것에서 야기된다고 보며, 이상행동의 근원을 개인 내에서만 찾기보다 지역사회나 사회문화적 요인에서 찾는다. 지역사회 요인으로는 개인의 사회적 지지체계의 부족이 있을 수 있는데, 사회적 지지체계에는 부모, 형제, 친구, 교사, 종교기관 등이 포함된다. 그리고 사회문화적 모형에서는 사회생활을 하는 과정에서 그 사회의 고유한 가치, 신념, 습관과 같은 문화적 특성이 어떤 상황에서 작용하여 심리장애를 유발한다고 본다. 예를 들어, 저소득층이 주로 거주하는 지역에서는 열악한 학교환경, 범죄, 쓰러져 가는 주택, 편견과 같은 요인들에 의해 거주자의 스트레스가 더욱 증가할 수 있으며, 부적응 행동이 발생할 확률이 더 높을 수 있다. 이렇게 가정환경, 사회문화적 환경, 빈곤한 환경, 사회적 차별 등 후천적 스트레스를 유발하는 사회환경이 정신장애의 원인이 된다고 본다.

(1) 치료

사회문화적 모형은 개인과 치료자와의 관계에 초점을 맞추기보다는 사회문화적 요인들을 점검하는 데 중점을 두며, 부적응 행동을 예방하기 위해 개인의 삶에 예방적으로 개입하는 지역사회 프로그램을 개발함으로써 부적응 행동을 치료하고자 한다. 예를 들어, 사회문화적 모형의 관점에서 10대 미혼모를 위한 프로그램, 자립하기 어려운 노인을 위한 주간보호센터와 같은 지역사회 접근을 지향하는 프로그램이 만들어지게 되었다.

(2) 비판 및 긍정적 효과

사회문화적 모형은 심리장애를 설명하고 치료 기법을 개발하는 데 한계가 있으며, 같은 사회문화적 환경 속에서 심리장애를 경험하는 특정한 사람들의 개인적 차이를 설명하지 못한다. 또한, 개인적 치료 방법을 제시하는 데에도 한계를 지닌다. 하지만 사회문화적 모형은 심리장애의 발생과 관련되는 사회문화적 요인을 밝히는 데 공헌하였으며, 지금까지는 심리학적 요구가 무시되어 온 집단에 사회문화적 차원에서 접근하는 데 영향을 주었다. 궁극적으로 사회적 환경이 개인에 미치는 영향을 조명함으로써 사회정책의 중요성을 일깨워 주었다.

6) 인지적 모형

정신분석적 모형과 마찬가지로, 인지적 모형은 내적 과정에 관심을 가진다. 하지만 충동, 욕구, 동기화를 강조하는 대신, 개인이 정보를 어떻게 획득하고 해석하여 인식함으로써 문제해결에 사용하는지에 대한 정신과정을 강조한다. 즉, 정신장애자가 환경 자극의 의미를 해석하는 독특한 사고방식과 사고 내용 그리고 그 바탕이 되는 인지구조와 신념 내용이 이상행동을 유발하는 주요 요인으로 보았다. 예를 들어, '반드시 1등을 해야 한다.'와 같은 당위적 사고와 '이 시험에서 실패하면 나는 인생의 실패자다.'와 같은 단정적이고 일반화된 사고 등이 비합리적 사고라고 할 수 있다. 이러한 사고들은 부모와 사회 등의 환경에 의해 학습되어 자신의 반복되는 비합리적 자기 독백에 의해 강화된다. 인지적 모형의 치료과정에서는 이러한 비합리적 자기 독백을 파악하여 그것을 논박하고 합리적 인지로 수정하여 반복 학습함으로써 정서장애를 최소화하려 한다.

(1) 치료

인지적 모형에서는 자동적 사고의 탐색과 변화, 역기능적 신념의 변화 등의 인지치료를 통해 정신장애자가 자신의 문제를 초래하는 부적응적 인지를 자각하게 하고, 그 인지 내용에 대한 현실성 · 합리성 · 유용성을 평가하게 하여 더 적응적인 인지로 대체시킨다.

비확증과 재개념화의 과정인 합리적 분석의 단계, 클라이언트의 인지를 확인하거나 논박하는 증거의 체계적인 분석을 하는 논리적 · 경험적 사정의 단계, 왜곡된 생각을 찾아내고 현실적으로 평가해서 수정한 후 생활 속에 적용 및 반복하는 단계의 과정을 거치면서 인지왜곡을 치료한다. 인간의 비합리적 사고가 정서장애의 주요 요인이 되기 때문에, 이러한 비합리적 사고는 비확증과 합리적 호소 등 논박을 통해 합리적 사고로 교정함으로써 정서장애를 제거할 수 있다.

(2) 비판 및 긍정적 효과

인지적 모형은 인지가 행동과 정서를 매개한다고 가정하고, 사람의 행동을 지나치게 단순화하고 피상적으로 이해하였다. 모든 개인의 사회적 · 정서적 성장과 발달이 고정된 과정을 거친다고 보았으며, 이 과정에서 교육이나 문화의 영향을 크게 고려하지 않았다. 인지적 모형은 과거 발달 초기의 문제를 소홀히 다루며, 현재 상태에서의 인지와 신념만 강조한다고 비판받았다. 또 다른 비판으로는 인지가 심리적 장애를 야기하는 원인이라기보다는 심리적 장애에 의해 왜곡된 인지가 나타날 수도 있다는 주장이 있다.

하지만 인지적 모형은 인간의 감정이나 행동은 인지 또는 생각에 의해 통제될 수 있다고 본 점에서 긍정적 효과를 가져왔다. 인지적 모형은 인지 혹은 인지과정을 바꿈으로써 현재 존재하고 있거나 앞으로 예상되는 인지왜곡을 수정하였다. 특히, 우울증, 불안장애, 약물중독, 섭식장애, 성격장애 등 다양한 정신장애 및 부적응 행동에 관련된 비논리적 사고 · 정서 · 행동을 수정할 수 있도록 도와준다. 인지적 모형은 정신장애에 관련된 사고 내용과 인지도식을 제공함으로써 역기능적이고 비합리적인 사고패턴이 어떻게 정서적 문제를 야기하는지에 대한 이해의 틀을 제공하고 다양하고 명쾌한 치료 원리와 구체적 치료 방법을 제시하였다.

학습활동

- 정신건강, 정신위생, 정신질환 및 정신장애의 개념적 차이에 대해 비교 · 논의해 봅시다.
- 스트레스를 주는 상황에서 자신이 사용하는 방어기제나 스트레스 대처 방법에는 무엇이 있는지 생각해 보고, 더 효과적인 방법은 무엇일지 찾아봅시다.
- 이상행동의 원인을 보는 관점들의 주요 주장들과 개념들을 비교해 봅시다.

정리해봅시다

1. 정신건강의 의미
   - 정신건강이란 단순히 병이 없는 상태 그 이상이며, 자신의 건강 상태를 잘 유지하고, 다른 사람과 인간관계를 가지면서 사회적인 일에 참여하는 것을 뜻한다.
2. 정상과 이상
   - 정상과 이상을 구분하는 기준으로는 통계적 관점, 사회적 규범의 관점, 주관적 불편감의 관점, 부적응성의 관점이 있다.
3. 정신위생, 정신질환 및 정신장애의 구분
   - 정신위생은 정신건강의 상태를 유지하기 위한 적극적이고 실천적인 자세를 말한다.
   - 정신질환은 정신기능의 영역에서 병리학적 현상이 진행되는 것을 일컫는다.
   - 정신장애는 정신질환과 지적 장애를 포괄하는 개념으로, 정서적으로 건강하지 못한 상태뿐만 아니라 정신의 제 영역에서 예상되는 발달을 하지 못하거나 정신적 기능이 회복되지 못해 일상 및 사회생활에서의 기능이 저하된 상태를 모두 포함한다.
4. 정신장애인의 법적 정의
   - 「정신보건법」(2011. 8. 4. 개정)에서는 정신질환자를 "정신병(기질적 정신병을 포함한다) · 인격장애 · 알코올 및 약물중독 기타 비정신병적 정신장애를 가진 자"로 정의하고 있다.
5. 정신장애 관점의 역사적 변천
   - 정신장애의 원인을 보는 입장이나 정신장애인을 처우하고 치료하는 방법은 사회 및 시

대에 따라 변천되어 왔다.

6. 동양 및 우리나라의 정신장애에 대한 관점

- 서양과는 달리, 동양에서는 그때마다의 정신생리적 상태의 단면인 증세를 진단하였고, 정신병리 현상을 병태생리와 체질적 조건, 신체 상태와 밀접한 관련이 있다고 보았다.

7. 이상행동의 원인과 치료

- 정신질환이나 이상행동에 영향을 미치는 요인은 다음과 같다.
  - 생물학적 모형: 신체과정의 역할을 강조함
  - 정신분석학적 모형: 개인 내부의 불안과 무의식적 내적 갈등의 역할을 강조함
  - 행동주의적 모형: 이상행동이 환경 속에서 어떻게 학습되는지를 연구함
  - 인본주의적 모형: 자아실현을 이루는 과정에서의 자유를 강조함
  - 사회문화적 모형: 사회적 관계 및 조건이 부적응 행동에 미치는 영향을 연구함
  - 인지적 모형: 잘못된 사고와 신념이 이상행동을 유발한다고 봄

참고문헌

박선환, 박숙희, 이주희, 정미경, 김혜숙(2008). **정신건강론**. 경기: 양서원.

송지영(2009). **정신증상: 기술과 이해**. 경기: 집문당.

양옥경(2006). **정신보건과 사회복지**. 경기: 나남출판.

이부영(2001). 전통의학의 정신질환 개념에 관한 연구－전광, 사수, 장조증을 중심으로－ **대한신경정신의학회**, 40(6), 1001-1017.

조대경, 이관용, 김기중(1994). **정신위생**. 서울: 중앙적성출판사.

Alloy, L., Riskind, J., & Manos, M. (2010). **이상심리학: 현재의 조망** (제9판) (홍창희, 조진석, 성경순, 이명주, 최성진 역). 서울: 박학사. (원전 출판 2006년)

Cockerham, W. C. (1996). *Sociology of Mental Disorder* (4th ed.). New Jersey: Prentice-Hall, Inc.

Kaplan, H., Sadock, B., & Greb, J. (1994). *Synopsis of Psychiatry* (7th ed.). Baltimore, Maryland: Williams & Wilkins.

Sarason, I., & Sarason, B. (2001). **이상심리학** (김은정, 김향구, 황순택 역). 서울: 학지사. (원전 출판 1996년)

U.S. Department of Health and Human Services (1999). *Mental Health: A Report of the*

Surgeon General. U.S. Department of Health and Human Services.

World Health Organization (2013). *Mental Health*. Retrieved on September 4th, 2013 from http://www.who.int/topics/mental_health/en/

제2장

정신병리학과 정신장애의 진단분류

MENTAL

학습목표

- 정신상태를 검사하는 여러 방법들을 나열할 수 있다.
- 정신병리학에서 관심을 갖는 여러 가지 정신증상에 대하여 이해한다.
- 정신의학의 분류체계인 DSM-5에 따른 분류 내용을 이해한다.

HEALTH

학습내용

- 정신병리학과 정신상태 검사
- 정신의학적 증상
- 정신장애의 진단분류

1. 정신병리학과 정신상태 검사

병리학(pathology)은 병의 원인 · 발생 · 경과 및 그 변화 등에 관한 연구를 하는 학문으로, 넓은 의미로는 생물체에서 볼 수 있는 모든 이상(질환) 및 기형을 대상으로 한다. 그중에서 정신병리학(psychopathology)은 정신질환에서 비정상적인 행동, 사고, 의식 등으로 나타나는 증상들의 원인 또는 현상을 관찰하고 기술 · 분석하여 과학적 파악을 목적으로 하는 정신의학의 한 분야다. 즉, 이상행동이 나타나는 원인과 개선 방법을 찾아내는 학문이라 할 수 있다. 개인이 정신적 문제를 갖고 있는지, 그 문제의 원인이 무엇이며, 이 문제를 개선하기 위해 어떤 방법을 취해야 하는지를 찾아내기 위해서는 임상적으로 개인의 정신상태를 평가하여야 한다. 이러한 정신상태 검사 방법은 크게 심리평가와 생물학적 평가로 나뉜다.

1) 심리평가

심리평가는 임상 면접, 심리검사, 행동평가 및 인지평가 등의 방법을 통해 이루어진다. 다양한 방법을 통해 얻은 자료를 바탕으로 정신장애 진단을 내리고, 치료적 개입의 목적을 세우고, 치료적 개입의 효과를 파악할 수 있다. 심리평가를 통해 다음과 같은 내용의 자료들을 수집할 수 있다.

- 일반적 외모, 전반적 태도 및 행동: 병이 들어 보이는지, 활동이 현저하게 감소하거나 증가되었는지, 자발적 행동이나 자극에 대한 반응 등을 관찰함. 틱, 상동증적 동작, 반향언어, 강박증, 언어장애 등을 기록함
- 사고의 진행: 말수가 많은지 또는 적은지, 스스로 말하는지, 이상한 용어를 사용하는지 등을 보고 우원증, 사고분열, 지리멸렬, 차단, 부조리한 진행 등 연상의 이완 등이 있는지를 관찰함

- 사고의 내용: 클라이언트 자신에 대한 생각 또는 주위 사람이나 주위의 여러 가지 일에 대한 생각에 대해 질문함. 망상, 강박증, 공포증, 건강염려증 등의 생각들에 대해 조사함
- 지각: 환청, 환시 등의 환각에 대해 조사함
- 감정반응: 전반적 행동, 말투, 행위에서의 감정이 고양되었는지 또는 우울하거나 불안한지, 감정반응이 부적절한지, 불충분한지, 양가적인지를 기술함
- 지적 능력: 기억력, 계산력, 지남력, 읽기, 쓰기 등과 같은 지적 능력을 조사함
- 의식: 의식이 혼탁, 몽롱, 혼미, 혼수, 기면, 명료, 둔주한지를 관찰함
- 병식: 클라이언트 자신이 가진 병의 종류, 치료받는 이유, 발병에 대한 정신역동학적 의미를 이해하는지를 알아봄

(1) 면접

면접은 언어적 대화나 의사소통을 통해 사람의 심리적 특징을 알아보는 것으로, 질문과 응답으로 이루어지는 언어적 의사소통을 통해 피면접자의 언어적 반응 내용과 방식을 정밀하게 분석하고 수량화한다. 면접은 다음과 같은 내용을 중심으로 이루어진다(Sarason & Sarason, 2001).

- 클라이언트는 어떤 사람인가?: 클라이언트의 이름, 나이, 인종, 문화적 배경, 결혼 상태, 직업, 전문적 도움을 받으러 온 이유

표 2-1 면접의 유형별 특징

유형	특징
임상 면접	임상가가 환자의 문제를 파악하려고 할 때 사용하는 대화기법으로, 면접의 내용은 면접자의 이론에 따라 달라짐. 임상적 면접을 위한 많은 기술이 필요함
구조화된 면접	질문할 내용이 이미 정해져 있는 것으로, 연구 시나 임상 실제 시에 진단을 결정하는 데 도움이 됨. 진단을 내리는 데 필요한 표준화된 정보를 수집할 때 흔히 사용됨

출처: Davison, Neale, & Kring (2005), p. 52를 수정함

- 클라이언트가 이 시점에서 자신의 생활에 대해 어떻게 생각하고 느끼는가?
- 클라이언트의 문제에 대한 과거력과 발달적 배경은 어떠한 것인가?
- 클라이언트의 현재 심리적 상태는 어떠한가?
- 클라이언트의 장점과 약점은 무엇인가?

(2) 심리검사

심리검사는 개인의 특정한 과제상의 수행도나 성격을 평가하도록 고안된 표준화된 절차를 말한다. 심리검사의 유형에는 자기보고형 목록식 성격검사, 투사적 성격검사 및 지능검사가 있다. 자기보고형 목록식 성격검사는 주로 설문지를 이용해 이루어지는데, 묻고자 하는 여러 사항을 문장으로 기술한 문항을 제시하고 그 문항에 대해 클라이언트 자신의 상태를 응답하게 한다.

표 2-2 심리검사의 유형별 특징

유형	특징
자기보고형 목록식 성격검사	피검사자는 어떤 습관적 경향성을 물어보는 진술이 자신을 얼마나 잘 기술해 주는지 그 정도를 평가하도록 하는 자기보고식 설문에 응답해야 함 (예시: 미네소타 다면적 성격검사(Minnesota Multiphasic Personality Inventory: MMPI))
투사적 성격검사	다양한 반응을 유발할 수 있을 정도로 애매한 일련의 표준 자극을 제시하는 심리평가 도구임. 이에 대한 반응은 무의식적 과정에 의해서 결정되며, 반응 속에는 반응자의 태도, 동기 및 행동양식이 드러날 것이라고 생각함 (예시: 로르샤흐잉크반점검사(Rorschach inkblot test)−잉크 반점 카드를 제시하고, 각 반점에서 어떤 사람이나 대상을 보았는지 말하는 검사)
지능검사	현재 지적 기능 수준을 평가하기 위한 표준화된 검사를 말함. 학교 성적 예측, 학습능력 결손 진단, 지적 장애 여부 결정, 영재교육 판단 그리고 신경심리 평가의 일부로 사용될 수 있음

(3) 행동평가 및 인지평가

행동평가 및 인지평가는 자극(문제에 선행되는 환경 상황), 유기체(몸속에서 작용한다고 여겨지는 생리적 및 심리적 요인), 외양적 반응(문제행동, 행동의 빈도, 강도, 유형), 후속변인(문제행동을 강화하거나 처벌하는 역할을 한다고 여겨지는 사건)을 알

표 2-3 행동평가 및 인지평가의 유형별 특징

유형	특징
직접적인 행동관찰	모의 상황을 만들어 클라이언트가 특정 조건하에서 어떻게 행동하는지를 관찰함. 클라이언트의 주변 상황을 어떻게 개념화하고 이해하느냐에 따라서 그 상황을 변화시키기 위한 방법이 결정됨
자기관찰	자기 자신의 행동을 관찰하고 다양한 종류의 반응을 계속 관찰시키는 방법.(예시: 생태적 순간 평가(EMA)-매일 특정한 시간에 일기를 적는 등 실시간으로 자료를 수집함)
면접과 자기보고식 척도	자기보고형 목록식 성격검사와 비슷하나, 특정 상황을 주고 그에 따른 클라이언트의 정서반응 및 행동을 자기보고식으로 응답함
전문적인 인지적 평가법	자기보고식 설문으로, 부정적 평가에의 두려움, 비합리적으로 생각하는 성향, 그리고 살아온 경험에 대한 부정적 추론 등 넓은 범위의 인지 내용을 탐문함. 정신병리학 및 치료의 이론에서 중요하게 생각되는 신념, 태도 및 사고패턴을 밝혀내는 데 전적으로 사용됨

아내는 데 중점을 둔다(Davison, Neale, & Kring, 2005). 이러한 정보를 수집하기 위해서 직접적인 행동관찰, 자기관찰, 면접과 자기보고식 척도, 그리고 전문적인 인지적 평가법 등이 사용된다. 행동관찰은 한 사람이 특정한 상황에서 어떤 행동을 하는지를 유심히 관찰하여 그 행동의 내용을 구체적으로 기술하고 빈도나 강도를 수량화한다. 이러한 행동관찰은 통제된 상황 혹은 자연스러운 상황에서 이루어질 수 있다. 인지평가는 부적응 행동에 선행하거나 수반되는 생각에 대한 정보를 제공하는 것으로, 하루 중 특정한 시간에 떠오르는 생각을 기록하거나, 개인의 생각을 평가하기 위한 질문지를 작성하는 방식으로 수행된다.

2) 생물학적 평가

정신장애 및 비정상적 심리기능을 이해하기 위해 두뇌 및 그 밖의 신경계통의 기능을 직접 관찰하려는 시도로, 뇌 영상 촬영법, 신경화학적 평가, 신경심리학적 평가, 정신생리학적 평가 등이 이루어지고 있다.

표 2-4 생물학적 평가법의 유형

뇌 영상 촬영법	뇌의 구조: 컴퓨터 단층촬영장치(CT)와 자기공명활영기(MRI) 주사식 촬영법을 이용하여 평가함 뇌의 기능: 양전자 방출촬영장치(PET)와 뇌의 시시각각의 작동양상을 보여 주는 fMRI를 이용하여 뇌 기능 연구
신경화학적 평가	뇌 속의 신경전도체의 양과 수용기의 숫자 측정: 신경전도체와 수용기의 사후 분석, 신경전도체의 대사물질에 대한 성분 분석, 그리고 수용기에 대한 PET 촬영법을 통해 평가함
신경심리학적 평가	신경심리검사를 통한 특정한 검사상의 두뇌 결손 발견: 뇌 기능장애를 보이는 영역을 찾아내는 데 도움이 됨. Halstead-Reitan과 Luria-Nebraska 등의 행동검사: 운동속도, 기억 그리고 공간능력 등의 능력을 평가함
정신생리학적 평가	뇌파, 심장박동, 혈압, 근육긴장도, 피부전기저항반응 등의 생리적 상태를 측정할 수 있는 기계나 검사를 통해 신체의 생리적 반응을 보고, 심리적 상태나 특성을 평가함 심장박동수, 피부전도도 같은 자율신경계통의 전기활동이나 뇌전도(EEG)를 측정함

출처: Davison, Neale, & Kring (2005), p. 59.

2. 정신의학적 증상

정신질환은 표정과 태도(facial expression and attitude), 행동(behavior activities)의 장애, 의식(consciousness)의 장애, 지남력(orientation, disorientation) 장애, 정동(affect)의 장애, 사고(thought)의 장애, 사고 내용(contents of thought)의 장애, 지각(perception)의 장애, 기억(memory)의 장애, 지능의 장애 및 성격장애와 같은 다음의 정신의학적 증상(Psychiatric Symptoms)으로 표출될 수 있다(강선경, 2010; 김규수, 2005). 정신장애가 있는지를 평가하기 위해서는 표출된 증상들을 관찰하고, 이를 바탕으로 정신장애를 진단 및 분류할 수 있다.

1) 표정과 태도

정신장애를 겪는 클라이언트의 표정과 태도는 심리상태를 나타낼 수 있다. 예를 들어, 우울증 환자는 힘없는 태도와 우울하고 무표정한 얼굴을 보일 수 있으며, 정신분열증 환자는 무의미한 웃음이나 찌푸린 얼굴 표정과 의심하는 듯한 방어적 혹은 거부적 자세를 가질 수 있다. 성격장애 환자는 무례한 태도를 보일 수 있으며, 연극성 성격장애를 가진 환자는 과장적, 연출적, 의존적 혹은 유혹적 태도를 보일 수 있다.

2) 행동의 장애

- 과잉행동(overactivity or increased activities): 행동목표가 수시로 바뀌고, 한 가지 일이 끝나기 전에 다른 일을 시작하는 등 주의력이 산만하다. 과잉행동의 증상을 보이는 사람은 겉으로 보기에는 굉장히 바쁜 것 같으면서도 실제로 이루어 놓은 일은 거의 없으며, 과대망상으로 사고의 비약을 일삼거나 감정이 고조되어 있는 경우도 많다. 경조증(hypomania) 혹은 조증(mania) 환자에게서 볼 수 있다.
- 저하된 행동(decreased activities): 저하된 행동의 증세는 동작이 느리고 일을 시작하기 힘든 정도부터 혼수(coma) 같은 거의 운동이 없는 상태까지 다양하다. 이 증세를 보이는 사람은 사고의 흐름 및 말이 느리며, 이 증상은 심한 우울증에서 허무감이나 죄책감, 망상이나 정신분열병의 자폐증이나 기괴한 망상 때문에 나타나기도 한다.
- 반복적 행동(repetitious activities): 상동증(stereotypy)이라고도 하며, 정신분열병이나 강박장애 환자에게서 흔히 나타나는 행동장애로서 의미 없어 보이는 같은 행동을 반복적으로 하는 증상을 말한다.
  - 매너리즘(mannerism): 겉에서 보았을 때는 의미가 없는 것 같지만 자신의 무의식 속의 갈등이나 긴장을 해소하기 위한 방편으로 행동을 반복하는 증상. 예컨대, 손가락을 반복하여 딱딱거리는 행동
  - 음송증(verbigeration): 의미 없는 단어나 짧은 문장을 이유 없이 반복하는

증상. 긴장형 정신분열병 환자에게서 나타남

– 보속증(perseveration): 자신은 다른 행동을 하려고 노력함에도 불구하고 뇌 기능의 저하에 따라 새로운 동작으로 넘어가지 못하고 반복적으로 행동하는 증상

– 강직증(catalepsy): 반복적 행동의 가장 심한 증상으로서 지나치게 반복하다 보니 행동 자체가 멎어서 부동의 자세를 반복하는 증상. 긴장형 정신분열병 환자의 긴장성 혼수에서 흔히 나타남

- 자동증(automatism or automatic behavior): 정신분열증에서 특징적으로 나타나며, 내재된 적개심이나 불만이 겉으로 나타나는 것이 두려워서 자신의 의지는 감추고 상대방의 뜻대로 복종하는 증상을 말한다.

– 자동적 복종(automatic obedience or command automatism): 자신의 의지 없이 남의 요구대로 자동적으로 움직이는 행동

– 반향언어(echolalia): 메아리처럼 남의 말을 그대로 되받아서 그대로 따라서 말하는 행동. 예컨대, "오늘 뭐 하고 지냈니?" 하고 물으면 앵무새처럼 그대로 그 말을 반복함

– 반향동작(echopraxia): 남의 동작을 똑같이 흉내 내는 행동

- 거부증(negativism): 상대방이 요구하는 것을 묵살하거나 반대로 행동하는 경우에 나타나며, 적개심이나 불만을 적극적으로 행동화함으로써 자신의 불만을 충족시키는 증상이다. 세부 유형으로는 질문에 아무 대답을 하지 않는 함구증(mutism)이나, 음식을 거부하는 거식증(refusal of food)이 있다.
- 강박증적 행동(compulsions or compulsive acts): 자신의 행동이 무의미하며 불합리한 줄 알면서도 특정 행동을 반복하지 않고는 견디지 못하는 병적 행동으로, 강박적인 사고(obsession)를 동반한다. 예를 들어, 손을 수십 번 씻지 않으면 병균이 옮을 것이라는 생각에 반복적으로 손을 씻는 행동이 여기에 해당된다.
- 충동적 행동(impulsive acts): 어떤 정리된 요구나 계획에 의해서가 아니라 순간적인 감정의 지배에 따라 폭행, 파괴, 방화, 자해 등과 같은 예기치 않은 행동을 폭발적으로 일으키는 증상을 말한다.
- 자살(suicide): 사랑의 결핍, 무능감, 거부감, 대상에 대한 증오와 복수의 감

정이 자기에게로 향하는 경우나 자기를 버린 사람에게 죄책감을 불러일으키기 위해 나타나는 경우가 많으며, 알코올 중독, 정신분열병, 우울증 환자에게서 많이 나타난다.

3) 의식의 장애

- 의식의 혼란 또는 착란(confusion): 의식장애 중에서 가장 가벼운 상태로 자극에 대한 반응이 신속하지 못하고 주의력이 산만해지거나 사물에 대한 이해능력이 감퇴한다. 뇌실질의 기능장애를 수반하며, 약물 중독, 간질발작, 히스테리성 경련발작이나 해리 때에 나타난다.
- 의식의 혼탁(clouding of consciousness): 혼란보다는 더 심한 상태로 자극에 대해 제대로 지각하지 못하고, 주의력이 상당히 감퇴하며, 주위 환경이나 언어에 대한 이해력 및 기억을 거의 상실한다. 의식의 혼탁은 뇌 조직의 광범위한 기능장애 시에 나타난다.
- 몽롱상태(dream state, twilight): 자기 주위에 대하여 알지 못하는 상태가 되며 마치 다른 세계에 있는 것같이 행동하는 것으로, 해리 상태나 간질발작 후에 주로 나타난다.
- 섬망(delirium): 지남력 장애, 환각, 착각 및 감정의 불안정성을 수반하며, 쉽게 감정적 폭발을 일으키거나 공포감 또는 우울감에 빠지기도 한다. 심한 열병, 수술 후 정신병, 요독증, 알코올 금단 증상 발생 시에 나타난다.
- 혼미(stupor): 운동능력을 상실하고 외부 자극에 대해 거의 반응하지 않으나, 강력한 동통 자극에 의해 일시적으로 깰 수 있으며, 약간의 의식이 남아 있기도 한다.
- 혼수(coma): 모든 정신활동과 신경조직의 기능이 마비되고 생명을 유지하는 데 필요한 심장과 폐만이 남아 있는 경우로, 의식은 완전히 정지해 있다.

4) 지남력 장애

주위 환경 중 자신이 처해 있는 공간 · 시간 · 사람에 대해 구체적으로 인지하는 능력을 상실한 상태를 말한다. 예를 들어, 지금이 1970년대라고 말하거나, 병원에 입원해 있으면서 자기 집 안방이라고 한다거나, 간호사를 엄마라고 부르는 등의 상태가 이에 해당된다.

5) 정동의 장애

- 고양된 기분(elevated mood): 보통 이상의 즐거운 기분으로 조증에서 흔히 보이며, 즐거운 기분이 넘쳐 행동과 욕구가 과장되거나, 전능감을 가지거나 자신의 중요성을 과대평가하기도 한다.
- 우울(depression): 슬픈 감정이 심하고 오래 가는 병적 증상으로, 신체증상을 동반하기도 한다.
- 불안(anxiety): 임박한 위험에 대한 두려움, 걱정, 재난이 임박했다는 지속적 느낌, 대상이 분명치 않은 공포를 말한다. 두려움에 대한 대상이 분명히 있는 상태의 공포와는 다른 증상이다.
- 불충분 정동(inadequate affect): 감정적으로 둔하며 방관자처럼 무감동(apathy)하며, 좋거나 싫은 것에 대한 감수성이 감소된 상태로, 둔마된 정동 또는 황폐(deterioration)라고도 한다.
- 부적 정동(inappropriate affect): 개인의 사고 내용과 감정, 언어 등이 조화되지 않는 상태로, 상황에 어울리지 않게 울거나 웃거나 하는 증상이다.
- 양가감정(ambivalence): 한 대상에 대해 상반되는 감정이 동시에 존재하는 것으로, 사랑과 증오와 같은 상반된 감정 및 태도가 동시에 존재하는 정신상태를 말한다.
- 유동 정동(labile affect): 외부 자극과 상관없이 정동의 표현이 빠르고 급격히 변하는 상태로, 쉽게 화를 내거나 기분이 좋아지며 기분의 지속성에 장애가 있는 증상이다.
- 불안정한 기분(irritability): 병적 불쾌감의 흥분성이 항진하여 쉽게 화내거나 자극되는 경우에 분노가 폭발하는 상태를 말한다.

6) 사고의 장애

- 사고형태의 장애(disorders in the form of thought): 현실을 무시한 비논리적 사고를 말하며, 유형으로는 환상에 기초하여 고도로 주관적이거나 개인주의적인 사고를 하는 자폐적 사고(autistic thinking)나 잠을 자지 않고 깨어 있는 상태에서 꿈과 같은 환상을 보거나 생각에 잠기는 백일몽(day dreaming), 인과관계를 무시한 마술적 힘을 얻고자 하는 마술적 사고(magical thinking) 등이 있다.
  - 자폐적 사고(autistic thinking): 외계의 현실을 무시하고 자신에게만 뜻이 있고 자신의 무의식이나 정서적 요소의 자극에 의한 비현실적 사고가 이성이나 논리를 대신하는 증상. 정신분열병에서 볼 수 있으며, 망상과 관련되기도 함
  - 강박관념(obsession): 쓸데없는 생각이라는 것을 알고 그 생각에서 벗어나려고 노력함에도 불구하고 반복해서 같은 내용의 생각 때문에 고통을 받는 경우. 강박장애에서 대표적으로 볼 수 있으며, 정신분열병의 일부에서도 흔히 볼 수 있음
  - 공포증(phobia): 어떤 특정한 대상에 대한 사실무근한 위험을 느껴서 두려워하는 것
- 사고진행의 장애(disorders in progress of thought): 사고가 진행되어 가는 형식에 이상이 있는 경우로, 종합성이 없는 말, 무의미한 말의 연합, 무의미한 말의 반복, 사고의 진행이 급변하거나 느려지는 등의 형태로 나타난다.
  - 사고의 비약(flight of ideas): 한 생각에서 다른 생각으로 연상이 빨리 진행되며, 단편적인 연결성을 가지고 있지만 전체적인 논리성은 결여되는 증상. 조증 상태에서 많이 나타나고 과대망상과도 연관됨
  - 사고의 지체(retardation of thought): 연상의 속도가 느리고, 따라서 전체적인 사고진행이 느리거나 어떤 결론에 도저히 이르지 못하는 경우. 우울증이나 정신분열병에서 흔히 나타남
  - 사고의 단절(blocking of thought): 사고의 흐름이 갑자기 멈추어 사고의 진공 상태가 되는 증상. 정신분열병에서 나타남

– 보속증(perseveration): 사고를 진행하려는 노력과 외부에서 새로 들어오는 자극에도 불구하고, 사고의 진행이 제자리에서 맴돌고 계속 같은 말, 단어, 문장을 반복하는 증상을 말한다. 기질성 뇌증후군이나 지능 부족 환자에게서 나타남

– 우원증(circumstantiality): 여러 가지 연상의 가지를 치면서 빙빙 돌다가 결론에 도달하는 증상. 정신분열증에서 나타남

– 지리멸렬(incoherence): 사고진행이 와해되어 일관성이나 논리적 연결이 없이 토막토막 끊어지거나, 의미론적으로도 파괴된 언어를 쓰거나 단어만 나열하는 증상. 정신분열증에서 나타남.

– 언어신작증(neologism): 자기만 뜻을 아는 새로운 말을 만들어 내거나, 독특한 말을 조합하여 창조해 내는 증상. 자폐증이나 정신분열증에서 나타남

7) 사고 내용의 장애

- 망상(delusion): 허망한 생각, 사실과는 다른 생각(false belief), 그 사람의 교육 수준, 환경과 부합되지 않고 현실과 동떨어진 생각을 말하며, 이성이나 논리적 방법으로 교정되지 않는 특성을 가진다.

  – 과대망상(delusion of grandeur): 자기 자신을 실제보다 더욱 위대한 사람으로 믿는 망상. 조증 상태에서 나타남

  – 편집 또는 피해망상(paranoid or persecution delusion): 각종 정신병에서 가장 흔히 나타나는 망상. 정신분열증에서 흔히 나타남

  – 우울망상(depressive delusion): 우울증이나 정신분열증에서 주로 나타남. 자신이 곧 파산할 거라는 망상, 헤어나지 못할 죄를 지었다는 죄책망상, 몹쓸 병에 걸려서 더 이상 살 수 없다는 지병망상, 자신은 존재가치가 없다고 믿는 허무망상 등이 있음

  – 색정망상(erotic delusion): 편집증이나 편집형 정신분열증, 조증에서 볼 수 있음. 자신은 모든 이성으로부터 사랑받고 있거나 모든 이성을 사랑해야 할 의무가 있다는 과대적 내용 또는 부정망상, 질투망상과 같은 피

해적 내용의 망상을 가짐

- 신체망상(somatic delusion): 자신의 장기 한 부분이 남과 특이하게 다르다고 믿고 있거나 장기가 썩어 들어간다고 믿는 망상
- 피조종망상(delusion of being controlled): 자신이 타인에 의해 조종되고 있다고 믿는 망상
- 사고방송(thought broadcasting): 자신의 생각을 다른 사람들이 이미 다 알고 있다고 믿는 망상
- 사고침입(thought insertion): 자신의 생각은 자신의 것이 아니라 남이 자신의 머릿속에 집어넣고 있다고 믿는 망상
- 관계망상(idea of reference): 여러 망상과 모두 관계있고 광범위한 내용을 가진 망상. 주위에서 일어나는 일상적인 사실이 모두 자신과 관련되어서 일어난다고 믿는 망상

- 과잉사고(overvalued idea): 한 개인의 강력한 감정과 연관되어 어떤 내용에 특정한 의미를 지나치게 부여하거나 큰 가치를 부여하는 경우를 말한다.
- 작화증(confabulation): 최근의 기억장애가 있는 환자가 무의식적으로 가상적인 이야기로 기억을 메우는 것으로, 기질성 뇌증후군에서 볼 수 있다.
- 건강염려증(hypochondriasis): 자기가 어떤 질병에 걸렸다고 확신을 가지며 두려워하는 것으로 우울증, 일부 강박장애 환자, 정신분열증, 신경증에서 나타난다.

8) 지각의 장애

- 인지장애(agnosia): 뇌장애 때문에 사물을 인지하거나 감각자극의 의미를 해석하지 못하는 장애다.
- 착각(illusion): 받아들인 감각자극을 감각기관에서 뇌의 적절한 부위에 전달하여 해석하는 과정에서 잘못 해석하여 지각하는 것으로, 기질성 뇌증후군과 같이 뇌 자체의 질병이나 고열, 심한 정신쇠약 등과 같은 다른 전신의 장애에서 나타날 수 있다.
- 환각(hallucination): 외부 자극이 없음에도 불구하고 마치 외부에서 자극이

들어온 것처럼 지각하는 현상을 말한다.

- 이인증(depersonalization): 자신을 둘러싸고 있는 현실이 변한 것처럼 느끼는 현상으로 나와 현실과의 경계가 모호해지는 경우에 나타난다. 예를 들어, 내가 내가 아닌 것 같거나, 내가 다른 내가 된 것 같다고 느낌을 말한다.
- 비현실감(derealization): 나를 둘러싸고 있는 현실이 달라졌다고 느끼는 현상을 말한다.

9) 기억의 장애

기억은 등록(registration), 저장 또는 유지(retention), 회상(recall) 등의 세 단계를 거치며, 감정에 의해 영향을 받을 수 있다.

- 기억과잉 또는 항진(hyermnesia): 특정 기간이나 특정 사건 또는 경험에 한정되어 기억을 병적으로 과도하게 상세히 기억해 내는 경우를 말한다. 천재, 경조증이나 편집증에서 나타난다.
- 건망증, 기억상실(amnesia): 일정 시간 동안의 기억감퇴를 말하며, 기질성 건망증과 심인성 건망증으로 나눌 수 있다.
  - 기질성 건망증(organic amnesia): 기억상실의 범위가 광범위하고 어떤 시기의 경험 전체를 잊어버리며 기억이 서서히 회복되고 지능, 의식, 지남력의 장애와 겹쳐서 나타남. 뇌손상을 입은 그 이전의 기억을 상실하는 퇴행성 건망증과 뇌의 병변이 발생한 이후의 일을 기억하지 못하는 전진성 건망증이 있음.
  - 심인성 건망증(psychogenic amnesia): 지남력과 의식의 장애는 나타나지 않지만, 기억장애의 범위가 선택적이고 필요에 따라 상실이 일어나며 급격하게 나타났다가 회복도 순간적으로 이루어짐. 히스테리성 해리, 둔주에서 전형적으로 나타남.
- 기억착오(paramnesia): 강한 무의식적 동기 때문에 과거 기억 중 자신의 이익에 맞는 것만 선택적으로 기억하거나 잊거나 왜곡한다.

- 기시감(deja vu): 과거에 경험한 적이 없거나 낯선 것을 전에 본 것 같이 느끼는 현상을 말한다.
- 미시감(jamais vu): 전에 알고 있거나 많이 경험한 것에 대해 생소하게 보이는 현상을 말한다.

10) 지능의 장애

- 정신지체(mental retardation): 유전적, 선천적 또는 발육 초기 과정에서 여러 가지 원인으로 지능의 발달이 정상적으로 이루어지지 않아 지능이 낮은 상태를 의미한다. 예를 들어, 지능지수(IQ)가 110 이상이면 우수하다고 보며, 90에서 100 사이는 보통, 90 이하는 열등하다고 평가한다.
- 치매(dementia): 생후 정상적으로 발달했던 지능이 후천적 뇌기능장애 때문에 영구적이고 비가역적으로 저하된 상태를 의미한다. 하지만 과거에 체험했던 기억과 지식의 단편이 남아 있을 수 있다.

11) 성격장애

개인의 성격 유형은 병적으로 규정될 수 있으며, 일정하게 분류되어 기술, 명령될 수 있다.

- A군 성격장애: 편집성, 분열성, 분열형 성격장애가 포함되며, 괴상하고 별난 경향을 보이는 것이 특징이다.
- B군 성격장애: 반사회성, 경계선, 연극성, 자기애성 성격장애가 포함되며, 대체로 극적이고 감정적이며 변덕스러움이 특징이다.
- C군 성격장애: 회피성, 의존성 및 강박성 성격장애가 포함되며, 억제되어 있고 불안해하고 두려움을 가진 것처럼 보이는 특징을 가진다.

3. 정신장애의 진단분류

정신장애의 진단분류는 의료 전문 팀 간의 의견 교환을 위한 의사소통의 도구를 제공하고, 다른 장애와의 구별이 용이하도록 장애의 특징을 정의하며, 궁극적으로 장애의 원인을 밝히고, 가장 효과적인 치료적 개입을 모색한다는 점에서 필요하다. 신체의학에서는 질병을 주로 원인에 따라 분류하며, 정신의학에서는 증상에 따라 분류한다. 정신장애의 진단은 이상행동의 형태나 증후군으로서 장애를 표현하는 기술적인 성격을 가진다. 정신장애의 진단은 면담을 통해 병력 청취, 신체검사, 정신상태 검사 등의 임상 기술에 더 의존하며, 환자뿐만 아니라 가족이나 친구 등 주위 사람들로부터도 많은 정보를 얻어야 하기 때문에 면담 기술을 꼭 필요로 한다.

『정신장애의 진단 및 통계 편람(*Diagnostic and Statistical Manual of Mental Disorders: DSM*)』은 전 세계적으로 가장 많이 사용되는 정신장애 분류체계다. DSM은 특정 이론에 치우치지 않고, 증후군을 위주로 장애의 특성을 기술적 측면에서 정의하고 있다. DSM은 조작적인 정의에 의한 진단기준을 마련하면서 다음과 같은 여러 가지 정보를 제공한다.

- 정신장애가 시작되는 시기
- 정신장애의 경과
- 장애를 일으키는 유전적, 소인적 요소
- 전체 인구 중에서 정신장애의 발생 빈도
- 감별 진단의 정보 제공
- 진단기준을 충족하면 심각성의 정도 표시
- 구체성을 높이기 위해 아형과 구체적 분류 제공

DSM은 14년 만에 개정판인 DSM-5가 2013년 5월 출간되면서 여러 진단기준들이 수정되었다. 이전의 DSM-IV-TR에서는 정신장애를 다섯 가지 차원에서 17개의 주요 범주로 나누고, 다시 하위 범주로서 200개 이상의 정신장애를 제시하였으나, DSM-5에서는 22개의 범주로 다음과 같이 나누고 있다.

- 신경발달 장애(Neurodevelopmental Disorders)
- 정신분열 스펙트럼 및 기타 정신병적 장애(Schizophrenia Spectrum and Other Psychotic Disorders)
- 양극성 및 관련 장애(Bipolar and Related Disorders)
- 우울장애(Depressive Disorders)
- 불안장애(Anxiety Disorders)
- 강박 및 관련 장애(Obsessive-Compulsive and Related Disorders)
- 트라우마 및 스트레스 요인 관련 장애(Trauma-and Stressor-Related Disorders)
- 해리장애(Dissociative Disorders)
- 신체증상 및 관련 장애(Somatic Symptom and Related Disorders)
- 급식 및 섭식 장애(Feeding and Eating Disorders)
- 배설장애(Elimination Disorders)
- 수면 각성 장애(Sleep-Wake Disorders)
- 성 기능 장애(Sexual Dysfunctions)
- 성별 불쾌감(Gender Dysphoria)
- 파괴적, 충동조절 및 품행 장애(Disruptive, Impulsive-control, and Conduct Disorders)
- 물질 관련 및 중독 장애(Substance-Related and Addictive Disorders)
- 신경인지 장애(Neurocognitive Disorders)
- 성격장애(Personality Disorders)
- 성도착 장애(Paraphilic Disorders)
- 기타 정신장애(Other Mental Disorders)
- 약물 유발 운동 장애 및 기타 약물 부작용들(Medication-Induced Movement Disorders and Other Adverse Effects of Medication)
- 임상적 주의가 필요한 기타 상태들(Other Conditions That May Be a Focus of Clinical Attention)

그 외에도 DSM-5는 이전의 DSM-IV-TR과는 여러 가지 차이점을 보인다. 첫째, DSM-IV의 중다축적 진단체계(multiaxial diagnostic system)는 DSM-5에서 폐기되었다. DSM-IV에서는 축 I(임상적인 관심의 초점이 되는 대부분의 정신장애), 축 II(성격장애와 정신지체 혹은 빈번하게 사용하는 주된 방어기제), 축 III(현재의 신체질환이나 신체 상태), 축 IV(심리사회적 및 환경적 문제), 축 V(전반적 기능수행의 사정)로 나누어 진단하도록 되어 있었으나, DSM-5에서는 축 I, II, III에 해당하는 중다축적 진단을 사용하지는 않지만 축 IV와 V에 해당되는 심리사회적 · 환경적 요인을 별도로 표시하도록 되어 있다. 또한 축 III(현재의 신체질환이나 신체 상태)에 해당하는 내용인 개인의 정신장애를 이해하거나 조절하는 데 필요한 의학적 상태는 명시하도록 되어 있다.

둘째, DSM-5에는 차원적 사정의 개념이 도입되었다. DSM-IV에서는 장애가 있느냐 없느냐를 구분한 범주적 진단(categorical diagnoses) 방법을 사용했다. 하지만 이런 단정적 진단 방법은 장애의 비슷한 증상과 속성을 보이는 상대적으로 동질적 인구집단을 대상으로 정신장애가 별개의 독립체라고 가정한다. 하지만 현실에서는 클라이언트 집단이 매우 다양하고, 그들의 증상이 진단적 범주에 명확하게 해당되지 않는다. 예를 들어, 불안증을 가진 클라이언트는 불안감을 느낀다 또는 느끼지 않는다의 범주로 구분할 수 있는 것이 아니라, 불안감을 연속선상에서 어느 정도로 경험하느냐를 봐야 한다는 것이다. 그렇기 때문에 범주적 진단 방법은 여러 만성질환을 동시에 갖고 있는 것으로 과도하게 진단된다거나, 해결될 수 없는 진단 간의 경계적 논란, 진단에서 '달리 분류되지 않는(not otherwise specified)' 범주들의 과도한 사용 등 여러 문제들을 가져왔다(Jones, 2012). 이에 DSM-5에는 차원적 사정(dimensional assessment)을 각 범주적 진단에 추가하였다. 차원적 사정은 빈도, 지속 기간, 심각도, 또는 다른 장애의 특징을 측정하는 순위 등급을 말한다. 이러한 사정은 추가적 정보를 제공함으로써 정신보건사회복지사가 진단, 개입 방법, 개입 평가를 하는 데 도움을 줄 것이다. 그리고 클라이언트의 표적 문제나 차후 진단에 상관없이, 클라이언트에게서 자주 볼 수 있는 진단적 증상들을 측정하는 간단 사정(cross-cutting assessment)을 제공한다. 이 사정 방법은 면접 초기 단계에서 대부분의 클라이언트에게서 자주 나타나고 평가되는 증상들을 측정하기 위한 것이다(Jones,

2012). 차원적 개념의 사정 방법이 도입되면서 자폐 스펙트럼 장애(Autism Spectrum Disorder), 양극성 및 관련 장애와 같은 명칭들이 나타나게 되었다. 또한, 알코올 사용 장애(Alcohol Use Disorder)와 같은 경우는 11개의 진단 준거 중에 2~3개가 충족되면 가벼운 정도(mild), 4~5개이면 중간 정도(moderate), 6개 이상이면 심각한 정도(severe)로 진단되는 등 증상의 심각도(severity)를 측정할 수 있도록 변경되었다.

학습활동

- KBS 스페셜 특별기획 다큐멘터리 〈마음〉(2006)의 한 부분에서 나온 신경세포에 관한 다음의 동영상을 감상해 봅시다.
  (http://www.youtube.com/watch?v=7Plu-Yr8kzE)
- KBS 스페셜의 다른 시리즈도 감상해 봅시다.
  제1편: '마음' 몸을 지배하다
  제2편: 생각하는 대로 이루어진다
  제3편: 무의식에 새겨진 '마음'을 깨우다
  제4편: 기억을 버려라
  제5편: 편안한 '마음'이 좋습니다
  제6편: 당신을 용서합니다

정리해봅시다

1. 정신병리학과 정신상태 검사
   - 정신질환에서 비정상적 행동, 사고, 의식 등으로 나타나는 증상에 관심 갖는 학문을 정신병리학이라고 한다.
   - 정신상태 검사를 통해 환자의 정신의학적 증상을 진단하게 된다.

2. 정신의학적 증상
   - 표정과 태도는 하나의 의사소통 수단이다.
   - 장애의 종류

- 표정과 태도: 우울한 표정, 방어적 · 거부적 태도 등
- 행동의 장애: 과잉, 저하, 반복적, 강박증적 행동 등
- 의식의 장애: 의식의 혼탁, 착란, 섬망, 주의력 장애 등
- 지남력 장애: 공간 · 시간 사람에 대해 구체적으로 인지하는 능력 상실
- 정동의 장애: 우울, 불안, 무감동, 둔마된 정동 등
- 사고의 장애: 사고형태의 장애, 사고진행의 장애, 사고 내용의 장애(망상) 등
- 지각의 장애: 착각, 환각 등
- 기억의 장애: 기억항진, 기억상실, 기시감과 미시감 등
- 지능의 장애: 정신지체, 치매 등
- 성격의 장애: 편집성, 분열성, 반사회성, 경계선, 강박성 성격장애 등

3. 정신장애의 진단분류

- 전문인 간의 효과적 의사소통과 가장 효과적인 치료적 개입을 모색하기 위해 정신증상을 진단, 분류한다.
- 신체의학과 달리 정신의학은 증상에 따라 분류하고, 정신상태 검사 등을 활용한 면담을 통해 진단을 한다.
- 새로 개정된 DSM-5는 2013년 5월에 출간되었으며, 정신장애를 22개의 범주로 나누고 있다.
- DSM-IV의 중다축적 진단체계는 DSM-5에서 폐기되었다.
- DSM-5에는 차원적 사정의 개념이 도입되었다.

참고문헌

강선경(2010). **정신병리**. 경기: 집문당.

김규수(2005). **정신보건사회복지실천론**. 서울: 형설출판사.

Davison, G., Neale, J., & Kring, A. (2005). **이상심리학** (이봉건 역). 서울: 시그마프레스. (원전 출판 2004년)

Jones, D. (2012). Dimensional and cross-cutting assessment in the DSM-5. *Journal of Counseling & Development*, 481-487

Sarason, I., & Sarason, B. (2001). **이상심리학** (김은정, 김향구, 황순택 역). 서울: 학지사. (원전 출판 1996년)

제3장

정신건강서비스의 발달과정, 정신보건사회복지의 개념 및 현황

MENTAL

학습목표

- 정신건강서비스의 변화를 역사적 맥락에서 이해한다.
- 서구사회의 정신건강서비스 발달과정을 이해한다.
- 우리나라 정신건강서비스의 변화를 역사적 맥락에서 이해한다.
- 정신보건사회복지의 개념과 정신보건사회복지사의 기능을 이해한다.
- 보건복지부의 역학조사를 통해 유병률과 기타 주요 결과를 확인한다.
- 정신의료기관, 정신요양시설, 사회복귀시설 등 정신보건시설의 범주를 이해한다.
- 지역사회정신건강의 개념과 의미를 이해한다.

HEALTH

학습내용

- 정신건강서비스의 발달과정
- 우리나라 정신건강서비스의 역사
- 정신보건사회복지
- 정신보건사회복지의 현황
- 지역사회정신건강

1. 정신건강서비스의 발달과정

1) 역사 속의 정신건강서비스

(1) 중세까지

중세까지는 매우 비과학적이고 샤머니즘적인 관점이 우세하였다. 정신장애는 주로 도덕적으로 부패되어 있거나 악마에 사로잡혀 있는 것이라고 간주하였다. 정신장애인이 병자인지 악마인지, 또는 정신장애가 신체적 질병인지 영혼의 질병인지에 대한 논란이 있었다. 미친 사람을 수용하기 위해 수용소나 교도소와 같은 시설에서 사회의 안전을 위해 정신장애인을 격리 및 수용하였다. 이곳에서 정신장애인은 비위생적이고 비인도적인 대우를 받았다.

(2) 도덕적 치료의 등장

18세기 후반 의학의 발전으로 정신장애에 대한 과학적 접근, 인도적 처우에 관심이 생기게 되었으며, 프랑스의 의사인 피넬(Phillipe Pinel)이 제안한 도덕적 치료(moral treatment)가 등장하게 된다. 피넬은 도덕적 치료에서 프랑스의 평등주의 영향으로 폭행과 쇠사슬을 금지하는 포근한 환경을 강조하였고, 이는 19세기 초의 자선단체에 영향을 미쳤다. 도덕적 치료의 관점과 함께 1800년대 중반 미국의 도로시아 딕스(Dorothea Dix)는 교도소에 수용된 정신질환자에 대한 비인간적 처우를 보고 정부에 개선을 요구하였으며, 범죄자나 걸인과 분리시키도록 노력하였고, 정부가 정신병원을 신설하는 데 기여하였다.

2) 영국의 발전

영국에서는 1880년대에 사회복지단체가 주동이 되어 정신병원에서 퇴원한 환자를 대상으로 위탁가정 혹은 사회복지시설과 요양원 등에 필요한 보호와 가족 지도가 이루어졌다. 그 이후 1920년대에 정신보건운동이 아동상담소를 중심으로 이루어지면서, 정신보건사회복지도 이에 참여하게 된다. 1930년대에는 정신병원 중심으로 정신의학이 발달하였다. 이에 따라, 사회복지사가 정신병원에서 사회력 조사, 후속서비스 제공, 환자와 가족에게 설명, 환자의 퇴원 도움, 다른 사회서비스와 협력 및 행정적 도움 등 더욱 광범위한 일을 하게 되었다. 1930년대 이후에는 사회복지사를 전문적으로 훈련시키고 지역사회정신보건센터를 중심으로 사회사업의 활동 범위가 확대되었다. 1944년에는 정신장애아동의 복지 증진을 위한 「교육법(The Education Act)」이 제정되면서, 정신장애아동에 대한 교육 기회가 확대되었다. 1950년에는 조사위원회(Committee of Enquiry)가 부적응학생의 의학적 · 교육적 · 사회적 문제를 교육제도 내에서 치료하는 방법을 연구 및 보고하였다. 그리고 1959년에 「정신보건법」이 제정되었다. 1960년대부터 현재까지, 영국에서는 정신건강정책에서 지역사회정신건강 보호가 강조되어 왔다. 지역사회정신보건센터는 입원환자 치료, 외래환자 치료, 응급환자 진료, 개방 병동에서의 부분 입원, 지역사회 자문과 의뢰 및 교육 프로그램 제공의 주요 기능을 수행하고 있다.

3) 미국의 발전

미국에서는 1773년에 버지니아주 윌리암스버그에 최초의 정신병원이 설립되어, 교도소의 소년원에 감금되어 있던 정신병환자를 이곳으로 이전하였다. 1900년대 초기에는 정신위생운동(Mental Hygiene Movement)의 선구자인 클리포드 비어스(Clifford Beers, 1876~1943)가 병원에서의 치료와 보호에 대한 공적 관심을 촉구하며 정신건강협회를 조직하였다. 1904년에는 아돌프 마이어(Adolf Meyer, 1866~1950)가 생활사건과 정신질환의 관계를 살펴봄으로써 환자의 생활에 영향을 미치는 사회적 힘에 대해 연구하였다. 마이어는 정신질환의 환경적 원인을 이해하기 위해 자신의 아내에게 환자의 가족을 방문하게 하였고, 이를 바탕으로 환자의 가족, 학교, 지역사회가 정신질환의 발병 초기에 관여해야 한다고 주장하였다. 1905년 보스턴 매사추세츠종합병원에서는 리처드 캐벗(Richard C. Cabot)과 아이다 캐논(Ida M. Cannon)이 사회복지 프로그램을 처음으로 시도하여, 보스톤의 매사추세츠종합병원 신경진료소에서 사회복지사를 최초로 채용하였다. 이후 1906년에 뉴욕주의 자선조직협회의 후원을 받아 맨해튼주립병원에서도 새로 입원한 환자의 사회력 조사를 위해 정신의료사회복지사를 채용하였다. 하지만 이 당시의 사회복지사의 역할은 정신의학자의 보조자 위치로서, 환자의 생활력 조사, 환자의 가족이나 친구와 환자 간의 유대 강화, 보호자와의 관계 유지, 병이 악화되는 갑작스러운 위기를 피하도록 환자를 돕는 역할에 한정되었다. 메리 자렛(Mary C. Jarrett)은 '정신의료사회사업(psychiatric social work)'이라는 용어를 최초로 사용하여 정신의학자와 정신의료사회복지사의 협동체계를 강조하였다. 1918년에 스미스 대학에서 최초로 정신의료사회복지사를 양성하기 위한 교과과정이 개설되었다. 뉴욕대학의 사회복지학과에서도 특수한 목적으로 사회복지사를 위한 정신위생 과정이 설치되었다. 1920년 보스턴병원에서는 정신의료사회복지사 클럽을 조직하였고, 이는 1955년에 전미사회복지사협회로 통합되었다.

1922년에서 1940년대까지는 아동상담소 계몽운동이 시작되어 정부 보조와 민간 보조로 활발해졌다. 이 운동에 따라 가족성원의 연구와 치료에 영향을 주는 지식체계가 가족집단을 통해 정립되었다. 1920년대에서 1930년대까지 사회복지사는 클라이언트에게 개별사회사업(case work)이나 정신요법을 주로 실시하였다. 정신요법은 정신내면적 및 대인관계의 영역에 도움을 줌으로써 클라이언트의 생활 적응에서 제한된 변화를 촉진하였다. 반면에 개별사회사업은 정신요법의 내용을 포함한 보다 광범위한 변화를 조장하며, 사회적 · 경제적 · 환경적 영역에 도움을 주었다. 1939년 제2차 세계대전이 발발하면서 군대에서의 정신건강 문제와 전쟁 후 참전자와 그 가족의 정신건강 문제에 관심이 확대되었다. 육군, 해군 및 보훈병원에서 정신의료사회복지사를 채용하기 시작하였고, 1951년에는 공군에서도 장교직위의 정신보건사회복지사를 두게 되었다. 1946년에는 「국민정신건강법(National Mental Health Act)」이 입법되었고, 1949년에는 국립정신보건연구소(National Institute of Mental Health)가 설립되었다. 국립정신보건연구소는 전문 인력의 양성, 조사연구, 예방과 치료를 위한 정신건강서비스를 실시하였다. 1950년대에는 정신약물학의 급속한 발달로 의학모형이 절정을 이루었고, 이는 지역사회정신보건의 토대가 되었다. 정신약물학의 발달을 바탕으로, 병원 중심의 치료 환경에 대한 사회학자들의 비판과 강제 입원에 대한 부정적 시각에 따라 탈시설화에 대한 경향이 두드러졌다. 이러한 경향을 반영해서, 1963년 케네디(John F. Kennedy) 대통령에 의해 「지역사회 정신보건법(Community Mental Health Act)」이 제정되었고 지역사회 정신보건센터(CMHC)가 운영되었다. 이에 따라 주립정신병원의 역할이 감소되고, 요양원이 확대되었으며, 정신건강서비스의 사적 부문이 성장하였다. 그와 동시에, 정신건강 분야의 전문요원인 정신과 의사, 임상심리학자, 사회복지사 등이 증가하였다.

1950년대 이후에는 개별사회사업이나 정신요법에 더불어, 집단요법, 가족치

〈읽을거리〉

클리포드 비어스(Clifford Beers, 1876~1943)

미국 코네티컷 주에서 태어나 뉴욕의 보험회사에 근무하였는데, 우울증으로 자살을 시도하여 정신병원에 입원하였다. 여러 정신병원을 떠돌며 환자를 폭행 · 강압적으로 다루는 것을 목격하고, 이러한 현실을 사회에 호소하기 위하여 1905년부터 수기를 썼다. 이것이 1908년에 출판된 『나의 영혼을 만날 때까지』다. 출판 후 시민운동가로 활동하며 정신위생운동을 전개하여 죽을 때까지 몰두하였으며, 그의 수기와 운동은 아돌프 마이어 등에게 큰 영향을 미쳤다.

아돌프 마이어(Adolf Meyer, 1866~1950)

스위스 니더베닝겐에서 태어나 취리히대학교를 졸업한 후 파리, 런던, 에든버러, 빈, 베를린에서 유학하였고, 논문 「몇몇 파충류의 전뇌에 관하여」로 학위를 받았다. 1892년 미국으로 건너가 시카고대학교의 교수가 되었으며, 1904년 코넬대학교 교수, 1910년 존스홉킨스대학교 교수, 1913년 헨리핍스 정신병 진료소장이 되었다. 정신생물학설에 기반을 둔 행동주의와 내성의 중간인 정신학설을 주장하였고, 심리 현상을 뇌간에서 발생하는 본능적 현상의 보다 높고 복잡한 승화라고 봄으로써 미국의 정신병학에 널리 영향을 미쳤다.

료, 병실환경(milieu therapy), 지역사회 지지 프로그램 등 다양한 치료 프로그램이 나타났다. 1981년에는 레이건 행정부에 의해 「포괄재정조정법(Omnibus Budget Reconciliation: PL-97-35)」이 통과되었다. 이 법에 따르면, 연방정부는 재정의 지출용도를 넓은 범위에서만 지정할 뿐 그 범위 내에서는 주정부 혹은 지방정부가 자유로이 지출을 결정할 수 있다. 그러나 사회복지와 보건 및 정신보건에 대한 연방정부의 책임을 주정부로 이양함으로써 연방재정지원이 줄어들었다. 1986년의 「정신보건서비스계획법(State Comprehensive Mental Health Service Plan Act: PL 99-660)」은 주정부가 정신보건에 대한 종합 계획을 수립할 것을 의무화하였다. 이 법에 따르면, 주정부가 연방정부의 예산지원을 받기 위해 주정부나 지방정부의 사례관리 실시를 의무화하였고, 정신보건사회복지사의 업무 영역이 더욱 명확해졌다. 1990년에 제정된 「미국장애인법(Americans with Disabilities Act)」은 신체장애뿐만 아니라 정신장애인에 대해서도 고용, 교육, 공공숙박시설, 공공서비스 그리고 교통서비스 이용에서의 차별을 금지하였다.

2. 우리나라 정신건강서비스의 역사

1) 정신보건사회복지의 태동기

근대 이전의 우리나라에서는 정신장애를 무속적으로 이해하여, 질병의 처방도 민속의식에 의존하였다. 정신질환을 가진 환자에 대한 책임은 전적으로 가족이 담당하였다. 근대기에 접어들면서, 종교에 기반을 둔 기도원에서 많은 정신질환자들을 수용 및 보호하기 시작하였다.

일제 강점기에는 정신건강서비스가 일부 존재했으나 일본의 전시행정에 불과하였다. 1945년에 대한신경정신의학회가 조직되면서 정신의학의 체계적 연구 및 정신보건사회복지가 시작되었다. 이때, 정신건강 영역에 사회복지사가 개입하였는데, 정신의학자, 심리학자와 더불어 사회복지사 권기주가 정신의학 연구에 협력하였다. 한국전쟁으로 미군병원에서 정신보건사회복지사인 랄프 모간(Ralph W. Morgan)이 군인을 돕는 활동을 하였는데, 그의 역할이 정신과 의사들에게 사회복지사의 필요성을 인식하게 하는 등 여러 영향을 주었다. 1958년에 서울시립아동상담소가 개설되면서 정신의학자, 정신보건사회복지사, 심리학자 및 법률 전문가가 팀 접근을 시도하였다. 1962년에는 국립정신병원이 개설되면서, 정신보건사회복지사가 정신질환자를 위한 서비스와 사회복지 전공학생의 실습을 담당하였다. 1963년에는 성모병원 신경정신과에 전임사회복지사가 채용되어 환자의 개인력 조사와 가족상담 등을 수행하였다.

2) 1970년대

1971년에는 한강성심병원, 용인정신병원, 혜동의원 등 정신과 전문병원에서 정신보건사회복지사가 일하기 시작했다. 1973년 「의료법 시행령」이 개정되면서 종합병원에 환자의 갱생, 재활과 사회복귀를 위한 상담과 지도를 위해 「사회복지사업법」이 정한 사회복지사를 1인 이상 두도록 명시되었다. 이 법에 따라 종합병원 내에서의 사회복지사의 활동이 확대되었다. 1974년에는 안양신경정신병원, 고려대학교 부속병원 및 서울기독병원에서, 1976년에는 서울백제병원 등에서 사회복지사를 채용하였다.

1977년 7월 1일부터 의료보험이 시행되면서, 정신보건사회복지사의 치료활동에 대한 보험 청구를 할 수 있게 규정되었다. 이에 따라 정신과 전문병원에서 사회복지사 채용 증가의 여건이 조성되었고, 사회복지사의 채용이 급속히 늘어나게 되었다(이영호, 심경순, 김태준, 2006).

3) 1980년대

1980년대에는 정신병원과 정신요양시설의 증가로, 최소한의 의료적 서비스가 정신장애인에게 제공되었다. 그러나 지역사회와의 격리로 부정적 편견이 강화되고 사회로의 재활이 어려워지면서 장기 입원과 장기 수용의 악순환이 계속되었다. 그런 배경을 바탕으로, 낮병원과 재활 프로그램이 시작되었다. 1986년 태화 샘솟는 집에서 최초의 지역사회 재활 프로그램을 시작하였다.

4) 1990년대 이후

1990년에는 전국적으로 약 100여 개에 이르는 기관에서 정신보건사회복지사들이 활동하게 되었다. 1994년에는 보건복지부의 용역연구로 지역사회정신보건에 대한 이론적 토대가 구축되었다. 1995년 12월 「정신보건법」이 제정되면서, 정신보건전문요원의 자격 제도가 마련되었다. 「정신보건법」 제7조에 따라, 정신보건사회복지사는 정신보건임상심리사, 정신보건간호사와 함께 정신보건전문요원에 포함되었다. 또한, 정신보건사회복지사의 자격 시험 및 자격요건이 확립되면서 정신보건사회복지사의 전문성이 더욱 향상되었다. 이를 바탕으로 정신보건사회복지사의 활동 영역이 병원뿐만이 아니라 사회복귀시설이나 정신보건센터와 같은 지역사회까지 나아갈 수 있게 되었다.

1999년에는 「장애인복지법」이 개정되면서 정신질환에 의한 정신장애를 법적으로 장애인의 범주에 포함시켰다. 2000년 1월에는 장애인복지서비스가 제공되었고, 2001년 6월에 이르러서는 낮병원, 사회복귀시설 그리고 정신보건센터를 포함한 지역사회정신보건시설이 245개에 달하였다. 2012년 6월에는 보건복지부에서 정신건강증진종합대책을 발표하였다. 정신건강증진종합대책에서는 생애주기별 건강검진 실시, 「정신보건법」상 정신질환자 범위 축소, 건강증진 프로그램 확산과 같은 내용들이 포함되었다. 2012년 7월에는 국립 정신건강연구원 설립 계획이 발표되었으며, 이 계획에 따르면 5개 국립정신병원을 정신건강 증진기관으로 개편할 예정이다.

2013년 5월에는 「정신보건법」이 「정신건강증진법」으로 개정된다는 입법 예고가 있었다. 「정신건강증진법」의 주요 내용은 다음과 같다.

- 정신질환자의 범위를 '사고장애, 기분장애, 망상, 환각 등 정신질환으로 인하여 독립적으로 일상생활을 영위하는 데 중대한 제약이 있는 사람'으로 축소하고, 외래치료로 일상생활이 가능한 경증 정신질환자를 가진 사람을 범위에서 제외함
- 정신질환 이력을 사유로 한 「보험업법」상 보험 가입 차별 금지를 명문화함
- 정신건강 문제의 조기 발견 및 만성화 방지를 위한 '생애주기별 정신질환

조기발견 체계' 구축 근거 조항 신설

- 보호의무자에 의한 비자발적 입원 요건을 강화하고 퇴원심사 주기를 6개월에서 2개월로 단축하여 강제입원 감소 및 조기치료 유도
- 현행 「정신보건법」 명칭을 「정신건강증진법」으로 변경하고, 모든 국민의 정신건강증진 및 정신질환 조기발견 · 예방 분야를 대폭 확대하는 방향으로 개정안 마련
- 학교 · 직장에서의 정신건강 교육 의무화 및 '정신건강의 날' 지정 등을 내용으로 한 '정신건강증진 장(章)' 신설
- '정신보건센터'를 '정신건강증진센터'로 개칭하여 지역 중심의 정신건강 서비스를 제공하는 핵심 기관으로 육성하고, 정신건강정책연구 기능 강화를 위한 '국립정신건강연구기관' 설립 근거 조항 마련

3. 정신보건사회복지

1) 정신보건사회복지의 개념

정신보건사회복지는 정신의료사회사업(Psychiatric Social Work) 또는 정신보건사회사업(Mental Health Social Work)으로 일컬어지기도 한다. 정신보건사회복지는 의료사회사업으로부터 분화하여 전문화된 영역으로, 정신병원, 종합병원 내 신경정신과 등과 같은 정신의료기관에서 시작한 사회사업의 한 영역이다. 프리들랜더(Friedlander, 1967)는 정신보건사회사업을 정신적 · 정서적 장애가 있는 환자를 돕는 목적으로 정신의학과 직접적이고 책임성 있는 협력하에 정신병원이나 진료소 또는 정신보건기관이 후원하여 실시하는 개별사회사업(case work)이라고 정의하였다. 또한 김규수(1995)는 정신보건사회복지의 개념을 대상, 주체, 활동 장소, 목적 및 사회복지적 접근 방법으로 나누어서 다음과 같이 정리하였다.

- 정신보건사회복지의 대상: 정신적 · 정서적 장애를 가진 클라이언트를 대

상으로 함

- 주체: 정신과 의사, 사회복지사, 심리학자, 정신과 간호사 및 작업치료사 등이 치료 팀을 구성함
- 활동 장소: 병원이나 진료소, 정신보건기관, 지역사회 등으로 확대함
- 목적: 정신적 · 정서적 장애로 고통받고 있는 사람의 건강을 회복시키고 정신건강을 촉진하는 활동 등 2차 예방뿐만 아니라 1차 예방활동으로 확대된 서비스 내포함
- 사회복지적 접근 방법: 개별사회사업으로 국한하지 않고 제반 사회복지 방법론을 적용함

이와 비슷하게, 펄만(Perlman, 1986)은 정신보건사회복지의 일곱 가지 구성요소, 즉 목적, 실천 장소, 주요 대상, 대상자가 가지고 있는 문제, 실천과정, 전문가, 서비스 제공 및 정책 등을 다음과 같이 제시하였다.

- 정신보건사회복지의 목적: 정신적이고, 정서적인 장애로 고통을 받고 있는 사람들의 건강 회복과 사회 적응 그리고 정신건강을 촉진하는 활동을 통해 정신장애인의 삶의 질 및 사회 기능을 향상시키고자 함
- 실천 장소: 주로 정신의료기관(정신병원, 의원, 진료소 등), 아동과 가족상담소 또는 지역사회정신보건센터, 사회복귀시설 등에서 이루어짐
- 주요 대상: 정신적, 정서적, 사회생활상의 어떤 측면에서 전문적 원조를 받을 필요가 있다고 자인하거나 혹은 받을 필요가 발견되어 정신의학적 기관에 찾아오는 정신장애인과 부적응적 · 일탈적 · 이상적인 사람을 대상으로 함
- 대상자가 가지고 있는 문제: 클라이언트가 직면하고 있는 정신적 · 정서적 장애의 고통이나 사회적 부적응 문제는 물론 그 문제로 말미암아 파생된 문제, 즉 경제적 · 사회적 문제 그리고 증상 회복에 따른 지지적 문제에 개입함
- 실천과정: 정신의학자, 심리학자, 정신과 간호사, 작업치료사 등을 포함한 정신의학적 치료팀의 협력하에 사회복지 실천 방법을 통하여 클라이언트

의 기본적 욕구 충족을 돕고, 사회화 과정에서 경험에 대한 생활학습의 기회를 다시 부여함

- 전문가: 정신보건요원의 한 전문 직종으로서 정신보건사회복지사는 클라이언트와의 원조관계를 중시하고, 그들의 주체성을 잘 존중하는 것이 요구됨
- 서비스 제공 및 정책: 국민의 정신보건의 향상과 정신보건서비스의 질 향상을 위한 제도 및 대책은 클라이언트의 문제해결을 추구하는 모든 제도 혹은 대책을 말함

2) 정신보건영역의 전문 인력

정신보건영역의 전문 인력으로는 정신과 의사, 정신보건임상심리사, 정신보건간호사 그리고 정신보건사회복지사가 있다. 첫째, 정신과 의사(psychiatrist)는 치료에 대한 사회적 · 법적으로 인정된 책임을 갖는 전문적 의학 지식을 갖고 있다. 정신과 의사는 주로 임상진단과 약물치료 및 정신치료, 종합적 치료의 전략 등을 계획하며, 환자의 질병에 대한 소인과 해부학적 · 생물학적 · 생화학적 과정의 영향 및 성격의 발달과 병리에 중점을 둔다.

둘째, 정신보건임상심리사(mental health clinical psychologist)는 심리학적 이론과 훈련을 통하여 여러 가지 검사도구를 활용하여 심리진단을 내린다. 정신보건임상심리사는 임상적 문제에 대한 학습이론과 행동수정의 원리를 적용한 인지-행동치료, 개인치료와 집단치료를 주로 수행하며, 성격, 정신병리 및 치료기법에 대한 연구, 교육 및 자문의 역할을 한다.

셋째, 정신보건간호사(mental health nurse)는 환자와 잦은 접촉을 하는 정신보건영역의 전문 인력으로, 병실 내에서 의료인의 신뢰를 바탕으로 병실에서의 일상생활과 동료 환자와의 관계 형성에 도움을 준다. 정신보건간호사는 간호학의 전문적인 지식과 기술을 바탕으로 신체의 치료와 더불어 환자를 위한 치료적 환경을 조성하는 데 중점을 둔다.

마지막으로, 정신보건사회복지사(mental health social worker)는 사회복지사 1급 자격증을 소지하고 「정신보건법」에서 요구하는 수련을 거쳐 보건복지부장관

으로부터 자격증을 취득한 전문 인력이다. 정신보건사회복지사는 클라이언트를 둘러싸고 있는 가족, 친구, 학교, 지역사회와의 관계망 및 환경의 지지체계에 초점을 맞추어서 사회사업의 실천기술을 활용하여 치료적인 개입을 한다. 정신보건사회복지사는 고용 기관의 형태에 따라 다른 역할을 수행하기는 하지만, 주요 역할들은 다음과 같다.

- 환자의 입원 기간을 통하여 개별 및 집단 상담
- 사회치료와 가족교육이나 가족치료
- 퇴원을 앞둔 회복기 환자의 퇴원 계획
- 지역사회 적응과 사회복귀에 관심
- 자원 활용을 도움

표 3-1 정신보건 전문요원의 업무의 범위 및 한계(「정신보건법 시행령」 제2조 제1항)

종별	업무의 범위 및 한계
공통	• 사회복귀시설의 운영 • 정신질환자의 사회복귀 촉진을 위한 생활훈련 및 작업훈련 • 정신질환자와 그 가족에 대한 교육 · 지도 및 상담 • 정신질환으로 자신 또는 타인을 해할 위험이 있다고 의심되는 자를 시 · 군 · 구청장에게 진단 및 보호 신청 • 정신질환 예방활동 및 정신보건에 관한 조사 · 연구 • 기타 정신질환자의 사회적응 및 직업재활을 위하여 보건복지부장관이 정하는 활동
정신보건 임상심리사	• 정신질환자에 대한 심리평가 • 정신질환자와 그 가족에 대한 심리상담
정신보건 간호사	• 정신질환자의 병력에 대한 자료 수집, 병세에 대한 판단 · 분류 및 그에 따른 환자 관리 활동 • 정신질환자에 대한 간호
정신보건 사회복지사	• 정신질환자에 대한 개인력 조사 및 사회조사 • 정신질환자와 그 가족에 대한 사회사업 지도 및 방문 지도

「의료법」에서 규정하고 있는 정신과 전문의에 대한 내용을 제외하고, 「정신보건법」에서는 정신보건임상심리사, 정신보건간호사 그리고 정신보건사회복지사를 정신보건 전문요원으로 칭하며 이들의 활동 근거를 다음과 같이 제시하고 있다.

- 「정신보건법」 제7조(정신보건전문요원): 정신보건분야에 관한 전문지식과 기술을 가진 자에게 정신보건전문요원의 자격증을 교부할 수 있으며(1항), 이 요원은 정신보건간호사, 정신보건임상심리사 및 정신보건사회복지사로 한다(2항).

특히, 「의료법」에서는 사회복지 인력의 활동에 대한 법적 근거를 다음과 같이 제시하고 있다.

- 「의료법 시행규칙」 제28조 2항 6호(의료인 등의 정원): 종합병원에는 「사회복지사업법」의 규정에 의한 사회복지사업 종사자 자격을 가진 자 중에서 환자의 갱생, 재활과 사회복귀를 위한 상담 및 지도 업무를 담당하는 요원을 1인 이상 둔다.

3) 정신보건사회복지사의 역할 및 기능

정신보건사회복지사의 기능으로는 크게 직접적 서비스를 제공하는 직접적 실천부터 조사연구 활동까지 매우 다양하다. 첫째, 정신보건사회복지사는 직접적 서비스 제공의 기능을 수행한다. 정신보건사회복지사는 환자나 그 가족에 대한 직접적 서비스를 제공하며, 심리사회적 문제를 사정하고, 평가 및 진단을 바탕으로 치료 계획을 세워 개입한다. 둘째, 정신보건사회복지사는 지도 및 감독의 기능을 수행한다. 실습생이나 경력이 적은 정신보건사회복지사와 함께 직접적 서비스를 협력적으로 연구하고 계획하고 서비스 전달체계를 개발한다. 셋째, 정신보건사회복지사는 행정의 기능을 수행한다. 행정의 기능에는 효과적 프로그램 개발을 위하여 협력하고 지원하는 것이 포함된다. 넷째, 정신보건사회복지사는 각 전문직의 자율성과 효율적인 협력을 위해 조정하거나 팀 구성원의 교육과 학생들의 임상훈련 프로그램을 제공하는 교육활동 기능을 수행한다. 마지막으로 다섯째, 팀워크 활동의 수요, 욕구조사, 직접적 서비스의 평가, 환자 및 환자의 역학적 조사 그리고 지역사회보건 향상을 위한 프로그램 개발에 필요한 자료수집 등의 조사연구 활동의 기능을 수행한다. 또한, 지역사회 내의 정신보건사회복지사는 다음의 역할들을 수행한다(김기태, 황성동, 최송식, 박봉길, 최말옥, 2001).

- 진단적 역할: 관계자와의 면접이나 경청, 사회조사 등의 방법을 사용하여 지역사회의 욕구 파악
- 연락조정 역할: 한 사람이 복지 · 보건 · 의료 등 여러 서비스를 동시에 받아야 할 때, 각각의 서비스 제공기관 · 조직 · 시설 · 단체 등과의 연락 조정
- 조직화 역할: 정신장애인이 스스로 만든 소집단, 운영회, 전국조직 등의 활동, 가족회 활동 · 임의 단체 · 자원봉사자 단체 등의 조직, 지역사회 내 서비스 제공 기관 조직
- 정보 제공과 홍보 역할: 지역사회 불특정 다수의 주민, 대상자, 당사자, 관계자 등에 대한 정보 제공 및 홍보 활동
- 개발적 역할: 기관 · 시설 등의 기존 자원의 개발, 새로운 자원의 개발 등 각각의 지역 특성과 욕구에 맞는 사회자원의 개발을 위한 서명 활동, 계몽운동, 관계자의 집단활동에 의한 여론의 제기, 진정과 청원을 하는 등의 활동
- 계획 또는 정책화 역할: 사회자원의 부족 및 미비점 파악하고 사회자원의 정비를 계획적으로 진행함
- 교육 · 계몽 · 자문 역할: 학습회, 강연회 등을 통한 계몽교육, 학교교육 안에서 할 수 있는 약물교육, 정신장애에 대한 편견 제거를 위한 교육 등

4. 정신보건사회복지의 현황

1) 정신질환자 및 정신보건 기관 · 시설 현황

보건복지부의 2011년도 '정신질환실태 역학조사'(조맹제 외, 2011, p. 77)에 따르면, 지난 일 년 동안 정신질환자 추정환자(알코올 및 니코틴 사용 장애를 제외한 모든 정신장애로 이환된 사람)는 남자 1,098,847명, 여자 2,585,955명으로 총 3,681,943명으로 추산되었다. 만 18세 이상 74세까지의 연령을 대상으로 2011년도 모든 정신질환 1년 유병률(알코올 사용 장애와 니코틴 사용 장애 제외)은 10.2%였으며, 이 중 불안장애, 기분장애, 정신병적 장애의 1년 유병률은 10.8%였다. 전체 정신장애의 평생유병률은 2011년 28.1%, 알코올과 니코틴 사용 장애를 제외한 평생유병률은 14.4%, 니코틴 사용 장애를 제외한 평생유병률은 25.2%로 나타났다. 2001년과 2006년의 역학조사와 비교하면, 주요 우울장애와 불안장애는 증가하는 경향을 보였고, 알코올 및 니코틴 의존은 감소하는 경향을 보였

표 3-2 2011년도 정신질환실태 역학조사에 따른 정신장애 1년 유병률 및 추정환자 수(성과 연령별 보정)

영역	남자		여자		전체	
	유병률 (%)	추정환자 수 (명)	유병률 (%)	추정환자 수 (명)	유병률 (%)	추정환자 수 (명)
알코올 사용 장애	6.6	1,188,916	2.1	379,756	4.3	1,588,289
정신병적 장애	0.2	36,028	0.5	90,418	0.4	144,390
기분장애	2.3	414,319	4.9	886,096	3.6	1,299,509
불안장애	3.7	666,514	9.8	1,772,193	6.8	2,454,629
모든 정신장애*	16.2	2,918,249	15.8	2,857,208	16.0	5,775,597
모든 정신장애* (니코틴 사용 장애 제외)	11.5	2,071,597	15.5	2,802,958	13.5	4,873,160
모든 정신장애* (니코틴/알코올 사용 장애 제외)	6.1	1,098,847	14.3	2,585,955	10.2	3,681,943

*지난 일 년 사이에 한 번이라도 정신장애를 앓은 적이 있는 대상자
출처: 조맹제 외(2011).

다. 정신질환 이환자의 정신의료서비스 이용 비율은 17.5%로 2006년 11.4%에서 증가하였다.

정신질환 환자가 이용하는 정신보건 기관·시설은 정신보건센터, 정신의료기관, 정신요양시설, 사회복귀시설 등을 포함한다.

- 정신보건센터: 1995년부터 시작된 정신보건센터가 서울시와 경기도를 중심으로 확대되었으며, 지역사회에 거주하는 만성정신질환자의 보호와 관리에 일차적인 목표를 두는 지역사회정신보건사업과 만성정신장애자의 증상 관리와 보건의료서비스에 대한 욕구를 충족시키는 사례관리서비스가 주요 프로그램임
- 정신의료기관: 정신병원, 정신과의원, 병원급 이상의 의료기관에 설치된 정신과로, 현행 「의료법」에서는 300병상 이상의 종합병원에서는 정신과의 설치를 의무화함
- 정신요양시설: 정신보건기관에서 의뢰된 정신질환자와 만성질환자를 입

표 3-3 정신보건 기관·시설 현황(2011년 6월) (단위: 개소)

구분		기관 수	주요 기능
계		1,718	
정신보건센터		164	• 지역사회 내 정신질환 예방, 정신질환자 발견·상담·사회복귀 훈련 및 사례관리 • 정신보건시설 간 연계체계 구축 등 지역사회정신보건사업 기획·조정 ※ 표준형 158(국비 133, 지방비 25), 광역형 6(국비 5, 지방비 1)
정신의료기관	국·공립	18	• 정신질환자 진료, 지역사회정신보건사업 지원
	민간	1,255	• 정신질환자 진료
정신요양시설		59	• 만성정신질환자 요양·보호
사회복귀시설		255	• 병원 또는 시설에서 치료·요양 후 사회복귀 촉진을 위한 훈련 실시
알코올상담시설		43	• 알코올 중독 예방, 중독자 상담·재활훈련

*지방비 지원센터 포함.
출처: 보건복지부(2012), p. 10.

원시켜 요양과 사회복귀 촉진을 위한 훈련을 행하는 시설

- 사회복귀시설: 정신질환자를 정신의료기관에 입원시키거나 정신요양시설에 입소시키지 아니하고 사회복귀 촉진을 위한 훈련을 행하는 시설

2) 정신보건시설 입원 현황

중앙정신보건사업지원단 보고서(보건복지가족부, 중앙정신보건사업지원단, 서울대의학연구원의료관리학연구소, 2008)에 따르면, 정신보건시설 병상 수 총 83,937 중 68,110개의 병상을 실제 사용한다. 정신의료기관의 병상 수는 69,702개로 전체 병상의 83%에 해당하며, 정신요양시설은 14,235개로 17.0%를 차지한다. 정신의료기관 및 정신요양시설에 입원(소)한 환자의 진단명을 조사해 본

표 3-4 정신보건시설 병상 수 및 입원환자 수(2008년) (단위: 개소, 병상, %)

구분			기관 수	병상 수	입원환자 수	정신의료기관 병상 구성비	전체 병상 구성비
합계			1,656	83,937	68,110		100.0
정신의료기관	소계		1,200	69,702	56,260	100.0	83.0
	정신병원	국립	6	3,831	2,695	5.5	4.6
		공립	12	4,212	3,165	6.0	5.0
		사립	93	28,384	23,905	40.7	33.8
		소계	111	36,427	29,765	52.2	43.4
	병·의원	종합병원 정신과	158	6,319	4,175	9.1	7.5
		병원 정신과	118	19,348	15,643	27.8	23.1
		정신과 의원	813	7,608	6,677	10.9	9.1
		소계	1,089	33,275	26,495	47.8	39.6
정신요양시설			58	14,235	11,850	–	17.0
사회복귀시설			211	–	–	–	–
표준형 정신보건센터			153	–	–	–	–
알코올상담센터			34	–	–	–	–

출처: 보건복지가족부 외(2008).

결과, 정신분열증이 38,947명으로 57.2%, 알코올 중독이 14,473명으로 21.2%, 지적 장애가 2,903명으로 4.3%, 조울증이 2,896명으로 4.3%를 차지하였다. 정신의료기관 및 정신요양시설에 입원(소)한 환자의 의료보장 형태에 대해 분석한 결과, 의료급여 1종 환자가 62.1%에 해당하는 42,327명, 건강보험환자가 27.3%에 해당하는 18,603명, 의료급여 2종 환자가 7.3%에 해당하는 4,965명으로 나타났다. 기관별로는 정신의료기관의 10명 중 6.6명, 정신요양시설의 10명 중 8.3명이 의료급여 환자로 나타나 정신보건시설 입원환자 중 의료급여 환자의 비율이 현저하게 높음을 알 수 있다. 정신보건시설에 입원한 환자의 평균연령은 47.76세로 나타났으며, 연령별 분포를 살펴보면, 40대가 31.4%로 가장 많았고, 다음으로는 50대가 26.4%, 30대가 16.0%였다. 정신보건시설에 입원한 환자의 50% 이상이 40~50대에 치중해 있고, 60세 이상인 환자도 20%가량 된다는 사실로 미루어 정신보건시설 입원환자의 연령이 매우 고령화되어 있음을 알 수 있다.

〈읽을거리〉

국립정신병원 5곳, 권역별 주민 정신건강 거점으로 개편입원 병상은 줄여

지금까지 중증 정신질환자의 입원 치료 중심으로 운영됐던 국립정신병원이 인터넷 중독 치료, 근로자 정신건강 교육 등을 맡는 지역사회정신보건기관으로 전면 개편된다.

보건복지부는 18일 "자살, 학교폭력, 게임중독, 우울증 등 국민의 정신건강 문제가 심각한 수준인데도 지역사회에서 이를 예방하거나 치료할 수 있는 의료체계가 거의 없다"며 "국립정신병원이 지역 정신건강 서비스 제공의 거점기관 역할을 하도록 바꾸기로 했다"고 밝혔다. 이에 따라 기존 서울, 춘천, 공주, 나주, 부곡 5개 병원은 각각 서울 · 경기 · 강원 · 충청 · 전라 · 경상 권역기관(가칭)으로 개편된다. 또 전체 거점기관을 총괄 관리하고, 정신건강정책을 개발하는 국립정신건강연구원을 서울에 새로 만들기로 했다.

5개 권역기관은 내년부터 청소년을 대상으로 인터넷 중독, 학교폭력 가 · 피해자 치료 센터 등을 운영하고, 일반 기업체 및 공공기관 근무자에게도 정신건강 교육 및 상담을 실시할 예정이다. 또 자살 시도자의 재시도를 막기 위해 단기 입원 병상을 운영하고,

정신질환자의 경우 직업훈련 등을 실시해 사회복귀를 도울 계획이다. 또 중복장애 환자, 감염성 질환을 가진 정신질환자 등을 위한 특수 병상도 운영한다.

국립정신병원의 기능이 전면 개편되면서 기존 3,050개에 이르던 병상을 1,330개로 줄여 입원 서비스는 주로 민간병원이 제공하도록 할 예정이다. 또 우수 의사를 확보하기 위해 교육 · 연수 기회 확대, 직급 상향, 순환 근무 등의 인센티브를 제공하고, 기존 정신건강 전문 간호사 130여 명은 지역사회정신건강 증진사업을 맡도록 했다.

출처: 한국일보(news.hankooki.com)(2012. 7. 18.)

5. 지역사회정신건강

1) 지역사회정신건강의 개념

최근에는 대형 정신병원 중심의 입원치료보다는 지역사회 중심의 정신보건 서비스 제도를 강조하고 있다. 지역사회정신건강(community mental health)이란 지역사회 전체를 대상으로 하는 질병 예방과 건강 증진을 강조하는 지속적이고 포괄적인 서비스를 말한다. 지역사회정신건강은 정신질환의 치료와 재활에 대하여 사회환경적 요소의 중요성을 인식하고, '최소한의 규제'를 보장하는 인간주의적 이념을 바탕으로 한다. 지역사회정신건강은 준전문인력, 지역주민 등 지역사회의 참여를 유도함으로써 지역사회의 스트레스 요인을 발견하고 정신장애인과의 사회통합을 추구한다.

지역사회정신건강은 정신질환에 대한 사회체계적 접근 방법으로서 정신장애인의 치료, 재활, 사회통합을 목적으로 한다. 지역사회정신건강서비스는 지역주민 전체를 대상으로, 지역주민의 정신건강 증진과 정신장애의 예방, 치료 및 재활을 위해 실행된다. 특히, 지역주민 중에서 지속적 서비스가 필요한 만성중증장애인이 일상생활의 정상적 리듬을 가지고 정상적 생활주기나 가정생활을 경험할 수 있도록 하는 것을 목적으로 한다. 만성중증장애인은 "최소한 2년 이상의 유병 기간을 가지고, 입원 기간이 최소한 90일 이상이며, 일상생활에서의 역할 수행에서 기능상의 손상이 있어 어느 정도는 타인의 보호를 필요로 하는 기질적 뇌 증후군, 정신분열증, 주요 정동장애, 성격장애, 그리고 정신지체 등의 정신장애를 가진 사람"(양옥경, 1996)으로 정의될 수 있다.

지역사회정신건강은 기존의 전통적 정신보건 관련 사업들과는 여러 가지 면에서 차이점이 있다(강선경, 2010).

- 대형 정신병원이나 수용소가 아닌 지역사회에서 치료가 이루어짐
- 정신장애의 개념을 개인 정신병리의 문제가 아닌 사회 체계론적 관점에서 봄
- 개입 대상을 개인이 아닌, 지역사회 내의 주민 전체로 확대함
- 개입 내용을 증상치료에서 정신건강 증진과 예방으로 확장함
- 정신장애인을 주로 격리치료했던 전통적 방식과는 달리, 단기치료, 통원 치료, 위기개입, 교육, 기술훈련, 재활서비스 등 치료 방법을 다양화함
- 정신과 의사가 주로 정신장애의 치료를 제공했던 것에서, 정신과 의사, 사회복지사, 간호사, 임상심리사 등을 포함한 다학문적 팀으로 치료를 제공하는 전문인 범주를 확장함

2) 지역사회정신건강 프로그램

지역사회정신건강 프로그램에는 주간보호 프로그램, 가정방문 또는 적극적 아웃리치 프로그램, 직업재활 프로그램, 정신보건 가족회, 주거 프로그램 등이 있다.

- 주간보호 프로그램: 주간보호 프로그램은 사회복귀시설이나 정신보건센터 그리고 사회복지관을 활용하여, 사회기술훈련, 일상생활기술훈련, 정신건강교실, 지역사회 적응훈련, 자치회의, 클럽활동 등 다양한 서비스를 제공함. 낮병원보다 환자의 부담이 적어 경제적이며, 직업 활동에 적응을 도움
- 가정방문 또는 적극적 아웃리치(out-reach) 프로그램: 거동이 불편하거나 치료를 거부하는 만성정신질환자에게 치료자가 가정으로 찾아가서 적절

한 서비스를 제공함. 건강 증진, 유지, 회복 혹은 사회적 기능 저하를 최소화함을 목적으로 함. 지속적 치료 요구나 병식이 없어 치료를 거부하는 환자에게 지속적 추후 관리를 통해 재발을 방지할 수 있음. 가정방문을 통해, 영양, 약물관리, 가족 내 스트레스 관리, 기타 질병관리, 건강 증진 교육, 운동 등을 지도함

- 직업재활 프로그램: 정신질환의 장기화로 인해 정신장애인은 사회적 활동에 기회가 축소되면서 사회인의 기능이 결여될 수 있음. 직업은 정신장애인의 자아존중감, 사회기술 및 전반적 기능을 평가하는 수단이 될 수 있으며, 직업재활 프로그램은 정신장애인의 전반적인 사회적응 능력을 향상시킬 수 있음
- 정신보건 가족회: 정서적 지지, 질병에 대한 이해도를 높이고 환자를 도움. 특히, 가족교육을 제공함으로써 약물에 대한 정보나 병에 대한 지식과 환자를 돌보는 것에 대한 교육을 하고, 가족 자신에 대한 관심을 두도록 지도함
- 주거 프로그램: 적절한 주거가 마련되어야 치료나 재활의 효과를 기대할 수 있기 때문에 정신장애인이 지역사회에 통합되고 최소한의 규제를 받으며 생활할 수 있도록 다양한 유형의 주거 서비스를 제공함

학습활동

- 정신보건사회복지사 자격증 취득 방법을 알아봅시다.
- 정신보건전문요원인 정신보건임상심리사, 정신보건간호사 및 정신보건사회복지사의 역할을 비교해 봅시다.
- 현재 살고 있는 지역에서 이루어지고 있는 지역사회정신건강 프로그램을 찾아봅시다.

정리해봅시다

1. 정신건강서비스의 발달과정
    - 중세 이전에는 비과학적으로 정신질환을 이해했으며, 의사나 종교인이 정신장애인을 격리 수용하여 처우했다.

- 18세기 후반 정신장애에 대한 과학적 접근과 인도적 처우에 관심이 높아지면서 프랑스 의사 피넬은 도덕적 치료를 강조했다.
- 1880년대 영국에서는 사회복지단체가 중심이 되어 정신병원에서 퇴원한 환자에게 도움을 주었다.
- 1900년대 초기 미국에서는 비어스, 마이어, 자렛 등이 정신건강서비스에 관심을 가졌다.
- 제2차 세계대전 후 전쟁 참전자와 그 가족의 정신건강문제에 대한 관심이 확대되었고, 국가에서 전문인력의 양성, 조사연구, 예방과 치료를 위한 정신건강서비스를 실시하였다.
- 1950년대의 정신약물학이 급속한 발달을 이루어 지역사회정신보건의 토대를 마련했다.
- 1960년대 이후 지역사회정신보건센터를 중심으로 정신장애의 예방과 치료는 물론 재활서비스에 중점을 두고 있다.
- 전문 인력 확대와 치료에 대한 다양한 접근이 요구되고 있다.

2. 우리나라 정신건강서비스의 역사

- 현대적인 의미의 사회복지서비스가 제공되기 이전에는 가족과 종교시설에서 정신질환자에 대한 책임을 지고 있었다.
- 한국전쟁 이후 미국인 사회복지사 랄프 모건의 역할이 정신과 의사들에게 영향을 미쳤다.
- 1970년대 산업화, 도시화, 핵가족화의 영향으로 정신건강서비스에 대한 사회적 요구가 확대되었다.
- 1980년대까지 국가의 근본적인 국민정신건강 대책이 미비하였다.
- 낮병원과 재활 프로그램을 시작하는 등 지역사회정신건강서비스와 정책의 필요성이 강조되었다.
- 1995년 「정신보건법」이 제정되고 정신건강과 관련된 전문 인력과 보다 나은 서비스의 기반이 마련되었다.

3. 정신보건사회복지

- 정신보건사회복지란 정신적 · 정서적 · 사회적인 문제로 고통받고 있는 사람들의 건강을 회복하고 사회에 적응시키며 더 나아가 정신장애인의 삶의 질 및 사회기능 향상에 참여하는 것이다.
- 정신의학자, 정신보건임상심리사, 정신보건간호사, 정신보건사회복지사 등 다양한 전문 인력들이 협력하는 분야다.

4. 정신보건사회복지의 현황

- 종합적인 정신건강정책과 서비스를 계획하기 위해 서비스의 대상인 정신질환자의 수를 정확하게 파악하는 것은 매우 중요한 일이다.

- 2011년 역학조사에 따르면, 지난 일 년 동안 알코올 및 니코틴 사용 장애를 제외한 모든 정신장애에 이환된 사람은 남자 1,098,847명, 여자 2,585,955명으로 총 3,681,943명으로 추산되었다.
- 정신보건시설은 정신보건센터, 정신의료기관, 정신요양시설, 정신질환자 사회복귀시설 등을 포함한다.
- 중앙정신보건사업지원단 보고서(2008)에 따르면, 정신보건시설 병상 수인 총 83,937개 중 68,110개의 병상을 실제 사용하였다.

5. 지역사회정신건강

- 지역사회를 기반으로 지속적이고 포괄적으로 제공되는 정신건강활동을 지역사회정신건강이라 한다.
- 지역사회정신건강의 개념은 정신건강서비스가 제공되는 치료 장소, 개입 대상, 치료 방법 등 다양한 변화를 가져왔다.
- 정신장애인의 치료, 재활, 사회통합을 목적으로 하며, 궁극적으로 정신장애인의 삶의 질 향상을 추구하는 것이다.
- 서비스의 대상은 지역주민 전체이나 만성중증장애인이 우선 대상이 될 수 있다.
- 주간보호 프로그램, 가정방문 또는 적극적 아웃리치 프로그램, 직업재활 프로그램, 정신보건 가족회, 주거 프로그램 등이 주요한 프로그램이다.

참고문헌

강선경(2010). **정신병리**. 경기: 집문당.

김규수(1995). **의료사회사업론-이론과 실제**. 서울: 형설출판사.

김기태, 황성동, 최송식, 박봉길, 최말옥(2001). **정신보건복지론**. 경기: 양서원.

보건복지부(2012). 2012년 정신보건사업안내. Retrieved on 2013. 9. 7 from http://www.mw.go.kr/front_new/jb/sjb030301vw.jsp?PAR_MENU_ID=03&MENU_ID=031603&CONT_SEQ=269330&page=1

보건복지가족부, 중앙정신보건사업지원단, 서울대의학연구원의료관리학연구소(2008). 2008년 중앙정신보건사업지원단 사업보고서. 보건복지가족부.

양옥경(1996). **지역사회정신건강**. 경기: 나남출판사.

이영호, 심경순, 김태준(2006). **정신보건사회복지의 이해**. 서울: 학지사.

조맹제 외(2011). 정신질환실태 역학조사: 보건복지부 연구 용역사업 보고서. 보건복지부.

Perlman, H. H. (1986). The problem solving model. In F. J. Turner (Ed.), *Social work treatment: Interlocking theoretical approaches* (3rd ed., pp. 245-266). New York: The Free Press.

제4장

발달단계에 따른 정신건강문제

MENTAL

학습목표

- 인간의 발달과정에서 각 단계마다 주요한 정신건강문제가 있음을 이해한다.
- 영유아기 및 걸음마기, 유아기, 아동기의 정신건강 관련 문제들을 설명할 수 있다.
- 청소년기의 정신건강 관련 문제들을 설명할 수 있다.
- 성인기에 흔히 나타나는 정신건강문제들을 설명할 수 있다.
- 노년기의 주요 정신건강문제들을 설명할 수 있다.

HEALTH

학습내용

- 발달단계에 따른 정신건강문제
- 영아기 및 걸음마기 · 유아기 · 아동기의 정신건강
  - 반응성 애착장애
  - 탈억제성 사회적 관계 장애
- 청소년기의 정신건강
  - 학교폭력
  - 성 정체성 혼란
  - 성별 불쾌감
  - 신경성 식욕부진증(거식증) 및 폭식증
- 청년기와 장년기의 정신건강
  - 가정폭력
  - 외상 후 스트레스 장애
  - 신체증상 장애
- 노년기의 정신건강
  - 섬망
  - 주요 및 경증 신경인지 장애

1. 발달단계에 따른 정신건강문제

인간발달은 출생부터 사망에 이르기까지 신체적 · 인지적 · 사회정서적 측면 등 전인적 측면에서 전 생애에 걸쳐 연속적으로 일어나는 양적 · 질적 변화 양상과 과정을 일컫는 개념이라 할 수 있다(Papalia & Olds, 1995). 여기서 양적 변화란 신장이나 체중과 같은 크기의 변화 그리고 나이가 들면서 증가하는 어휘 숫자의 증가 등을 의미하며, 질적 변화는 지능의 본질과 같이 행동양식이 변하거나 기능적 효율성이 증가하는 것 등을 뜻한다(도현심, 이희선, 김상희, 최미경, 이사라, 김상원, 2011). 인간발달은 다음의 전제를 바탕으로 이루어진다(Zastrow & Kirst-Ashman, 2002).

- 인간발달은 삶의 모든 단계에서 일어난다.
- 이전 단계의 발달을 바탕으로 지속성을 가지고, 현재의 경험이 융합되어 변화가 이루어진다.
- 신체적 · 인지적 · 정서적 · 사회적 영역의 상호작용을 통해 전인적 인간(whole person)으로 발달할 수 있다.
- 인간발달은 개인이 처한 상황과 관계의 맥락 속에서 이해되고 분석되어야 한다.
- 인간 자신의 발달에 능동적으로 기여한다.

인간발달에 대해서는 여러 이론들이 존재한다. 그중 전 생애 발달 관점에서는 발달을 생애 초기부터 죽음에 이르기까지의 전 생애를 통해 일어나는 지속적인 변화과정으로 보고 있다. 전 생애 발달 관점에서의 발달특성은 다음과 같다(Santrock, 2008: 박성연, 백지숙, 안지영, 오미경, 이사라, 이주연, 임희수, 전춘애, 지연경, 한세영, 2011 재인용).

- 발달은 전 생애에 걸쳐 일어난다. 인간은 어떤 특정 시기에서 대부분의 발달이 끝나기보다는 성인기 이후에도 특정 영역에서의 경험을 통해 계속해서 다양한 발달이 일어난다.
- 발달은 다차원적 · 다방향적으로 일어난다. 신체적 · 인지적 · 정서적 · 사회적 발달 등의 다양한 측면에서 상호작용을 통해 발달이 이루어지게 된다. 또한, 특정 영역이나 특정 시기에서 발달이 모두 같은 방향으로 이루어지는 것이 아니며, 한 측면의 발달이 발달하면 다른 측면이 상대적으로 감소하기도 한다.
- 발달은 유연성이 있다. 발달에서의 유연성은 발달적 변화 가능성을 말한다. 예를 들어, 어렸을 때 불안정 애착을 보였더라도 이후에 안정 애착으로 변화할 수 있다.
- 발달은 다학제적으로 연구된다. 인간발달을 이해하기 위해서는 심리학, 사회학, 신경학, 유전학, 인류학 등 다양한 학제 간 협력이 필요하다.
- 발달은 다양한 맥락 내에서 이루어진다. 맥락은 발달이 이루어지는 환경을 의미하며, 역사적 · 경제적 · 사회적 · 문화적인 요인에 영향을 받는 맥락적인 변화는 개인의 발달에 영향을 미친다. 예를 들어, 부모의 사망이나 이혼과 같은 개인의 특유한 환경은 개인의 발달에 여러 영향을 주게 된다.
- 발달에는 성장, 유지, 상실조절의 세 가지 과정이 포함된다. 청소년기까지는 성장을 중점으로 발달하며, 성인기와 중년기에는 자신의 발달을 유지하려 한다. 그리고 노년기에는 여러 가지 능력을 상실하는 것을 늦추거나 조정하는 것에 관심을 둔다.
- 발달은 생물학적 · 사회문화적 · 개인적 요인 간의 상호작용을 통해 이루어진다. 인간발달은 신체적 측면인 생물학적 과정, 사고력의 변화와 관련된 인지적 과정, 정서나 인성에서의 변화 및 다른 사람과의 관계에서 나타나는 사회정서적 과정의 종합적 상호작용의 결과로 나타난다. 생물학적, 인지적, 사회정서적 영역 등은 상호작용을 주고받는 유기적 관계를 통해 발달되며 통합되어 간다.

인간의 생애에 걸쳐 일어나는 발달 내용이나 특징 등은 특정 연령이나 시기에 따라 다르기 때문에, 인간의 발달을 발달단계로 나누어 설명할 수 있다. 발달단계나 연령 기준은 학자마다 논란이 있을 수 있으나, 크게 태아기, 영아기 및 걸음마기, 유아기, 아동기, 청소년기, 청년기(성인 초기), 장년기(성인 중기), 노년기 등의 8단계로 나눌 수 있다. 각 발달단계마다 달성해야 할 과제와 적응의 문제가 있으며, 이러한 과제와 적응을 달성하지 못할 시에는 정신적 어려움을 겪기도 한다. 그러므로 인간의 발달과정에 따른 이해를 바탕으로, 발달과정상의 정신적 문제와 그에 대한 대비책이 마련되어야 한다.

표 4-1 발달단계에 따른 발달특징과 주요 문제

발달단계	발달특징	발달장애 및 주요 문제
태아기 (임신~출산)	• 신체의 구조와 기관이 형성되는 시기로, 신체적 성장이 일생 중에서 가장 급속하게 일어나며, 태내 환경의 영향을 크게 받음	• 유전적 결함에 따른 장애(클라인펠터증후군, 터너증후군, 다운증후군, 혈우병, 거대남성증후군, 페닐케톤뇨증 등) • 저체중
영아기 및 걸음마기 (출생~ 36개월)	• 영아기에는 체중 및 신장과 같은 신체적 성장이 급속히 이루어지며, 감각운동을 하게 됨 • 대상영속성을 습득하며, 양육자와의 애착관계를 형성하게 됨 • 걸음마기에는 신체운동이 더 정교해지며, 자아를 의식하면서 자율적이며 독립적 존재로 발달하게 됨	• 지적 장애 • 자폐 스펙트럼 장애
유아기 (3~6세)	• 학령전기로도 일컬어지며, 초기적 수준의 도덕발달이 이루어지고, 성역할 개념을 습득함 • 또래와의 집단놀이를 시작함	• 의사소통 장애[언어장애, 사회적(실용적) 의사소통장애, 아동기 발병 유창성장애(말더듬증) 등] • 야뇨증
아동기 (6~11세)	• 논리적으로 사고할 수 있는 능력이 증가하여 구체적, 조작적 사고를 할 수 있게 됨 • 또래집단과의 사회화를 습득하게 되며, 도덕성이 발달함	• 특정 학습장애 • 주의력결핍 과잉행동 장애 • 반응성 애착장애 • 분리불안 장애 • 아동학대

(계속)

청소년기 (12~19세)	• 신체적 성장발달과 추상적 사고가 가능해지며, 독립의 욕구가 증대함 • 자율성을 획득하게 되며, 성적 사회화와 자아정체감을 확립하게 됨 • 자신의 정체성을 확립해 나가는 과정에서 심리적 갈등을 경험하기도 하며, 또래의 영향을 많이 받음	• 청소년 비행 • 우울증 • 자살 • 품행장애 • 신경성 식욕부진증(거식증) 및 폭식증 • 성별 불쾌감 • 집단따돌림
청년기 (19~40세)	• 친밀감을 경험하는 단계로, 결혼을 통해 자신의 새로운 가정을 형성하는 시기 • 경제적으로도 독립적이 되어 가면서, 직업을 준비하거나 직업생활을 시작함	• 이혼 • 청년실업 • 약물 관련 중독장애
장년기 (40~65세)	• 생산성을 경험하는 시기로, 사회적으로는 많은 일에 관여하고 책임을 맡음으로써 사회적 의무를 완수하고, 개인적으로는 자녀를 양육함 • 활발한 경제활동을 통해 경제적 표준생활을 확립하고 유지함	• 이혼 • 배우자 학대 • 갱년기 장애(발한, 두통, 불면증, 수족냉증, 이명증, 우울증 등이 나타나는 신체적 · 생리적 · 정서적 장애)
노년기 (65세 이후)	• 인생을 회고하면서 은퇴를 경험하고, 고령화된 신체 및 새로운 역할 변화에 적응하는 시기 • 자아통합을 경험하며, 삶과 죽음을 수용하게 됨	• 우울증 • 주요 및 경증 신경인지 장애(알츠하이머 병에 의한, 노인성 치매에 의한, 혈관성 신경인지 장애 등) • 노인학대

2. 영아기 및 걸음마기 · 유아기 · 아동기의 정신건강

이 절에서는 영아기 및 걸음마기 · 유아기 · 아동기에 나타날 수 있는 정신건강의 문제들을 제시하고자 한다. 영아기 및 걸음마기에는 주 양육자와의 애착관계의 양과 질이 사회정서적 발달에 큰 영향을 미친다. 애착(attachment)은 영아와 양육자 사이에 형성되는 애정적 유대관계이자 긍정적 정서다. 애착관계는 주 양육자와 애착을 형성하는 것을 의미하는데, 영아는 애착을 형성하게 된 특정 인물과 함께 있을 때 기쁨을 느끼고, 불안한 상황에서는 애착을 형성한 인물의 존재로 위안을 받는다. 영아기에 형성된 애착은 이후 인지, 정서, 사회성 발달에 중요한 영향을 미치게 된다. 양육자와의 안정된 애착관계가 형성된 영아는 자신감, 호기심, 타인과의 관계에서도 긍정적 성향을 보인다. 안정된 애착관계가 형성되지 못한 영아는 이후에 적절하지 못한 반응성 애착장애, 탈억제성 사회적 관계 장애 또는 분리불안 장애 증상을 나타낼 수 있다.

유아기는 끊임없이 지적 호기심을 충족하기 위해 많은 탐험과 학습을 하는 시기다. 하지만 유아가 외부에는 거의 관심을 두지 않고 강하게 내부에만 몰두하고, 사회적 상호작용과 의사소통 기술의 사용에서 지속적인 결함을 보이는 경우에는 자폐 스펙트럼 장애를 의심해 볼 수 있다.

아동기에는 지적 장애, 의사소통 장애, 특정 학습장애, 주의력결핍 과잉행동 장애 등의 증상이 나타날 수 있다. 지적 장애는 발달시기에 개념적 · 사회적 · 실용적 분야에서 지적 · 적응적 기능의 결함이 나타나는 장애를 말하며, 의사소통의 장애는 언어, 말투 그리고 의사소통의 결함들을 포함하는 장애를 말한다. 특정 학습장애는 읽기, 쓰기, 수학에 관련된 학업기술들을 배우고 사용하는데 어려움이 있는 장애 증상을 보이며, 주의력결핍 과잉행동 장애는 주의산만, 충동성, 흥분성 및 지나친 활동을 보이는 장애로서, 또래관계 및 학업의 곤란을 경험하고 어른의 요구에 따르지 못하는 특징을 보인다.

여기서는 영아기 및 걸음마기, 유아기, 아동기의 정신건강에 관련하여, 반응성 애착장애(Reactive Attachment Disorder)와 탈억제성 사회적 관계 장애(Disinhibited Social Engagement Disorder)에 대해 자세히 살펴보고자 한다. 지적 장애, 자폐 스펙트럼 장애, 의사소통 장애, 특정 학습장애 및 주의력결핍 과잉행동 장애는 제5장에서 다루며, 분리불안 장애는 제9장에서 진단기준과 함께 자세히 다루고 있다.

1) 반응성 애착장애

반응성 애착장애(Reactive Attachment Disorder)는 아이가 양육자 간 관계에서 친밀한 애착형성이 문제가 되어 아무에게나 강한 애착반응을 나타내거나 또는 접촉을 거부하고 아동의 다양한 발달을 지연시키는 장애를 말한다. 반응성 애착

장애를 가진 아동은 양육자에게서 안락함을 찾지 못하고, 양육자가 제공하는 안락함을 거부하는 등, 억제적이고 감정적으로 내향적 반응을 보인다. 또한, 다른 사람에게 최소한의 사회적이고 감정적 반응, 제한된 긍정적 감정, 성인 양육자와의 상호작용에서 슬픔 또는 두려움과 같은 감정적 괴로움 등의 증상이 나타난다. 반응성 애착장애의 원인으로는 학대나 유기 같은 부적절한 양육, 양육자의 병적이거나 미숙한 보살핌과 같은 양육자의 문제 또는 위탁 혹은 대리 부모의 지나친 변동 등 주 양육자의 잦은 교체에서 비롯된 양육 환경상의 문제가 있을 수 있다.

DSM-IV-TR에서 반응성 애착장애는 유아기 또는 초기 아동기 반응성 애착장애(Reactive Attachment Disorder of Infancy or Early Childhood)라는 명칭으로 유아기, 아동기 또는 청소년기에 보통 처음 진단되는 장애에 포함되었다. 그러나 DSM-5에서는 반응성 애착장애로 명칭이 변경되어, 트라우마 및 스트레스 요인 관련 장애(Trauma-and Stressor-Related Disorders)에 포함되었다.

■ DSM-5의 반응성 애착장애 진단기준

A. 다음 두 가지에 나타난 것처럼, 성인 양육자에 대해 억압되어 있고, 감정적으로 내향적 행동의 지속적 패턴
   1. 아동이 괴로울 때(distressed) 거의 또는 최소한으로 안락함을 구함
   2. 아동이 괴로울 때 거의 또는 최소한으로 안락함에 응함
B. 적어도 다음 중 두 가지로 특징지어지는 지속적인 사회적 그리고 감정적 괴로움
   1. 다른 사람들에게 최소한의 사회적, 감정적 반응
   2. 제한적인 긍정적 감정
   3. 성인 양육자와의 위협적이지 않은 상호작용 중에도 설명할 수 없는 과민성, 슬픔 또는 두려움의 분명한 삽화들
C. 아동은 다음 중 적어도 한 가지에 의해 입증되는 불충분한 보살핌의 극단적 패턴을 경험함
   1. 안락함, 자극 그리고 애정에 대한 기본적인 정서적 욕구의 지속적 결핍의 형태로 나타난 사회적 방치 또는 박탈

2. 안정된 애착 형성을 위한 기회를 제한하는 주 양육자의 반복적인 변경 (예시: 위탁보호의 빈번한 변경)
3. 선택적 애착 형성을 위한 기회를 매우 제한하는 비정상적 환경에서의 양육(예시: 아동 대 양육자 비율이 높은 기관들)

D. 기준 C에서의 돌봄이 기준 A에서의 불안정한 행동에 원인이 된다고 추정됨

E. 기준들은 자폐 스펙트럼 장애에 해당되지 않음

F. 장애는 5세 이전에 나타남

G. 아동은 적어도 발달연령이 9개월이 되어야 함

만약 해당된다면 명시할 것:

지속적임: 장애가 12개월 이상 존재해 왔음

현재의 심각도를 명시할 것:

반응성 애착장애는 아동이 장애의 모든 증상들을 보이며 각각의 증상이 상대적으로 높은 수준으로 나타나는 경우, 심각한 것으로 명시됨

〈읽을거리〉

대소변 못 가리는 우리 아이, 혹시……

아이는 부모와 끊임없이 애정을 주고받으며 자연스럽게 어떻게 행동해야 하는지 배운다. 특정 장소에 가서 용변을 보면 엄마가 좋아한다는 사실에 화장실을 이용하는 것이 대표적이다. 미묘한 감정이나 자극들에 어떻게 행동해야 하는지 부모의 반응을 통해 알게 되는 것이다. 전문용어로 반응성 애착이라고 한다.

그러나 맞벌이 부부가 늘면서 이런 반응을 제대로 익히지 못해 감정 표현이나 절제가 잘 되지 않는 아이들이 늘고 있다.

집 안에 감정을 공유할 대상이 오랫동안 없으면 아이는 어떻게 반응해야 할지 그 방법을 익히지 못하게 된다. 따라서 아이는 대소변을 잘 가리지 못하거나 사물 구별도 잘 하지 못해 발달장애 증상을 보인다. 또한 양육자와 헤어지면 극심한 강박 증상을 보이기도 한다.

한덕현 중앙대 용산병원 정신과 교수는 "이런 증상을 보이면 '반응성 애착장애'를 의심해 봐야 한다."며 "요즘 들어 환자가 과거에 비해 급속도로 늘고 있다."고 말했다.

〈중 략〉

한 교수는 "놀이치료나 음악치료 등으로 효과를 보기도 하지만 가족과 함께하는 치료보다 중요한 것이 없다."며 "아이가 사회성이 떨어지고 유치원 등에서 외톨이처럼 지낸다면 아이와 지내는 시간을 늘려야 한다."고 말했다.

아이와 함께 있어 주지 못하면 전화통화를 자주 하거나 주말에 피곤하더라도 아이와 놀아주는 시간을 가져야 한다는 지적이다.

출처: 매일경제(news.mk.co.kr) (2009. 5. 27.)

2) 탈억제성 사회적 관계 장애

탈억제성 사회적 관계 장애(Disinhibited Social Engagement Disorder)는 상대적으로 낯선 사람과의 문화적으로 부적절한, 과도하게 친밀한 행동에 연관된 행동패턴을 보인다. 이 과도하게 친밀한 행동은 문화의 사회적 경계를 침범한다. 탈억제성 사회적 관계 장애는 아동이 발달적으로 선택적 애착이 형성되기 전에 진단 내려져서는 안 된다. 그러므로 아동은 반드시 적어도 발달연령 9개월이 되어야만 한다(American Psychiatric Association, 2013). 탈억제성 사회적 관계 장애는 DSM-IV-TR에서는 포함되지 않던 장애로, DSM-5에서 새로 추가되었다.

■ DSM-5의 탈억제성 사회적 관계 장애 진단기준

A. 아동이 낯선 성인에게 적극적으로 접근하고 상호작용하며, 다음 중 적어도 두 가지로 나타나는 행동의 패턴
  1. 낯선 성인에게 접근하거나 그들과 상호작용하는 데에 덜 주저하거나 주저함이 없음
  2. 지나치게 친밀한 언어적 또는 신체적 행동(문화적으로 허용되거나 나이에 맞는 사회적 경계와도 일치하지 않음)
  3. 낯선 상황에서도 주변을 탐색하고 난 후에 성인 양육자의 존재를 덜 확인하거나 아예 확인하지 않음
  4. 낯선 성인을 최소한의 망설임이나 전혀 망설임 없이 기꺼이 따라나서

려 함.

B. 기준 A의 행동들은 충동성(주의력결핍 과잉행동 장애에서처럼)에 한정되지 않으며, 사회적으로 억제되지 않은 행동들을 포함함

C. 아동은 다음 중 적어도 한 가지로 나타날 수 있는 극도의 불충분한 돌봄의 패턴을 경험해 옴

1. 성인 양육자로부터 안락함, 자극 및 애착에 대한 기본적인 정서적 욕구들이 지속적으로 충족되지 못한 형식으로 사회적 방치 또는 박탈됨
2. 안정적 애착을 형성할 기회를 제한하는 주 양육자의 반복적 변경(예시: 잦은 위탁가정 변경)
3. 선택적 애착 형성을 위한 기회를 매우 제한하는 비정상적 환경에서의 양육(예시: 아동 대 양육자 비율이 높은 기관들)

D. 기준 C에서의 돌봄이 기준 A에서의 불안정한 행동에 원인이 된다고 추정됨(예시: 기준 A의 장애가 기준 C에서의 병인이 되는 돌봄 이후에 시작됨).

E. 아동은 적어도 발달 연령이 9개월이 되어야 함

만약 해당된다면 명시할 것:

지속적임: 장애가 12개월 이상 존재해 왔음

현재의 심각도를 명시할 것:

탈억제성 사회적 관계 장애는 아동이 장애의 모든 증상들을 보이며 각각의 증상이 상대적으로 높은 수준으로 나타나는 경우, 심각한 것으로 명시됨

3. 청소년기의 정신건강

청소년기에는 청소년 비행과 같은 품행장애, 집단따돌림, 우울증, 자살, 신경성 식욕부진증(거식증) 및 폭식증, 성별 불쾌감 등의 문제들이 일어날 수 있다. 청소년기의 품행장애는 아동기에 발생하여 지속된 경우가 많은데, 주의력결핍 과잉행동 장애를 가진 아동이 청소년기나 성인기에 이르기까지 다른 행동장애 또는 약물복용의 문제를 수반할 수 있다. 청소년기의 품행장애는 아동기보다 더

사람이나 동물에 대한 공격성이 강해지고, 재산 파괴, 사기 또는 도둑질과 같은 행동이 반복적이고 지속적으로 나타날 수 있다. 이 시기는 또래집단의 역할이 중요하기 때문에 또래의 집단따돌림은 매우 큰 정신적 충격이 될 수 있다. 청소년기 우울이나 불안은 자존감의 상실이나 무기력감으로 이어지며, 극단적인 경우에는 자살로도 나타날 수 있다. 청소년기에는 외모에도 관심을 갖게 되는 시기로서, 자신의 신체나 체중에 대한 불만이나 왜곡된 인식 때문에 신경성 식욕부진증(거식증)이나 폭식증이 나타나기도 한다. 또한, 청소년기는 정체감을 확립하는 시기로, 성 정체성 발달과정에서 자신의 생물학적 성과 반대되는 성 정체성을 가지고 다른 성으로 바꾸고자 하는 욕구를 가지는 성별 불쾌감을 갖기도 한다. 이 단락에서는 청소년기의 정신건강에 영향을 줄 수 있는 학교폭력과 성 정체성 혼란, 그리고 청소년이 경험할 수 있는 정신건강 관련 장애인 신경성 식욕부진증(거식증) 및 폭식증, 성별 불쾌감에 대해 설명하도록 하겠다. 청소년기에 겪을 수 있는 품행장애는 제11장에서 자세한 진단기준과 함께 자세히 다루므로 여기서는 설명하지 않는다.

1) 학교폭력

청소년기는 발달단계상 어떤 시기보다도 또래집단의 영향력이 강한 시기다(이인정, 최해경, 2002). 특히, 청소년이 가장 많은 시간을 보내는 학교에서 폭력이 일어나는 경우, 가해자와 피해자가 같은 공간에 있는 시간이 많으며 폭력이 장기적으로 지속화되는 특성이 있어 피해 학생이 정신적 자신감을 상실하고, 심하면 정신질환으로까지 이어질 가능성이 있다(윤선애, 2007). 학교폭력은 신체적 폭력, 금품 갈취 및 집단따돌림 같은 심리적 폭력, 괴롭힘 등을 모두 포함한다(한상영, 전용관, 2012). 최근 우리나라에서의 학교폭력은 점차 증가 추세에 있고 저연령화되고 있어, 고등학생뿐만 아니라 초등학생까지 학교폭력의 대상이 되고 있다(이은희, 손정민, 2011). 대상별로는 중학생이 49.7%, 고등학생이 23.1%, 초등학생이 19.8%로 나타나 중학생 학교폭력 비율이 가장 높게 나타났다(성지희, 정문자, 2007).

이러한 학교폭력은 우울장애, 불안, 신체기형 공포장애, 대인공포증 등의 정신건강의 문제를 야기할 수 있다. '학교폭력 피해자의 정신병 실태조사'(신성웅, 권석우, 신민섭, 조수철, 2000)에서는 불안, 우울증, 공격성, 대인 예민성, 강박증상, 편집증, 신체증상과 같은 정신적 문제가 학교폭력의 피해자에게서 나타날 경우가 매우 높은 것으로 보고되었다. 또한, 청소년 폭력예방재단(2008)의 '학교폭력 피해결과보고'에 따르면, 학교폭력 피해학생에게서 정신적 불안감 56.1%, 등교거부 11.3%, 정신과 치료를 요하는 정도 3.2% 그리고 자살시도 0.5%로 나타났다. 장시간 학교폭력이나 집단따돌림 등을 당하다 보면 낮은 자아존중감과 자신감 상실, 자기 비하, 우울증, 기억력이나 집중력의 저하(Cohn, Patteson, & Christopoulos, 1991; Osofsky, 1995)가 나타날 수 있다. 학교폭력을 경험한 학생은 반항적 · 공격적 · 파괴적이면서, 위축되고, 대인관계와 자아 형성에 어려움을 가질 수 있다. 또한, 공포, 우울, 낮은 자존감, 죽음과 상해에 대한 걱정, 외상 후 스트레스 장애와 분노의 감정을 겪기도 한다. 이때 나타나는 외상 후 스트레스 장애나 공포반응은 이후 성격 형성에도 부정적인 영향을 미치며, 기억력과 학습력 그리고 학교생활에 심각하게 나쁜 영향을 미친다(윤선애, 2007).

학교폭력은 청소년의 정신건강에 부정적인 영향을 미칠 수 있으므로, 학교폭력 피해 청소년의 정신장애 예방과 치료를 위한 사회복지적 개입이 요구된다. 그러기 위해서는 청소년에게 많은 영향을 주는 부모, 교사, 또래 학생을 대상으로 하는 다음과 같은 사회복지실천이 필요하다(이은희, 손정민, 2011). 청소년에게 지지적 부모의 역할을 수행할 수 있도록 돕기 위해, 긍정적인 부모역할 모델링, 일관성 있는 가족 관리와 자녀 훈육 등에 대한 부모교육이 이루어져야 할 것이다. 또한, 학교사회복지사나 전문상담교사 등의 전문 인력 활용뿐만 아니라, 학교 환경 내에서 학교폭력 학생이 믿고 따를 수 있는 교사의 적극적인 관심과 지지가 필요하다. 학생을 대상으로 하는 학교폭력의 역할놀이 체험이나 학교폭력 예방교육도 학생의 학교폭력에 대한 인식을 전환하기 위해 제공될 수 있다.

2) 성 정체성 혼란

특정한 성별의 상대에게 성적 · 감정적으로 관심을 나타내는 것을 성적 지향

(sexual orientation)이라 말하며, 이러한 성적 지향을 바탕으로 자신의 성적 상황을 인식하고 자신의 성적 주체성을 확립하는 상태를 성 정체성이라고 한다(정숙, 2007). 동성애는 1952년 DSM 제1판에서는 사회병질적 성격장애로 구분되었으나, 1980년 DSM-III에서는 진단기준에서 삭제되었으며, 자아-이질적(ego-dystonic) 동성애 진단도 DSM-III-R 이후에는 삭제되었다(최은희, 윤혜미, 2011). 이렇듯 동성애를 정신질환의 일종으로 구분하던 관점은 많이 변화하였으나, 동성애에 대한 비우호적 관점은 여전히 존재하고 있다. 동성애자를 포함하는 '성적 소수자'라는 용어는 이성애 중심의 사회에서 사회적으로 소수인 성 정체성을 가진 사람을 지칭하며, 레즈비언, 게이, 양성애자, 트랜스젠더를 포함한다. 동성애자 및 성적 소수자는 차별과 편견 등으로 성 정체성과 관련된 스트레스에 끊임없이 노출되어 있으며(Meyer, 1995), 따라서 이들은 정신건강도 위협받고 있다.

여러 선행연구들은 성적 소수자가 이성애자보다 훨씬 높은 우울증세를 보인다고 보고하고 있다(Fergusson, Horwood, & Beautrais, 1999; Cochran, Mays, & Sullivan, 2003; 공성욱, 오강섭, 노경선, 2002). 게이 101명과 레즈비언 98명을 대상으로 한 최은희, 윤혜미(2011)의 연구에서도 연구참여자들의 51.3%가 임상적인 우울증상을 갖고 있는 것으로 나타났다. 이러한 성적 소수자의 높은 우울 발생확률은 성적 소수자의 낙인화된 지위에 따른 높은 사회적 위험도, 사회적 지지의 부족(Tye, 2006), 사회의 내면화된 동성애 혐오(Cabaj, Gorman, Pellicio, Ghindia, & Neisen, 2001), 성 정체성 노출에 대한 고민(Kurdek & Schmitt, 1987), 아동기 성폭력 경험(D'Augelli, Pilkington, & Hershberger, 2002), 낮은 자아존중감(최은희, 윤혜미, 2011) 등에 의한 것이라 할 수 있다. 이 외에도 성적 소수자는 자살시도 및 자살률이 이성애자보다 더 높으며, 알코올과 물질에 의존하거나 심각하게 중독될 가능성이 더 크고, 신체적 폭력과 성폭력의 주요 희생자이거나 가해자가 될 위험이 높은 것으로 나타났다(Bobbe, 2002; Rosenberg, Rosenberg, Huygen, & Klein, 2005; Saewyc, 2006).

성적 소수자의 정신건강을 위해서는 우울예방 및 대처전략에 대한 교육이 필요하며, 우울감을 감소시키는 데 영향을 주는 자아존중감을 높일 수 있는 방안이 제안되어야 할 것이다. 특히, 동성애자의 우울에 대한 개입과 성 정체성 측면에서 다문화적 시각을 갖춘 상담사 및 정신보건사회복지사의 필요성이 시사된다. 또한, 동성애자 자조모임을 통해 긍정적인 사회적 관계망을 넓히는 것이 필요하다(최은희, 윤혜미, 2011).

특히, 청소년 동성연애자를 위한 특별한 사회복지적 관심이 필요하다. 한국청소년상담원(2003)에 따르면, 2,280명의 청소년 중에서 11%가 동성애 경험에 대해 고민하는 것으로 나타났으며, 동성에게 애정표현을 하거나 받아 본 청소년이 7.9%인 것으로 조사되었다. 또한, 한국청소년상담원(2009)의 동성애 경험에 관련된 사이버상담 건수는 2005년 112건에서부터 2008년 257건으로 매년 현저하게 증가하는 것으로 나타났다. 그러나 동성애는 학교라는 울타리 안에서 더 엄격하게 통제되고 훈육되어야 할 일탈로 간주되고, 청소년의 동성애 정체성이 인정되기보다는 상담과 치료를 통해 고칠 수 있는 한때의 방황이나 증상으로 치부되고 있다. 학교나 가정은 청소년이 자신의 성 정체성을 충분히 탐색하고 필요한 지지를 받을 수 있는 안전한 장소가 되기보다는, 동성애자 청소년의 인권이 침해되고(성정숙, 이현주, 2010), 강제 규율과 처벌이 행사되는 억압적 장소가 되고 있다(함인희, 2003). 청소년 동성애자는 동성애 혐오와 성적 소수자에 대한 낙인에 따른 고통, 소외감으로 인한 알코올과 약물 사용의 위험, 가출 또는 자살의 위험, 섭식장애의 위험이 큰 것으로 나타나고 있다(김경호, 2009). 이에 상담, 동성애 관련 자원 연결, 동성애 혐오와 차별의 근절을 위한 노력 등의 동성애자 청소년에 대한 사회복지서비스와 개입이 필요하다. 사회복지사는 청소년 동성애자에 대한 경청, 공감의 자세를 필수적으로 가져야 하며, 사회복지사 자신의 동성애 관련 신념과 행동을 평가 · 사정하고 동성애에 관련한 교육을 받는 것이 필요하다. 개입을 할 시에는 청소년이 호소하는 문제에 초점을 두고, 청소년의 성적 지향을 평가 · 사정하고, 커밍아웃에 대한 결정을 돕고, 청소년의 동성애 정체성 발달단계를 고려해야 한다(김경호, 2009).

3) 성별 불쾌감

성별 불쾌감(Gender Dysphoria)을 가진 사람은 자신의 생물학적 성과 반대되는 성 정체성을 가지며, 자신의 생물학적 성에 대한 불행감을 가지고 다른 성으로 바꾸고자 하는 욕구가 있다(Alloy, Riskind, & Manos, 2010). 원래 이 정신장애는 DSM-IV-TR에서 성 정체성 장애(Gender Identity Disorder)라는 명칭으로 성장애 및 성 정체성 장애(Sexual and Gender Identity Disorders)에 해당되었다. 그러나 DSM-5에서는 성별 불쾌감이라는 명칭으로 성기능부전(Sexual Dysfunctions)과 따로 분리되었다. 성별 불쾌감에는 아동의 성별 불쾌감, 청소년과 성인의 성별 불쾌감, 기타 분류된 성별 불쾌감(Other Specified Gender Dysphoria) 및 분류되지 않은 성별 불쾌감(Unspecified Gender Dysphoria)이 포함된다.

■ DSM-5의 아동의 성별 불쾌감 진단기준

A. 적어도 6개월의 기간 동안 다음 중 적어도 여섯 가지(기준 A1은 꼭 들어가야 함) 항목으로 나타나는, 개인의 경험된/표현된 성별과 주어진 성별의 뚜렷한 불일치

1. 다른 성별이 되고 싶은 강한 욕망 또는 자신이 다른 성별(또는 자신에게 주어진 성별과 다른 대안의 성)이라는 주장
2. 남자아이들(주어진 성별)에게서는 이성의 옷을 입거나 여장을 하는 것에 대한 강한 선호; 또는 여자아이들(주어진 성별)에게서는 전형적인 남자 같은 옷을 입는 것에 대한 강한 선호와 전형적인 여성적 옷을 입는 것에 대한 강한 저항
3. 가상 놀이나 상상 놀이에서 교체 성 역할들에 대한 강한 선호
4. 전형적으로 다른 성별이 사용하거나 참여하는 장난감, 게임 또는 활동들에 대한 강한 선호
5. 다른 성별의 놀이친구에 대한 강한 선호
6. 남자아이들(주어진 성별)에게서는 전형적인 남성적 장난감, 게임 그리고 활동에 대한 강한 거부 그리고 소란스러운 놀이에 대한 강한 회피; 여자아이들(주어진 성별)에게서는 전형적인 여성적 장난감, 게임 그리고 활동에 대한 강한 거부
7. 자신의 생식 구조에 대한 강한 혐오
8. 자신의 경험된 성별에 어울리는 1차 그리고/또는 2차 성징들에 대한 강한 갈망

B. 이 상태는 임상적으로 중요한 고통 또는 사회, 학교 또는 기능의 중요한 영역에서의 손상과 관련됨

만약 해당된다면 명시할 것:

성발달의 장애 동반[예시: 선천성부신과형성(congenital adrenal hyperplasia)이나 안드로젠 저항성 증후군(androgen insensitivity syndrome)과 같은 선천성 부신성기 장애]

■ DSM-5의 청소년과 성인의 성별 불쾌감 진단기준

A. 적어도 6개월의 기간 동안 다음 중 적어도 두 가지로 나타나는, 개인의 경험된/표현된 성별과 주어진 성별의 뚜렷한 불일치

1. 자신의 경험된/표현된 성별과 1차 그리고/또는 2차 성징(또는 어린 청소년들에게는 예상되는 2차 성징) 간의 뚜렷한 불일치
2. 자신의 경험된/표현된 성별과의 뚜렷한 불일치 때문에, 자신의 2차 성징을 제거하고 싶은 강한 욕망(또는 어린 청소년에게는 예상되는 2차 성징들의 발달을 막고 싶은 갈망)
3. 다른 성별의 1차 그리고/또는 2차 성징에 대한 강한 갈망
4. 다른 성별(또는 자신의 주어진 성별과 다른 어떤 대안적 성별)이 되고 싶은 강한 갈망
5. 다른 성별로 대우받고 싶은 강한 갈망(또는 자신의 주어진 성별과 다른 어떤 대안적 성별)
6. 자신이 다른 성별(또는 자신의 주어진 성별과 다른 어떤 대안적 성별)의 일반적 감정과 반응을 가지고 있다는 강한 신념

B. 이 상태는 임상적으로 중요한 고통 또는 사회, 학교 또는 기능의 중요한 영역에서의 손상과 관련됨

만약 해당된다면 명시할 것:

성발달의 장애 동반(예시: 선천성부신과형성이나 안드로젠 저항성 증후군과 같은 선천성 부신성기 장애)

만약 해당된다면 명시할 것:

전환(Transition) 이후: 개인은 갈망하는 성별로서 모든 삶(full-time living)을

살아가기로 전환했으며(성별 전환의 법률화를 했든 안 했든 간에), 적어도 한 가지의 교차 성별의 의학적 절차나 치료요법, 즉 갈망하는 성별을 확정해 주는 정기적인 교차 성별 호르몬 치료나 성 전환 수술(예시: 음경절제, 남성으로 태어난 사람의 질 성형, 유방절제술 또는 여성으로 태어난 사람의 음경성형)을 받아 왔음(또는 받기 위해 준비 중임)

4) 신경성 식욕부진증(거식증) 및 폭식증

(1) 신경성 식욕부진증(거식증)

신경성 식욕부진증(거식증)(Anorexia Nervosa)은 몸무게가 느는 것에 대한 두려움으로 음식 섭취를 심하게 제한하는 것으로 청소년기의 소녀와 젊은 여성에게서 많이 나타난다. DSM-IV-TR에서는 거식증의 진단기준을 환자의 나이와 키를 고려한 정상 체중의 85%의 미만에 해당하는 낮은 체중으로 보고 있으며, 살찌는 데 대한 심한 두려움, 비현실적 신체상, 월경주기가 불규칙한 월경불순 등의 증상을 바탕으로 진단을 내렸다. 그러나 DSM-5에서는 체중(kg)을 키의 제곱(m^2)으로 나눈 값을 통해 지방의 양을 추정하는 비만측정법인 체질량 지수(Body Mass Index: BMI)를 바탕으로 거식증의 심각도를 명시하고 있다.

■ DSM-5의 신경성 식욕부진증 진단기준

A. 나이, 성별, 발달적 궤도(trajectory) 그리고 신체적 건강의 상황에서 상당히 낮은 체중을 갖게 하는 필요조건에 비해 에너지 섭취를 제한함

B. 상당히 저체중임에도 불구하고, 체중 증가 또는 비만에 대한 극심한 두려움 또는 체중 증가를 방해하는 지속적 행동

C. 개인의 체중이나 체형이 경험된 방식, 체중이나 체형이 자기평가에 미치는 지나친 영향, 또는 현재의 저체중의 심각성 인식의 지속적 부족의 장해

어느 것인지 명시할 것:

제한형: 지난 3개월 동안 개인은 반복되는 폭식이나 제거(purging) 행동(예시: 스스로 유도한 구토하기, 설사제, 이뇨제, 관장제의 남용)의 반복적 일화에 관여하지 않음. 이 하위 유형은 체중 감소가 주로 다이어트, 단식 그리고/

또는 과도한 운동으로 이루어짐을 묘사함

폭식 및 제거형: 지난 3개월 동안 개인은 반복적인 폭식이나 제거 행동(예시: 스스로 유도한 구토하기, 설사제, 이뇨제, 관장제의 남용)의 반복적 일화에 관여함

만약 해당된다면 명시할 것:

부분관해: 이전에는 거식증의 모든 기준에 부합하였으나, 기준 A(저체중)에 상당 기간 동안 부합되지 않았으며, 기준 B(체중 증가나 비만에 대한 극심한 두려움, 체중 증가를 방해하는 행동)나 기준 C(체중이나 체형에 대한 자기인식의 장애)에는 여전히 부합됨

완전관해: 이전에는 거식증의 모든 기준에 부합하였으나, 모든 기준에 상당 기간 동안 부합되지 않았음.

현재 심각도를 명시할 것:

심각도의 최저 수준은 성인을 대상으로는 현재의 BMI를 바탕으로 하며, 아동과 청소년에게는 BMI의 백분위수를 바탕으로 함. 다음의 범위는 세계보건기구(WHO)의 성인의 여윔(마름, thinness)을 나눈 범주에서 나옴. 아동과 청소년에게는 상응하는 BMI의 백분위수가 사용되어야 함. 심각도 수준은 임상적 증상들, 기능적 장애의 정도 그리고 지도 감독의 필요를 반영하여 높아질 수 있음

가벼운 정도(Mild): BMI $\geq$ 17kg/m^2

중간 정도(Moderate): BMI 16–16.99kg/m^2

심각한 정도(Severe): BMI 15–15.99kg/m^2

극심한 정도(Extreme): BMI $<$ 15kg/m^2

(2) 폭식증

폭식증(Bulimia Nervosa)은 통제력 없이 특정 시간 동안 굉장히 많은 양의 음식을 먹고, 스스로 구토를 유발하거나 설사제 등을 사용하여 체중 증가를 막기 위한 행동들을 하는 특징을 가진다. DSM-5에서는 진단기준으로 '폭식과 부적절한 보상행동들 모두 평균적으로 적어도 1주일에 한 번씩 3개월 동안 발생'하는지를 봄으로써, '폭식과 부적절한 보상행동을 모두 평균적으로 적어도 1주

일에 두 번씩 3개월 동안 발생'하는지를 보는 DSM-IV-TR에서보다 더 엄격하게 진단기준이 적용되었다. 그리고 DSM-5에서는 부적절한 보상행동들의 빈도를 바탕으로 심각도를 명시하도록 하고 있다.

■ DSM-5의 폭식증 진단기준

A. 폭식의 반복적인 일화들. 폭식 일화는 다음의 두 가지로 특징지어짐
   1. 특정 시간 동안(예시: 임의의 2시간 이내) 대부분의 사람들이 비슷한 시간 동안 비슷한 상황에서 먹는 것보다 명백히 많은 양의 음식을 먹음
   2. 일화 동안 먹는 데에 대한 통제력의 부족감(예시: 먹는 것을 멈출 수 없거나 무엇을 또는 얼마나 많이 먹는 것을 조절할 수 없는 느낌)

B. 스스로 유도한 구토하기, 설사제, 이뇨제 및 기타 약물의 남용, 단식이나 과도한 운동과 같은 체중 증가를 막기 위한 반복적이고 부적절한 보상행동들

C. 폭식과 부적절한 보상행동들 모두 평균적으로 적어도 1주일에 한 번씩 3개월 동안 발생함

D. 자기평가가 체형과 체중에 의해 과도한 영향을 받음

E. 장애가 오로지 거식증의 일화 동안에만 나타나지 않음

만약 해당된다면 명시할 것:

부분관해: 이전에는 폭식증의 모든 기준이 부합되었으나, 몇몇 기준들만이 상당한 기간 동안 부합됨

완전관해: 이전에는 폭식증의 모든 기준이 부합되었으나, 상당한 기간 동안 아무 기준들에도 전혀 부합되지 않음

현재 심각도를 명시할 것:

심각도의 최저 수준은 부적절한 보상행동들의 빈도를 바탕으로 함. 심각도의 수준은 다른 증상들과 기능의 정도를 반영하여 높아질 수 있음

가벼운 정도: 매주 평균 1~3번 일화의 부적절한 보상행동들

중간 정도: 매주 평균 4~7번 일화의 부적절한 보상행동들

심각한 정도: 매주 평균 8~13번 일화의 부적절한 보상행동들

극심한 정도: 매주 평균 14번 또는 그 이상 일화의 부적절한 보상행동들

〈사례 4-1〉

폭식증

키 167cm에 몸무게 41kg인 한 양은 현재 2년째 먹고 토하는 것을 반복하고 있다. 현재 24살인 한 양은 나이보다 늙어 보이고 피부도 쭈글쭈글하다. 먹고 토하는 행위로 인해서인지, 현재 탈모와 생리불순을 겪고 있으며 치아도 삭아서 치과 치료를 받고 있다. 한 양은 모르고 있지만, 주위 사람들은 한 양이 먹고 토하는 행위를 한다는 것을 눈치채고 있다. 한 양은 먹을 경우 주변 사람들이 놀랄 정도의 양을 빠른 시간 내에 많이 먹고, 먹고 나서 30분쯤 뒤에 화장실로 가서 토하는 행위를 한다.

오늘도 한 양은 앉은 자리에서 짜장면, 탕수육, 수제비, 만두, 쫄면, 짬뽕, 치킨, 콜라 1L, 김치볶음밥에 비빔국수까지 음식을 남김없이 해치웠다. 그러나 음식의 맛을 느끼기는커녕, 제대로 씹지도 않고 급하게 입 안으로 밀어 넣었다. 그 후, 한 양은 화장실로 직행해서 처음 먹은 음식이 보일 때까지 모두 구토를 하였다. 한 양은 섭취한 음식을 모두 토해 냄으로써 살이 찌지 않을 것 같은 심리적 안정을 얻었다. 이렇게 먹고 토하고 나면, 한 양은 지쳐서 아무것도 할 수 없었다.

4. 청년기와 장년기의 정신건강

청년기와 장년기에는 배우자, 부모, 직업인 등의 다양한 새로운 역할을 수행해야 하며, 인생의 크고 작은 변화를 겪는다. 생활이 변화되는 과정에서 많은 스트레스를 경험할 수 있다. 스트레스는 생리적 · 심리적 불안정한 상태를 유발하며, 심리적으로 신경과민, 불안, 긴장, 짜증, 우울 등의 증상이 나타날 수 있다. 특히 청년기에는 배우자, 부모, 직업인으로서의 새로운 역할을 배워 나가는 과정에서 역할갈등과 역할긴장이 많을 수 있으며, 이때 새로운 역할에 적응하지 못하면 우울증이나 불안장애와 같은 정신적 문제를 나타낼 수 있다(Bee, 1996). 장년기에는 직업적 역할에서는 대체로 정점에 도달하는 시기로, 지적 기능의 감퇴가 일어나기는 하지만 지혜의 발달로 이를 보완할 수 있다. 이 시기에는 자녀의 독립부터 자신의 은퇴까지의 시기이기 때문에, 자신의 지난 삶의 가치에 대한 재평가를 시도하고, 가족관계 재정립 및 직업 영역에서 재조정을 하기도 한다(Levinson, Darrow, Klein, Levinson & Mckee, 1978). 장년기에서는 노화에 기인된 신체적 · 생리적 장애인 갱년기를 겪기도 한다.

이 시기에 나타날 수 있는 정신장애는 다음과 같다.

- 정신분열 스펙트럼 및 다른 정신병 장애들: 망상, 환각, 와해된 생각 및 언어, 심하게 와해된 또는 비정상적 운동행동, 그리고 음성 증후 등의 특징을 보임(제6장 참조)
- 양극성 장애: 기분이 심각하게 들뜬 상태가 지속되어 자신이 실제보다 매우 대단하게 느껴지게 되는 조증 상태와 매사에 무기력해지고 쓸데없는 죄책감에 사로잡혀 있으며, 자신감이 사라지고 불면증 등에 시달리게 되는 우울증 상태가 반복적으로 일어남(제7장 참조)
- 우울장애: 슬픔, 공허함 또는 짜증 나는 기분이 존재하며, 개인의 기능 역량에 중대한 영향을 미치는 신체적 그리고 인지적 변화들을 동반함(제8장 참조)
- 불안장애: 과도한 두려움과 불안의 공통적 특징과 관련된 행동적 장애를 가짐(제9장 참조)
- 강박장애: 강박관념과 강박충동을 가지는 것을 특징으로 함(제10장 참조)
- 트라우마 및 스트레스 요인 관련 장애: 외상으로 경험될 만큼 심한 감정적 스트레스를 주는 사건, 즉 통상적 상황에서 겪을 수 없는 극심한 위협적인 사건에서 심리적 충격을 경험했을 때 나타남
- 신체증상 및 관련 장애: 현저한 고통과 손상에 관련된 신체증상이 나타남
- 물질 관련 및 중독 장애: 크게 물질 사용 장애와 물질 유발 장애로 구분할 수 있으며, 도박 중독이 포함되어 있음(제12장 참조)
- 성격장애: 개인이 문화적 기대로부터 심하게 벗어난 지속적인 내적 경험과 행동양식을 보이는 장애(제13장 참조)

여기서는 청년기와 장년기에서 정신건강에 영향을 줄 수 있는 가정폭력과 다른 장들에서 다루고 있지 않은 트라우마 및 스트레스 요인 관련 장애에 해당하는 외상 후 스트레스 장애와 신체증상 및 관련 장애에 해당하는 신체증상 장

애에 대해 살펴본다.

1) 가정폭력

가정폭력은 "가족원 중의 한 사람이 다른 가족원에게 의도적으로 물리적 힘을 사용하거나 정신적 학대를 통하여 고통을 주는 행위"(Straus & Gelles, 1990)로 가족원 간에 발생하는 모든 종류의 폭력으로 규정할 수 있다. 「가정폭력범죄의 처벌에 관한 특례법」 제2조 제1항에 따르면, 가정폭력은 "가족구성원 사이에서 지속적이고 반복적으로 신체적, 정신적, 재산적 피해를 수반한 행위"로 규정된다. 즉, 법적 개념상에서는 신체적 폭력뿐만이 아니라 정신적 학대와 재산상의 손해 및 손괴를 포함하는 광의적 개념으로 정의되어 있다.

가정폭력의 피해자는 반복적 학대에도 불구하고 관계를 떠나지 않고 계속 머물러 있는 것으로 나타났다(김혜선, 1996). 이렇게 피해자가 학대자에게 계속 되돌아가게 되는 현상은 피해자의 경제적 취약성(박미은, 1997)뿐만 아니라 학대로 나타나게 되는 심리적 의존 또는 무기력도 큰 원인이 되었다(Straube & Barbour, 1983).

가정폭력의 피해자는 학대에 의해 약물과 알코올 남용, 자살시도, 신체증상, 우울증 등의 유사 정신병(pseudopsychiatric illness)을 겪게 되며(Stark & Flitcraft, 1988), 이러한 심각하고 광범위한 정신적 피해가 장기화되면 피학대여성증후군(battered-women syndrome) 또는 외상 후 스트레스 장애가 나타날 수 있다(Kemp, Green, Hovanitz, & Rawlings, 1995). 정신적 피해뿐만 아니라, 성격적으로는 가정폭력의 피해자 또는 생존자는 학대의 결과로 분노, 혼란, 망상, 두려움, 비판 등의 성향이 높게 나타나며, 심한 경우에는 정신분열증 또는 경계선 성격장애로 진단되기도 한다(Rosewater, 1988). 또한, 피해자에게서 학대에 의한 정신병리적 일탈현상이 높게 나타나면서 권위의 상실, 소외, 사회적 무감각(imperturbation) 그리고 가족불화의 요소들이 많이 발견될 수 있다(Rhodes, 1992). 정서적으로 피해자는 우울과 불안, 무기력 및 자아존중감 손상이 학대를 받은 적이 없는 사람들보다 더 높게 나타날 수 있다(Sampselle, 1992). 또한, 선행연구들에 따르면, 가정폭력 피해자들의 우울 정도가 매우 높은 것으로 일관적으로 보고되고 있다(김경신, 박옥임, 정혜정, 1999; 김선아, 김소야자, 남경아, 박정화, 이현화, 2003). 가정폭력 피해여성은 일반적으로 외상 후 스트레스 장애와 우울, 불안, 신체화 증상, 낮은 자아존중감과 자신감의 결여, 무기력감, 죄의식과 자책감, 배우자에 대한 양가감정 등의 정신건강문제를 보인다(권진숙, 2002).

사회복지사는 가정폭력 피해여성을 위한 사회적 지지원으로서의 역할을 강화해야 하며, 정보적 지지와 지역사회 자원 연결 등의 포괄적 서비스를 제공해야 할 필요가 있다(이영주, 2007). 가정폭력에 처한 사람의 우울과 외상 후 스트레스 장애 정도를 감소시키기 위해 가정폭력상담소, 정신보건센터, 종합사회복지관, 자활기관 등의 다양한 지역사회복지 체계 내에서 사회적 지지를 제공해야 할 것이다.

2) 외상 후 스트레스 장애

외상 후 스트레스 장애(Posttraumatic Stress Disorder: PTSD)의 중요한 특징은 하나 또는 그 이상의 외상적 사건들에 노출된 후에 특징적 증상들이 나타나는 것이다. 외상적 사건이란 군인이나 민간인으로 전쟁에 노출, 신체적 공격, 강도, 어린 시절 신체학대와 같은 신체적 폭행에 대한 위협이나 실제적 신체 폭행, 성폭행 위협이나 실제적 성폭행, 납치, 자연재해 또는 인재, 심한 자동차 사고 등을 말한다. 이러한 외상적 사건에 노출된 후에 나타나는 외상 후 스트레스 장애의 특징적 증상들은 매우 다양하다. 어떤 사람에게서는 두려움을 바탕으로 한 재경험, 감정적 · 행동적 증상들이 두드러진다. 또 다른 사람은 무쾌감증(anhedonia)이나 불쾌한(dysphoric) 기분 상태, 부정적 인지 등으로 고통받는다. 또 어떤 사람은 흥분과 반응과 같은 외현화 증상들이 두드러지기도 하며, 해리성 증상을 보이는 사람도 있다(American Psychiatric Association, 2013). 외상 후 스트레스 장애는 DSM-IV-TR에서는 불안장애로 분류되었으나, DSM-5에서는 트라우마 및 스트레스 요인 관련 장애로 따로 분류되었다. 그리고 DSM-IV-TR에서는 증상기간 3개월을 기준으로 급성(acute)과 만성(chronic)을 세분하였으나, DSM-5에서는 이를 삭제하였다. 또한, DSM-5에서는 6세 이하의 아동을 위한 외상 후 스트레스 장애 진단기준을 별도로 마련하였다.

■ DSM-5의 외상 후 스트레스 장애 진단기준

주: 다음의 기준은 성인, 청소년 그리고 6세보다 높은 연령의 아동에게 적용됨. 6세 이하의 아동은 다음의 부합하는 기준을 볼 것

A. 다음 중 하나(또는 그 이상)의 방식으로 실제적 죽음이나 죽음의 위기(actual or threatened death), 심각한 상해나 성폭행에 노출됨
  1. 외상적 사건(들)을 직접 경험함
  2. 다른 사람들에게 사건(들)이 일어나는 것을 실황으로 직접 목격함
  3. 외상적 사건(들)이 가까운 가족원이나 가까운 친구에게 일어난 것을 알게 됨. 가까운 가족원이나 친구의 실제적 죽음이나 죽음의 위기의 경우, 그 사건(들)은 반드시 폭력적이거나 돌발적이어야 함
  4. 외상적 사건(들)의 극도로 혐오적인 세부사항에 대한 반복적이거나 과도한 노출을 겪음(예시: 사람의 유해를 모으는 긴급구조원, 아동학대의 세부사항에 반복적으로 노출되는 경찰관)
     주: 이러한 노출이 일에 관련되지 않는 한, 기준 A4는 전자미디어, 텔레비전, 영화 또는 사진들을 통해 노출되는 것은 적용되지 않음

B. 외상적 사건(들) 발생 이후에 시작된, 외상적 사건(들)에 연관된 다음 침입 증상들 중의 하나(또는 그 이상)가 존재함
  1. 외상적 사건(들)에 대한 반복적이고 원치 않음에도 침입적인 고통스러운 기억
     주: 6세 이상의 아동에게는 외상적인 사건의 주제들이나 일면(aspect)이 표현되는 반복적인 놀이가 나타날 수 있음
  2. 꿈의 내용 그리고/또는 감정이 외상적인 사건(들)에 관련된 반복적이고 고통스러운 꿈
     주: 아동에게는 내용이 인지되지 않는 무서운 꿈들만 있을 수 있음
  3. 마치 외상적 사건(들)이 다시 일어나고 있는 것 같이 개인이 느끼거나 행동하는 해리성 반응들(예시: 생생한 회상; 이러한 반응들은 현재 환경에 대한 자각을 완전히 잊는 가장 극단적 표현과 함께 연속선상으로 일어날 수 있음)
     주: 아동에게, 외상의 구체적 재연은 놀이에서 나타날 수 있음

4. 외상적 사건(들)의 일면을 상징하거나 그와 유사한 내적 또는 외적 단서에 노출되었을 때 극심하거나 오래 계속되는 정신적 고통
5. 외상적 사건(들)의 일면을 상징하거나 그와 유사한 내적 또는 외적 단서에 대한 뚜렷한 생리적 반응

C. 다음 중 하나 또는 둘 다에 의해 나타나듯이, 외상적 사건(들)이 일어난 이후에 시작된, 외상적 사건(들)과 연관된 자극의 지속적 회피
1. 외상적 사건(들)에 대한 또는 그와 밀접한 관련이 있는 고통스러운 기억, 생각이나 감정을 회피하거나 피하려 노력함
2. 외상적 사건(들)에 대한 또는 그와 밀접한 관련이 있는 고통스러운 기억, 생각이나 감정을 불러일으킬 수 있는 외적 상기물(reminders; 예시: 사람, 장소, 대화, 활동, 물체, 상황)을 회피하거나 피하려 노력함.

D. 다음 중 두 가지(또는 그 이상)에 의해 나타나듯이, 외상적 사건(들)이 일어난 이후에 시작되거나 더 악화된, 외상적 사건(들)에 관련된 인지와 감정의 부정적인 변화들
1. 외상적 사건(들)의 중요한 측면을 기억하지 못함(보통 해리성 기억상실증 때문이며, 머리 부상, 알코올이나 약물과 같은 다른 요인 때문은 아님)
2. 자신, 다른 사람들 또는 세상에 대한 지속적이고 과장된 부정적 믿음들 또는 기대들(예시: "나는 나쁘다." "아무도 믿을 수 없다." "세상은 절대적으로 위험하다." "나의 모든 신경계는 영구히 망가졌다.")
3. 자기 자신이나 다른 사람들을 탓하게 하는 외상적 사건(들)의 원인 또는 결과에 대한 지속적이고 왜곡된 인식
4. 지속적이고 부정적인 감정 상태(예시: 두려움, 공포, 분노, 죄책감, 수치심)
5. 중요한 활동에 대한 현저하게 저하된 관심 또는 참여
6. 타인들로부터의 분리감 또는 소외감
7. 지속적으로 긍정적 감정들을 느끼지 못함(예시: 행복, 만족이나 사랑하는 감정을 느끼지 못함)

E. 다음 중 두 가지(또는 그 이상)에 의해 나타나듯이, 외상적 사건(들)이 일어난 이후에 시작되거나 더 악화된, 외상적 사건(들)에 관련된 홍분과 반응에서의 현저한 변화들

1. 보통 사람들이나 물체를 향한 언어적 · 신체적 공격으로 표현되는 화난 행동, 분노 폭발들(화낼 이유가 거의 없거나 전혀 없음)
2. 난폭한 행동이나 자기 파괴적 행동
3. 과도한 경계
4. 과장된 놀람 반응
5. 집중력의 문제
6. 수면장애(예시: 잠이 들거나 수면을 유지하는 데 어려움, 불안한 수면)

F. 장애(기준 B, C, D, E)의 기간이 한 달 이상임

G. 장애는 임상적으로 중요한 고통 또는 사회적 · 직업적 기능 및 기타 기능의 중요한 영역에 손상을 야기함

H. 장애는 물질(예시: 약물치료, 알코올) 또는 다른 의학적 상태의 생리학적 영향에 기인하지 않음

어느 쪽인지 명시할 것:

해리성 증상이 있음: 증상은 외상 후 스트레스 장애의 기준에 부합하고, 추가적으로 스트레스 요인에 대응하여 다음 중 하나의 지속적이거나 반복적인 증상을 경험함

1. 이인증: 마치 자신이 바깥의 관찰자가 된 것 같은, 자신의 정신적 과정이나 신체와 분리된 느낌의 지속적 또는 반복적 경험(예시: 자신이 꿈속에 있는 것처럼 느낌, 자기 자신이나 신체의 비현실감, 시간이 느리게 지나간다고 느낌)
2. 현실감 상실: 환경의 비현실성을 지속적 또는 반복적으로 경험함(예시: 개인을 둘러싼 세상을 비현실적이고, 꿈같이, 멀리 또는 왜곡된 것처럼 느낌)

   주: 이 하위 유형을 쓰기 위해서는 해리성 증상이 물질(예시: 일시적 의식 상실, 알코올 중독에서의 행동)이나 다른 의학적 상태(예시: 복합 부분 발작)의 생리적 영향에 기인해서는 안 됨

만약 해당된다면 명시할 것:

지연된 표출이 있음: 만약 사건 이후 적어도 6개월까지 모든 진단기준이 부합되지 않음(비록 몇몇 증상들의 발병과 표출이 즉각적일 수 있지만)

■ DSM-5의 6세 이하의 아동의 외상 후 스트레스 장애 진단기준

A. 6세 이하의 아동이 다음 중 하나(또는 그 이상)의 방식으로 실제적 죽음이나 죽음의 위기, 심각한 상해나 성폭행에 노출됨
  1. 외상적 사건(들)을 직접 경험함
  2. 다른 사람들, 특히 주 양육자들에게 사건(들)이 일어나는 것을 실황으로 직접 목격함
     주: 목격하는 것은 전자미디어, 텔레비전, 영화 또는 사진들을 통해 목격된 사건들은 포함하지 않음
  3. 외상적 사건(들)이 부모나 양육자에게 일어난 것을 알게 됨

B. 외상적 사건(들) 발생 이후에 시작된, 외상적 사건(들)에 연관된 다음 침입 증상들 중의 하나(또는 그 이상)가 존재함
  1. 외상적 사건(들)에 대한 반복적이고 원치 않음에도 침입적인 고통스러운 기억
     주: 임의적이고 침입적인 기억들은 반드시 고통스러워 보이지 않을 수도 있으며, 놀이 재연으로 나타날 수 있음
  2. 꿈의 내용 그리고/또는 감정이 외상적 사건(들)에 관련된 반복적이고 고통스러운 꿈
     주: 무서운 내용이 외상적 사건(들)에 연관이 있는지를 확신할 수 없을 수도 있음
  3. 마치 외상적 사건(들)이 다시 일어나고 있는 것같이 개인이 느끼거나 행동하는 해리성 반응들(예시: 생생한 회상; 이러한 반응들은 현재 환경에 대한 자각을 완전히 잊는 가장 극단적인 표현과 함께 연속선상으로 일어날 수 있음). 이러한 외상의 구체적 재연은 놀이에서 나타날 수 있음
  4. 외상적 사건(들)의 일면을 상징하거나 그와 유사한 내적 또는 외적 단서에 노출되었을 때 극심하거나 오래 계속되는 정신적 고통
  5. 외상적 사건(들)의 일면을 상징하거나 그와 유사한 내적 또는 외적 단서에 대한 뚜렷한 생리적 반응

C. 사건(들)이 일어난 이후에 시작되거나 더 악화된, 외상적 사건(들)과 연관된 자극의 지속적 회피, 또는 외상적 사건(들)에 관련된 인지와 감정의 부정적인 변화들을 나타내는 다음 증상들 중 하나(또는 그 이상)가 존재해야 함

자극의 지속적 회피:

1. 외상적 사건(들)의 기억을 불러일으키는 활동, 장소나 신체적 상기물을 회피하거나 피하려 노력함
2. 외상적 사건(들)의 기억을 불러일으키는 사람이나 대화 또는 대인관계 상황을 회피하거나 피하려 노력함

인지의 부정적 변화:

3. 부정적 감정 상태(예시: 두려움, 죄책감, 슬픔, 수치심, 혼란)의 크게 증가된 빈도
4. 놀이의 축소를 포함한 중요한 활동에 대한 현저하게 감소된 흥미 또는 참여
5. 사회적 고립 행동
6. 긍정적 감정 표현의 지속적 감소

D. 다음 중 두 가지(또는 그 이상)에 의해 나타나듯이, 외상적 사건(들)이 일어난 이후에 시작되거나 더 악화된, 외상적 사건(들)에 관련된 흥분과 반응에서의 변화들:

1. 보통 사람들이나 물체를 향한 언어적 · 신체적 공격(극도의 짜증 포함)으로 표현되는 화난 행동, 분노 폭발(화낼 이유가 거의 없거나, 전혀 없음)
2. 과도한 경계
3. 과장된 놀람 반응
4. 집중력의 문제
5. 수면장애(예시: 잠이 들거나 수면을 유지하는 데 어려움, 불안한 수면)

E. 장애의 기간이 1개월 이상임

F. 장애는 임상적으로 중요한 고통 또는 부모, 형제자매, 또래나 다른 양육자와의 관계나 학교 행동에 손상을 야기함

G. 장애는 물질(예시: 약물치료, 알코올) 또는 다른 의학적 상태의 생리학적 영향에 기인하지 않음

어느 쪽인지 명시할 것:

해리성 증상이 있음: 증상은 외상 후 스트레스 장애의 기준에 부합하고, 다음 중 하나의 지속적이거나 반복적인 증상을 경험함

1. **이인증:** 마치 자신이 바깥의 관찰자가 된 것 같은, 자신의 정신적 과정이나 신체와 분리된 느낌의 지속적 또는 반복적 경험(예시: 자신이 꿈속에 있는 것처럼 느낌, 자기 자신이나 신체의 비현실감, 시간이 느리게 지나간다고 느낌)
2. **현실감 상실:** 환경의 비현실성을 지속적 또는 반복적으로 경험함(예시: 개인을 둘러싼 세상을 비현실적이고, 꿈같이, 멀리 또는 왜곡된 것처럼 느낌)

주: 이 하위 유형을 쓰기 위해서는 해리성 증상이 물질(예시: 일시적 의식 상실, 알코올 중독에서의 행동)이나 다른 의학적 상태(예시: 복합 부분 발작)의 생리적 영향에 기인해서는 안 됨

만약 해당된다면 명시할 것:

지연된 표출이 있음: 만약 사건 이후 적어도 6개월까지 모든 진단기준이 부합되지 않는다면(비록 몇몇 증상들의 발병과 표출이 즉각적일 수 있지만)

〈사례 4-2〉

외상 후 스트레스 장애

김 씨는 어젯밤에도 새벽 2시경에 깨어났다. 사고가 난 지 6달이 지났고 상처도 많이 아물었지만, 아직도 밤마다 그날의 사고를 꿈꾸기 때문에 잠을 잘 수 없다. 식은땀에 온몸이 젖어 일어나면 다시 잠들기도 어렵다. 낮에도 힘들기는 마찬가지다. 하루 종일 머리가 멍하고 집중이 안 돼서 TV에서 좋아하는 프로그램이 나와도 시끄럽게만 들린다. 작은 소리에도 깜짝 놀라 가슴이 두근거리기 일쑤다.

김 씨는 차를 타고 가다가 중앙선을 넘어온 차에 부딪쳐 크게 다쳤다. 김 씨는 친구 두 명과 같이 밤낚시를 갔다 오던 중이었다. 운전을 하던 친구 한 명은 사망하였다. 같이 차에 탔던 친구는 김 씨에게 어쩔 수 없는 일이었다고 말했고, 다른 친구들도 살아남은 것만도 감사히 여기라고 위로했다. 하지만 김 씨는 여전히 사고가 났던 차 안에 있는 것만 같다. 웬만한 거리는 걸어가려고 하며, 어쩔 수 없이 차를 타도 조수석에는 절대 앉지 않고 뒷자리에 깊숙이 앉아 차창 밖도 쳐다보지 못한다. 한번은 새치기하는 차 때문에 아내가 운전하는 차가 급정거를 하였다. 김 씨는 긴장하여 뒷좌석에서 몸을 웅크린 채 움직이지도 못했다. 그 이후로도 김 씨는 아내나 다른 사람이 운전하면서 앞 차에 가깝게 붙거나 중앙선에 가까운 1차로로 차선을 변경하면, 짜증을 내면서 빨리 안쪽 차선으로 들어가라고 소리친다. 사람이 변해 버린 것만 같다.

3) 신체증상 장애

신체증상 장애(Somatic Symptom Disorders)는 신체증상 및 관련 장애들로 현저한 고통과 손상에 연관된 신체증상들을 특징으로 하며, 심리적 원인에 의해 다양한 신체적 증상을 나타내지만 의학적 검사에서는 신체적 이상이 발견되지 않는다. DSM-IV-TR에서는 신체형장애(Somatoform Disorders)로 구분되었으나, DSM-5에서는 신체증상 및 관련 장애(Somatic Symptom and Related Disorders)로 명칭이 변경되었다. DSM-5에서는 신체증상 장애, 질병 불안 장애(Illness Anxiety Disorder), 전환장애(Conversion Disorder), 기타 의학적 상태에 영향을 미치는 정신적 요인들(Psychological Factors Affecting Other Medical Conditions), 꾀병(Factitious Disorder), 기타 분류된 신체증상 및 관련 장애(Other Specified Somatic Symptom and Related Disorder), 분류되지 않은 신체증상 및 관련 장애(Unspecified Somatic Symptom and Related Disorder)가 신체증상 및 관련 장애에 포함된다. 이 중에서 신체증상 장애는 고통스러운 신체적 증상과 이러한 증상에 반응하는 비정상적인 생각, 감정 그리고 행동들을 바탕으로 진단 내려질 수 있다. 이 장애를 가진 사람은 다양한 신체증상을 호소하며, 질병과 관련된 과도한 걱정을 한다.

■ DSM-5의 신체증상 장애 진단기준

A. 고통스럽거나 또는 일상생활에 중대한 혼란을 초래하는 하나 또는 그 이상의 신체적 증상

B. 다음 중 적어도 한 가지로 나타난, 신체적 증상들에 연관되거나 건강 염려에 관련된 과도한 생각, 감정들, 행동

1. 자신의 증상의 심각성에 대한 편중되고 지속되는 생각
2. 건강 또는 증상에 대한 지속적으로 높은 수준의 불안감
3. 이러한 증상 또는 건강 염려에 쏟는 과도한 시간과 에너지

C. 한 가지 신체적 증상이 계속적으로 존재하지 않을 수도 있지만, 증상을 보이는 상태는 지속적임(보통 6개월 이상)

만약 해당된다면 명시할 것:

뚜렷한 통증이 있음(예전의 통증장애): 이 명시는 신체적 증상이 두드러지게 통증에 연관된 개인을 위한 것임

만약 해당된다면 명시할 것:

지속적임: 지속적 경과(course)가 지속적인 심각한 증상, 뚜렷한 손상, 긴 지속 기간(6개월 이상)으로 특징지어짐

현재의 심각성을 명시할 것:

가벼운 정도: 기준 B에 명시된 증상 중의 한 가지만이 충족됨

중간 정도: 기준 B에 명시된 증상 중의 두 가지 이상이 충족됨

심한 정도: 기준 B에 명시되어 있는 증상 중의 두 가지 이상이 충족되며, 추가적으로 다양한 신체적 통증들이 있음(또는 한 가지의 심각한 신체적 증상)

〈참고하기〉

신경성 신체증상 척도(Patient Health Questionnare-15: PHQ-15)

번호	증상	전혀 시달리지 않음	약간 시달림	대단히 시달림
1	위통	0	1	2
2	허리 통증	0	1	2
3	팔, 다리, 관절(무릎, 고관절 등)의 통증	0	1	2
4	생리 기간 동안 생리통 등의 문제(여성만 해당함)	0	1	2
5	두통	0	1	2
6	가슴 통증, 흉통	0	1	2
7	어지러움	0	1	2
8	기절할 것 같음	0	1	2
9	심장이 빨리 뜀	0	1	2
10	숨이 참	0	1	2
11	성교 중 통증 등의 문제	0	1	2
12	변비, 묽은 변이나 설사	0	1	2
13	메슥거림, 방귀, 소화불량	0	1	2
14	피로감, 기운 없음	0	1	2
15	수면의 어려움	0	1	2

* 합산 점수가 5점 이하는 낮은 신체증상, 6–10점은 중정도, 11점 이상은 높은 신체증상으로 구분됨

출처: Kroenke, Spitzer, & Williams (2002).

〈읽을거리〉

나도 모르는 사이 찾아오는 '신체화 증후군'은?

직장 일이나 개인 신상 등의 이유로 신경을 조금이라도 쓰면 유난히 두통이 심해지거나, 머리가 아프고 구토 증상을 호소하는 경우가 있다. 또 좌절감과 불안감 등으로 위장장애를 겪는 사람들도 있다……

과도한 심리적 스트레스가 주원인

'신체화 증후군'은 수년에 걸쳐서 다양한 신체증상이 반복적으로 나타나지만 병원을 찾아도 아무런 이상을 발견하지 못하는 것으로, 원인은 뚜렷하게 밝혀지지 않았지만 심리적 스트레스가 주원인으로 알려져 있다.

대부분 자신의 마음속 갈등은 보려 하지 않기 때문에 신경성이란 진단하에 정신과 치료를 권유해도 거부하는 경우가 대부분이다. 이는 자기 마음속에 있는 여러 분노나 원망의 감정들과 직면하는 것이 두려워 회피하고자 하는 무의식적 욕구에 휘말려 있기 때문이다.

따라서 신체화 증후군은 신체적 질환이 있지도 않은데 심리적 요인이나 갈등에 의해 나타난 것으로 신체적 증상을 호소하는 장애를 말한다. 또 환자 개인이 책임져야 할 어려운 일을 당했거나 배우자에 대한 분노를 제대로 표현할 수 있는 능력이 없는 등의 정신적 · 사회적 요인도 관여하는 것으로 알려져 있다.

이런 경우 대개는 심리적으로 불안이나 우울감을 자주 경험하고 있다. 이 외에도 환자 자신의 감정이나 솔직한 심정을 잘 드러내지 못하는 경향이 있고, 강박적인 성격의 소유자가 많다. 또 고부간, 직장에서의 상하관계, 군대사회 같은 상황에 처해 있는 경우에도 흔히 나타날 수 있다.

최지욱 대전성모병원 정신과 교수는 "이는 과도한 스트레스가 자율신경계에 악영향을 주게 되므로 혈류 및 내분비계의 변화를 초래하고 근육의 이상 수축을 유발하여 여러 가지 신체적 증상을 일으키게 되는 것"이라고 설명했다.

〈중 략〉

최지욱 교수는 "신체화 증후군은 의도적으로 거짓 신체장애를 꾸며 대는 꾀병과는 다른 것이다."라며 "이들은 자신의 의식적인 의도와는 달리 무의식적 과정을 거쳐 신체 증상을 나타내게 돼 의사의 설명에도 쉽게 납득하지 못하고, 거부감을 표시하기도 한다." 고 말했다.

조기 발병, 만성화될 수 있어 적절한 치료 받아야

신체화 증후군의 특징은 수년에 걸쳐 여러 신체 부위에 걸쳐서 나타나고, 신체검사 소견의 이상과는 관계없이 조기에 발병하고 만성화되는 과정을 거친다. 또 막연한 다발성 증상을 호소한다는 것이다.

환자는 연극적이고 모호하고 과장되게 표현하는 경향이 있어서 여러 진단적 검사를 받게 되지만 이러한 증상을 뒷받침할 수 있는 신체적인 질환은 발견하기 어렵다. 증상은 전신에 걸쳐 나타나는데 식욕감퇴, 구토, 구역질 등의 위장계 증상을 비롯해 숨이 차고, 심장이 빨리 뛰는 등의 심폐계 증상, 어지럽고 경련, 마비감 등의 신경계 증상, 두통, 흉통, 복통 등의 각종 통증, 성기능 장애, 피부계 장애, 골근계 장애 등 다양하게 나타난다.

증상은 보통 몇 개월 동안 새로운 증상이 나타났다가 다음 몇 개월 동안은 증상이 약화되는 것이 특징이다. 또한 여러 가지 증상이 오랜 기간에 거쳐 악화와 다소간의 호전을 반복하는 만성적인 경과를 보이는 경우가 대부분이며, 우울감이 동반되는 경우도 많다.

최지욱 교수는 "치료 방법은 환자가 증상을 견딜 수 있도록 도와주고 감정을 제대로 표현하도록 배려하는 정신치료를 실시한다." 며 "특히 환자 스스로에게 이 같은 장애가 정신적인 원인에 의하여 나타날 수 있다는 것을 이해시키는 것이 중요하다. 증상에 따라서 항불안제, 항우울제 등 약물을 투여하는 경우도 있다." 고 설명했다.

출처: 국민일보(news.kukinews.com) (2012. 12. 7.)

5. 노년기의 정신건강

노년기는 신체적 노화와 심리적 변화에 적응해야 하는 시기다. 쇠약해지는 체력과 건강에 적응하고, 은퇴 이후에 취미 및 여가를 즐기며, 퇴직과 수입 감소에 따른 변화에 적응할 필요가 있다. 또한, 소외감이나 인생의 의미를 찾고 배우자 및 친밀한 사람들의 사망에 대한 마음의 준비가 필요하다. 노년기에는 우울증상이 비교적 흔하게 나타나는데, 신체적이나 정신적 쇠퇴로 의존성이 증가하면서 무기력감, 자아통제감이나 자아존중감의 저하로 우울증이 나타나는 것이다. 그 밖에 노년기에 일어날 수 있는 배우자의 죽음, 건강 악화, 퇴직 등에 따른 상실 또는 스트레스적 사건들에 의해 우울증이 나타날 수 있다. 이러한 우울증상이 있을 때 사회적 지지가 충분히 제공되지 않는 경우에는 높은 자살의 위험이 나타날 수 있다. 또한, 노년기에는 뇌 손상으로 신경인지 장애가 나타날 수 있는데, 신경인지 장애는 복합적 주의집중, 수행 기능, 학습과 기억, 언어, 지각운동이나 사회적 인지에서의 수행이 이전 수준보다 인지적으로 감퇴한 증상을 보인다. 예를 들어, 알츠하이머 병, 전측두엽 변성, 노인성 치매, 혈관 질환 등에 의한 신경인지 장애가 노년기에 나타날 수 있다. 여기서는 노년기에 나타날 수 있는 섬망과 신경인지 장애들을 살펴본다.

1) 섬망

섬망(Delirium)은 급성적 의식의 혼탁으로, 주의를 돌리고, 집중하고, 유지하고, 전환하는 능력이 줄어드는 등 집중력 장애와 주변 환경에 대한 지남력이 감소하는 의식장애를 나타낸다. 기억 결함, 지남력 상실, 언어 및 시공간적 능력이나 지각 등의 인지에서 추가적 장애가 있을 수 있다. 섬망은 몇 시간 또는 며칠 사이의 짧은 기간 동안에 발달되며, 주의집중과 의식의 기준치에서 변화가 있음을 나타낸다. 그리고 하루 사이에 장애의 심각성 변동이 심하다.

2) 주요 및 경증 신경인지 장애

주요 신경인지 장애(Major Neurocognitive Disorders)는 복합적 주의집중(complex attention), 수행 기능, 학습과 기억, 언어, 지각운동 또는 사회적 인지와 같은 한 가지 이상의 인지 영역에서의 수행이 이전 수준보다 현저하게 감퇴하는 경우에 해당된다. 인지적 결함으로 인해 고지서를 납부하거나 약 복용을 관리하는 것과 같은 일상생활의 독립적인 활동이 어려운 경우에 진단될 수 있다.

경증 신경인지 장애(Mild Neurocognitive Disorders)는 복합적 주의집중(complex attention), 수행 기능, 학습과 기억, 언어, 지각운동 또는 사회적 인지와 같은 한 가지 이상의 인지 영역에서의 수행이 이전 수준보다 그다지 크지 않게(modest) 인지적으로 감퇴한 경우에 해당된다. 이 경우에는 인지적 결함에 의해 고지서를 납부하거나 약 복용을 관리하는 것과 같은 일상생활의 독립적인 활동은 유지되지만, 편의나 도움이 필요할 수도 있다.

주요 및 경증 신경인지 장애는 다음과 같은 다양한 질환에 의해서 유발될 수 있으며, 그 원인 질환에 따라 하위 유형으로 구분되고 있다.

- 알츠하이머 병
- 전측두엽 변성
- 노인성 치매
- 혈관 질환(Vascular Disease)
- 외상성 뇌질환
- 물질/약물 사용
- HIV 감염
- 프리온 질병(Prion Disease)
- 파킨슨 병
- 헌팅톤 병
- 기타 의학적 상태
- 복합적 병인
- 분류되지 않음

이 중에서 알츠하이머 병, 전측두엽 변성, 노인성 치매, 혈관 질환에 관련된 신경인지 장애에 대한 진단기준은 다음과 같다.

■ DSM-5의 주요 신경인지 장애 진단기준

A. 다음을 바탕으로 한 한 가지 이상의 인지 영역들(복합적 주의집중, 수행 기능, 학습과 기억, 언어, 지각운동, 사회적 인지)에서의 수행이 이전 수준보다 현저하게 인지적으로 감퇴한 증거

1. 현저한 인지기능의 감퇴가 있어 왔다는 개인, 잘 아는 정보원, 임상가의 염려; 그리고

2. 가급적이면 표준화된 신경심리검사에 의해 또는 그렇지 못할 시에는 다른 자격 있는 임상가의 평가에 의해 문서화된 인지수행의 현저한 손상

B. 인지적 결함들이 일상생활의 활동에서의 독립을 방해함(예시: 최소한 고지서를 납부하거나 약 복용을 관리하는 것과 같은 일상생활의 복잡하고 중요한 활동에 도움을 필요로 함)

C. 인지적 결함들은 섬망의 상황에서만 오로지 발생하지 않음

D. 인지적 결함들은 기타 정신장애에 의해 더 잘 설명되지 않음(예시: 주요 우울장애, 정신분열증)

무엇 때문인지 명시할 것:

알츠하이머 병

전측두엽 변성

노인성 치매

혈관 질환

외상성 뇌질환

물질/약물 사용

HIV 감염

프리온 질병

파킨슨 병

헌팅톤 병

기타 의학적 상태

복합적 병인

분류되지 않음

명시할 것:

행동장애 없음: 만약 인지적 장애가 기타 임상적 중요한 행동장애를 수반하지 않는 경우

행동장애 있음(장애를 명시할 것): 만약 인지적 장애가 기타 임상적 중요한 행동장애를 수반하는 경우(예시: 정신병 증상들, 기분장애, 불안, 무감각, 기타 행동적 증상들)

현재의 심각도를 명시할 것:

가벼운 정도: 일상생활의 중요한 활동에의 어려움(예시: 집안일, 돈 관리)

중간 정도: 일상생활의 기본 활동에의 어려움(예시: 먹기, 옷 입기)

심각한 정도: 완전히 의존적임

■ DSM-5의 경증 신경인지 장애 진단기준

A. 다음을 바탕으로 한 한 가지 이상의 인지 영역들(복합적 주의집중, 수행 기능, 학습과 기억, 언어, 지각운동, 사회적 인지)들에서의 수행이 이전 수준보다 그다지 현저하지 않게(modest) 인지적으로 감퇴한 증거
  1. 가벼운 인지기능의 감퇴가 있어 왔다는 개인, 잘 아는 정보원, 임상가의 염려; 그리고
  2. 가급적이면 표준화된 신경심리검사에 의해 또는 그렇지 못할 시에는 다른 자격 있는 임상가의 평가에 의해 문서화된 인지수행의 그다지 현저하지 않은 손상

B. 인지적 결함들이 일상생활의 활동에서의 독립을 방해하지 않음(예시: 고지서를 납부하거나 약 복용을 관리하는 것과 같은 일상생활의 복잡하고 중요한 활동들은 유지되지만, 더 큰 노력, 보충 전략 혹은 편의가 필요할 수도 있음)

C. 인지적 결함들은 섬망의 상황에서만 오로지 발생하지 않음

D. 인지적 결함들은 기타 정신장애에 의해 더 잘 설명되지 않음(예시: 주요 우울장애, 정신분열증)

무엇 때문인지 명시할 것:

알츠하이머 병

전측두엽 변성

노인성 치매

혈관 질환

외상성 뇌질환

물질/약물 사용

HIV 감염

프리온 질병

파킨슨 병

헌팅톤 병

기타 의학적 상태

복합적 병인

분류되지 않음

명시할 것:

행동장애 없음: 만약 인지적 장애가 기타 임상적 중요한 행동장애를 수반하지 않는 경우

행동장애 있음(장애를 명시할 것): 만약 인지적 장애가 기타 임상적 중요한 행동장애를 수반하는 경우(예시: 정신병 증상들, 기분장애, 불안, 무감각, 기타 행동적 증상들)

■ DSM-5의 알츠하이머 병에 의한 주요 또는 경증 신경인지 장애 진단기준

A. 심각한 또는 가벼운 신경인지 장애의 기준에 부합함

B. 잠행성 발병과 하나 또는 그 이상의 인지적 영역(심각한 신경인지적 장애에서는 적어도 2개의 영역이 손상되어야 함)에서 점진적 진행의 손상이 있음

C. 개연성이나 가능성 있는 알츠하이머 병에 대한 기준에 다음과 같이 부합됨

심각한 신경인지 장애:

개연성 있는(probable) 알츠하이머 병은 다음 중 하나가 제시될 때 진단된다. 그 외에는 가능성 있는(possible) 알츠하이머 병이 진단된다.

1. 가족력이나 유전자 검사에서 알츠하이머 병의 유전적 원인이 되는 유전적 돌연변이의 증거
2. 다음의 세 가지 모두가 제시됨
   a. 기억과 학습 그리고 적어도 한 가지 기타 인지적 영역에서 감퇴의 명백한 증거(상세한 내력 또는 연속적 신경심리검사를 바탕으로)
   b. 긴 정체기 없는 인지의 끊임없이 꾸준히 진행되는 점진적인 감퇴
   c. 혼합된 병인의 증거 없음(예시: 인지 감퇴에 기여할 것 같은 기타 신경병성, 뇌혈관 질환의 부재 또는 기타 신경, 정신, 전신 질환이나 상태)

가벼운 신경인지 장애:

개연성 있는 알츠하이머 병은 만일 유전자 검사나 가족력에서 알츠하이머

병의 원인이 되는 유전적 돌연변이의 증거가 있으면 진단된다.

가능성 있는 알츠하이머 병은 만일 유전자 검사나 가족력에서 알츠하이머 병의 원인이 되는 유전적 돌연변이의 증거가 없고, 다음의 모든 세 가지가 제시되면 진단된다.

1. 기억과 학습능력 감퇴의 명백한 증거
2. 긴 정체기 없는 인지의 끊임없이 꾸준히 진행되는 점진적 감퇴
3. 혼합된 병인의 증거 없음(예시: 인지 감퇴에 기여할 것 같은 기타 신경병성, 뇌혈관 질환의 부재 또는 기타 신경, 정신, 전신 질환이나 상태)

D. 장애는 뇌혈관 질환, 기타 신경병성 질환, 물질의 영향 또는 기타 정신, 신경, 전신 질환에 의해 더 잘 설명되지 않음

〈사례 4-3〉

알츠하이머 병에 의한 주요 또는 경증 신경인지 장애

양 씨는 69세의 남자로 9년 전에 기억과 행동에 문제가 있다는 것을 알고 아내가 검진을 위해 병원에 처음 데리고 왔다. 그 당시 양 씨의 증상은 우울증으로 나타났는데, 낮에 혼자 있을 땐 우는 것 같기도 하고 물건이나 돈 등을 어디 놔두고는 잘 못 찾는 등 건망증이 심해져 가족들이 한바탕 고역을 치른 뒤 찾곤 했다. 그러다가 나중에는 세탁기 등 가전제품 사용법도 잊어버려 세탁물과 다른 물건들을 함께 넣어 못 쓰게 하는 등 이상행동을 보였다. 양 씨가 은퇴 이후에 이제까지 살았던 동네로부터 멀리 떨어진 곳으로 이사를 간 이후로부터, 낯선 공간 속에서 아직 직장을 다니느라 바쁜 아내 말고는 말할 상대도 없이 혼자 있는 시간이 많아진 것이 요인인 것 같다고 아내가 말했다. 양 씨는 비교적 건강했고, 어떤 약물도 복용하고 있지 않았다. 심각한 의학적 또는 정신과적 병력, 인지 및 정신과적 장애와 관련된 중요한 가족력도 없었다.

이때까지만 하여도 심각하게 생각하지 않았던 가족은 집 근처 정신과에서 치매 같으니 큰 병원에 가서 뇌 및 다른 신경학적 검사를 해 보라는 의사의 말에 충격을 받았다. 검사 결과, 양 씨는 뇌 위축이 있는 것으로 나타났다. 또한 양 씨는 말을 더듬고, 주의력 집중 곤란을 보였는데, 이 때문에 시각적으로 사물을 구별하는 데 어려움이 있었다. 감각검사에서 양 씨는 장소와 날짜에 대한 지남력 장애를 보이며, 정확한 날짜에서 5년을 빗나가게 답변했다. 그러나 양 씨는 대부분의 질문을 이해하는 것 같았고, 자신이 인지적 어려움을 경험하고 있음을 알아차리고 있었다. 신

경심리학적 검사에서 양 씨는 기억력, 주의력, 시공간 추리력, 자극 이동 능력 그리고 판단력과 계획능력에서 모두 중간 이상의 심각한 손상을 보였다.

1년 반 후 양 씨의 치매는 더욱더 심각해졌다. 양 씨는 자신이 무엇인가를 잃어버렸다고 생각하고 찾으러 돌아다니고, 누군가가 훔쳐 간 것이 분명하다며 아내를 의심했다. 이러한 격노와 의심이 증가함에 따라 양 씨는 때로는 소리를 지르며 발작하며, 아내에게 신체적 위협을 가하였다. 또한 전화도 제대로 받지 못하였으며 물건을 사고도 돈 계산을 하지 못했다. 어느 날은 대변을 여기저기에 묻혀 놓고 먹다 남은 음식을 장롱이나 서랍에 숨겨 놓기도 하였다. 급기야는 아내와 자녀도 알아보지 못하고, 알아들을 수 없는 이야기를 반복하거나 화를 내는 등의 행동을 보였다.

■ DSM-5의 주요 또는 경증 전측두엽(Frontotemporal) 신경인지 장애 진단기준

A. 주요 또는 경증 신경인지 장애의 기준에 부합함

B. 장애는 잠행성으로 발병하며 점진적으로 진행됨

C. 1, 2 중의 하나

1. 행동 변화

a. 다음의 행동 증상들 중 세 가지 이상

i. 행동 탈억제

ii. 무감각 또는 무력함

iii. 연민 또는 감정이입의 상실

iv. 집요하게 반복하는, 상동적 또는 강박적/의식화된(ritualistic) 행동

v. 과탐식(hyperorality, 적절하지 않은 물체를 입에 넣음)과 식이요법의 변화

b. 사회적 인지 그리고/또는 실행능력의 현저한 감퇴

2. 언어 변화

a. 말 산출, 단어 탐색, 물체 명명하기, 문법, 단어 이해력의 방식에서 언어 능력의 현저한 감퇴

D. 상대적으로 부족한(relative sparing) 학습, 기억, 지각 운동 기능

E. 장애는 뇌혈관 질환, 다른 신경병성 질환, 물질의 영향, 또는 다른 정신, 신

경, 전신 질환에 의해 더 잘 설명되지 않음

개연성 있는 전측두엽 신경인지 장애는 다음 둘 중 하나가 제시될 때 진단된다. 그 외에는 가능성 있는 전측두엽 신경인지 장애가 진단된다.

1. 유전자 검사나 가족력 둘 중의 하나에서 전측두엽 신경인지 장애의 원인이 되는 유전적 돌연변이의 증거
2. 신경촬영이 관여된 불균형적인 전두엽 그리고/또는 측두엽의 증거

가능성 있는 전측두엽 신경인지 장애는 유전적 돌연변이의 증거가 없고 신경촬영이 실행되지 않았을 경우에 진단된다.

■ DSM-5의 노인성 치매(Lewy Body Disease)가 있는 주요 또는 경증 신경인지 장애 진단기준

A. 주요 또는 경증 신경인지 장애의 기준에 부합함

B. 장애는 잠행성으로 발병하며 점진적으로 진행됨

C. 장애는 개연성이나 가능성 있는 노인성 치매의 핵심 진단 특징들과 시사하는 진단 특징들의 결합에 충족됨

노인성 치매가 있는 개연성 있는 주요 또는 경증 신경인지 장애에서 개인은 두 가지의 핵심 특징들, 또는 한 가지 또는 그 이상의 핵심 특징들과 한 가지의 시사적 특징을 가진다. 노인성 치매가 있는 가능성 있는 주요 또는 경증 신경인지 장애에서 개인은 단지 한 가지 핵심 특징, 또는 한 가지 또는 그 이상의 시사적 특징들을 가진다.

1. 핵심 진단 특징들
   a. 주의집중과 각성도에서 확연한 변동을 동반한 오락가락하는 인지
   b. 잘 구성되고 상세한 반복적인 환시들
   c. 인지감퇴의 발달 뒤에 시작된 파킨슨 병의 자연스러운 특징들
2. 시사적 진단 특징들
   a. 급속 눈운동 수면 행동장애에 대한 기준에 부합함
   b. 심각한 신경 이완 민감성

D. 장애는 뇌혈관 질환, 기타 신경병성 질환, 물질의 영향, 또는 기타 정신, 신경, 전신 질환에 의해 더 잘 설명되지 않음

■ DSM-5의 주요 또는 경증 혈관성(Vascular) 신경인지 장애 진단기준

A. 주요 또는 경증 신경인지 장애의 기준에 부합함

B. 다음 중 하나에 의해 제시된 것처럼, 임상적 특징들이 혈관성 변인과 일치함

1. 인지적 결함의 발병이 하나 또는 그 이상의 뇌혈관 사고(cerebrovascular events)들에 일시적으로 관련됨

2. 복합적 주의집중(처리속도 포함)과 전두엽 수행 기능에서 감퇴의 증거가 현저함

C. 신경인지적 결함을 설명하기에 충분한 것으로 간주되는 병력, 신체 검사, 그리고/또는 신경촬영법에서의 뇌혈관 질환을 제시하는 증거가 있음

D. 증상은 다른 뇌 질환 또는 전신 장애로 더 잘 설명되지 않음

개연성 있는 혈관성 신경인지 장애는 다음 중 하나가 제시될 때 진단된다. 그 외에는 가능성 있는 혈관성 신경인지 장애가 진단된다.

1. 뇌혈관 질환에 의한 중요한 조직 부상의 신경촬영 증거로 임상적 기준을 뒷받침함

2. 신경인지 증후군은 하나 또는 그 이상의 문서화된 뇌혈관 사고에 일시적으로 관련됨

3. 뇌혈관 질환의 임상적 증거와 유전적(예시: 하부피질 경색증과 백질뇌증을 가진 지적 상염색체성 우성 동맥 질환) 증거가 모두 제시됨

가능성 있는 혈관성 신경인지 장애는 임상적 기준이 부합되지만, 신경촬영이 가능하지 않고 신경인지 증후군과 하나 또는 그 이상의 뇌혈관 사고들과의 일시적 관계가 확립되지 않은 경우에 진단된다.

〈사례 4-4〉 **주요 또는 경증 혈관성 신경인지 장애**

나 씨는 75세의 여성으로, 젊을 때 남편이 사망한 후로 홀로 자녀를 키우고 출가시켰다. 8년 전부터는 장남의 가족과 합가를 하여 살고 있다. 2~3년 전부터 이전보다 잠들기가 어려워 잠을 설치는 일이 많아지고 가족의 생일이나 제사 등을 종종 잊었으며, 사소한 일로 자녀나 손주에게 화를 내기 시작했다. 또한 가끔씩 방문하

는 손자의 이름을 잊기도 하고, 저녁 늦게 돌아온 며느리를 보더니 "누구냐?" 고 묻기도 하는 등 이상한 착각을 일으키기 시작했다.

이러한 증상은 나 씨에게 고혈압과 뇌졸중이 나타난 이후에 더 심해졌다. 평소 고혈압을 갖고 있던 나 씨는 뇌출혈로 목욕탕에서 쓰러졌고, 병원으로 옮겼으나 뇌의 가운데를 다쳤다. 이로 인해 실어증과 오른쪽 몸 마비와 같은 신경결핍 증상을 보이게 되었으나, 치료를 거듭한 결과 심해진 신체증상은 얼마간 회복되었다.

그러나 시간이 갈수록 나 씨에게 이상한 행동과 말이 시작되었다. 아침, 점심, 저녁을 분명히 먹었음에도 이웃이 찾아오면 며느리가 밥을 주지 않아 배고파 못 견디겠다고 하소연을 하며, 찾아온 다른 자녀들에게도 며느리가 맛있는 것을 혼자만 먹는다고 이야기해 형제간의 갈등마저 깊어지게 되었다. 이에 다른 자녀가 음식을 만들어와 나 씨에게 주었다. 그러나 나 씨는 잠시 뒤 큰며느리가 들어오자 "저년이 맛있는 것을 혼자 다 먹고 나는 안 주었다." 고 하면서 울기 시작했다. 이를 계기로 가족들은 나 씨의 상태를 알게 되었다.

가족은 나 씨의 치매 검사를 위해 병원에 내원하였다. 심리평가를 실시했을 때 나 씨는 슬프고 희망이 없는 노인처럼 보였고, 대화하는 것에 많은 어려움을 보였다. 또한 뇌출혈의 후유증으로 기능이 떨어져서 운동장애마저 겹치자 나 씨는 도무지 움직이려 하지 않고 누워만 있으려고 하였다. 나 씨는 지남력 검사에서 과거와 현재를 구분하지 못하는 것으로 나타났다. 기억력 검사에서는 5분이 지나자 세 가지 항목 중 어느 하나도 기억하지 못하였다. 나 씨는 서서히 기억력을 잃어 가는 듯했지만, 아주 오래된 기억이나 습관은 더욱 또렷하게 기억하는 것으로 나타났다.

학습활동

- 학교폭력을 겪고 있는 청소년의 정신건강문제는 무엇이 있으며, 이를 돕기 위해 어떻게 사회복지 측면에서 개입할 수 있을지 논의해 봅시다.
- 가정폭력을 겪는 사람의 정신건강문제는 무엇이 있으며, 이에 대한 사회복지 측면의 구체적 개입 방법을 논의해 봅시다.
- 치매를 겪고 있는 노인과 그 가족에 대한 사회복지 측면의 개입 방법을 토론해 봅시다.
- 성 정체성에 관한 영화 〈소년은 울지 않는다(Boys don't cry)〉(1999)를 감상해 봅시다.
- 치매에 관한 영화 〈노트북(The notebook)〉(2004)을 감상해 봅시다.

정리해봅시다

1. 발달단계에 따른 정신건강문제

- 인간발달은 출생부터 사망에 이르기까지 신체적 · 인지적 · 사회정서적 측면 등 전인적인 측면에서 전 생애에 걸쳐 연속적으로 일어나는 양적 · 질적 변화 양상과 과정을 일컫는 개념이라 할 수 있다.

2. 영아기 및 걸음마기 · 유아기 · 아동기의 정신건강

- 영아기 및 걸음마기에는 주 양육자와의 애착관계의 양과 질이 사회정서적 발달에 큰 영향을 미친다. 유아기는 끊임없이 지적 호기심을 충족시키기 위해 많은 탐험과 학습을 하는 시기다.
- 아동기에는 지적 장애, 의사소통 장애, 특정 학습장애, 주의력결핍 과잉행동 장애 등의 증상이 나타날 수 있다.
- 반응성 애착장애는 아이가 양육자 간 관계에서 친밀한 애착형성이 문제가 되어 아무에게나 강한 애착반응을 나타내거나 접촉을 거부하고 아동의 다양한 발달을 지연시키는 장애를 말한다.
- 탈억제성 사회적 관계 장애는 상대적으로 낯선 사람과의 문화적으로 부적절한, 과도하게 친밀한 행동에 연관된 행동패턴을 보인다.

3. 청소년기의 정신건강

- 청소년기에는 청소년 비행과 같은 품행장애, 집단따돌림, 우울증, 자살, 신경성 식욕부진증(거식증) 및 폭식증, 성별 불쾌감 등의 문제가 일어날 수 있다.
- 학교폭력은 피해학생이 정신적 자신감을 상실하고 심하면 정신질환으로까지 이어질 가능성이 있는 등 정신건강에 부정적 영향을 미친다.
- 또한 청소년기에는 성 정체성의 혼란을 겪을 수 있는데, 성적 소수자가 이성애자보다 훨씬 높은 우울증세를 보이고 동성애 혐오와 성적 소수자에 대한 낙인에 따른 고통과 소외감에 의해 알코올과 약물 사용의 위험, 가출 또는 자살의 위험, 섭식장애의 위험이 큰 것으로 나타나고 있다.
- 성별 불쾌감을 가진 사람은 자신의 생물학적 성과 반대되는 성 정체성을 가지며 자신의 생물학적 성에 대한 불행감으로 인해 다른 성으로 바꾸고자 하는 욕구를 가진다.
- 신경성 식욕부진증 또는 거식증은 몸무게가 느는 것에 대한 두려움 때문에 음식 섭취를 심하게 제한하는 것으로 청소년기의 소녀와 젊은 여성에게서 많이 나타난다.

4. 청년기와 장년기의 정신건강

- 청년기와 장년기에는 배우자, 부모, 직업인 등의 다양한 새로운 역할을 수행해야 하며, 인생

의 크고 작은 변화를 겪는다.

- 가정폭력은 가족원 중의 한 사람이 다른 가족원에게 의도적으로 물리적 힘을 사용하거나 정신적 학대를 통하여 고통을 주는 행위다. 가정폭력 피해자는 외상 후 스트레스 장애와 우울, 불안, 신체화 증상, 낮은 자아존중감과 자신감의 결여, 무기력감, 죄의식과 자책감, 그리고 배우자에 대한 양가감정의 정신건강문제를 보인다.
- 외상 후 스트레스 장애의 중요한 특징은 하나 또는 그 이상의 외상적 사건에 노출된 후에 특징적 증상이 나타나는 것이다.
- 신체증상 장애는 신체증상 및 관련 장애들로 현저한 고통과 손상에 연관된 신체증상들을 특징으로 하며, 심리적 원인에 의해 다양한 신체적 증상을 나타내지만 의학적 검사에서는 신체적 이상이 발견되지 않는다.

5. 노년기의 정신건강

- 노년기에는 신체적 노화와 심리적 변화에 적응해야 하는 시기로, 신체적, 정신적 쇠퇴로 의존성이 증가하면서 무기력감, 자아통제감, 자아존중감의 저하, 배우자의 죽음, 건강 악화, 퇴직 등에 따른 상실 또는 스트레스적 사건들에 의해 우울증상이 비교적 흔하게 나타난다.
- 섬망은 급성적인 의식의 혼탁으로, 주의를 돌리고, 집중시키고, 유지하고, 전환시키는 능력이 줄어드는 등 집중력 장애와 주변 환경에 대한 지남력이 감소하는 의식장애를 나타낸다.
- 신경인지 장애는 복합적 주의집중, 수행 기능, 학습과 기억, 언어, 지각운동 또는 사회적 인지에서의 수행이 이전 수준보다 인지적으로 감퇴한 증상을 보인다.

참고문헌

공성욱, 오강섭, 노경선(2002). 남성 동성애자와 남성 이성애자의 삶의 질과 정신건강비교. **신경정신의학**, 41(5), 930-941.

권진숙(2002). 쉼터 피해자를 위한 집단프로그램. **정신보건과 사회사업**, 13, 143-157.

김경신, 박옥임, 정혜정(1999). 가부장적 관점에서의 가정폭력: 아내학대를 중심으로. **한국가족관계학회지**, 4(2), 213-239.

김경호(2009). 청소년 동성애와 상담방안에 관한 연구: 개별, 집단, 가족, 학교 상담을 중심으로. **아시아교육연구**, 10(2), 135-168.

김선아, 김소야자, 남경아, 박정화, 이현화(2003). 가정폭력으로 쉼터에 입소한 여성의 피해실태와 정신건강, **대한간호학회**, 33(7), 981-989.

김혜선(1996). 매맞는 아내를 위한 쉼터의 실태와 대책. **한세정책**, 23, 105-121.

도현심, 이희선, 김상희, 최미경, 이사라, 김상원(2011). 인간발달과 가족. 경기: 교문사

박미은(1997). 매맞는 아내들의 학습된 무기력에 관한 연구. 이화여자대학교 대학원 박사학위논문.

박성연, 백지숙, 안지영, 오미경, 이사라, 이주연, 임희수, 전춘애, 지연경, 한세영(2011). 인간발달. 서울: 파워북

성정숙, 이현주(2010). 동성애자 인권활동가의 청소년기 경험과 탄력성에 관한 질적 연구. 한국아동복지학, 31, 173-204.

성지희, 정문자(2007). 학교폭력 피해아동의 학교적응과 보호요인. 아동학회지, 28(5), 1-18.

신성웅, 권석우, 신민섭, 조수철(2000). 학교폭력 피해자의 정신병 실태조사. 소아 청소년 정신의학, 1(1), 124-143.

윤선애(2007). 학교폭력 피해경험과 부모양육태도에 따른 학교적응 및 학교환경지각에 관한 연구. 한양대학교 대학원 석사학위논문.

이영주(2007). 가정폭력 피해여성의 정신건강과 사회적응에 관한 연구: 사회적 지지의 매개효과 경로탐색. 한영신학대학교 일반대학원 박사학위논문.

이은희, 손정민(2011). 학교폭력 피해 청소년의 정신건강 영향 요인 연구–탄력성 모델을 이용하여. 청소년복지연구, 13(2), 149-171.

이인정, 최해경(2002). 인간행동과 사회환경. 경기: 나남출판사.

정숙(2007). 놀이로 알아보는 성소수자. 1st. 청소년 성소수자 상담 기초교육 자료집. 동성애자인권연대.

청소년 폭력예방재단(2008). 학교폭력실태조사보고서. 서울: 청소년 폭력예방재단.

최은희, 윤혜미(2011). 아동기 성폭력경험, 자아존중감, 성정체성노출 및 사회적 지지가 게이와 레즈비언의 우울에 미치는 영향. 정신보건과 사회사업, 37(4), 231-254.

한국청소년상담원(2003). 청소년의 고민: 내가 동성애자인가요?. 서울: 한국청소년상담원.

한국청소년상담원(2009). 2008 상담경향분석보고서. 서울: 한국청소년상담원.

함인희(2003). 청소년 동성애자를 향한 사회학적 성찰. 청소년상담연구집, 49, 7-21.

한상영, 전용관(2012). 학교폭력 피해 경험 중학생의 정신건강과 신체적 증상이 자살생각에 미치는 영향. 한국산학기술학회논문지, 13(11), 5155-5162.

Alloy, L., Riskind, J., & Manos, M. (2010). 이상심리학: 현재의 조망(제9판) (홍창희, 조진석, 성경순, 이명주, 최성진 역). 서울: 박학사. (원전 출판 2006년)

American Psychiatric Association (2013). *Diagnostic and statistical manual of mental disorders* (5th ed.). Arlington, VA: American Psychiatric Publishing.

Bee, H. L. (1996). *The journey of adulthood* (3rd ed.). Upper Saddle River, NJ: Prentice-Hall.

Bobbe, D. (2002). Treatment with lesbian alcoholics: Healing shame and internalized homophobia for ongoing sobriety. *Health & Social Work, 27*(3), 218-222.

Cabaj, R., Gorman, M., Pellicio, W., Ghindia, D., & Neisen, J. (2001). *An overview for providers treating LGBT clients: A provider's introduction to substance abuse treatment for lesbian, gay, bisexual, and trans-gender individuals.* Rockville: Centre for substance abuse treatment.

Cochran, S., Mays, V., & Sullivan, J. (2003). Prevalence of mental disorders, psychological distress and mental health services use among lesbian, gay, and bisexual adults in the United States. *Journal of Counsulting and Clinical Psychology, 71*(1), 53-61.

Cohn, D. A., Patteson, D. J., & Christopoulos, C. (1991). The family and children's relations. *Journal of Social and Personal Relationships, 8,* 313-346.

D'Augelli, A., Pilkington, N., & Hershberger, S. (2002). Incidence and mental health impact of sexual orientation victimization of lesbian, gay, and bisexual youths in high school. *School Psychology Quarterly, 17*(2), 148-167.

Fergusson, D., Horwood, L., & Beautrais, A. (1999). Is sexual orientation reltaed to mental health problems and suicidality in young people?. *Archives of General Psychiatry, 56,* 876-880.

Kemp, A., Green, B. L., Hovanitz, C., & Rawlings, E. I. (1995). Incidence and correlated of post-traumatic stress disorder in battered women. *Journal of International Violence, 10*(1), 43-55.

Kroenke, K., Spitzer, R. L., & Williams, J. B.(2002). The PHQ-15: validity of a new measure for evaluating the severity of somatic symptoms. *Psychosomatic Medicine, 64*(2), 258-266.

Kurdek, L., & Schmitt, J. (1987). Perceived emotional support from family friends in members of homosexual, married and heterosexual cohabiting, gay, and lesbian couples. *Journal of Homosexuality, 14*(3-4), 57-68.

Levinson, D. J., Darrow, C. N., Klein, E. B., Levinson, M. H., & Mckee, B. (1978). *The seasons of a man's life.* New York: Random House.

Meyer, I. (1995). Minority and mental health in gay men. *Journal of Health and Social Behavior, 36,* 38-56.

Osofsky, C. (1995). The effects of exposure to violence on young children. *American Psychologist, 50*(9), 782-788.

Papalia, D. E., & Olds, S. W. (1995). *Human development.* New York: McGraw-Hill.

Rhodes, N. R. (1992). Comparison of MMPI psychopathic deviate scores of battered and non-battered women. *Journal of Family Violence, 7*(4), 297-307.

Rosenberg, S., Rosenberg, J., Huygen, C., & Klein, E. (2005). No hide to hide: Out of the closet and mentally ill. *Best Practices in Mental Health, 1*(1), 72-85.

Rosewater, L. B. (1988). Battered or schizophrenic? Psychological tests can't tell. In K. Yollo & M. Bograd (Eds.). *Feminist perspectives on wife abuse* (pp. 200-216). Newbury Park: Sage.

Saewyc, E. (2006). Hazard of stigma: The sexual and physical abuse of gay, lesbian, and bisexual adolescents in the United States and Canada. *Child Welfare, 85*(2), 195-213.

Sampselle, C. M. (1992). *Violence against women: Nursing research, education, and practice issues.* New York: Hemisphere Pub.

Santrock, J. W. (2008). *Essential of life-span development.* Boston: McGraw Hill.

Stark, E., & Flitcraft, A. (1988). Violence among intimates: An epidemiological review. In V. B. Van Hasselt, R. L. Morrison, A. S. Bellack, & M. Herson (Eds.). *Handbook of family violence* (pp. 293-317). New York: Plenum.

Straube, M. A., & Barbour L. S. (1983). The decision to leave an abusive relationship: Economic dependence and psychological commitment. *Journal of Marriage and the family, 45*, 785-793.

Straus, M. A., & Gelles, R. K. (1990). *Physical violence in American families: Risk factors and adaptation to violence on 145 families.* New Brunswick, NJ: Transaction.

Tye, M. (2006). Social inequality and well-being: Race-related stress, gay-related stress, self-esteem, and life satisfaction among African American gay and bisexual men. Doctoral dissertation, Columbia University, N.Y.

Zastrow, C., & Kirst-Ashman, K. (2002). **인간행동과 사회환경** (김규수, 김인숙, 박미은, 박정위, 설진화, 우국희, 홍선미 역). 서울: 나눔의 집. (원전 출판 2001년)

제5장

신경발달 장애

MENTAL

학습목표

- 신경발달 장애에 해당하는 정신장애들을 나열할 수 있다.
- 신경발달 장애에 해당하는 정신장애들의 증상 및 진단기준을 설명할 수 있다.
- 신경발달 장애에 해당하는 정신장애들의 치료 방법 및 개입 방법을 알 수 있다.

HEALTH

학습내용

- 신경발달 장애
  - 지적 장애(지적 발달장애)
  - 의사소통 장애
  - 자폐 스펙트럼 장애
  - 주의력결핍 과잉행동 장애
  - 특정 학습장애
- 신경발달 장애의 치료
  - 지적 장애의 치료
  - 의사소통 장애의 치료
  - 자폐 스펙트럼 장애의 치료
  - 주의력결핍 과잉행동 장애의 치료
  - 특정 학습장애의 치료

1. 신경발달 장애

신경발달 장애(Neurodevelopmental Disorders)는 중추신경계, 즉 뇌의 발달 지연 또는 뇌 손상과 관련된 것으로 알려진 정신장애를 포함하고 있다. 신경발달 장애는 지적 장애(지적 발달장애), 의사소통 장애, 자폐 스펙트럼 장애, 주의력결핍 과잉행동 장애, 특정 학습장애, 운동장애와 같은 6가지 장애를 포함한다. 이와 같은 장애는 보통 발달단계 초기, 흔히 아동이 초등학교에 들어가기 전에 나타나며, 개인적 · 사회적 · 학업적 · 직업적 기능에 손상을 초래하는 발달적 장애의 특징을 가진다. 발달적 손상의 범위는 학업의 매우 명확한 한계 또는 집행 기능의 통제부터 사회적 기술이나 지능의 전반적 손상까지 다양하다. 여기서는 지적 장애, 의사소통 장애, 자폐 스펙트럼 장애, 주의력결핍 과잉행동 장애 및 특정 학습장애를 살펴본다.

1) 지적 장애(지적 발달장애)

지적 장애(Intellectual Disabilities; Intellectual Developmental Disorder)는 발달시기에 개념적 · 사회적 · 실용적 분야에서 지적 · 적응적 기능의 결함이 나타나는 장애를 말한다. 지적 장애의 유병률은 약 1%로 추정되며, 남자 대 여자의 비율이 약 1.5:1로, 남자에게서 더 흔하게 나타난다. 다운증후군과 같이 원인이 확실하고 심한 지적 장애일수록 빨리 발견되지만, 가벼운 지적 장애의 경우는 학령기가 되어서야 발견되는 경우가 많다. 지적 장애를 가진 학생도 비장애학생과 똑같은 기본 생리적 · 사회적 · 정서적 요구를 가진다. 다만, 단기 기억력 및 주의력의 결함을 보이고, 집중하는 시간이 짧으며, 정신을 산만하게 하는 자극을 억제하는 데 어려움이 있다. 지적 장애를 가진 사람은 부적절한 얼굴 표정이나 신체 접촉을 하거나, 상황과 대상에 맞지 않는 대화를 하기도 하며, 언어발달 속도가 늦다. 앞뒤로 몸을 흔들거나, 머리를 부딪치거나, 눈앞에서 손가락을 조작하거나, 생각에 잠기기도 한다. 지적 장애는 학습장애나 의사소통 장애를 동반하며, 자폐증과 같은 전반적 발달장애가 지적 장애와 같이 나타날 수 있다. 가벼운 정도의 지적 장애가 있는 개인은 적절한 훈련과 기회를 통하여 지적 장애의 범주에서 변화될 수도 있다.

지적 장애의 원인은 알 수 없는 경우가 더 많지만, 다음과 같은 다양한 원인에 의해 정도가 다른 지적 장애가 발생할 수 있다.

- 염색체 이상(다운증후군, X염색체 결함 증후군)
- 선천성 대사 이상
- 두뇌의 손상(출생 시 뇌 손상, 풍진이나 매독 등의 질병을 산모가 앓았을 때, 소아기에 뇌막염이나 뇌염, 소아 AIDS 등에 걸려 뇌 손상)
- 태내에서 유해 물질 및 약물에 노출(산모가 코카인, 헤로인, 마약, 담배, 술, 카페인 등 복용)
- 교통사고나 아동학대에 의한 외상 등
- 심리사회적으로 불리한 환경(영양결핍, 질병, 의료적 보호의 부족, 부모의 낮은 사회경제적 수준, 사회적 · 언어적 자극의 결핍 등의 복합적 요인)

DSM-IV-TR에서는 정신지체(Mental Retardation)로 구분되던 진단명이었으나, DSM-5에서는 지적 장애(지적 발달장애)로 진단명이 변경되었다. DSM-IV-TR의 정신지체와 DSM-5의 지적 장애의 진단기준에는 여러 차이점이 있다. 예를 들어, DSM-IV-TR에서는 지능지수가 어느 범주에 있는지, 그리고 교육 · 훈련 가능하거나 또는 제한된 기술을 습득 가능한지의 여부에 따라 심각성을 분류했었다. 반면, DSM-5에서는 지적 장애의 심각성을 개념적 · 사회적 · 실용적 분야로 나누어서 지적 및 적응적 기능의 결함 기준을 제시하고 있다. DSM-5에서는 진단기준을 미취학 어린이와 학령기 어린이, 성인기로 나누어서 설명하고 있으며, 5세 이하의 개인이 유아기에 임상적 중증도를 신뢰성 있게 평가하기 어려울 때 진단되는 전반적 발달 지연(Global Developmental Delay)이 추가되었다. 또한, 장애가 시작되는 특정 나이(만 18세 이전)를 명시했던 DSM-IV-TR과는 달리, DSM-5에서는 지적 그리고 적응적 결함이 발달시기에 시작된다고 명시하고 있다.

표 5-1 지적 장애의 심각도 분류

분류	개념적 분야	사회적 분야	실용적 분야
가벼운 정도 (Mild)	미취학 아동에게는 분명한 개념적 차이가 없을 수도 있음. 학령기 아동이나 성인에게는 읽기, 쓰기, 산수, 시간 또는 돈에 관련된 학업적 기술을 배우는 데 어려움이 있으며, 하나 또는 그 이상의 분야에서 연령에 맞는 기대치를 맞추는 데 지원이 필요함. 성인의 경우에는 추상적 사고, 실행 기능(예시: 계획하기, 전략 세우기, 우선순위 정하기, 인지적 유동성), 학업적 기술의 기능적 사용(예시: 읽기, 돈 관리)뿐만 아니라, 단기기억에 손상이 있음. 같은 연령의 사람들에 비해서 문제들과 해결 방법에 대한 어느 정도의 구체적 접근법이 있음	일반적인 같은 발달연령의 사람과 비교했을 때, 사회적 상호작용에 미숙함. 예를 들어, 또래의 사회적 신호를 정확하게 감지하는 데 어려움이 있을 수 있음. 의사소통, 대화, 언어는 그 연령에 기대되는 것보다 더 구상적(concrete)이거나 미숙함. 감정과 행동을 연령에 적절한 방식으로 통제하는 데 어려움이 있을 수 있음. 또래는 이러한 어려움을 사회적 상황에서 알아차릴 수 있음. 사회적 상황에서 위험에 대한 제한된 이해도를 가짐. 사회적 판단이 연령에 비해 미숙하며, 다른 사람에 의해 조종당할 수 있는 위험이 있음(잘 속음)	개인위생에 대해서는 연령에 맞게 기능할 수도 있음. 매일의 복잡한 일상생활 과업에 대해서는 또래에 비해 약간의 지원이 필요함. 성인기에는 장보기, 대중교통 이용하기, 집과 육아 체계화하기, 영양가 높은 음식 준비하기, 은행 업무와 돈을 관리하는 데 일반적으로 도움이 필요함. 복지에 대한 판단과 여가활동에 대한 조직은 도움이 필요하지만, 여가 기술은 같은 연령의 사람과 비슷함. 성인기에는 경쟁적 고용이 개념적 기술을 강조하지 않는 직장에서 종종 나타남. 의료서비스에 관련된 결정이나 법적 결정을 내리는 데, 숙련된 직업을 능숙하게 수행하는 것을 배우는 데 일반적으로 도움이 필요함. 가족을 부양하는 데 일반적으로 도움이 필요함
중간 정도 (Moderate)	발달과정 내내, 개념적 기술들이 또래에 비해 현저하게 뒤처짐. 미취학 아동에 대해서는 언어나 학업 전 기술이 느리게 발달함. 학령기 아동은 읽기, 쓰기, 수학, 시간과 돈에 대한 이해의 진전이 학년 내내 느리고, 또래에 비해 현저하게 제한적임	발달에 걸쳐 사회적, 의사 전달 행동에서 또래와 뚜렷한 차이를 보임. 음성 언어(spoken language)가 사회적 의사소통을 위한 일반적인 주된 도구이지만, 또래에 비해 훨씬 덜 복합적임. 관계에 대한 능력은 가족이나 친구와의 유대관계에서 분명하게 드러나며, 평생에 걸쳐 성공적인 교우관계와 성인기에	비록 이러한 분야에서 독립적이 되는 데 장기간의 가르침과 시간이 필요하고 상기해 주는 것이 필요할 수도 있지만, 성인으로서 식사, 옷 입기, 배설, 위생에 관련된 개인적 욕구를 보살필 수 있음. 이와 비슷하게, 비록 장기간의 가르침이 필요하고, 성인 수준으로 수행하는 데 일반적으로 지속적인 도움이 있어야 하지만, 성인기까지는 모든 집안일의 참

(계속)

		는 때로는 이성 관계를 가질 수도 있음. 하지만 사회적 신호를 정확하게 인지하거나 해석하지 못할 수 있음. 사회적 판단이나 의사결정 능력은 제한적이며, 돌보는 사람이 인생 결정(life decision)에 대해서 도움을 주어야 함. 일반적으로 성장한 또래와의 교우 관계는 자주 의사소통 또는 사회적 제한에 따른 영향을 받음. 직장환경에서의 성공을 위해서는 상당한 사회적, 의사소통적 도움이 필요함	여가 이루어질 수 있음. 제한적인 개념적, 의사소통 기술을 필요로 하는 직장에서의 독립적 고용은 이루어질 수 있지만, 사회적 기대, 직업의 복잡한 특징, 일정 관리, 대중교통 이용, 의료보험, 돈 관리와 같은 부수적 의무들을 처리하는 데 동료와 슈퍼바이저, 다른 사람들의 상당한 도움이 필요함. 다양한 여가 기술은 개발될 수 있음. 그러기 위해서는 일반적으로 추가적 도움과 장기간에 걸친 학습 기회가 필요함. 부적응적 행동은 아주 소수에게서 존재하며, 사회 문제를 야기함
심한 정도 (Severe)	개념적 기술을 달성하는 데에는 제한이 있음. 일반적으로 문자 언어(written language)나 숫자, 수량, 시간, 돈에 관련된 개념들을 거의 이해하지 못함. 돌보는 사람은 인생 전반에 걸쳐 문제해결에 대한 광범위한 도움을 제공해야 함	음성 언어(spoken language)는 단어나 문법적인 면에서 상당히 제한적임. 언어능력은 한 단어 또는 구(phrases)이거나, 부가적인 수단들(augmentative means)을 통해 보충될 수도 있음. 언어능력과 의사소통은 일상의 사건 속에서 현시점에 초점을 맞추고 있음. 언어는 설명보다는 사회적 의사소통을 위해 사용됨. 간단한 말이나 몸짓으로 하는 의사소통을 이해함. 가족원과 친숙한 이들과의 관계는 즐거움과 도움의 원천이 됨	식사, 옷 입기, 목욕하기, 배설하기를 포함한 일상생활의 모든 활동에서 도움을 필요로 함. 항상 지도감독을 필요로 함. 본인 또는 다른 사람들의 복지에 대한 책임 있는 결정을 내릴 수 없음. 성인기에는 집, 여가, 직업에서의 과업에 참여하는 데 지속적 지원과 도움이 필요함. 모든 분야에서의 기술 습득은 장기적 가르침과 지속적 도움을 수반함. 자해를 포함한 부적응적 행동은 아주 소수에게서만 존재함

(계속)

아주 심한 정도 (Profound)	개념적 기술은 일반적으로 상징적 과정(symbolic processes)들보다는 물질계(physical world)에 관련되어 있음. 자기관리, 직장, 여가를 위해 목표 지향적 방식으로 물건(objects)을 사용할 수도 있음. 신체적 특징들을 바탕으로 연결시키거나 분류하는 것과 같은 특정 시공간적 기술들이 습득될 수도 있음. 그러나 운동, 감각의 손상들의 동시 발생은 물건의 기능적 사용을 막을 수도 있음	언어능력이나 몸짓에서 상징적 의사소통을 이해하는 데 매우 제한적임. 몇몇의 간단한 지시나 몸짓은 이해할 수도 있음. 자신의 욕구나 감정을 대체로 비언어적 · 상징적이지 않은 의사소통을 통해 표현할 수 있음. 친한 가족원, 돌보는 사람, 친숙한 다른 사람들과의 관계를 즐길 수 있으며, 몸짓과 감정적 신호를 통해 사회적 상호작용에 반응할 수 있음. 감각과 신체적 손상들의 동시 발생은 여러 사회적 활동을 막을 수도 있음	비록 이런 활동의 어느 정도는 참여할 수 있을지라도, 일상의 신체적 돌봄, 건강, 안전의 모든 면에서 다른 사람에게 의존함. 심각한 신체적 손상이 없으면 식탁으로 접시 나르기와 같은 집에서의 일상 과업을 조금 도울 수도 있음. 물건을 갖고 하는 간단한 행동들은 몇몇 직업활동에 지속적인 높은 수준의 도움을 받으며 참여하는 근간이 될 수 있음. 여가활동은 다른 사람의 도움을 받으며, 예컨대 음악을 듣거나, 영화를 보거나, 산책을 나가거나, 수상활동에 참여하는 즐거움에 관련됨. 신체적 손상, 감각 손상의 동시 발생은 집, 여가, 직업 활동에 참여(보는 것을 능가하는)하는 데 종종 장애가 됨. 부적응적 행동은 매우 소수에게서 존재함

출처: American Psychiatric Association (2013), pp. 34-36.

■ DSM-5의 지적 장애 진단기준

A. 임상적 평가와 개별화, 표준화된 지능검사로 확인된 추론, 문제해결, 계획, 추상적 사고, 판단, 학업적 학습, 경험적 학습과 같은 지적 기능의 결함

B. 개인적 독립과 사회적 의무에 대한 발달적 · 사회문화적 기준을 맞추기 어려운 결과를 낳게 하는 적응 기능의 결함. 지속적 지지 없이는 적응적 결함이 집, 학교, 직장 그리고 커뮤니티와 같은 다양한 환경에서의 의사소통, 사회참여, 그리고 독립적 생활, 일상생활의 한 가지 이상의 활동의 기능을 제한함

C. 지적 및 적응적 결함이 발달시기에 시작됨

현재의 심각도를 명시할 것:

가벼운 정도

중간 정도

심각한 정도

극심한 정도

〈사례 5-1〉

지적 장애

민 양은 1남 2녀를 둔 30대 후반의 부모에게서 태어난 막내 아이였다. 부모는 민 양이 잘 웃고, 눈 맞춤을 하고, 식구들과 정상적으로 상호작용을 하는 사랑스러운 아이였음을 보고하였다. 어머니는 민 양이 앉고, 서고, 말하는 것이 언니보다 늦었지만, 조금 늦된 아이라고 생각했다고 말했다. 민 양은 제 나이에 학교에 입학했지만 초등학교에 잘 적응하지 못했고, 학교 과제를 이해하거나 읽기를 학습하는 데 어려움을 보였다. 민 양은 교실에서 무의미한 말을 불쑥 꺼내 바보 같은 표정을 지었고, 수업을 방해하곤 하였다. 선생님 말도 잘 듣지 않아 부모는 민 양의 행동과 과제 수행을 의논하기 위해 여러 차례 학교에 불려 간 적도 있었다. 다른 아이들은 민 양을 놀리기 시작했고, 민 양을 보고 "너 바보지."라고 불러 대기도 하였다. 그래서 민 양은 학급 친구들보다 자기를 보다 잘 참아 주는 나이 어린 아이들과 학교 밖에서 노는 데 더욱 많은 시간을 보내게 되었다.

민 양은 10세까지 학교 공부에서 친구들보다 많이 뒤처졌다. 학교교사는 부모에게 민 양이 4학년으로 진급할 수 없다고 말했다. 그리고 민 양에게 지능검사를 실시

하였는데, IQ는 65로 추정되었다. 학교교사는 발달장애를 지닌 학생을 위한 학교로 전학시키는 것이 좋겠다고 민 양의 부모에게 권고하였다. 처음에 부모는 이를 거절하였고, 민 양의 문제는 정서적인 것으로 치료를 받으면 나을 것이라고 하면서 민 양을 정신과 의사에게 데려갔다. 그러나 정신과 의사도 학교의 평가에 동의하였고, 민 양을 특수교육학교에 두는 것이 더 좋겠다고 권고하였다. 다음 학년 초에 민 양은 특수학교로 전학을 가게 되었다.

2) 의사소통 장애

의사소통 장애(Communication Disorders)에는 표현, 말투, 그리고 의사소통의 결함들을 포함한다. 말투(speech)는 소리의 표현 산출로 개인의 조음(調音, articulation), 유창성, 음성 및 울림의 특성이 포함된다. 표현(language)은 상징들(예시: 구어, 수화, 문자언어, 그림)의 관습적 체계의 방식, 기능 및 사용을 말한다. 의사소통(communication)은 다른 개인의 행동, 생각 또는 태도에 영향을 미치는 언어적 · 비언어적 행동(의도적이건 의도하지 않았던 간에)을 포함한다. 말투, 표현 및 의사소통 능력에 대한 평가는 개인의 문화적 · 언어적 맥락, 특히 이중언어 환경에서 자라는 개인의 경우를 고려해야 한다(American Psychiatric Association, 2013).

의사소통 장애는 DSM-IV-TR에 비교하여, DSM-5에서는 언어장애나 사회적(실용적) 의사소통 장애가 추가되었으며, 음운장애(Phonological Disorder)가 언어음장애로, 그리고 말더듬증(Stuttering)이 아동기 발병 유창성 장애(말더듬증)로 명칭이 변경되었다. 결론적으로, DSM-5의 의사소통 장애에는 언어장애(Language Disorder), 언어음장애(Speech Sound Disorder), 아동기 발병 유창성 장애(Childhood-Onset Fluency Disorder), 사회적 의사소통 장애(Social Communication Disorder) 및 기타 분류된 그리고 분류되지 않은 의사소통 장애들(Other Specified and Unspecified Communication Disorders)이 포함된다.

여기서는 언어장애, 아동기 발병 유창성 장애 및 사회적(실용적) 의사소통 장애의 진단기준을 살펴본다.

(1) 언어장애

언어장애(Language Disorder)는 단어, 문장 구조 및 담화의 이해나 산출에서의 손상 때문에 언어의 습득이나 사용에 어려움을 겪는 장애다. 언어의 학습과 사용은 수용성과 표현성 기술에 의해 좌우된다. 언어의 메시지를 수용하고 이해하는 과정을 수용성 능력이라고 일컫는 반면, 음성 · 몸짓 · 언어 신호를 생성하는 것을 표현적 능력이라고 한다. 언어적 기술은 심각도에서 서로 다를 수 있으므로 수용적 · 표현적 양상에서 모두 평가되는 것이 필요하다(American Psychiatric Association, 2013). 언어장애를 가진 아동은 어휘가 제한되어 있거나 짧고 단순한 구조의 말을 주로 사용하며 어순이나 시제가 잘못된 언어적 표현을 사용한다. 어휘가 부족하고 문법 규칙에 따라 문장을 구성하기 위해 단어를 조합하는 능력이 부족하기 때문에 단어나 어휘를 부적절하게 사용하고, 문장의 주요 부분을 생략하며, 길고 복잡한 문장을 만들지 못한다. 또한, 어떤 주제나 사건을 설명하거나 대화를 하기 위해서 어휘를 사용하고 문장을 연결하는 능력이 손상되어 있어 대화능력에 장애가 있을 수 있다. 이러한 언어장애는 학업적 · 직업적 성취나 사회적 적응에 어려움을 초래한다.

■ DSM-5의 언어장애 진단기준

A. 다음을 포함하는 이해력 또는 산출력에서의 결함에 의한, 여러 양상에 걸친 언어의 습득과 사용에서의 지속적인 어려움들(예시: 구어, 문어, 수화, 또 다른 언어)
   1. 축소된 어휘(단어 지식과 사용)
   2. 제한된 문장 구조(문법과 형태론의 규칙에 바탕을 둔 문장들을 형성하기 위해 단어와 단어 어미를 조합하는 능력)
   3. 담화(한 주제나 일련의 사건들을 설명하거나 묘사하기 위해 어휘를 사용하고 문장을 연결하는 능력)의 손상

B. 언어능력이 그 나이에 기대되는 것보다 상당하게 그리고 정량화하게 못 미치며, 효과적 의사소통, 사회적 참여, 학업성취, 직업수행, 각각의 또는 복합적인 기능적 제한을 초래함

C. 증상이 초기 발달시기에 시작됨

D. 청력이나 다른 감각 손상, 운동신경 기능장애나 다른 의학적 또는 신경학적 상태에 기인하지 않으며, 지적 장애(지적 발달장애)나 전반적 발달 지연에 의해 더 잘 설명되지 않음

(2) 아동기 발병 유창성 장애(말더듬증)

아동기 발병 유창성 장애(말더듬증)(Childhood-onset fluency disorder; Stuttering)는 개인의 연령에 부적절한 언어능력의 평균 유창성과 시간 패턴에서의 장애가 주요 특징이다. 이 장애를 가진 사람은 소리나 음절의 빈번한 반복이나 연장, 그리고 언어의 유창성 곤란의 다른 유형들(단어 내에서의 머뭇거림, 문제가 되는 단어들을 피하기 위해 단어 대체, 과도한 신체적 긴장과 함께 단어를 말함, 단음절로 된 단어 단위 반복)의 증상을 가진다. 아동기 발병 유창성 장애는 학업적이나 직업적 성취 또는 사회적 의사소통을 방해한다. 장애의 정도는 상황에 따라 다르며, 흔히 의사소통의 특별한 부담이 있는 경우에 더 심해진다. 그러나 소리 내어 읽거나, 노래, 또는 무생물체인 물건이나 동물들에게 말을 하는 동안에는 말더듬증이 흔히 나타나지 않는다(American Psychiatric Association, 2013).

■ DSM-5의 아동기 발병 유창성 장애(말더듬증) 진단기준

A. 개인의 나이와 언어 기술에 적절하지 않은 말의 평균 유창성과 시간 패턴에서의 장애들이 시간이 지나도록 지속되며, 다음 중에서 하나(또는 그 이상)의 빈번하고 뚜렷한 발생으로 특징지어짐
   1. 소리와 음절 반복들
   2. 모음뿐만 아니라 자음의 소리 연장
   3. 깨진 단어(예시: 한 단어 내의 머뭇거림)
   4. 들을 수 있거나 들을 수 없는 차단(말하는 중에 소리를 내거나 아무 소리도 내지 않는 끊김)
   5. 우회적으로 말하기(문제가 되는 단어들을 피하는 단어 대체)
   6. 과도한 신체적 긴장과 함께 단어들이 산출됨
   7. 단음절로 된 단어 단위 반복(예시: "나-나-나 그를 보았다.")

B. 말하기에 불안감을 야기하거나 효과적인 의사소통, 사회적 참여, 학업성

취, 직업수행에 각각 혹은 복합적으로 제한을 초래함

C. 증상이 초기 발달시기에 시작됨(주: 늦게 시작된 경우들은 성인 발병 유창성 장애로 진단됨)

D. 장애는 음성 운동, 감각 결함, 신경학적 손상에 연관된 눌변(예시: 뇌졸중, 종양, 외상)이나 다른 의학적 상태에 기인하지 않으며, 다른 정신장애에 의해 더 잘 설명되지 않음

〈사례 5-2〉

아동기 발병 유창성 장애

현재 만 5세인 서 군은 유치원에 재원 중인 남자아이이다. 서 군은 또래집단에서 놀이를 하거나 대집단 활동을 할 때 말을 더듬었다. 서 군은 단어 전체 반복, 단어 부분 반복, 몸부림, 막힘 등의 말더듬 증상을 보였고, 특히 첫 음에서 말더듬이 많이 일어났다. 서 군은 말을 시도하기 전에 혀를 서너 번 차는 소리를 내는 등 귀에 거슬리는 소리를 내고, 양 볼을 볼록하게 하면서 얼굴 표정 전체가 빨갛게 되곤 했다. 또한, 말이 막힐 때 턱 근육이 갑자기 고정된 포즈를 취하기도 하였다.

개인적으로 이야기할 때보다 대집단 활동을 할 때, 또래 친구들과 놀 때 말더듬 현상이 두드러지게 나타났다. 서 군은 말을 더듬게 되면 교사의 눈치를 보는 등 위축되어 행동하였다. 또한, 서 군은 교사가 자기 이야기를 못 들을까 봐 큰 소리로 이야기하며, 교사가 자신을 쳐다보지 않으면 교사의 몸을 흔들고 얼굴을 자신 쪽으로 돌리는 등 자신에게 집중하게 하여 이야기를 나누고, 빨리 말을 하려고 하면 자기도 모르게 말을 더듬는 것 같았다.

서 군의 이러한 증상은 가정에 두 동생이 있어서 어머니가 서 군의 요구에 적절히 대응해 주지 않았고 조용한 환경에서 자라지 않았기 때문인 듯하다. 서 군에게는 두 여동생이 있는데, 두 살 터울의 여동생이 태어난 바로 다음 해에 막내 여동생을 보았다. 2살짜리 동생과 갓난아기를 돌보느라 힘이 든 어머니는 서 군이 첫째로서 동생들을 돌보기를 바랐다. 서 군이 동생과 놀다가 싸우면 오빠라고 야단을 치고, 조용히 놀라고 이야기하는 등 서 군보다는 둘째를 더 챙겼다.

말더듬의 시작 시기는 4세 무렵으로, 막내 동생이 태어난 후부터였다. 유치원에서 학급 친구들이 서 군의 말더듬증을 놀리며 흉내를 내기 시작하자 서 군은 유치원에 다니기 싫어하였다. 서 군이 유치원을 가기 싫다고 했음에도 불구하고 부모

는 세 아이를 모두 돌보기가 어려워 계속 보냈다. 그러자 서 군은 유치원이 무섭다고 하며 가기를 거부하였고, 말더듬 현상이 더욱 심해졌다. 부모는 서 군이 말을 더듬는 현상이 심하게 나타나자, "천천히 말해라. 말을 더듬지 마라."라고 주의를 주었다. 결국 말더듬 현상이 심해진 서 군은 유치원을 쉬고 집에 있기로 했다.

(3) 사회적(실용적) 의사소통 장애

사회적(실용적) 의사소통 장애[social(pragmatic) communication disorder]는 화용론(pragmatics) 또는 언어와 의사소통의 사회적 사용에 대한 주요 어려움이 특징이다. 이 장애를 가지는 사람은 자연스러운 상황에서 언어적 · 비언어적 의사소통의 사회적 법칙을 이해하거나 따르는 것, 듣는 사람의 욕구와 상황에 따라 언어를 바꾸는 것, 대화 및 이야기를 하는 데에서의 법칙을 따르는 데 결함이 있다. 사회적 의사소통의 손상은 효과적 의사소통, 사회적 참여, 사회적 관계의 발달, 학업적 성취 또는 직업적 성과에서의 기능적 제한을 초래한다(American Psychiatric Association, 2013).

■ DSM-5의 사회적(실용적) 의사소통 장애 진단기준

A. 다음의 모두에서 나타나듯이, 언어적 · 비언어적 의사소통의 사회적 운용에서 지속적인 어려움

1. 인사하기, 정보 공유하기와 같은 사회적 목적들을 위해 사회적 문맥에 적절한 방식으로 의사소통 사용의 결함
2. 놀이터에서와는 다르게 교실에서 말하기, 성인에게와는 다르게 아동에게 말하기, 과잉으로 격식을 차린 언어 사용을 피하기 등과 같은 문맥 또는 듣는 사람의 욕구에 맞춰 의사소통을 변경하는 능력의 손상
3. 대화에서 교대로 말하기, 제대로 이해받지 못했을 때 재표현하기, 상호작용을 규제하기 위해 언어적 · 비언어적 신호들을 어떻게 사용하는지 알기 등과 같은 대화와 이야기하기의 규칙들을 따르는 데 어려움
4. 명백하게 진술된 것이 아닌 것(예시: 추론하기)과 언어의 문자 그대로가

아니거나 애매모호한 의미들(예시: 관용구, 유머, 은유들, 문맥에 따라 해석이 다양한 의미들)은 이해하기 어려움

B. 효과적 의사소통, 사회적 참여, 사회적 관계들, 학업성취, 직업수행에 각각 혹은 복합적인 기능적 제한을 초래함

C. 증상이 초기 발달시기에 시작됨(하지만 사회적 의사소통에 대한 요구가 제한된 능력을 초과하기 전까지 결함들은 완전히 드러나지 않을 수도 있음)

D. 증상은 다른 의학적이거나 신경학적 상태, 또는 단어구조와 문법의 분야에 대한 낮은 능력에 기인하지 않으며, 자폐 스펙트럼 장애, 지적 장애(지적 발달장애), 전반적 발달 지연이나 다른 정신장애에 의해 더 잘 설명되지 않음

3) 자폐 스펙트럼 장애

자폐 스펙트럼 장애(Autism Spectrum Disorder)는 사회적 상호작용과 의사소통 기술에 지속적 결함이 나타나는 장애를 말한다. 일반적으로 초기 발달기에 증상이 나타나며, 흔히 지적 장애와 연관된다. 사회적 상호작용에서의 질적 장해, 질적인 의사소통 장애, 제한적이고 반복적이며 상동증적 행동이나 관심 등의 특징을 다음과 같이 보인다.

- 사회적 상호작용의 결함
  - 유아기부터 부모를 알아보거나 눈 맞춤이 없음
  - 사회적 미소가 없음
  - 사람이나 사회적 상호작용 대신 사물에 높은 집착을 보임
  - 타인을 시각, 공간적으로는 지각하나, 마음을 읽지 못함
  - 다른 사람의 행복감에 대해 기뻐하는 능력이 현저히 떨어짐
  - 부모와의 상호작용이 결여됨
- 의사소통의 장애
  - 구어의 발달 지연(옹알이가 없거나 적음)이 있거나, 옹알이나 말할 때 음색, 음률, 리듬이 비정상적임

– 이상한 단어나 구절을 사용하거나, 반향언어나 대명사 사용의 혼란이 있음
– 몸짓이나 동작과 같은 비언어적 의사소통을 적게 사용하고, 이해하는 데 문제가 있음
– 상대방과 함께 동일 대상에 주의를 기울이고, 상호작용을 하는 능력이 부족함
– 다른 사람에게 말을 걸거나 지속하는 능력에 현저한 장애가 있음
– 불필요한 내용을 담거나 엉뚱한 주제로 옮겨 가기도 함

- 행동과 관심의 제한 및 반복성

– 몸을 앞뒤로 계속 흔들기, 발끝으로 걷기, 빙글빙글 돌기, 팔이나 손을 흔들기 등과 같은 고집스럽고 강박적이며 반복적인 행동을 지속함
– 반복적인 동작성 매너리즘(예시: 손이나 손가락으로 딱딱거림)을 보이기도 함
– 특정 장난감, 진공청소기, 특정 숫자나 노래 집착과 같은 제한된 관심을 가짐
– 가구 배치나 계획된 일정을 바꾸는 것에 분노하는 등 동일한 방식의 행동에 병적인 집착을 보임

DSM-5의 자폐 스펙트럼 장애는 DSM-IV-TR의 자폐장애가 속해 있던 광범위성 발달장애(Pervasive Developmental Disorders)와는 조금 차이가 있다. DSM-5에서는 자폐장애가 자폐 스펙트럼 장애로 명칭이 변경되었고, 자폐장애 진단기준에 다음과 같은 여러 변화가 일어났다. 첫째, 차원적 접근을 시도하면서 아스퍼거 장애와 달리 분류되지 않는 광범위 발달장애는 자폐 스펙트럼 장애로 통합되었다. 둘째, 자폐장애의 3세 이전 발병 기준이 자폐 스펙트럼 장애에서는 초기 아동기로 완화되었다. 셋째, 자폐 스펙트럼 장애의 심각도 수준을 추가적으로 명시하였다. 넷째, 지적 손상의 유무, 언어적 손상의 유무, 알려진 의학적이거나 유전적 상태 또는 환경적 요인과 관련성, 기타 신경발달 장애, 정신장애 또는 행동장애와의 관련성 그리고 긴장병의 유무를 명시하였다. 다섯째, 레트 장애와 아동기 붕괴성 장애는 삭제되었다. 여섯째, 사회적 의사소통에 뚜렷한 결함들을 가졌으나 증상들이 자폐 스펙트럼 장애의 기준에 맞지 않는 개인은

사회적 의사소통 장애(Social Communication Disorder)로 진단될 수 있다.

■ DSM-5의 자폐 스펙트럼 장애 진단기준

A. 현재 또는 과거 내력(예시들은 설명에 도움이 되지만, 완전한 것은 아님; 다음 항목 참조)에 의해 다음 중에서 나타나듯이, 다양한 상황에 걸쳐 사회적 의사소통과 사회적 상호작용의 지속적인 결함

1. 사회적-감정적 상호 관계에서의 결함. 예컨대, 비정상적 사회적 접근과 왔다 갔다 오가는 평범한 대화의 실패부터 홍미 · 감정 · 애착의 감소된 공유; 그리고 사회적 상호작용을 시작하거나 반응을 보이지 않는 것까지 포함됨
2. 사회적 상호작용에서 사용되는 비언어적 의사소통 행동들에서의 결함. 예컨대, 서투르게 융합된 언어적 · 비언어적 의사소통부터 눈 맞춤과 신체언어의 이상함 또는 몸짓을 사용하고 이해하는 데의 결함, 얼굴 표정들과 비언어적 의사소통의 전반적 결핍까지 포함됨
3. 관계를 발전, 유지 및 이해하는 데에서의 결함. 예컨대, 여러 가지 사회적 상황에 맞춰서 행동을 조절하기 어려움부터 가상놀이를 공유하거나 친구를 사귀는 데 어려움, 또래에 대한 관심의 부재까지 포함됨

현재의 심각도를 명시할 것:

심각도는 사회적 의사소통의 손상들과 제한적이고 반복적인 행동패턴들을 바탕으로 함(〈표 5-2〉 참조).

B. 현재 또는 과거력(예시들은 설명에 도움이 되지만, 완전한 것은 아님; 다음 항목 참조)에 의해 다음 중 적어도 두 가지로 나타나듯이, 제한적이고 반복적인 행동, 흥미 또는 활동패턴들

1. 상동적이거나 반복적인 운동 움직임, 물체의 사용, 언어(예시: 단순한 운동 상동증, 장난감을 정렬시키거나 물건을 홱 뒤집기, 반향언어, 기이한 용어)
2. 똑같은 것에 대한 고집, 완강한 틀에 박힌 일과(routine)에 대한 고수, 또는 언어적 · 비언어적 행동의 의식화된 패턴들(예시: 작은 변화에도 극심한 고통, 과도기에의 어려움, 융통성 없는 사고패턴, 인사 의식 절차, 똑같은 길로 가야 하거나 같은 음식을 매일 먹어야 함)

표 5-2 자폐 스펙트럼 장애의 심각도 수준

심각도 수준	사회적 의사소통	제한적이고 반복적인 행동들
수준 3 '매우 상당한 도움 필요'	언어적 · 비언어적 사회적 의사소통 기술의 심각한 결함들이 심각한 기능 손상, 사회적 상호작용의 매우 제한적 개시, 다른 사람들로부터의 사교적 제안의 최소한의 반응을 초래함. 예컨대, 이해할 수 있는 언어 단어가 적은 사람은 상호작용을 거의 시작하지 않으며, 할 경우에는 욕구만을 충족하기 위해 예외적인 접근을 하며, 직접적인 사회적 접근들에게만 반응함	행동의 강직성, 변화에 대처하는 데 극심한 어려움, 다른 제한적/반복적 행동들이 모든 영역에서 기능을 현저하게 방해함. 초점이나 행동을 바꾸는 데 큰 괴로움/어려움이 있음
수준 2 '상당한 도움 필요'	언어적 · 비언어적 사회적 의사소통 기술의 뚜렷한 결함들, 준비된 도움이 있음에도 명백한 사회적 손상들; 사회적 상호작용의 제한적인 개시, 다른 사람들로부터의 사교적 제안의 축소된 또는 비정상적 반응. 예컨대 단문들(simple sentences)로 말하고, 상호작용이 편협하고 특별한 흥미들에만 제한되어 있고, 비언어적 의사소통이 뚜렷하게 이상한 사람	행동의 강직성, 변화에 대처하는 데 극심한 어려움, 다른 제한적/반복적 행동들이 우연한 목격자에게도 분명해 보일 만큼 자주 나타나며, 다양한 상황에서 기능을 방해함. 초점이나 행동을 바꾸는 데 큰 괴로움 그리고/또는 어려움이 있음
수준 1 '도움 필요'	준비된 도움 없이, 사회적 의사소통의 결함들은 현저한 손상을 초래함. 사회적 의사소통을 개시하는 데 어려움, 다른 사람들로부터의 사교적 제안에 전형적이지 않은 또는 좌절적인 반응들의 명백한 사례들. 사회적 상호작용에 감소된 흥미를 갖는 것으로 보일 수도 있음. 예컨대, 완전한 문장(full sentence)으로 말할 수 있고 의사소통에 참여할 수 있지만, 다른 사람과의 주고받는 대화는 할 수 없으며, 친구를 사귀기 위한 시도들이 특이하고, 일반적으로 성공하지 못함	행동의 강직성이 하나 이상의 상황에서 기능에 중요한 방해를 초래함. 활동을 전환하는 데 어려움. 체계성과 계획하기의 어려움은 자립을 방해함

출처: American Psychiatric Association (2013), p. 52.

3. 강도나 초점이 비정상적인, 매우 제한되고 고정된 홍미들(예시: 특이한 물건에 강한 애착이나 몰두, 과도하게 국한되거나 집요하게 반복하는 홍미)
4. 감각적 자극에 과도하거나 저조한 반응, 또는 환경의 감각적인 면에 비정상적 관심(예시: 고통/온도에 대한 명백한 무관심, 특정 소리 또는 감촉에

대한 부정적인 반응, 물건에 대한 과도한 냄새 맡기 또는 만지기, 불빛이나 움직임에 시각적으로 매료됨)

현재의 심각도를 명시할 것:

심각도는 사회적 의사소통의 손상과 제한적이고 반복적인 행동패턴들을 바탕으로 함(〈표 5-2〉 참조)

C. 증상은 초기 발달기에 존재하여야 함(하지만 사회적 요구들이 제한된 능력을 초과하기 전까지는 충분히 드러나지 않을 수도 있거나 노년기에는 학습된 전략들로 감출 수도 있음)

D. 증상은 사회적 · 직업적 혹은 다른 중요한 분야의 현재 기능에서 임상적으로 중요한 손상을 초래함

E. 장애는 지적 장애(지적 발달장애) 또는 전반적 발달 지연에 의해 더 잘 설명되지 않음. 지적 장애와 자폐 스펙트럼 장애는 흔히 함께 발생함. 자폐 스펙트럼 장애와 지적 장애를 동반 진단하기 위해서는 사회적 의사소통이 전반적 발달 수준에 기대되는 것 이하이어야 함

주: 자폐장애, 아스퍼거 장애 그리고 기타 분류되지 않은 광범위한 발달장애의 확립된 DSM-IV 진단을 받은 개인에게는 자폐 스펙트럼 장애 진단이 내려져야만 함. 사회적 의사소통에 뚜렷한 결함을 가졌으나 증상이 자폐 스펙트럼 장애의 기준에 맞지 않는 개인은 사회적(실용적) 의사소통 장애로 평가받아야 함

만약 해당된다면 명시할 것:

지적 손상 있음 또는 없음

언어적 손상 있음 또는 없음

알려진 의학적이거나 유전적인 상태 또는 환경적 요인과 관련됨

또 다른 신경발달 장애, 정신장애, 행동장애와 관련됨

긴장병 있음(다른 정신장애와 관련된 긴장병의 기준을 개념을 위해 참조할 것)

〈사례 5-3〉

자폐 스펙트럼 장애

제 군은 만 6세의 남아로서 유치원 재원 중이며, 아동발달센터에 상담을 받으러 내원했다. 첫 만남 시, 제 군은 눈 맞춤이 안 되었고, 다소 산만해 보였으며, 다른 사

람의 얼굴을 손으로 치는 공격적 행동을 보였다. 간혹 가늘고 높은 소리를 내면서 자기만이 알 수 있는 말을 하였다. 제 군은 상담을 시작하기 이전에 발달평가를 받았는데, 사회적 상호작용과 언어적 의사소통의 발달에 큰 지연이 있는 것으로 나타났다. 제 군은 치료자와의 눈 맞춤과 언어적 의사소통이 전혀 이루어지지 않았으며, 자신이 무언가 필요할 때 치료자를 쳐다보거나 손짓을 하는 등의 매우 단순한 비언어적 신호로 욕구를 전달하였다. 또한 소리에 과도하게 예민한 반응을 보였고, 스스로 높은 음의 소리를 내었으며, 쉽게 흥분하였다. 장난감 선택과 놀이 행동도 매우 제한적이었다. 만 1세에서 만 4세까지 제 군은 전반적으로 기차, 자동차 바퀴 등을 유심히 관찰하는 행동들이 빈번했으며, 최근에는 버스나 지하철 노선에 집착하였다. 제 군은 새로운 환경에 대한 불안이 심했으며, 순서를 기다리게 하는 등의 상황에서 융통성이 없이 강하게 고집을 부리는 모습을 자주 보였다. 만 4세 이후 제 군은 어린이집에 다니게 되었지만, 교사나 또래와 거의 상호작용하지 않았고, 놀이나 행동이 자폐적 양상을 보였다. 특히, 교사와는 상호작용하지 않으면서도 간혹 교사의 신체부위(가슴, 다리 등)를 갑자기 만지는 부적절한 행동을 보이기도 했고, 상황에 맞지 않는 표정을 짓거나 눈치 보는 경향을 보였으며, 이런 점들 때문에 또래관계에서도 어려움을 겪었다.

제 군의 부모는 제 군이 친구들과 어울리려고 하지 않고 어울릴 줄을 모르며, 상황에 맞는 적절한 언어표현과 행동이 부족하다고 하였다. 특히, 연령에 맞는 놀이에 흥미가 없고 일단 시작해도 오래 지속하지 못하며, 소리를 즐기고 일부러 내는 것 같으며, 늘 뛰어다닌다고 보고하였다.

4) 주의력결핍 과잉행동 장애

주의력결핍 과잉행동 장애(Attention Deficit Hyper-activity Disorder)는 주의산만, 충동성, 흥분성 및 지나친 활동을 보이는 장애로서, 또래 및 학업의 곤란을 경험하고 어른의 요구에 따르지 못하는 특징을 보인다. 주의력결핍 과잉행동 장애의 영향에 의해 학습문제, 정서문제 및 대인관계에 어려움이 나타날 수 있다. 학습문제의 경우, 과제 수행 시 정보처리 과정에서 순차적이고 논리적으로 과제를 조직화하지 못하기 때문에 지적 잠재력에 비해 학교 성적이 낮고, 과제 수행능력이 부족하며, 학교 활동의 참여율이 낮아지게 된다. 정서문제의 경우, 부모와 교사에게서 지속적으로 꾸중이나 부정적인 피드백을 경험하게 되면서 자아존중감이 낮아지고 좌절감 및 우울감을 경험하기도 한다. 이러한 감정은 반항적 태도나 행동으로 나타나기도 한다. 대인관계의 경우, 놀이의 규칙을 지키지 않는다거나 다른 아이들의 놀이를 방해하는 등 상대방에 대한 배려가 부족하면서 문제아로 인식되기도 하고, 또래와의 관계가 원활하지 않을 수 있다. 또한, 반항적 행동으로 교사나 부모와의 관계가 악화될 수 있다. 성인이 된 이후에도 직장생활에서도 자주 직업을 바꾸고, 독립적으로 일을 완수하지 못하거나, 대인관계에서도 문제를 가지고 있을 수 있다.

주의력결핍 과잉행동 장애는 DSM-IV-TR에서는 주의력결핍 파괴적 행동장애에 포함되었으며, 부주의, 과잉행동 및 충동성으로 증상을 세 부분으로 나누어서 진단기준을 제공했다. 반면, DSM-5에서는 주의력결핍 과잉행동 장애의 증상을 부주의와 과잉행동-충동성으로 두 부분으로 나누어서 진단기준을 제공하였으며, 각 증상마다 세부적 예시를 들었다. 그리고 DSM-IV-TR에서는 기준 B에서 부주의 또는 과잉행동-충동 증상이 7세 이전에 있다고 되어 있었으나, DSM-5에서는 12세 이전으로 나이가 변경되었다. 또한, DSM-5에서는 후기 청소년과 성인의 주의력결핍 과잉행동 장애에 대한 진단기준이 추가되었다.

■ DSM-5의 주의력결핍 과잉행동 장애 진단기준

A. 다음의 (1) 그리고/또는 (2)로 특징지어지는 것처럼, 기능 또는 발달을 방해하는 부주의 그리고/또는 과잉행동-충동성의 지속적 패턴

1. 부주의: 다음 증상 가운데 여섯 가지(또는 그 이상)가 발달수준에 부합되지 않고 사회적 및 학업적/직업적 활동에 직접적으로 부정적 영향을 주는 정도로 적어도 6개월 동안 지속됨

주: 증상들이 단지 저항하는 행동, 반항, 적개심 또는 과제나 지시를 이해하지 못한 것을 보여 주는 징후는 아님. 후기 청소년이나 성인(17세 이상)에게는 적어도 다섯 가지 증상들이 요구됨

a. 흔히 세부적인 면에서 면밀한 주의를 기울이지 못하거나, 학업, 작업, 기타 활동 중에 부주의한 실수를 저지름(예시: 세부 사항을 간과하

거나 놓침, 작업이 정확하지 못함)

b. 흔히 과업이나 놀이 활동에 주의 집중을 지속하기 어려움(예시: 강의, 대화, 긴 독서 중에 집중을 유지하기가 어려움)

c. 흔히 다른 사람이 직접 말을 걸 때 경청하지 않는 것으로 보임(예시: 뚜렷하게 집중을 방해하는 것이 없음에도 불구하고 정신이 다른 곳에 가 있는 것처럼 보임)

d. 흔히 지시를 완수하지 못하고, 학업, 잡일, 또는 작업장에서의 임무를 수행하지 못함(예시: 과업을 시작하지만, 곧 초점을 잃고 쉽게 옆길로 빠짐)

e. 흔히 과업과 활동을 체계화하지 못함(예시: 순차적인 과업을 처리하는 데 어려움, 자료와 소지품을 정리하는 데 어려움, 지저분하고 정리되지 않은 업무, 형편없는 시간 관리, 마감기한을 맞추지 못함)

f. 흔히 지속적인 정신적 노력을 요구하는 과업에 연관되기를 피하고, 싫어하고, 꺼림(예시: 학업 또는 숙제, 후기 청소년이나 성인에게는 보고서 준비, 서식 작성하기, 긴 서류 검토하기)

g. 흔히 과업이나 활동하는 데 필요한 물건들을 잃어버림(예시: 학교 자료, 연필, 책, 지갑, 열쇠, 서류, 안경, 핸드폰)

h. 흔히 외부의 자극에 의해 쉽게 산만해짐(후기 청소년이나 성인에게는 관련 없는 생각들이 포함될 수 있음)

i. 흔히 일상적 활동을 잊어버림(예시: 잡일을 함, 심부름을 함, 후기 청소년과 성인에게는 회답 전화 하기, 고지서 내기, 약속 지키기)

2. 과잉행동과 충동성: 다음 증상 가운데 여섯 가지(또는 그 이상)가 발달수준에 부합되지 않고 사회적 및 학업적/직업적 활동에 직접적으로 부정적 영향을 주는 정도로 적어도 6개월 동안 지속됨(주: 증상들이 단지 저항하는 행동, 반항, 적개심, 또는 과제나 지시를 이해하지 못한 것을 보여 주는 징후는 아님. 후기 청소년이나 성인(17세 이상)에게는 적어도 다섯 가지 증상들이 요구됨)

a. 흔히 손발을 가만히 두지 못하거나 톡톡 두드리고, 혹은 자리에 앉아서도 몸을 꿈틀거림

b. 흔히 앉아 있도록 요구되는 상황에서 자리를 떠남(예시: 교실, 사무실이나 다른 작업장, 또는 자리에 앉아 있는 것이 요구되는 다른 상황에서 자기 자리를 떠남)

c. 흔히 부적절한 상황에서 바삐 뛰어다니거나 기어오름(주: 청소년이나 성인에서는 안절부절못하는 느낌으로 제한될 수 있음)

d. 흔히 조용히 여가 활동에 참여하거나 놀지 못함

e. 흔히 마치 '전동기로 움직이는 것'처럼 행동하며, '끊임없이 바쁨'(예시: 음식점, 회의에서처럼 긴 시간 동안 가만히 있는 것이 불가능하거나 편안하지 않음, 안절부절못하거나 따라가기 어렵다고 다른 사람들이 느낄 수 있음)

f. 흔히 지나치게 수다스러움

g. 흔히 질문이 채 끝나기 전에 불쑥 대답함(예시: 사람들의 문장을 자신이 끝맺음, 대화 중에 자기 차례를 기다리지 못함)

h. 흔히 순서를 기다리지 못함(예시: 줄을 기다리는 동안)

i. 흔히 다른 사람의 활동을 방해하고 간섭함(예시: 대화, 게임, 활동에 참견함, 허락을 구하거나 받지 않고 다른 사람의 물건을 쓰기도 함, 청소년이나 성인은 다른 사람이 하는 것을 함부로 침범하거나 탈취할 수도 있음)

B. 여러 부주의 또는 과잉행동-충동 증상들이 12세 이전에 있었음

C. 여러 부주의 또는 과잉행동-충동 증상들이 두 가지 이상의 환경에서 존재함(예시: 집 · 학교 · 직장에서, 친구들 또는 친척들과 함께 있을 때, 다른 활동 중에)

D. 사회적 · 학업적 · 직업적 기능에 지장을 주거나 이러한 기능의 질을 낮춘다는 확실한 증거가 있음

E. 증상들이 정신분열증 또는 다른 정신병적 장애의 경과 중에만 오직 발생하지 않으며, 다른 정신장애(예시: 기분장애, 불안장애, 해리성 장애, 성격장애, 물질 중독 또는 금단)에 의해 잘 설명되지 않음

어느 것인지 명시할 것:

복합형: 지난 6개월 동안 기준 A1(부주의)과 A2(과잉행동-충동)에 모두 부합하는 경우

부주의 우세형: 지난 6개월 동안 기준 A1(부주의)에는 부합하지만, A2(과잉행동-충동)에는 부합하지 않는 경우

과잉행동-충동 우세형: 지난 6개월 동안 기준 A2(과잉행동-충동)에는 부합하지만, A1(부주의)에는 부합하지 않는 경우

만약 해당된다면 명시할 것:

부분관해: 이전에는 모든 기준이 부합되었으나, 지난 6개월 동안에는 부합하는 기준이 적을 때, 그리고 그 증상이 여전히 사회적 및 학업적/직업적 기능에 손상을 초래할 경우

현재의 심각도를 명시할 것:

가벼운 정도: 진단을 내리는 데 필요한 것 이상의 증상이 만일 있다 하더라도 거의 없으며, 증상은 사회적 또는 직업적 기능에 가벼운 손상 이상을 초래하지 않음

중간 정도: 증상이나 기능적 손상은 '가벼운 정도'와 '심각한 정도'의 사이에 존재함

심각한 정도: 진단을 내리는 데 필요한 것 이상의 증상이 많거나 특별히 심각한 여러 증상들이 존재하거나 또는 증상이 사회적 또는 직업적 기능에 뚜렷한 손상을 초래함

〈사례 5-4〉

주의력결핍 과잉행동 장애

김 군은 초등학교 1학년으로 교실에서의 행동이 점점 나빠지고 있었다. 김 군은 수업시간에 콧노래를 흥얼거리고, 손을 들지 않은 채 불쑥 답을 하고, 교사가 질문을 하면 답도 모르면서 항상 제일 먼저 엉터리로 답을 하였다. 또 수업시간에 교사가 앞에 있음에도 불구하고 교실 뒤나 밖으로 돌아다니기도 하였다. 교사가 김 군에게 여러 번 자기 자리에 가서 앉으라고 해야만 마지못해 자리에 앉고는 했다. 이에 김 군의 부모는 여러 차례 교사와 상담을 해야만 했다.

김 군은 친구들과도 잘 어울리지 못했다. 게임을 함께하려고 해도 게임의 규칙을 따르기보다는 자기 멋대로 규칙을 정해 놓기 때문에 친구들은 김 군과 함께 노는 것을 꺼렸다.

김 군은 매우 영리해 보였지만, 학교 숙제를 제대로 해내지 못하였다. 1시간이면 끝낼 수 있는 숙제를 하는 데 3~4시간이 걸리는 것은 흔한 일이었다. 김 군의 어머니는 김 군이 학교에서 돌아온 후 곧바로 숙제를 하도록 옆에서 도와주었다. 하지만 김 군은 텔레비전에서 무엇을 하는지 보기 위해 거실로 왔다 갔다 하거나, 가족들이 나누는 대화에 끼어드는 등 학교 숙제를 하다가도 다른 소리나 움직임에 주의를 기울였고 매우 산만했다. 숙제뿐만이 아니라 집안일을 돕거나 어떤 과제가 주어지는 경우에도, 김 군은 하기 싫어서 또는 반항기가 있어서 그런 것이 아니라 주의가 산만하여 끝까지 완수하지 못했다.

그러나 김 군은 비디오 게임을 하거나 만화영화를 볼 때는 너무 몰두하고 있어서 누군가가 말을 걸어도 알아차리지 못하고, 어깨를 가볍게 쳐야지만 대답을 하기도 했다.

5) 특정 학습장애

특정 학습장애(Specific Learning Disorder)는 읽기, 쓰기 및 수학에 관련된 학업 기술들을 배우고 사용하는 데 어려움이 있는 장애를 말한다. DSM-IV-TR에서는 학습장애(Learning Disorders)라는 명칭으로, 읽기장애, 산술장애, 쓰기장애 및 기타 분류되지 않는 학습장애로 구분되어 있다. 반면, DSM-5에서는 특정 학습장애로 명칭이 변경되었으며, 특정 학습장애 안에서 '읽기에 장애가 있음' '쓰기에 장애가 있음' '수학에 장애가 있음'으로 세분화하고, 그 심각성 및 각각의 학습장애에 대한 세부적인 손상된 학업 분야와 세부 기술을 명시하도록 하였다. 그리고 DSM-IV-TR에서는 사용되지 않았던, 난독증(dyslexia) 및 계산 불능증(dyscalculia)이라는 용어를 언급하고 있다.

■ DSM-5의 특정 학습장애 진단기준

A. 이러한 어려움을 목표로 하는 개입들을 제공했음에도 불구하고, 적어도 6개월 이상 지속된 다음 중 하나 이상의 증상이 있는 것으로 나타난 것처럼, 학업 기술을 배우고 사용하는 데 어려움이 있음

1. 부정확하거나 느리고 노력이 필요한 단어 읽기(예시: 단일 단어를 큰 소리로 부정확하거나 느리게 그리고 머뭇거리며 읽음, 단어를 자주 추측함, 단어를 발음하는 데 어려움이 있음)
2. 읽은 것의 의미를 이해하는 데 어려움이 있음(예시: 글을 정확하게 읽을지도 모르나, 순서, 관계, 추론, 또는 읽은 것의 깊은 의미는 이해하지 못할 수 있음)
3. 맞춤법에 어려움이 있음(예시: 모음이나 자음을 첨가하거나, 빠뜨리거나, 교체할 수도 있음)
4. 쓰기에 어려움이 있음(예시: 문장들 안에서 다양한 문법적 또는 구두법 실수를 함, 단락 조직을 잘 못함, 생각을 쓴 표현이 명료하지 못함)
5. 숫자 감각, 숫자적 사실(number facts) 또는 계산을 완전히 익히는 데 어려움이 있음(예시: 숫자, 크기, 관계들에 대한 이해가 부족함, 또래가 하는 것처럼 수학적 사실을 상기하는 대신에 한 자리 숫자들을 더하는 데 손가락으로 계산함, 산수 계산 중간에 어떻게 할 줄을 모르고 순서를 바꿔서 할 때도 있음)
6. 수학적 추론에 어려움이 있음(예시: 계량적 문제들을 풀기 위해 수학적 개념, 사실, 순서를 적용하는 데 심각한 어려움을 가짐)

B. 개별적으로 집행된 표준화된 성취도 측정들과 포괄적인 임상적 평가에 의해 확인된 것처럼, 영향을 받은 학업 기술은 개인의 생활 연령에 기대되는 것보다 상당히 그리고 수량화할 정도로(quantifiably) 못 미치며, 학업적이거나 직업적 수행, 일상생활의 활동에 커다란 방해가 됨. 17세 이상인 개인에게 손상된 학습 어려움에 대한 문서화된 내력은 표준화된 평가를 대신할 수도 있음

C. 학습 어려움은 학령기 나이에 시작되며, 이러한 영향을 받은 학업 기술에 대한 요구가 개인의 제한된 능력을 초과하기 전까지는 완전히 드러나지 않을 수도 있음(예시: 정기 시험에서처럼 빠듯한 기한에 맞춰서 길고 복잡한 보고서 읽기 또는 쓰기, 과도하게 많은 학업량)

D. 학습 어려움은 지적 장애, 교정되지 않은 시력 또는 청력, 다른 정신적 또는 신경학적 장애, 심리사회적 역경, 학습지도의 언어에 숙달되지 못해서, 또는 부적절한 교육적 지도에 의해 더 잘 설명되지 않음

주: 개인 내력(발달적, 의학적, 가족적, 교육적), 학교 보고서 및 심리교육적 평가의 임상적 종합을 바탕으로 4개의 진단기준에 충족되어야 함

손상된 학업 분야와 세부 기술을 다음과 같이 명시할 수 있음:

읽기에 장애가 있음:

단어 읽기 정확성

읽는 속도 또는 유창함

독해력

주: 난독증(dyslexia)은 정확하거나 능숙한 단어 인지의 문제, 형편없는 문자해독, 안 좋은 맞춤법 능력으로 특징지어질 수 있는 학업적 어려움들의 패턴을 일컫는 데 사용되는 대체 용어임. 만일 난독증이 이 특정 패턴의 어려움들을 명시하는 데 쓰인다면, 독해력이나 수학 추론의 어려움과 같은, 다른 존재하는 추가적 어려움을 명시하는 것도 중요함

쓰기에 장애가 있음:

맞춤법의 정확도

문법 및 구두법의 정확도

글쓰기의 명료성 또는 구성

수학에 장애가 있음:

숫자 감각

산술적 사실(arithmetic facts)의 암기

정확하거나 능숙한 계산

정확한 수학 추론

주: 계산 불능증(dyscalculia)은 숫자로 된 정보를 처리하거나, 산술적 사실을 배우거나, 정확하거나 유창한 계산을 수행하는 데 어려움의 패턴을 일컫는 데 사용되는 대체 용어임. 만일 계산 불능증이 수학적 어려움의 특정 패턴을 명시하는 데 쓰인다면, 수학 추론이나 단어 추론 정확도의 어려움과 같은, 다른 존재하는 추가적인 어려움을 명시하는 것도 중요함

현재의 심각도를 명시할 것:

가벼운 정도: 하나 또는 두 개의 학업 분야에서 기술을 배우는 데 어느 정도의 어려움이 있으나 심각성이 충분히 가벼운 정도이므로, 특히 학년 중에

적절한 편의나 지지적 도움이 제공되면 개인이 보완하거나 잘 기능할 수 있음

중간 정도: 하나 또는 두 개의 학업 분야에서 기술을 학습하는 데 뚜렷한 어려움이 있어 학년 중 어느 정도 잠깐씩 집중적이고 전문적인 가르침 없이는 숙달되기 어려움. 적어도 하루 중 일부는 학교, 직장, 집에서 약간의 편의나 지지적 도움이 활동을 정확하고 효과적으로 끝마치기 위해 필요할 수도 있음

심각한 정도: 여러 학업 분야에서 기술을 학습하는 데 심각한 어려움이 있어 대부분의 학년 동안에 지속적이고 집중적인 개별화된 전문적 가르침 없이는 이러한 기술들을 배우기 어려움. 학교, 직장, 집에서 적절한 편의나 도움을 배치해도 모든 활동을 효과적으로 끝마치지 못할 수도 있음

〈사례 5-5〉

특정 학습장애

기 군은 초등학교 5학년으로, 밝고 명랑하고 사교적이다. 하지만 전반적인 행동이 산만하며, 주의 집중 시간이 짧고, 행동이 느리다. 가만히 앉아 있지를 못하므로 자세가 불량하여 지적을 자주 받는다. 학습과제를 완수하는 데 시간이 많이 걸려 수업 시간 내에 완료하지 못하고, 스스로 완결하려는 의지도 부족한 편이다.

기 군은 3학년 때부터 읽기, 수학계산 능력에서 학습장애가 있는 것으로 교사들에 의해 관찰되었다. 이에 부모는 기 군을 데리고 대학병원에서 검사를 실시하였으나 지능은 정상 범위이고, 사회성숙도 검사도 정상적이며, 학습적인 문제도 시간이 흐르면 자연히 해결될 것이라고 판정되었다. 그러나 거의 2년이 지난 시점에도 아무런 학습적 진전이 없으며, 글의 의미를 이해하지 못하고 있다.

국어 시간의 활동을 보면, 기 군은 글을 천천히 띄엄띄엄 읽으며, 더듬더듬 끊어 읽고, 모르는 글자는 생략하거나 대충 읽고, 추측으로 자기만의 해석으로 읽어 넘어간다. 또한 지시문에 답하는 능력이 부족하여 친구들에게 묻거나 보고하는 경향을 보인다. 기 군은 책 읽기를 시키면, '밖에서→바에서' '싫어한다→싫어한'으로 읽는 것처럼 제시된 단어의 음소 또는 음절을 빠뜨리고 읽거나, '세 딸→내 세 딸' '하지→말하지'와 같이 제시된 단어에 포함되지 않은 음소 또는 음절을 추가하여 읽곤 했다. 또한, '한 뼘→한 번' '줄여 다오→줄여 줄래'와 같이 제시된 단어의 음

절 또는 음소를 다른 음절 또는 음소로 바꾸어 읽거나, '해바라기→해라바기' '1980년→1890년'과 같이 제시된 단어의 음절이나 단어의 순서를 바꾸어 읽는 경우도 많았다. 기 군은 시험문제를 잘못 봐서 틀리는 경우도 부지기수였고, 긴 지문은 아무리 읽어도 이해가 안 돼 시간 부족으로 마지막 문제들은 모두 찍었다.

기 군은 언어적 설명을 이해하고 받아들이는 것에 많은 어려움을 가지며, 시각적 이미지를 선호하였다. 특히, 기 군은 일상 수업 중에 칠판의 글자를 한 자씩 공책에 필기하는 것을 관찰할 수 있었다. 마치 글자를 의미 단위로 인식하기보다 이미지로 받아들이고 인출하고 있는 듯하였다. 또 기 군은 사회 수업 중에 빈칸을 교사가 불러 주어 빈칸을 채우는 과제에서 교사가 불러 주는 말을 받아 적는 것을 놓치는 경우들이 많이 관찰되었다. 다른 학생들이 의미 단위로 인식하고 필기를 하는 것과는 많이 다른 모습이었다.

3월에 실시한 진단평가 검사 결과, 기 군은 자음과 모음의 변별이 어려웠으며, 문장 내에서 조사의 사용을 이해하지 못했고, 글의 순서나 일이 일어난 차례, 띄어쓰기 등의 오류를 보였으며, 문제를 이해하고 적용하는 능력이 저조하게 나타났다. 그러나 의외의 결과는 문장으로 제시된 문제에서는 많은 오류를 범한 것에 비해 그림으로 지시되거나 안내받은 문제는 쉽게 해결하였다. 또한, 수학 평가에서 덧셈과 뺄셈 연산과 같은 단순한 계산에서 아무런 문제가 드러나지 않았으나, 문장제의 경우 거의 오답인 경우가 많았다.

2. 신경발달 장애의 치료

1) 지적 장애의 치료

지적 장애를 가진 사람의 치료는 지적 장애의 수준에 따라 일상생활에 필요한 다양한 적응기술을 학습시키고 유지시키는 것을 목적으로 한다. 되도록 빨리 지적 장애를 확인하여 조기에 개입하는 것이 바람직하며, 경미한 지적 장애를 가진 사람은 체계적이고 집중적인 교육을 통해 적응 수준이 향상될 수 있다(권석만, 2013).

지적 장애를 가진 사람은 사회적응과 관련하여 가정생활, 지역사회 생활, 평생학습, 고용, 건강과 안전, 사회적 활동 등의 영역에서 다음과 같은 지원욕구를 가진다(Thompson, Bryant, Campbell, Craig, Hughes, & Rotholz, 2004).

- 가정생활: 가정에서의 신변보호나 가정의 유지 및 생활을 위해 기본적으로 화장실 사용하기, 의복 관리하기, 음식 준비하기, 식사하기, 집안 관리하고 청소하기, 옷 입고 벗기, 목욕하기와 개인위생 및 몸단장하기, 가전제품 조작하기 등과 같은 활동이 필요함
- 지역사회 생활: 지역사회 생활의 활동을 익히고 참여하기 위해 지역사회에서 장소 이동하기, 지역사회에서 레크리에이션/여가 활동에 참여하기, 지역사회에서 공공 서비스 이용하기, 친구나 가족 방문하기, 좋아하는 지역사회 활동에 참여하기, 쇼핑하고 물건 구입하기, 지역사회 구성원과 상호작용하기, 공공건물이나 장소 이용하기와 같은 활동이 필요함
- 평생학습: 학습활동에서 타인과 상호작용하기, 훈련/교육의 의사결정에 참여하기, 문제해결 전략의 학습과 적용하기, 학습용 공학 사용하기, 훈련/교육 장면에 접근하기, 기능적 교과 학습하기(신호 읽기, 거스름돈 계산 등), 건강・체육 기술 익히기, 자기결정 기술 익히기, 자기관리 전략 익히기 등의 활동이 필요함
- 고용: 직무 상황에서 합리적인 조정 방안을 규명하고 접근하기, 특정 직무 기술 익히고 사용하기, 직장 동료와 상호작용하기, 감독관이나 코치와 상호작용하기, 일과 관련된 과업을 수용 가능한 속도로 완성하기, 일과 관련된 과업을 수용 가능한 질로 완성하기, 직무배치 변경하기, 고용주로부터 정보와 지원 탐색하기 등의 활동이 필요함
- 건강과 안전: 약물 복용하기, 건강을 유지하고 안전사고 피하기, 의료서비스 받기, 보행하기와 이동하기, 응급 서비스 이용 방법 익히기, 영양 있는 음식물 섭취하기, 신체 건강과 체력 유지하기, 정서적 행복 유지하기 등의 활동이 필요함
- 사회적 활동: 집 안에서 사회 활동하기, 타인과의 여가활동에 참여하기, 집 밖에서 사회활동하기, 친구를 사귀고 관계 유지하기, 개인적 요구에 대해

타인과 의사소통하기, 적절한 사회적 기술 이용하기, 데이트 또는 친밀한 관계 맺기, 자원봉사 참여하기 등의 활동이 필요함

지적 장애인의 사회적응을 위해서는 기능적 접근에서 지원이 이루어져야 하며, 사회에서 성공적으로 기능하는 데 필요한 과제 수행에 중점을 두어야 한다. 지적 장애를 가진 사람이 갖고 있는 상대적 강점과 제한점을 분석하고, 가정생활 활동, 지역사회 생활 활동, 평생학습 활동, 고용 활동, 건강과 안전 활동, 사회적 활동 등의 영역에서 보이는 적응행동에 대해 사정하는 것이 필요하다. 지원의 사정, 계획, 관찰 및 평가의 과정을 거쳐서, 지적 장애인의 사회적응을 위한 개인적 요구를 평가하고, 개인 기능 향상이라는 바람직한 성과를 얻기 위한 지원의 정도를 조율하는 것이 바람직하다(민천식, 2012).

2) 의사소통 장애의 치료

의사소통 장애를 가진 아동은 언어의 의미적 · 구문적 · 화용적 기능에 결함을 가지고 있어 언어적 · 비언어적으로 자신의 의사나 감정을 전달하고 타인의 의사를 이해하는 데 어려움을 가지며, 의사소통의 어려움으로 타인에게서 무시, 거부, 제재 등의 부정적 반응을 경험하게 된다(김지아, 한유진, 2012). 다른 사람과 정보를 교환하고 대화를 하고 사회적 기능을 수행하기 위한 다양한 언어적 사용에서의 결함은 언어장애 아동에게 사회생활에서의 정서적 부적응, 낮은 자아존중감, 낮은 자신감과 자립심을 야기하기도 한다. 언어장애 아동의 화용적 · 사회적 상호작용의 문제는 또래 아동과의 관계를 형성하는 데 장애가 되어 부정적 자아인식이나 또래 아동으로부터의 부정적 평가를 갖게 되며, 궁극적으로 학교와 사회생활에까지 영향을 주게 된다. 또한, 의사소통에 의한 어려움을 반복하여 경험하게 되면서 두려움과 공포, 좌절, 죄의식 및 저항감 등의 심리적 부담 및 부정적 감정이 생겨나게 된다.

의사소통 장애를 보이는 아동은 우선 이비인후과, 소아과, 치과 등에서 감각적 또는 신체적 문제가 있는지를 점검하고, 정서적 문제나 부모-자녀 관계의 문제를 탐색하고 해결해 주는 것이 중요하다(권석만, 2013). 의사소통 장애를

가진 아동은 부모, 유치원 교사 또는 소아과 의사, 심리치료사, 언어치료사 등 전문가의 직접적 치료를 받아야 하며, 아동의 언어 및 지적 발달수준을 먼저 진단한 후에 적절한 교육 및 치료 방안이 강구되어야 한다. 의사소통 장애를 가진 아동을 위해서는 다음의 치료적 방안이 이루어져야 한다(강문희, 2001).

- 언어치료: 언어치료사에 의한 내적 언어, 언어의 이해력, 표현적 언어 및 어음 발성에 이르기까지 아동의 장애 정도에 따라 전문적이고 집중적인 언어교정이 진행되어야 함. 하루에 20분 정도 매일 또는 격일로 치료를 받는 것이 바람직함
- 언어교실과 실생활과의 직접적인 유대: 의사소통 장애를 가진 아동이 생활환경 속에서 언어를 습득하도록 계획함. 생활환경이라는 것은 시지각과 시각-운동의 통합, 개념 형성, 추리 능력, 언어 등의 지적 과정뿐만 아니라 사회성, 주의집중력과 같은 행동, 태도 측면도 포함됨
- 언어교실의 운영: 하루에 2시간 30분 내지 3시간 정도 운영되며, 교사 1인이 아동 8명을 담당하는 것이 적절함. 언어 시간(이야기 듣기와 이야기하기), 학습활동 시간(인지, 추리, 개념 형성, 시지각활동) 및 놀이 또는 운동 시간 등의 네 가지 영역으로 활동 일과를 계획할 수 있음
- 의사소통 장애를 가진 아동의 부모와의 긴밀한 유대: 부모와의 상담, 자문 등을 통하여 장애의 성질과 문제점 및 가정에서의 협조 방법 등을 설명하고, 부모가 가정에서 아동의 언어표현과 이해력을 증진시키는 놀이와 활동을 하도록 격려함

한편, 아동기 발병 유창성 장애(말더듬증)를 가진 아동에 대해서는 신체적 혹은 정신적 스트레스에 대해 치료사가 말을 더듬는 방식을 변화시키도록 돕는 것이 효과적이다. 즉, 치료는 심리적 수준에서 부정적 정서를 없애는 것뿐만 아니라, 행동적 수준에서 말을 하는 동안 유창성 장애인의 정서 및 행동 경향을 다루는 것이 필요하다(Van Riper, 1982). 아동기 발병 유창성 장애를 가진 아동이 가지는 말을 더듬기 직전의 공포감, 말을 더듬는 동안의 당황스러움, 말을 더듬은 뒤의 수치심에 대해 다루고, 이를 극복할 수 있도록 돕는 것이 필요하

다. 말더듬증을 치료하기 위해서는 구어 속도를 늦추고, 특정한 방식으로 호흡하고, 한 음에서 다른 음으로 천천히 조심스럽게 이동하며, 말을 길게 늘이도록 하는 방식을 통해 훈련하는 것이 효과적이다(고영옥, 권도하, 2008).

3) 자폐 스펙트럼 장애의 치료

자폐 스페트럼 장애를 가진 아동은 머리 흔들기, 손가락 튕기기, 손 흔들기, 몸을 리듬 있게 흔들기, 무의미한 소리를 반복적으로 내기, 자신의 신체나 사물을 깨물기와 같은 형태의 상동행동을 보인다(Kaufman & Levitt, 1965). 이러한 상동행동을 중재하는 방법으로는 약물치료, 감각통합치료, 응용행동분석 등의 다양한 치료적 접근들이 적용되고 있다.

약물치료로는 세로토닌(serotonin)의 작용을 억제하는 할로페리돌(haloperidol), 도파민(dopamine)의 작용을 억제하는 펜플루라민(fenfluramine), 그리고 오피오이드(opioid)의 작용을 억제하는 날트렉손(naltrexone)과 같은 약물들이 상동행동 감소를 위해 사용되고 있다(Rapp & Vollmer, 2005). 그러나 이러한 약물치료에만 의존하기보다는 감각통합이나 응용행동분석과 같은 비약물적 치료법과 병행하는 것을 효과적으로 보고 있다.

감각통합치료란 주변 환경의 다양한 감각을 받아들여, 신경계에서 통합하여 적절한 행동으로 수행하도록 돕는 치료 방법이다(홍은경, 김경미, 2007). 감각조절능력의 어려움이 자폐 스펙트럼 장애 아동의 감각 자극에 대한 비정상적 반응, 즉 상동행동을 유발한다고 보는 것이다. 감각통합의 발달은 7세나 8세가 되면 거의 성인 수준에 이르게 되므로(남국영, 장문영, 1998), 그 이전에 감각통합치료를 시작하게 되면 감각 통합 및 발달을 촉진하는 데 도움이 된다. 하지만 감각통합치료는 상동행동 감소의 효과가 오래 지속되지 않으며(Wells & Smith, 1983), 과제 거부나 타인의 관심을 받기 위한 수단으로 행하는 상동행동에는 적용이 어렵다(Dura, Mulick, & Hammer, 1988)는 한계가 있다.

응용행동분석은 자폐 스펙트럼 아동의 상동행동을 주변 환경과의 상호작용에 의해 강화되거나 유지된 결과로 보고, 정적 강화나 부적 강화 등의 치료 방법을 쓴다. 응용행동분석의 치료 방법 중에서도 조건부 운동(contingent exercise)은 문제행동이 나타나는 즉시 문제행동과 유사한 움직임을 강제로 실시하게 함으로써 벌칙 없이 문제행동을 감소시키는 방법이다(정보인, 2005). 조건부 운동 방법은 바람직한 행동 방법을 비교적 빠른 시일 안에 학습시킬 수 있다는 장점을 가진다.

그 밖에 정신분석적 이론에 따른 치료교육 방법에서는 놀이를 통해 자폐 스펙트럼 아동의 사회적 대인관계를 변화시켜 주는 능력, 주의집중, 기억항진, 개념적 사고를 길러서 인지구조 기능의 부족을 재생성하고 인지 조절을 재구조화해야 한다고 본다. 그러기 위해서는 복잡한 정보에 대해 호기심 및 즐거움을 갖도록 인지와 정보 관계에서 야기되는 긴장상태를 감소시키는 인지조절 요법이 효과적이다(추정선, 1999).

4) 주의력결핍 과잉행동 장애의 치료

주의력결핍 과잉행동 장애를 가진 아동에 대한 약물치료로는 덱스트로암페타민(Dextroamphetamine), 메틸페니데이트(Mehtylphenidate), 페몰린(Pemoline)과 같은 정신 자극제(stimulant)가 많이 사용되고 있다(박형배, 배대석, 하정상, 서완석, 송창진, 2001). 이와 같은 약물은 주의와 관련된 과정을 향상시켜 줌으로써 주의를 기울이고 유지하는 능력을 향상(Gittelman-Klein & Klein, 1973)시키거나 중추신경계가 과소 각성되게 하거나 억제적 조절력을 향상시키는 것(Satterfield, Cantwell, & Satterfield, 1974)으로 알려져 있다. 하지만 이러한 약물은 식욕감퇴, 두통, 짜증, 과민성, 불면, 틱과 같은 부작용을 초래할 수 있어(김태련 외, 2003), 주의력결핍 과잉행동 장애 아동의 부모는 약물치료의 지속 여부를 고민하다가 투약을 자가 조절하거나 정지하는 경향이 있다.

이러한 약물치료 외에도, 주의력결핍 과잉행동 장애를 가진 아동을 위한 치료로 심리사회적 치료가 사용되어 왔다. 심리사회적 치료들에서는 바람직한 행동을 교육하거나 습득의 부족을 치료하기 위해 인지행동치료, 행동치료 등이 활용되었다(장은진, 2008). 특히 학령 전 아동이나 초등학교 저학년 아동인 경우에는, 인지행동놀이치료의 효과가 높은 것으로 알려져 있다. 주의력결핍 과잉행동 장애 아동은 다른 사람의 이야기에 주의를 기울이거나 지시를 잘 따르는 능력이 부족하기 때문에 재미있는 놀이를 통해 사회기술 훈련과 분노조절, 제안 수용하기 등의 기술을 훈련할 수 있도록 인지행동치료에 놀이치료를 통합하는 것이 바람직하다(장은진, 2008).

인지행동치료에 놀이치료를 통합한 인지행동놀이치료의 특징과 잠재적 효과는 다음과 같다(Knell, 1993).

- 놀이를 통해 아동을 치료에 참여시킴으로써 아동의 문제점을 아동을 대상으로 직접 다룰 수 있음
- 문제행동에 대해 아동의 사고, 감정, 환경적 요소, 상황 모두에 초점을 두고 다룸
- 좀 더 적절한 행동을 발달시키고 대처하기 위해 구체적 장난감이나 모델링 등을 통해 해결전략을 배울 수 있음
- 구조적이고 직접적이며 목표 지향적이어서 아동과 함께 정한 목표를 달성할 수 있도록 치료자는 적극적이고 지시적으로 상담을 주도해 나감
- 취학 전 아동에게는 구체적이고 비언어적으로 제시되는 모델링, 역할놀이, 행동적 유관성 등의 기법을 통합하여 효과적으로 치료를 실시함
- 치료에 대해서 임상적 검증이 가능함

그 밖에 행동치료는 보상과 처벌을 체계적으로 사용함으로써 주의력결핍 과잉행동 장애 아동의 문제행동을 없애거나 감소시키고, 바람직한 행동을 증가시킨다. 그러나 행동치료는 아동의 내적 동기수준을 무시할 수 있으며, 구체적 행동이 사회적 행동으로 일반화되지 못하고, 내적 동기가 부족하여 보상을 주지 않을 때는 행동 변화가 유지되기 어렵다는 한계가 있다(강위영, 공마리아, 1998).

5) 특정 학습장애의 치료

학습장애를 가진 아동은 언어의 이해와 사용에 포함되는 기본적 심리과정에서 한 가지 이상의 장애를 가지며, 이에 따라 듣기, 말하기, 읽기, 쓰기, 철자 및 산수계산 등의 능력이 불완전하다(Woodward & Brown, 2006). 학습장애를 가진

아동은 호기심, 흥미, 학습동기에서 결함을 보이며, 계속되는 학습실패의 경험으로 높은 좌절감과 열등감 및 부정적 자아개념을 형성하게 된다. 또한, 사회적 환경에 적응하는 능력이 부족하여 부정적인 상황에 자주 직면하면서, 심리적으로 위축되고 불안증과 우울증을 나타내기도 한다(오정미, 최성규, 2010). 이에 학습장애를 가진 아동이 긍정적 자아존중감을 형성할 수 있도록 교수-학습 과정에서 최적의 성공 기회를 제공함으로써 계속해서 학습에 대한 흥미와 도전, 성취감을 맛보고, 궁극적으로 학습에 대한 긍정적 원동력이 생기도록 하는 것이 중요하다.

학습장애를 가진 아동은 보통 음운적 자각에서, 소리를 분석하고 조직화하는 능력에서, 빠르게 이름 붙이는 기술에서, 문자의 이름과 문자의 소리에 관한 지식에서, 시각-인지 협응에서, 시각-운동 협응에서 손상을 가진다. 학습장애 아동에게는 장애가 발견되는 초기에 치료적 개입을 하는 것이 바람직한데, 초기 개입은 신체적 · 인지적 · 심리적, 언어와 말하기 및 자료기술 등의 모든 발달영역에서 실질적 이익을 촉진하고, 심리적 · 정서적 문제와 같은 2차 장애를 예방하거나 막을 수 있으며, 가족의 스트레스를 줄일 수 있는 등의 이득이 있기 때문이다(김영일, 2004).

학습장애를 가진 아동을 위해서는 다음의 치료 방법이 사용될 수 있다(김청자, 2002; 김영일, 2004).

- 행동수정과 인지 · 행동적 상담: 적절한 행동을 개선, 변화시키기 위해 보상으로 어린이의 환경을 조작한다. 인지적 요법은 사고가 느낌과 행동을 조정하는 것으로 보기 때문에, 인지적 상담에서는 학습된 내용 그 자체보다는 오히려 학습 시에 학생들이 사용하는 책략에 관심을 두고 이에 개입한다.
- 심리치료: 학습장애 아동들은 자기 자신을 긍정적으로 보는 시각을 길러주는 것이 중요하다. 학습에 의해 욕구 좌절된 아동은 학습을 방해하고, 다른 사람을 공격하는 등 부정적 감정을 발달시킬 수 있기 때문이다. 심리치료를 통해 긍정적인 자아개념을 갖도록 이해시킨다. 또한 혼자서 옷을 입고, 스스로 밥을 먹는 등의 활동을 통해 자기 혼자 스스로 무엇인가

를 해냈을 때의 성취감을 길러 주는 것이 필요하다.

- 시력 훈련: 시각은 학습활동에 의미 있는 영향을 주므로 신체적 · 생리적 · 심리적인 면의 발달을 통해서 시지각을 학습시킨다. 자음이나 모음의 모양을 잘 구별하지 못하는 학습장애 아동의 경우는, 숨은그림 찾기나 틀린 그림 찾기 등을 통해 시각변별력을 향상시키는 것이 필요하다.
- 지각과 조정: 시각, 청각, 운동감각 같은 감각 양상 간의 선호, 문제의 언어적 · 비언어적 성질, 반응의 구어 혹은 문어적 성질에 근거하여 학업 기술을 가르치는 데 중점을 둔다.
  - 단어게임, 끝말잇기 등을 통해 들은 소리에 대한 청각 확인 연습, 소리를 청각적으로 구별하는 법, 들은 소리를 청각적으로 기억하는 법을 포함하여 소리를 듣고 구분하는 연습을 한다. 이는 읽기장애를 가진 아동에게 유용하다.
  - 자신의 생각을 표현하고 전달하기 어려운 아동을 위해서는 다른 사람이 하는 말을 이해하기, 타인의 지시에 반응하기 등의 의사소통 기술을 가르친다.
  - 학습장애를 가진 아동은 구조화하는 것에 어려움을 보이므로, 관련성과 차이점 배우기, 분류하기, 비교하기와 같은 인지적 활동을 훈련시킨다.
  - 대근육 운동 활동과 소근육 운동 활동을 통해, 팔, 다리, 몸통, 손과 발을 움직이는 운동 기술과 정교하고 세밀한 운동을 발달시키는 것이 필요하다. 이는 특히 쓰기 장애를 가진 아동에게 필요한 활동이다.
- 놀이치료: 놀이를 통해 어떤 상황에서 적절하게 행동하는 사회적 기술을 가르침으로써, 학습장애를 가진 아동이 또래와 적절한 대인관계를 유지할 수 있도록 한다.

학습활동

- 지적 장애에 관한 영화 〈제8요일(The Eighth Day)〉(1996)을 감상해 봅시다.
- 자폐 스펙트럼 장애에 관한 영화 〈레인맨(Rain Man)〉(1988), 〈카드로 만든 집(House of Cards)〉(1993)을 감상해 봅시다.
- 말더듬증에 관한 영화 〈킹스 스피치(The King's Speech)〉(2010)를 감상해 봅시다.
- 학습장애에 관한 영화 〈지상의 별처럼(Like Stars on Earth)〉(2007)을 감상해 봅시다.
- 애착관계에 관한 EBS 특별기획 〈아기성장보고서: 애착〉의 동영상을 감상해 봅시다.
  http://www.youtube.com/watch?v=N6xSrjtNbMs&feature=relmfu
  http://www.youtube.com/watch?v=sv6U2pAlKEE&feature=relmfu
  http://www.youtube.com/watch?v=gtB63GpG7Js&feature=relmfu
  http://www.youtube.com/watch?v=FPtwQJAK1sA&feature=relmfu
- 미국 CBS 60 minutes〈자폐 증상을 가진 아이들의 커뮤니케이션 도구로서의 아이패드〉를 감상해 봅시다.
  http://www.youtube.com/watch?v=BwSCijCPGLQ&feature=related
- 지식채널 e 〈영순 씨 가족의 하루〉를 감상해 봅시다.
  http://www.youtube.com/ watch?v=hP_tdO-v4J4

정리해봅시다

1. 신경발달 장애

- 신경발달 장애는 중추신경계, 즉 뇌의 발달 지연 또는 뇌 손상과 관련된 것으로 알려진 정신장애들을 포함하고 있다. 지적 장애, 의사소통 장애, 자폐 스펙트럼 장애, 주의력결핍 과잉행동 장애, 특정 학습장애, 운동장애가 이에 해당한다.
- 지적 장애는 발달시기에 개념적 · 사회적 · 실용적 분야에서 지적 그리고 적응적 기능의 결함이 나타나는 장애다.
- 의사소통 장애는 의사소통에 필요한 말이나 언어의 사용에 결함이 있는 경우로, 언어장애, 언어음장애, 아동기 발병 유창성 장애, 사회적 의사소통 장애, 그리고 기타 분류된 그리고 분류되지 않은 의사소통 장애들이 포함된다.
- 자폐 스펙트럼 장애는 사회적 상호작용과 의사소통 기술에 있어서 지속적인 결함이 나타나는 장애를 말한다. 사회적 상호작용에서의 질적인 장애, 질적인 의사소통 장애, 제한

적이고 반복적이며 상동증적인 행동이나 관심 등의 특징을 보인다.

- 주의력결핍 과잉행동 장애는 주의산만, 충동성, 흥분성 및 지나친 활동을 보이는 장애로서, 또래관계 및 학업의 곤란을 경험하고 어른의 요구에 따르지 못하는 특징을 보인다.
- 특정 학습장애는 읽기, 쓰기, 수학에 관련된 학업기술들을 배우고 사용하는 데 어려움이 있는 장애를 말한다.

2. 신경발달 장애의 치료

- 지적 장애의 치료는 지적 장애의 수준에 따라 사회에서 성공적으로 기능하는 데 필요한 과제 수행을 중심으로 적응기술을 학습시키고 유지하는 것을 목적으로 한다.
- 의사소통 장애의 치료는 언어치료, 언어교실과 실생활과의 직접적인 유대, 언어교실의 운영, 의사소통 장애를 가진 아동의 부모와의 긴밀한 유대를 통해 이루어져야 한다. 특히 의사소통 장애인의 신체적 혹은 정신적 스트레스에 대해서도 다루어져야 한다.
- 자폐 스펙트럼 장애의 치료를 위해서는 약물치료, 감각통합치료, 응용행동분석, 인지조절요법 등이 적용되고 있다.
- 주의력결핍 과잉행동 장애의 치료를 위해서는 약물치료, 심리사회적 치료 등이 실행되어 왔다.
- 특정 학습장애의 치료를 위해서는 행동수정과 인지·행동적 상담, 심리치료, 시력 훈련, 지각과 조정, 놀이치료 등이 이루어진다.

참고문헌

강문희(2001). 언어장애아의 진단과 치료를 위한 방안의 탐색. **심리치료: 다학제적 접근, 1**, 1-17.

강위영, 공마리아(1998). **주의력결핍 아동의 교육 프로그램**. 대구: 대구대학교 출판부.

고영옥, 권도하(2008). 게슈탈트치료기법이 유창성장애 성인의 말더듬 행동 및 자각에 미치는 효과. **특수교육저널: 이론과 실천, 9**(1), 19-43.

권석만(2013). **현대 이상심리학**. 서울: 학지사.

김영일(2004). 특집: 학습장애와 상담: 학습장애의 치료. **상담과 선교, 44**, 47-77.

김지아, 한유진(2012). 화용적 언어능력 및 자신감 향상을 위한 언어장애아동의 아동중심놀이치료 사례연구. **아동가족치료연구, 11**, 84-102.

김청자(2002). 학습장애의 특징과 그 치료대책. **상명대학교 인문과학연구, 11**, 1-23.

김태련, 강우선, 김경은, 김도연, 김문주, 박랑규, 서수정, 양혜영, 이경숙, 장은진, 정은 정, 조현섭, 허묘연(2003). **발달장애 심리학**. 서울: 학지사.

남국영, 장문영(1998). 전정감각의 기능과 장애. **제1회 대한감각통합치료학회 세미나집** (pp. 33-40). 대한감각통합치료학회.

민천식(2012). 지적장애청소년의 사회적응을 위한 지원 요구 특성. **청소년학연구, 19**(7), 295-314.

박형배, 배대석, 하정상, 서완석, 송창진(2001). 주의력결핍 과잉행동장애 환자의 약물치료에 따른 지적효율성의 변화. **영남의대학술지, 18**(2), 253-266.

오정미, 최성규(2010). 역동적 상호작용을 통한 미술활동이 학습장애아동의 자기존중감과 학습동기에 미치는 효과. **놀이치료연구, 14**(2), 79-95.

장은진(2008). 학령 전 주의력결핍 과잉행동 아동을 위한 인지행동게임놀이치료 프로그램의 개발. **한국기독교상담학회지, 15**, 137-167.

정보인(2005). **행동수정 이론에 의한 어린이 문제행동 지도**. 서울: 중앙적성출판사.

추정선(1999). 자폐아동의 심리치료 교육. **학생지도연구, 19**, 113-134.

홍은경, 김경미(2007). 자세 조절 능력의 향상을 위한 감각통합치료적 접근: 개별 실험연구. **특수교육재활과학연구, 46**(3), 175-190.

American Psychiatric Association (2013). *Diagnostic and statistical manual of mental disorders* (5th ed.). Arlington, VA: American Psychiatric Publishing.

Dura, J. R., Mulick, J. A., & Hammer, D. (1988). Rapid clinical evaluation of sensory integrative therapy for self injurious behavior. *Mental Retardation, 26*, 83-87.

Gittelman-Klein, R., & Klein, D. (1973). School phobia: Diagnostic considerations in the light of imipramine effects. *Journal of Nervous and Mental Disease, 156*(3), 199-215.

Kaufman, M. E., & Levitt, H. (1965). Sound induced drive and stereotyped behavior in mental defectives. *American Journal of Mental Deficiency, 69*, 729-235.

Knell, S. (1993). *Cognitive-Behavioral Play Therapy*. New Jersey: Janson Aronson Inc.

Rapp, J., & Vollmer, T. (2005). Stereotypy I: A review of behavioral assessment and treatment. *Research in Developmental Disabilities, 26*, 527-547.

Satterfield, J., Cantwell, D., & Satterfield, B. (1974). Pathophysiology of the hyperactive child syndrome. *Archives of General Psychiatry, 31*(6), 839-844.

Thompson, J., Bryant, B., Campbell, E., Craig, E., Hughes, C., & Rotholz, D. (2004). *Supports intensity scale(SIS) User's manual*. Washington, DC: American Association on Mental Retardation.

Van Riper, C. (1982). *The nature of stuttering.* Englewood Cliffs: Prentice Hall, Inc.

Wells, M., & Smith, D. (1983). Reduction of self injurious behavior of mentally retarded persons using sensory integrative techniques. *American Journal of Mental Deficiency, 87,* 664-666.

Woodward, J., & Brown, C. (2006). Meeting the curricular needs of academically low-achieving students in middle grade mathematics. *Journal of Special Education, 40*(3), 151-159.

MENTAL HEALTH

제6장

정신분열 스펙트럼 및 기타 정신병적 장애

MENTAL

학습목표

- 정신분열 스펙트럼 및 기타 정신병적 장애들에 해당하는 장애들을 나열할 수 있다.
- 정신분열 스펙트럼 및 기타 정신병적 장애들에 해당하는 장애들의 증상과 진단기준을 설명할 수 있다.
- 정신분열증의 치료 방법과 재발을 예방하기 위해 필요한 요소를 확인한다.

HEALTH

학습내용

- 정신분열 스펙트럼 및 기타 정신병적 장애
  - 망상장애
  - 단기 정신병적 장애
  - 정신분열형 장애
  - 정신분열증
  - 분열정동장애
- 정신분열증의 치료 방법 및 재발 방지

1. 정신분열 스펙트럼 및 기타 정신병적 장애

정신분열 스펙트럼 및 기타 정신병적 장애(Schizophrenia Spectrum and Other Psychotic Disorders)는 분열형 성격장애(Schizotypal Personality Disorder), 망상장애(Delusional Disorder), 단기 정신병적 장애(Brief Psychotic Disorder), 정신분열형 장애(Schizophreniform Disorder), 정신분열증(Schizophrenia), 분열정동장애(Schizoaffective Disorder), 물질/약물로 유발된 정신병적 장애(Substance/Medication-Induced Psychotic Disorder), 다른 의학적 상태로 인한 정신병적 장애(Psychotic Disorder Due to Another Medical Condition), 긴장증(Catatonia), 기타 분류된 정신분열 스펙트럼 및 기타 정신병적 장애(Other Specified Schizophrenia Spectrum and Other Psychotic Disorder), 분류되지 않은 정신분열 스펙트럼 및 기타 정신병적 장애(Unspecified Schizophrenia Spectrum and Other Psychotic Disorder) 등을 포함한다.

이와 같은 장애는 망상, 환각, 와해된 생각(언어), 심하게 와해된 또는 비정상적 운동행동(긴장증 포함) 그리고 음성 증상의 다섯 가지 영역에서 하나 또는 그 이상의 이상함으로 다음과 같이 정의될 수 있다(American Psychiatric Association, 2013).

- 망상(Delusions): 모순된 근거를 기반으로 하는 변화를 잘 받아들이지 않는 고정된 믿음들을 말한다. 망상의 내용들은 다음의 여러 주제들을 포함할 수 있다.
  - 피해망상(Persecutory Delusions): 개인, 조직 또는 다른 집단이 자신을 해치거나 괴롭힌다는 등의 믿음
  - 지시망상(Referential Delusions): 어떤 몸짓, 언급, 주위의 신호 등이 자기 자신을 향한다는 믿음
  - 색정망상(Erotomanic Delusions): 다른 사람이 자신을 사랑한다고 믿는 잘못된 믿음

- 신체망상(Somatic Delusions): 건강과 장기 기능에 대한 집착에 중점을 둠
- 허무망상(Nihilistic Delusions): 대참사가 일어날 것이라고 확신하는 믿음
- 기괴한 망상(Bizarre Delusion): 명백히 믿기 어렵고 같은 문화의 또래도 이해할 수 없으며, 일상적 인생 경험에서 나오지 않는 망상들을 말함. 정신이나 신체에 대한 통제 불능을 나타내는 망상을 기괴하다고 보통 간주함[예시: 외부의 힘이 자신의 내부 장기를 없애고 다른 사람의 장기로 상처나 흉터를 남기지 않고 바꿔치기했음, 자신의 생각이 어떤 외부의 힘에 의해 제거되었음(사고 탈취), 외계인의 생각이 자신의 정신에 들어왔음(사고 주입), 자신의 신체나 행동이 다른 외부의 힘에 의해 행동되거나 조종됨(통제의 망상)]

- 환각(Hallucinations): 외부의 자극 없이 일어나는 지각(perception)과 유사한 경험들을 말한다. 환각은 너무 생생하고 분명해서 정상적 지각의 완전한 효력과 영향력을 가지며, 자율적으로 규제할 수 없다. 환각은 어떤 감각 양상으로도 나타날 수 있으나, 환청은 정신분열증과 관련 장애에서 가장 흔하게 나타난다. 환각은 개인 자신의 생각과 다르게 인지되는 친숙하거나 친숙하지 않은 목소리로 보통 경험된다. 환각은 또렷한 정신의 상황에서 발생해야 하며, 잠든 사이(선잠일 때)나 깨어나는 데(비몽사몽일 때) 나타나는 것은 정상적 경험의 범위에 들어가는 것으로 간주된다. 어떤 문화적 상황에서는 환각이 종교적 경험의 정상적 부분일 수도 있다.
- 와해된 생각(언어): 와해된 생각(사고 장애)은 개인의 말에서 추론될 수 있다. 와해된 생각을 가진 개인은 한 주제에서 궤도를 벗어나거나 연관성이 부족한 다른 주제로 전환하기도 한다. 질문에 대한 대답은 간접적으로 관련되었거나 전혀 관련이 없을 수 있다(사고 이탈). 드물게 논리가 맞지 않거나 '단편적으로 나열된 단어들(word salad)'과 같이 언어가 심하게 와해되어 거의 이해할 수 없고 언어적 해체에 있어 수용실어증에 유사할 수 있다. 약간 와해된 언어는 흔하고 특이하지 않기 때문에, 증상은 반드시 효과적 의사소통을 상당히 손상시킬 만큼 심각해야 한다.
- 심하게 와해된 또는 비정상적 운동행동(긴장증 포함): 아이 같은 어리석은 짓부터 예측할 수 없는 흥분까지 매우 다양한 방식으로 나타날 수 있다. 일상생활의 활동들을 수행하는 데 어려움이 있게 하는 목표 지향적 행동의

형태에서 문제가 보일 수 있다. 긴장증 행동은 환경에 대한 반응이 뚜렷하게 감소하는 것을 말하며, 지시에 저항하는 것(거절증)부터 뻣뻣하고 부적절한 또는 이상한 자세를 유지하는 것, 언어적 그리고 운동반응들이 전적으로 결여된 것(무언증과 마비)까지 다양하다. 그리고 명백한 원인이 없이, 목적 없는 과도한 운동 활동(긴장성 흥분)도 포함한다. 다른 특징들로는 반복되는 상동증적 움직임, 응시하기, 찡그리기, 무언증 및 반향언어가 있다. 긴장증은 역사적으로 정신분열증과 연관이 있어 왔지만, 긴장증 증상은 특이하지 않으며, 다른 정신장애(예시: 긴장증이 있는 양극성 또는 우울증 장애들)와 의학적 상태(다른 의학적 상태로 인한 긴장증 장애)에서도 발생할 수 있다.

- 음성 증상들: 정신분열증과 관련된 병적 상태의 상당 부분을 차지하지만, 다른 정신증 장애들에서보다는 더 두드러지지는 않는다. 감소된 감정 표현과 무욕증(avolition)의 두 가지 음성 증상이 특히 정신분열증에서 현저하게 나타난다. 감소된 감정 표현은 보통 언어에 감정적 강조를 할 수 있는 얼굴, 눈 맞춤, 말의 억양(운율), 그리고 손, 머리, 얼굴의 움직임에서 감정 표현이 감소된 것을 포함한다. 무욕증은 동기화된 자기주도적이고, 목적 있는 활동의 감소를 말한다. 무욕증을 보이는 사람은 오랜 시간 동안 앉아 있고, 일이나 사회적 활동에 참여하는 데 거의 관심을 보이지 않을 수 있다. 그 밖에 무언어증, 무쾌감증, 반사회증(asociality) 등의 음성 증상들이 있다. 무언어증은 감소된 언어 산출을 말하며, 무쾌감증은 긍정적 자극에서 기쁨을 느끼는 감소된 능력이나 전에 경험했던 기쁨의 기억 저하를 말한다. 반사회증은 사회적 상호작용에 대한 분명한 흥미 부족을 말하며, 무욕증과 연관될 수 있으나 사회적 상호작용의 제한된 기회들로 나타날 수도 있다.

여기에서는 경미한 증상에서부터 심각한 증상의 순으로 망상장애, 단기 정신병적 장애, 정신분열형 장애, 정신분열증, 분열정동장애를 살펴본다. 분열형 성격장애는 친밀한 관계에 대한 감소된 능력을 포함하는 사회적 그리고 대인관계 결함의 만연한 양상, 인지적 또는 지각적 왜곡들, 그리고 기인한 행동의 증상을 보이는 등 정신분열 범위에 해당되지만, 제13장에서 자세하게 다루고 있기 때문에 여기에 포함되지 않았다.

간단하게 망상장애, 단기 정신병적 장애, 정신분열형 장애, 정신분열증, 분열정동장애를 구분하자면, 망상장애는 적어도 1개월의 망상들이 있지만 다른 정신병적 증상들은 없다는 특징을 가진다. 단기 정신병적 장애는 1일 이상 지속되며 1개월 내에 완화된다. 정신분열형 장애는 정신분열증과 증상적인 것은 동일하지만, 기간이 6개월보다 짧고 기능 감소에 대한 필요조건이 없다. 정신분열증은 적어도 6개월 동안 지속되며, 적어도 1개월의 활성기(active-phase) 증상들이 있다. 분열정동형 장애는 기분 삽화와 정신분열증의 활성기 증상들이 동시에 발생하며, 현저한 기분 증상 없이 적어도 2주간 지속되는 망상이나 환각이 선행되거나 뒤따라야 한다.

1) 망상장애

망상장애(Delusional Disorder)는 적어도 1개월 동안 한 가지 또는 그 이상의 망상들이 존재하는 특징을 가진다. 만일 정신분열증의 기준 A에 부합하는 증상들을 가진 적이 있다면, 망상장애로 진단되지 않는다. 정신분열증의 기준 A는 다음과 같다.

A. 다음 중 두 가지(또는 그 이상) 증상이 각각 1개월 동안(성공적으로 치료된 경우, 1개월 미만) 상당 기간 나타남. 적어도 그 증상들 중에서 하나는 반드시 (1), (2), 또는 (3)이어야 함

1. 망상
2. 환각
3. 와해된 말(예시: 빈번한 주제 이탈이나 지리멸렬)
4. 심하게 와해된 또는 긴장증 행동
5. 음성 증상(예시: 감소된 감정 표현 또는 무욕증)

망상장애를 가진 사람은 망상의 직접적인 영향을 제외하고는, 심리사회적 기능의 손상들이 정신분열증과 같은 다른 정신병적 장애들에서 볼 수 있는 것들보다 좀 더 제한적이며, 행동이 명백하게 이상하거나 기괴하지 않다.

망상장애는 다음과 같은 여러 유형들이 있다(American Psychiatric Association, 2013). 첫째, 색정형은 보통 높은 지위에 있는 다른 사람(예시: 유명한 사람 또는 직장의 상사)이 자신과 사랑에 빠졌다고 믿고 있는 망상이다. 물론 전혀 낯선 이가 그 대상이 될 수도 있다. 망상의 대상에게 접촉하려는 노력은 매우 흔하다. 둘째, 과대형은 어떤 큰 재능이나 통찰력을 가졌거나 또는 어떤 중요한 발견을 했다는 확신을 갖는 망상이다. 이보다 드물기는 하지만, 중요한 사람과 특별한 관계를 갖거나, 중요한 사람이 되었다는 망상을 가질 수 있다. 어떤 경우든지 이러한 사람은 사기꾼으로 간주될 수 있다. 과대형 망상은 종교적 내용일 수도 있다. 셋째, 질투형은 부정한 동반자에 대한 망상으로, 적절한 이유 없이 또는 작은 증거들(예시: 흐트러진 옷)을 바탕으로 한 부정확한 추론으로 이 믿음에 다다른다. 이 망상을 가진 사람은 보통 배우자나 연인에게 맞서거나, 자신이 상상한 배우자의 외도에 개입하려 한다. 넷째, 피해형은 망상의 중심 주제가 자신을 향해 누군가가 음모를 꾸미거나, 속이거나, 감시하거나, 미행하거나, 독이나 마약을 먹이거나, 악의적으로 비방하거나, 괴롭히거나, 또는 장기적 목표를 추구하는 데 방해한다는 것이다. 경미한 무시가 과장되거나 망상체계의 중점이 될 수도 있다. 망상의 영향을 받은 개인은 법적 또는 입법 조치를 통해 만족감을 얻으려고 반복적으로 시도할 수도 있다. 피해망상을 가진 사람은 자주 분개하고 화를 내며, 자신을 해친다고 믿는 사람을 향해 폭력을 쓰기도 한다. 다섯째, 신체형은 망상의 중심 주제가 신체기능들이나 감각들과 연관되는 것으로, 여러 형태로 나타날 수 있다. 가장 흔한 것은 자신이 악취를 풍기거나, 피부 위나 안으로 벌레들이 우글거린다고 믿거나, 체내에 기생충이 있거나, 몸의 특정 부분들이 기형적이거나 못생겼다고 믿거나, 또는 몸의 그 부분들이 기능하지 못한다고 믿는 것이다.

■ DSM-5의 망상장애 진단기준

A. 적어도 1개월 또는 그 이상의 기간 동안 한 가지(또는 그 이상)의 망상이 존재함

B. 정신분열증의 기준 A에 부합된 적이 없음

주: 만약 환각이 존재한다면, 두드러지지 않으며 망상적 주제에 연관이 있음(예시: 출몰 망

상에 관련하여 벌레들이 우글거린다는 느낌)

C. 망상(들)의 영향이나 결과를 제외하고는, 기능이 현저하게 손상된 상태가 아니고, 행동이 눈에 띄게 이상하거나 기괴하지 않음

D. 조증이나 주요 우울 삽화가 나타난다면, 그 기간이 망상 기간의 지속보다 상대적으로 짧음

E. 장해가 물질 또는 다른 의학적 상태의 직접적인 생리적 효과에 의한 것이 아니며, 신체이형 장애 또는 강박장애와 같은 다른 정신장애에 의해 더 잘 설명되지 않음

어느 쪽인지 명시할 것:

색정형: 망상의 중심 주제가 다른 사람이 자신과 사랑에 빠졌다는 것일 경우에 적용

과대형: 망상의 중심 주제가 어떤 큰 재능이나 통찰력을 가졌거나 또는 어떤 중요한 발견을 했다는 확신일 경우에 적용

질투형: 망상의 중심 주제가 개인의 배우자 또는 연인이 외도를 한다는 것일 경우에 적용

피해형: 망상의 중심 주제가 자신을 향해 음모를 꾸미거나, 속이거나, 감시하거나, 미행하거나, 독이나 마약을 먹이거나, 악의적으로 비방하거나, 괴롭히거나, 장기적 목표를 추구하는 데 방해한다는 개인의 믿음에 관련된 경우에 적용

신체형: 망상의 중심 주제가 신체기능이나 감각과 연관될 경우에 적용

혼합형: 어느 한 망상 주제가 두드러지지 않을 경우에 적용

불특정형: 우세한 망상적 믿음이 확실하게 결정될 수 없거나 특정 유형에 묘사되지 않는 경우에 적용(예시: 두드러진 피해나 과대 요소가 없는 지시망상)

만약 해당된다면 명시할 것:

다음의 경과 명시들은 이 장애의 1년 지속 기간 이후에만 사용될 수 있음

첫 번째 삽화, 현재 급성 삽화: 정의된 진단적 증상과 시간 기준에 부합하는 장애의 첫 번째 징후. 급성 삽화는 증상 기준이 충족되는 시기임

첫 번째 삽화, 현재 부분관해: 부분관해는 전 삽화 이후에 개선이 유지되고, 장애의 정의된 기준이 부분적으로만 충족되는 시기임

첫 번째 삽화, 현재 완전관해: 완전관해는 전 삽화 이후에 어떤 장애 특정 증상들도 존재하지 않는 시기임

다수의 삽화, 현재 급성 삽화

다수의 삽화, 현재 부분관해

다수의 삽화, 현재 완전관해

지속적: 전체 경과에 비해 매우 짧은 불충분한 증상 기간들과 더불어, 장애의 진단기준을 충족시키는 증상들이 대부분의 질환 경과에 계속 남아 있음

분류되지 않음

현재의 심각도를 명시할 것:

심각도는 망상, 환각, 와해된 언어, 비정상적 정신운동 행동 및 음성 증상을 포함한 정신병의 주요 증상들의 양적인 평가로 평가됨. 각각의 증상들은 0(존재하지 않음)부터 4(존재하며 심각함)까지의 5점 척도에서 현재 심각도(지난 7일 동안 가장 심각한 정도)로 평가될 수 있음

주: 망상장애의 진단은 심각도 명시를 사용하지 않고 내려질 수 있음

〈사례 6-1〉

망상장애

38세 여성 지 씨는 스토킹으로 수감되었다. 지 씨는 이미 유명 가수 K 씨의 주변을 서성거리다 체포된 전력이 있으며, 당시 그는 경찰에게 접근 금지 명령을 받고 훈방되었다. 그러나 또다시 유명 가수 K 씨에게 접근하고, K 씨의 집 유리문에 의자를 던져 깨뜨리는 사고를 저지르자 경찰은 지 씨를 후송해 수감하였다.

지 씨는 가수 K 씨와 서로 사랑하는 사이이며, 결혼 예정이라고 주장하였다. 가수 K 씨는 지 씨를 개인적으로 알지 못하며, 처음에는 소속사나 집 앞에서 기다리는 열성 팬으로 생각하였다. 그러던 중, 지 씨는 가수 K 씨에게 매일 밤 전화를 하여 결혼하자고 괴롭히고, 결혼 예정 사실을 유포하겠다며 협박하기 시작하였다. 그리고 실제로 지 씨는 유명 여성 인터넷 사이트에 가수 K 씨가 곧 결혼한다는 허위 사실의 게시물을 올리기도 하였다. 가수 K 씨는 휴대전화 번호를 여러 번 바꾸었으나, 그때마다 지 씨는 새 전화번호를 알아내서 번호를 바꾸지 말라는 메시지를 보내곤 하였다. 지 씨는 밤중에 K 씨의 집, 공연장이나 소속사 주변을 배회하면서 K 씨를 감시

하면서, K 씨에게 계속 접근하여 접촉하려 했다.

K 씨는 이에 지 씨에게 화를 내고 경찰에 신고를 하는 등의 행동을 취했지만, 지 씨는 K 씨의 모든 행동이 자신에 대한 애정을 비밀스럽게 나타내는 증거라고 생각했다. K 씨가 화를 내고 지 씨를 거부하면 할수록, 지 씨는 오히려 K 씨가 자신을 깊게 사랑하고 있으나 이러한 마음을 표시 내지 않으려고 갈등하고 있다는 확신을 갖게 되었다.

2) 단기 정신병적 장애

단기 정신병적 장애(Brief Psychotic Disorder)는 다음의 양성 정신병적 증상(positive psychotic symptoms)들인 망상, 환각, 와해된 언어(예시: 빈번한 주제 이탈 또는 지리멸렬) 또는 긴장증을 포함한 심하게 비정상적 정신운동 행동 중에서 적어도 한 가지의 갑작스러운 발병을 수반한 장애다. 갑작스러운 발병은 보통 전구증상 없이 비정신병적 상태에서 명백한 정신병적 상태로 2주 내에 변화하는 것으로 정의된다. 장애의 삽화는 적어도 1일 이상, 1개월 이하로 지속되며, 개인은 점차적으로 병전의 기능 수준으로 완전히 돌아온다(American Psychiatric Association, 2013). 전형적으로, 감정적 격동이나 극심한 혼란을 경험하고, 강렬한 어떤 감정 상태에서 다른 감정 상태로 빠르게 변화하는 양상을 보이며, 대개는 심리사회적 스트레스가 주요인이다(강선경, 2010). 2011년도 보건복지부의 '정신질환실태 역학조사' (조맹제 외, 2011)에 따르면, 단기 정신병적 장애의 1년 유병률은 0.2%, 평생유병률은 0.4%로 파악되었다.

■ DSM-5의 단기 정신병적 장애 진단기준

A. 다음 중 한 가지(또는 그 이상) 증상이 있음. 이 중에서 적어도 하나가 (1), (2), (3)이어야 함

1. 망상
2. 환각
3. 와해된 언어(예시: 빈번한 주제 이탈이나 지리멸렬)

4. 전반적으로 와해되거나 긴장증적 행동

주: 문화적으로 허가된 반응인 경우에는 증상으로 포함되지 않음

B. 장해의 삽화 기간이 적어도 1일 이상 1개월 미만이며, 병전의 기능수준으로 최후에는 완전히 회복됨

C. 장애는 정신병적 특성이 있는 주요 우울장애나 양극성 장애, 또는 정신분열증이나 긴장증과 같은 다른 정신병적 장애에 의해 더 잘 설명되지 않으며, 물질(예시: 물질남용, 약물치료)이나 다른 의학적 상태의 생리적 효과에 의한 것이 아님

만약 해당된다면 명시할 것:

뚜렷한 스트레스 요인(들)이 있음(단기 반응성 정신증): 자기 문화의 비슷한 상황에서 대부분의 사람에게 뚜렷하게 스트레스를 야기하는 각각 또는 전체적 사건에 대한 반응으로 증상이 발생했을 경우

뚜렷한 스트레스 요인(들)이 없음: 자기 문화의 비슷한 상황에서 대부분의 사람에게 뚜렷하게 스트레스를 야기하는 각각 또는 전체적 사건에 대한 반응으로 증상이 발생하지 않은 경우

산후 발병: 임신 중이나 출산 후 4주 이내에 시작된 경우

만약 해당된다면 명시할 것:

긴장증 있음

현재의 심각도를 명시할 것:

심각도는 망상, 환각, 와해된 언어, 비정상적 정신운동 행동 및 음성 증상들을 포함한 정신병의 주요 증상들의 양적인 평가로 평가됨. 각각의 증상들은 0(존재하지 않음)부터 4(존재하며 심각함)까지의 5점 척도에서 현재 심각도(지난 7일 동안 가장 심각한 정도)로 평가될 수 있음

주: 단기 정신병적 장애의 진단은 심각도 명시를 사용하지 않고 내려질 수 있음

3) 정신분열형 장애

정신분열형 장애(Schizophreniform Disorder)의 주요 증상들은 정신분열증의 증상들과 같으나, 전조기, 활동기 및 잔류기를 포함한 질병의 총 기간이 적어도

1개월 이상, 6개월 미만이라는 점에서 차이가 난다. 즉, 정신분열형 장애는 기간적인 면에서는 단기 정신병적 장애(증상이 1일 이상 그리고 1개월 이내에 사라짐)와 정신분열병(증상이 적어도 6개월 동안 지속)의 중간에 속한다. 정신분열형 장애의 진단은 ① 질병의 삽화가 1~6개월 동안 지속되고, 개인이 이미 회복된 경우, ② 개인이 정신분열증의 진단에 필요한 6개월의 기간보다는 짧게 증상을 보이나, 아직 회복되지 않은 경우라는 조건하에서 이루어질 수 있다. 후자의 경우, 개인이 6개월 기간 이내에 장애에서 회복될지 확실하지 않기 때문에, 진단은 반드시 '정신분열형 장애(잠정적)'로 내려져야 한다. 장애가 6개월이 넘도록 지속된다면, 진단은 정신분열증으로 바뀌어야 한다. 정신분열형 장애의 또 다른 특징은 사회적 기능이나 직업적 기능의 손상이 질병의 조건으로 요구되지 않는다는 것이다. 즉, 사회적 · 직업적 기능 손상은 잠재적으로 존재할 수 있으나, 정신분열형 장애의 진단에는 필요하지 않다(American Psychiatric Association, 2013). 2011년도 보건복지부의 '정신질환실태 역학조사(조맹제 외, 2011)에 따르면, 정신분열형 장애의 1년유병률과 평생유병률은 모두 0.03%로 파악되었다.

■ DSM-5의 정신분열형 장애 진단기준

A. 다음 중 두 가지(또는 그 이상)가 각각 1개월 동안 상당 기간 나타남(성공적으로 치료된 경우, 1개월 미만). 적어도 그 증상들 중 하나가 반드시 (1), (2), (3)이어야 함

1. 망상
2. 환각
3. 와해된 언어(예시: 빈번한 주제 이탈이나 지리멸렬)
4. 심하게 와해된 또는 긴장증 행동
5. 음성 증상(예시: 감소된 감정 표현 또는 무욕증)

B. 장해의 삽화가 적어도 1개월 이상, 6개월 미만으로 지속됨. 회복 전에 진단해야 할 경우, '잠정적'으로 간주되어야 함

C. 분열정동장애와 정신병적 특징을 가진 우울 또는 양극성 장애는 (1) 주요 우울 또는 조증 삽화가 활성기 증상들과 동시에 나타나지 않거나, (2) 활성

기 증상이 있는 기간 중에 기분 삽화가 발생한다면, 질환의 활성기와 잔류기의 총 기간에서 짧게 존재해 왔기 때문에 배제되어 왔음

D. 장애가 물질(예시: 약물남용이나 약물치료) 또는 다른 의학적 상태의 생리적 효과에 의한 것이 아님

만약 해당된다면 명시할 것:

양호한 예후 양상 있음: 이 명시는 다음의 특징 중에서 적어도 두 가지가 존재하는 것을 필요로 함

평소 행동이나 기능에서 첫 번째로 알아챌 수 있는 변화가 일어난 지 4주 이내에 눈에 띄는 두드러지는 정신병적 증상들의 시작, 혼란 또는 당혹감, 양호한 병전 사회적 · 직업적 기능, 무디거나 변동 없는 정서

양호한 예후 양상 없음: 이 명시는 앞의 특징들 중 두 가지 또는 그 이상 존재하지 않을 경우 적용됨

만약 해당된다면 명시할 것:

긴장증 있음

현재의 심각도를 명시할 것:

심각도는 망상, 환각, 와해된 언어, 비정상적 정신운동 행동 및 음성 증상들을 포함한 정신병의 주요 증상들의 양적인 평가로 평가됨. 각각의 증상들은 0(존재하지 않음)부터 4(존재하며 심각함)까지의 5점 척도에서 현재 심각도(지난 7일 동안 가장 심각한 정도)로 평가될 수 있음

주: 정신분열형 장애의 진단은 심각도 명시를 사용하지 않고 내려질 수 있음

〈사례 6-2〉

정신분열형 장애

56세 남성인 강 씨는 수갑을 찬 채 병원 응급실로 실려 왔으며, 자신을 데려온 경찰과 고함을 지르며 몸싸움을 하고 있었다. 강 씨는 의심과 경계가 가득한 눈빛으로 병원 복도에서 나는 소리에도 주의를 기울이며, 동거녀인 이 씨를 없애지 않으면 재난과 같은 큰일이 일어날 것이라고 의사에게 말했다. 그리고 보이지 않는 누군가에게 "저리 비켜." "절대 그렇게는 안 될걸!" 하고 외쳤다.

강 씨는 5개월 전까지만 해도 잘 지냈으나, 불경기로 일용직 일자리도 찾기 어려

워지고 경제적으로 어려움을 겪으면서 문제를 보이기 시작했다. 강 씨는 누군가를 죽인다는 환청과 환시에 시달리는 등 지각적 혼란, 피해망상 등이 약 1개월 전부터 나타났다. 결국 강 씨는 자신의 집에서 "동거녀인 이 씨를 죽여야 나라가 산다."라는 환청을 듣고는 이 씨를 죽이는 것이 애국이라는 착각에 빠져 둔기 등으로 이 씨의 얼굴과 온몸을 때리려는 시도를 하였다. 이에 동거녀였던 이 씨는 경찰에 도움을 요청했다.

정신과 의사와 상담한 결과, 강 씨는 분노나 두려움을 항상 느꼈지만 과도한 행동이나 지나친 활력 또는 과소비, 사고장애를 보이지는 않았다. 하지만 비정상적으로 예민하고 활성화된 상태를 보였다.

4) 정신분열증

정신분열증(Schizophrenia)은 매우 다양한 정신증상을 보이는 것이 특징으로, 사고(thinking), 기분(mood), 행동(behavior) 및 감각운동기능(sensorimotor function) 등에 광범위한 붕괴가 일어나는 질병이다. 정신분열증은 독일의 정신과 의사 에밀 크레펠린(Emil Kraepelin)이 1989년 하이델베르크에서 열린 29차 서남부 독일 정신의학회 총회에서 처음으로 조발성 치매(dementia praecox)라는 질병의 개념으로 소개하였다. 즉, 처음에는 정신분열증이 조기에 발병하여 점차 치매에 이른다고 보았다. 그 이후에 스위스의 정신과 의사 유진 브로일러(Eugen Bleuler)가 장애의 본질을 보다 잘 표현할 수 있는 정신분열증이라는 개념을 쓰기 시작하였다. 그는 이 장애는 어린 청소년기에 시작되는 조발성 치매 한 가지 유형만 있는 것이 아니며, 정신분열증이란 정신기능 분열, 연상기능 저하, 부적절한 행동, 사고, 감정 및 행동 체계 혼란에서 두드러지는 증상을 보이는 다양한 증후군이 있다고 지적하였다. 또한, 이 장애는 회복이 가능하며, 인격의 황폐화가 아니라 인격의 분열현상이라고 주장하였다.

정신분열증의 증상은 다양한 인지적·행동적·정서적 기능장애를 포함하기 때문에, 특정 한 증상이 정신분열증의 특징을 나타내지는 못한다. 적어도 기준 A의 증상 두 가지가 1개월 또는 그 이상의 기간에 상당한 기간 동안 존재해야 한다. 이러한 증상들 중 적어도 한 가지는 반드시 망상, 환각 또는 와해된 언어이어야 한다. 심하게 와해되거나 긴장증적 행동 그리고 음성 증상은 존재할 수도 있다. 정신분열증은 한 가지 또는 그 이상의 기능의 주요 영역에서의 손상을 포함한다. 만일 장애가 아동기나 청소년기에 시작되었다면, 기대되는 기능의 수준에 도달할 수 없다. 역기능은 장애의 경과 동안에 상당 기간 지속되며, 어떤 한 특징의 직접적 결과로 나타나지는 않는다. 무욕증(예시: 목표 지향적 행동을 추구하는 것에 대한 감소된 욕구)은 기준 B에 해당되는 사회적 역기능에 연결된다.

정신분열증의 몇몇 증상들은 적어도 6개월 동안 지속되어야 한다. 전구증상은 흔히 활성기보다 먼저 나타나며, 가볍거나 기준에 못 미치는 형태의 환각이나 망상으로 특징되는 잔류 증상은 뒤따라 나타날 수 있다. 정신분열증을 가진 개인은 망상적 부분이 아닌 다양한 이상하거나 괴기한 믿음(예시: 관련 관념, 마술적 생각)을 토로하거나, 이상한 지각적 경험(예시: 눈에 보이지 않는 사람의 존재를 감지함)을 할 수도 있다. 정신분열증을 가진 사람의 언어는 대개 이해할 수는 있지만 모호할 수 있으며, 그들의 행동은 이상하지만 심하게 와해되지는 않을 수 있다(예시: 사람들이 있는 곳에서 중얼거림). 음성 증상들은 전구기와 잔류기에 흔히 나타나며, 심각할 수도 있다. 사회적으로 활동적인 사람은 이전의 일상보다 내향적으로 될 수 있다. 이러한 행동들이 흔히 장애의 첫 징후라 할 수 있다(American Psychiatric Association, 2013).

(1) 정신분열증의 원인

정신분열증의 원인은 아직 충분히 알려져 있지 않지만, 원인으로 생물학적 요인, 심리적 요인, 가족관계 및 사회환경적 요인, 취약성 스트레스 모형 등이 제시되고 있다(김청송, 2002).

1 생물학적 요인

생물학적 입장에서는 정신분열증을 뇌의 장애로 규정하고 있으며, 유전적 요인, 뇌의 구조적 또는 기능적 결함, 신경전달물질의 이상 등의 관련성을 밝히려고 하고 있다. 가계연구에 따르면, 정신분열증 환자의 부모나 형제자매는 일반인의 10배, 정신분열증 환자의 자녀는 일반인의 15배, 3촌 이내의 친족에서는 일반인의 2.5~4배에 가까운 발병률을 나타내는 것으로 나타났다(강선경, 2010).

정신분열증이 뇌의 구조적 이상이나 생화학적 이상과 관련된다는 주장도 있다. 정신분열증을 가진 사람은 뇌실의 크기가 일반인보다 증대되어 있으며, 뇌피질의 적은 양, 전두엽, 변연계, 기저신경절, 시상, 뇌간, 소뇌에서 이상이 발견된다는 것이다(권석만, 2013). 그리고 전두엽 피질의 신진대사가 저하되는 등, 뇌의 구조적 이상이 나타난다는 연구결과가 보고되고 있다.

한편, 뇌의 생화학적 이상이 정신분열증과 연관된다는 주장이 있다. 정신분열증 환자의 뇌 안에서 신경전달물질인 도파민이 너무 많이 전달되거나 지나치게 활성화되는 것으로 나타난다는 것이다. 따라서 정신분열증의 치료에 효과적인 항정신병약물은 도파민 수용체의 기능을 억제하는 작용과 관련되어 있다.

2 심리적 요인

정신분열증의 심리적 요인에 관련해서는 인지적 입장과 정신분석적 입장이 있다. 인지적 입장은 제한된 정보처리 용량을 가지고, 수많은 외부 자극 중에서 적절한 정보를 선택하여 처리하고 부적절한 정보는 억제하는, 주의 기능의 이상을 보이는 정신분열증 환자의 주의장애에 초점을 두었다. 이러한 주의장애는 전두엽 피질의 기능 이상과 관련된 것으로 보인다.

정신분석적 입장에서는 정신분열증의 심리적 원인에 대한 다양한 주장을 하고 있다. 프로이트는 정신분열증이 어릴 때 심리적 갈등과 결손에 의해 생겨난 장애이며, 갈등과 방어에 의해 정신분열증이 형성된다고 보았다. 신경증에 비해 갈등이 훨씬 강력한 반면, 부정·투사와 같은 원시적인 방어기제가 사용됨으로써 갈등에 적절하게 대응하지 못한다고 보았다.

3 가족관계 및 사회환경적 요인

정신분열증의 유발에는 부모의 양육태도, 가족 간 의사소통, 부모–자녀의 의사소통 방식, 부모의 부부 관계 등이 영향을 미치는 것으로 주장되어 왔다. 정신분열증 환자의 어머니는 자녀의 감정에 무감각하거나 거부적이고, 친밀감에 대한 두려움이 있거나 또는 과잉 보호적이고, 과도한 자기희생의 경향을 가진 '정신분열증 유발적 어머니(schizophrenogenic mother)'라는 주장도 있었다. 그러나 어머니의 양육태도와 정신분열증 사이의 관계는 규명되지 않았다.

또한, 이중구속이론(double mind theory)에 따르면, 가족 내 혼란스러운 의사전달 방식이 정신분열증의 유발에 영향을 준다는 주장이 있다. 이는 한 사람이 동일한 사안에 대해 서로 다른 시기에 상반된 의사를 전달하거나, 동일한 사안에 대해 부모가 서로 상반된 지시나 설명을 하는 이중적 의미의 의사소통을 한다는 것이다. 그러나 이러한 문제는 양극성 장애의 가족도 이와 비슷한 문제가 있다는 연구(Milkowitz, 1985)가 있어, 정신분열증 환자의 가족에게만 국한되지 않는다.

과장되게 표현된 정서이론(Expressed Emotion)에 따르면, 정신분열증 환자 가족 내에 분노의 과도한 표현과 과도한 간섭이 나타난다고 주장되었다(Brown, 1959). 퇴원한 정신분열증 환자가 재발하여 재입원하는 비율은 분노표현이 높은 가정에서 그렇지 않은 가정보다 5배나 높다는 연구 결과(Hooley, 1985)가 이 주장을 뒷받침한다.

그 밖에 정신분열증 환자 부모의 부부 관계가 정신분열증의 발병에 영향을 미친다는 관점도 있는데, 수동적 배우자가 정신적으로 건강하지 못한 배우자에게 가족에 대한 통제권을 양보한 채 자녀에게 집착하는 편향적 부부 관계인 경우, 그리고 만성적 갈등상태에서 서로의 요구를 무시하고 자녀를 자기편으로 만들기 위해 치열하게 경쟁하는 분열적 부부 관계의 경우에 자녀에게도 정신분열증이 발병한다고 주장하였다.

한편, 사회문화적 환경이 정신분열증 유발에 영향을 미친다고 보는 관점도 있다. 정신분열증이 도시 하류층에게서 많이 발견된다는 연구결과들(Gallagher, 2002; Hafner & An der Heidler, 1997)이 있는데, 이는 낮은 사회계층에 속하는 사람은 타인으로부터의 부당한 대우, 낮은 교육수준 등으로 많은 스트레스와 좌절을 경험하면서 정신분열증으로 발전되기 때문이다.

④ 취약성 스트레스 모형

취약성 스트레스 모형(Zubin & Spring, 1977)에서는 각 개인은 정신분열증에 대한 각기 다른 수준의 취약성을 가지며, 이 수준은 유전적 요인, 출생 전후의 신체적 · 심리적 요인 등에 의해 결정된다고 보았다. 취약성은 스트레스 사건이나 생활 조건과 상호작용하는데, 정신분열증의 취약성 요인은 다음과 같다(권석만, 2013).

- 유전적 요인(부모나 가족의 병력)
- 신경생리학적 요인(뇌의 구조적 결함이나 기능적 이상)
- 출생 전후의 생물학적 요인(태내 조건, 어머니의 임신 중 외상, 영양실조, 감염, 중독)
- 출생 시의 문제(산소 결핍, 출산 시 외상, 감염, 출혈, 출생 직후의 영양부족, 질병, 사고 등)
- 발달적 요인(출생 후 3세까지 어머니와의 밀접한 관계 부족)
- 입양 가정이나 보호시설에서 성장
- 가족적 요인(부모-자녀 의사소통에서 혼란과 적대감)
- 인지행동적 요인(아동기의 산만성과 주의집중의 문제, 언어성 지능의 상대적 저하, 영아기의 운동 협응 부족 등)

취약성 스트레스 모형은 이러한 취약성을 지닌 사람에게서 스트레스 사건이 발생하여 그 적응 부담이 일정한 수준을 넘으면 정신분열증이 나타나게 된다는 것이다. 즉, 유전적 요인과 같은 취약성이 정신분열증의 발병에 중요한 영향을 미치지만, 과중한 환경적 스트레스가 없다면 정신분열증이 발병하지 않을 수도 있다. 그러므로 취약성을 가진 사람이라도 환경적 스트레스를 감소시키고 스트레스에 대한 대처능력을 향상시킨다면 정신분열증의 치료 및 예방이 가능하다.

(2) 발생 시기 및 유병률

정신분열증은 10대 후반에서 30대 중반 사이에 발생하는 것이 전형적이며, 청소년기 이전에 발병하는 경우는 흔치 않다. 정신분열증의 첫 번째 삽화가 나타나는 연령은 남자 20대 중반, 여자 20대 후반이다. 대부분의 경우, 사회적 위축, 학업이나 업무의 흥미 상실, 위생 및 복장 상태의 불량, 이상한 행동, 분노의 폭발 등과 같이 다양한 증후 및 증상이 서서히 나타나는 전구기를 보이다가 결국에는 몇몇 활성기 증상이 출현하면서 정신분열증으로 판단되는 것으로 나타났다.

2011년도 보건복지부의 '정신질환실태 역학조사'(조맹제 외, 2011)에 따르면, 정신분열병의 1년 유병률과 평생 유병률은 모두 0.1%로 파악되고 있다. 2006년 정신의료기관, 정신요양시설, 사회복귀시설 등 시설 입원(소)환자 38,153명[입원(소)환자 총수인 65,498명의 58.3%임]을 포함하면, 정신분열병의 1년 유병률은 0.3%로 나타난다.

■ DSM-5의 정신분열증 진단기준

A. 다음 중 두 가지(또는 그 이상) 증상이 각각 1개월 동안(성공적으로 치료된 경우, 1개월 미만) 상당 기간 나타남. 적어도 그 증상들 중 하나는 반드시 (1), (2) 또는 (3)이어야 함

1. 망상
2. 환각
3. 와해된 언어(예시: 빈번한 주제 이탈이나 지리멸렬)
4. 심하게 와해된 또는 긴장증 행동
5. 음성 증상(예시: 감소된 감정 표현 또는 무욕증)

B. 장애가 시작된 이후 상당 기간 동안, 직업, 대인관계 및 자기관리와 같은 한 가지 또는 그 이상의 주요 영역의 기능수준이 발병 전과 비교하여 현저히 낮음(또는 아동기나 청소년기에 발병될 경우, 대인관계, 학업, 직업 기능에서 기대되는 수준을 성취하지 못함)

C. 장해의 계속되는 징후가 적어도 6개월 동안 지속됨. 6개월의 기간은 기준 A에 부합되는 증상(예시: 활성기 증상)이 나타나는 적어도 1개월을 포함하며(성공적으로 치료되면 1개월 미만), 전구 또는 잔류 증상의 기간을 포함할 수도 있음. 이러한 전구기나 잔류기에는 장애의 증상은 부정성 증상들만 나타나거나 기준 A에 나열된 증상들 중 두 가지 또는 그 이상이 약화된 형태로 나타남(예시: 괴상한 믿음, 특이한 지각 경험)

D. 분열정동장애와 정신병적 특징을 가진 우울 또는 양극성 장애는 (1) 주요

우울 또는 조증 삽화가 활성기 증상들과 동시에 나타나지 않거나, (2) 활성기 증상이 있는 기간 중에 기분 삽화가 발생한다면, 질환의 활성기와 잔류기의 총 기간에서 짧게 존재해 왔기 때문에 배제되어 왔음

E. 장애가 물질(예시: 약물남용, 약물치료) 또는 다른 의학적 상태의 생리적 효과에 의한 것이 아님

F. 자폐 스펙트럼 장애나 아동기에 발병된 의사소통 장애의 과거력이 있을 경우, 정신분열증 증상의 다른 필수 증상에 덧붙여서 현저한 망상이나 환각이 적어도 1개월 동안 지속될 경우에만(성공적으로 치료되면 1개월 미만) 정신분열증으로 추가 진단함

만약 해당된다면 명시할 것:

다음의 경과 명시들은 이 장애의 1년 지속 기간 이후에만, 그리고 진단적 경과 기준에 상반되지 않은 경우에만 사용될 수 있음

첫 번째 삽화, 현재 급성 삽화: 정의된 진단적 증상과 시간 기준에 부합하는 장애의 첫 번째 징후임. 급성 삽화는 증상 기준이 충족되는 시기임

첫 번째 삽화, 현재 부분관해: 부분관해는 전 삽화 이후에 개선이 유지되고, 장애의 정의된 기준이 부분적으로만 충족되는 시기임

첫 번째 삽화, 현재 완전관해: 완전관해는 전 삽화 이후에 어떤 장애의 특정 증상들도 존재하지 않는 시기임

다수의 삽화, 현재 급성 삽화: 다수의 삽화들은 최소 2개의 삽화들 이후에 결정될 수 있음(예시: 첫 번째 삽화 이후에 관해, 그리고 최소 한 번의 재발)

다수의 삽화, 현재 부분관해

다수의 삽화, 현재 완전관해

지속적: 전체 경과에 비해 매우 짧은 불충분한 증상 기간들과 더불어, 장애의 진단기준을 충족하는 증상들이 대부분의 질환 경과에 계속 남아 있음

분류되지 않음

만약 해당된다면 명시할 것:

긴장증 있음

현재의 심각도를 명시할 것:

심각도는 망상, 환각, 와해된 언어, 비정상적 정신운동 행동 및 음성 증상

을 포함한 정신병의 주요 증상들의 양적인 평가로 측정됨. 각각의 증상들은 0(존재하지 않음)부터 4(존재하며 심각함)까지의 5점 척도에서 현재 심각도(지난 7일 동안 가장 심각한 정도)로 평가될 수 있음

주: 정신분열증의 진단은 심각도 명시를 사용하지 않고 내려질 수 있음

〈사례 6-3〉

정신분열증

28세 여성인 오 양은 부모와 함께 살고 있으며, 1년 넘게 반복되는 정신병적 증상과 생활기능의 전반적 와해로 병원에 내원하게 되었다. 오 양은 주변의 모든 사람들이 자신의 생각을 알고 있다고 믿고 있었다. 또, 자기 자신도 다른 사람들을 응시하거나 특정 방식의 영감을 통해서 다른 사람의 행동을 텔레파시로 통제할 수 있다고 믿었다. 오 양은 정신과 의사에게 자신의 행동이 감시 카메라를 통해서 탐지되고 있으며, 카메라를 통해 다른 사람들이 자신을 감시하며 따라다닌다고 말했다. 때로는 무의미한 단어들이 반복해서 자꾸 들리며, "너는 곧 죽게 될 것이다."라는 여러 사람의 목소리가 간헐적이지만 반복적으로 들린다고 했다. 며칠 전에는 아파트 문 밖에서 어떤 목소리가 "저 여자, 나빠." "죽어야 해."라고 반복해서 말했다고 했다. 그 목소리에 응수하여 오 양이 계속해서 날카로운 소리를 지르는 바람에 가족이 달려왔지만 가족은 그 목소리가 들리지 않는다고 하였다.

오 양은 정신과 의사에게 기분이 슬프고, 자포자기의 심정이며, 기력이 쇠진되어 있고, 어떤 사소한 기쁨도 즐길 수 없다고 호소하였다. 잠도 제대로 잘 수 없고, 때로는 눈물이 나온다고 하였다. 자신이 미쳐 가고 있다는 기분이 들고, 어떤 일도 시작할 수 있는 기운이 없어 하루 종일 누워 있다고 하였다. 오 양의 에너지 수준은 낮았고, 잘 움직이려 하지 않았고, 무엇을 생각할 수도 없었고, 그리고 돌이킬 수 없는 손상을 받아 체념한 사람처럼 보였다. 오 양은 물건을 사러 밖에 나갈 수도 없었다. 가게 점원과 다른 손님들이 자기를 이상하게 쳐다보고 자기에 관한 말을 서로 주고받을 것이라고 믿기 때문이다. 오 양은 너무 기운이 없어서 가게까지 5분 거리도 걸을 수가 없었다.

5) 분열정동장애

분열정동장애(Schizoaffective Disorder)는 정신분열증과 기분장애가 함께 공존하는 특징을 가지며, 최소 2주간의 망상이나 환각이 있으며, 우울증이나 조증 삽화가 나타난다. 분열정동장애의 진단은 개인이 정신병적 질환의 활성 또는 잔류 증상들을 계속 나타내는 연속된 질병 기간의 평가를 바탕으로 내려질 수 있다. 진단은 보통 정신병적 질환의 기간 동안에 내려지지만, 필수적이지는 않다. 분열정동장애는 질병 기간의 어느 시점에서, 다음의 정신분열증의 기준 A에 부합되어야 한다.

A. 다음 중 두 가지(또는 그 이상) 증상이 각각 1개월 동안(성공적으로 치료된 경우, 1개월 미만) 상당 기간 나타남. 적어도 그 증상들 중에서 하나는 반드시 (1), (2) 또는 (3)이어야 함

1. 망상
2. 환각
3. 와해된 언어(예시: 빈번한 주제 이탈이나 지리멸렬)
4. 심하게 와해된 또는 긴장증 행동
5. 음성 증상(예시: 감소된 감정 표현이나 무욕증)

분열정동장애에서 정신분열증의 사회적 역기능 기준이나 자폐 스펙트럼 장애나 아동기에 발병하는 다른 의사소통 장애를 제외하는 기준은 충족될 필요가 없다. 분열정동장애가 진단되기 위해서는 정신분열증의 기준 A에 부합되는 것에 추가적으로 주요 기분 삽화(주요 우울장애 또는 조증)가 있어야 한다(분열정동장애의 기준 A). 흥미나 즐거움을 상실하는 것이 정신분열증에서는 흔히 나타나기 때문에 분열정동장애의 기준 A에 부합되기 위해서는 반드시 주요 우울 삽화가 만연한 우울 기분에 포함되어야 한다(예시: 흥미나 즐거움의 뚜렷한 감소는 충분하지 않음). 우울증이나 조증의 삽화는 질병의 총 기간의 대부분 동안에 존재한다(예시: 기준 A에 부합한 이후에). 정신병적 특징을 가진 우울장애 또는 양극성 장애와 다른 점은, 분열정동장애는 평생의 질병 기간 동안에 어느 순간에는 주요

기분 삽화가 없는 상태에서 망상이나 환각이 적어도 2주 동안 존재해야 한다는 것이다.

분열정동장애의 기준 C는 주요 기분 삽화의 기준에 부합되는 기분 증상들이 질환의 활성 그리고 잔류 부분의 총 기간의 대부분에 존재해야 한다고 명시하고 있다. 이것은 질병의 현재 기간만을 평가하도록 하는 DSM-IV-TR과는 다른 내용이다. 만약 기분 증상들이 상대적으로 짧은 기간 동안만 존재한다면, 분열정동장애가 아니라 정신분열증으로 진단되어야 할 것이다. 기준 C에 부합되는지를 판단하기 위해서는 정신병적 질환의 총 기간(예시: 활성 증상과 잔류 증상 모두)을 검토해야 하며, 언제 중요한 기분 증상들이 정신병적 증상들을 동반하였는지를 판단해야 한다(American Psychiatric Association, 2013).

■ DSM-5의 분열정동장애 진단기준

A. 정신분열증의 기준 A에 부합되는 주요 기분 삽화(주요 우울 또는 조증)가 나타나는 질병의 연속적인 기간

주: 주요 우울 삽화는 기준 A1 우울 기분을 반드시 포함해야 함

B. 평생의 질병 기간 동안에 주요 기분 삽화가 없는 상태에서 2주 또는 그 이상의 망상이나 환각이 있음

C. 주요 기분 삽화의 기준에 부합되는 증상들이 질병의 활성과 잔류 부분의 총 기간의 대부분에서 나타남

D. 장해가 물질(예시: 약물남용, 약물치료)이나 다른 의학적 상태의 생리적 효과에 의한 것이 아님

어느 쪽인지 명시할 것:

양극성 유형: 조증 삽화가 증상 제시의 부분인 경우에 적용됨. 주요 우울 삽화도 발생할 수 있음

우울 유형: 주요 우울 삽화만이 증상 제시의 부분인 경우에 적용됨

만약 해당된다면 명시할 것:

긴장증 있음

만약 해당된다면 명시할 것:

다음의 경과 명시들은 이 장애의 1년 지속 기간 이후에만, 그리고 진단적

경과 기준에 상반되지 않은 경우에만 사용될 수 있음

첫 번째 삽화, 현재 급성 삽화: 정의된 진단적 증상과 시간 기준에 부합하는 장애의 첫 번째 징후임. 급성 삽화는 증상 기준이 충족되는 시기임

첫 번째 삽화, 현재 부분관해: 부분관해는 전 삽화 이후에 개선이 유지되고, 장애의 정의된 기준이 부분적으로만 충족되는 시기임

첫 번째 삽화, 현재 완전관해: 완전관해는 전 삽화 이후에 어떤 장애의 특정 증상들도 존재하지 않는 시기임

다수의 삽화, 현재 급성 삽화: 다수의 삽화들은 최소 2개의 삽화들 이후에 결정될 수 있음(예시: 첫 번째 삽화 이후에 관해, 최소 한 번의 재발)

다수의 삽화, 현재 부분관해

다수의 삽화, 현재 완전관해

지속적: 전체 경과에 비해 매우 짧은 불충분한 증상 기간들과 더불어, 장애의 진단기준을 충족하는 증상들이 대부분의 질환 경과에 계속 남아 있음

분류되지 않음

현재의 심각도를 명시할 것:

심각도는 망상, 환각, 와해된 언어, 비정상적 정신운동 행동 및 음성 증상을 포함한 정신병의 주요 증상들의 양적인 평가로 측정됨. 각각의 증상들은 0(존재하지 않음)부터 4(존재하며 심각함)까지의 5점 척도에서 현재 심각도(지난 7일 동안 가장 심각한 정도)로 평가될 수 있음

주: 분열정동장애의 진단은 심각도 명시를 사용하지 않고 내려질 수 있음

〈사례 6-4〉

분열정동장애

가족에 의해 병원으로 오게 된 도 씨는 28세의 남성으로 얼마 전에도 현기증과 수면장애를 호소하며 정신과 응급실에 내원한 적이 있다. 도 씨는 자신이 간헐적으로 우울을 겪고 있으며, 자신이 실패한 인생이라고 느낀다고 말했다. 우울증으로 인해 정신건강센터를 방문하기로 예약을 해 놓은 상태이지만, 도 씨가 정신을 차리지 못하고 길거리를 배회하는 것을 본 가족에 의해 예약 날짜가 되기도 전에 반강제적으로 병원에 오게 되었다. 도 씨는 심한 사고장애는 물론 환청과 불안증세를

보였다. 도 씨는 지난 4주 동안 불안과 불면, 망상 및 환청을 경험했다고 토로하였다. 자신의 여자 친구가 다른 남자와 바람을 피우고 있으며, 자신을 해치려 공모하고 있다는 편집증적 망상을 보였다. 또한 TV가 자신의 정신을 조종하고, 다른 사람들이 자신의 생각을 읽을 수 있다고 믿었다.

도 씨는 뚜렷한 조증 양상을 보이기도 했는데, 가족에 따르면 4주 전부터 쇼핑으로 돈을 물 쓰듯 했고 잠도 자지 않고 밤새 이리저리 왔다 갔다 하며, 혼자 춤을 추면서 큰 소리로 노래를 불렀다. 도 씨는 과잉활동을 보였고, 분열적이었으며, 흥분되어, 사고의 비약과 함께 일사천리로 많은 말을 하였다.

〈참고하기〉

긴장증(Catatonia)

긴장증은 신경발달 장애, 정신병적 장애, 양극성 장애, 우울장애 및 다른 의학적 상태들(예시: 뇌의 엽산 부족 장애, 희귀 자가면역 장애, 방종양성 장애)을 포함한 여러 장애들의 맥락에서 나타날 수 있다. 긴장증은 다음의 12가지의 정신운동 특징 중에서 세 가지 또는 그 이상의 존재로 정의될 수 있다.

- 혼미(stupor)(예시: 정신운동의 활동이 없음, 환경에 적극적으로 관련하지 않음)
- 강경증(예시: 중력에 반하는 자세의 수동적 유도)
- 납굴증(예시: 검사자에 의해 자세를 취하는 것에 대한 냉담함, 심지어 저항함)
- 무언증(예시: 전혀 또는 거의 없는 언어적 반응(실어증으로 알려져 있다면 제외함))
- 거절증(negativism)(예시: 지시나 외부 자극에 대해 저항 또는 반응이 없음)
- 자세(예시: 중력에 반하는 자세의 자발적 · 적극적 유지)
- 매너리즘(예시: 일반적인 행동에 대한 특이한 정황적인 희화화)
- 상동증(예시: 반복적, 이상하게 빈번한, 목표 지향적이지 않은 움직임들)
- 외부 자극에 의해 영향받지 않은 흥분
- 찡그린 표정
- 반향언어(예시: 다른 사람의 말을 흉내 내기)
- 반향동작(예시: 다른 사람의 움직임을 흉내 내기)

긴장증의 주요 특징은 뚜렷한 정신운동 장애로, 감소된 운동 활동, 면담이나 신체적 검사 동안에 감소된 참여, 또는 과도하고 기이한 운동 활동을 포함한다(American Psychiatric Association, 2013).

2. 정신분열증의 치료 방법 및 재발 방지

1) 정신분열증의 치료

(1) 약물치료

정신분열증의 증상은 다음과 같이 양성증상과 음성증상으로 나눌 수 있다(김청송, 2002).

- 양성증상(positive symptoms): 정상적 기능의 과다 또는 왜곡을 반영하는 것으로 추리적 사고(망상), 지각(환각), 언어 및 의사소통(와해된 언어), 행동조절(전반적으로 와해된 언어 및 긴장된 행동)의 과장 또는 왜곡이 포함됨
- 음성증상(negative symptoms): 정상적 기능의 감소나 상실을 반영하는 것으로 정서적 표현(정서적 둔마), 사고 및 언어의 유창함과 생산성(무논리증), 목적 지향적 행동(무욕증)이 포함됨. 이러한 각 요소의 범위와 강도가 크게 제한됨

정신분열증의 양성증상 완화를 위해서는 항정신병 약물치료가 흔히 처방된다. 항정신병 약물은 크게 다음의 세 가지로 나뉠 수 있다(Bernstein, 1983).

- 진정성 항정신병 약물(Thioridazine, Methotrimeprazine, Cyamemazine): 흥분과 초조감의 증상을 진정시키는 효과가 있음. 운동장애, 혈압 저하 작용, 입마름, 식욕저하, 구토, 변비 등의 부작용이 있음
- 항결핍성 항정신병 약물(Fluphenazine, Pimozide, Sulpiride 등): 흥미 결여나

자폐적 위축 등의 결핍성 증상을 호전시키는 효과가 있음. 추체외로 증상,[1] 고혈압, 다뇨증, 입마름, 식욕저하, 변비 등의 부작용이 있음

- 항정신병 약물(Chlorpromazine, Haloperidol, Oxaflumazine): 환각이나 망상 등의 양성증상을 억제하는 효과가 있음. 추체외로 증상이 현저하게 나타남

음성증상의 개선에 도움이 되는 약물로는 클로자핀(Clozapine), 레모시프라이드(Remoxipride), 리스페리돈(Risperidone), 설피라이드(Sulpiride) 등이 있다. 클로자핀을 제외한 대부분의 약물은 도파민 억제제로 부작용이 있는데, 근육 긴장증, 안절부절못함, 이상한 자세, 손떨림증, 무표정, 침흘림증, 입맛 다시기, 혀의 지속적 움직임 등의 증상이 나타날 수 있다(강선경, 2010).

(2) 환경요법

정신분열증을 가진 사람은 현실 검증력의 손상, 현저한 부적응 증세 그리고 자신과 타인을 해칠 가능성을 보이므로 입원치료가 권장된다. 환자 스스로 물리치료를 할 수 없는 경우, 입원 여부를 결정하기 위해 정밀조사 결과 치료 및 약물이 필요하다는 진단을 받은 경우, 환자가 지시환각의 문제로 다른 사람에게 위험을 준다고 판단된 경우, 생활과정에서 현저한 지지상실로 환자의 보상작용이 상실될 경우에 입원을 할 수 있다. 입원치료를 통해 증상이 호전되면 가정과 사회로 복귀하는 과도기적 적응 기간을 갖는 것이 바람직하다. 장기간 동안 사회에서 격리된 채 입원하는 경우에는 사회적 적응능력이 상실되어 다시 사회로 복귀하기가 어려울 수 있다. 따라서 지역사회 정신건강센터나 낮병원, 그룹홈을 통해 지역사회 안에서 생활하면서 치료와 재활교육을 받을 수 있도록 하는 것이 필요하다.

(3) 정신사회 재활치료

정신사회 재활치료는 정신분열증 환자가 사회생활을 하는 데 필요한 기술이나 자신감을 훈련시킴으로써 사회적으로 자립하여 생활하도록 도와줄 수 있다.

---

1) 대뇌피질에서 나와 척수로 이어지는 운동 신경로 가운데 추체로 이외의 신경로를 통틀어 이르는 말. 주로 불수의 운동(不隨意運動)과 그에 따르는 여러 운동에 관계함

재활치료는 약물치료를 통해 심한 증상이 가라앉은 다음에 시작할 수 있으며, 면담치료, 사회기술 훈련, 환자와 가족 교육, 대인관계 훈련, 위기관리, 직업재활 훈련, 주거 프로그램, 환자와 가족 자조모임 등의 다양한 프로그램을 제공할 수 있다. 특히, 사회적 기술훈련을 통해 다양한 사회적 상황에 대처하는 기술을 가르침으로써 불안을 극복하고 타인과의 상호작용을 증진할 수 있다. 이러한 정신사회 재활치료를 주로 담당하는 기관은 낮병원, 정신보건센터, 사회복귀시설 등이 있다.

(4) 심리요법

정신분열증을 좀 더 근본적으로 치료하고 사회적으로 재적응하기 위해서는 심리치료가 필요하다. 약물치료와 병행하면서 환자와 치료자 사이에 지속적이고 격려하는 관계를 수립함으로써 갈등과 불안을 방어하는 자아의 방어기능과 자아기능을 강화하는 데 도움이 될 수 있다. 조언, 일관성, 안도감 및 안전한 환경을 제공하는 격려요법이 효과가 있으며, '지금 여기'에 초점을 맞추고 구체적이고 현실적인 목표를 세우는 것이 필요하다(강선경, 2010).

(5) 가족치료 및 가족교육

가족은 정신분열증 환자의 치료나 사회적 재적응에 중요한 역할을 한다. 따라서 가족을 대상으로 약물치료와 부작용, 정신이상 행동에 대응하는 법 및 악화 징후를 파악하는 법에 대해 교육을 하는 것이 필요하다. 가족은 환자를 보살펴야 하는 과중한 재정적 · 감정적 부담을 지는 경우가 많으므로 이에 대한 가족 상담이나 치료가 필요하다. 가족치료를 통하여 환자와 가족 사이의 효과적 의사소통이나 건강한 감정 표현을 할 수 있는 방식을 교육시켜야 하며, 환자와 가족 간의 문제를 확인하고 해결할 수 있는 훈련이 이루어져야 한다. 또한, 병원과 사후 치료에 대한 정보 제공 및 답변이 이루어져야 한다.

2) 조기 진단 및 치료의 중요성

정신분열증은 무엇보다도 조기 진단과 치료가 중요하다. 조기 진단을 받고 치료를 시작함으로써 환자의 급성 정신분열증 증상을 안정시켜 줄 수 있으며, 재발 및 재입원 가능성을 줄여 줄 수 있다. 또한, 환자에게 적합한 치료를 일찍 찾을 수 있으며, 술이나 약물 남용 또는 자살 시도의 가능성이 줄어들 수 있다. 증상을 일찍 인지함으로써 인간관계 및 일상생활에서의 문제들을 최소화하고, 가족의 스트레스와 부담이 줄어들 수 있다. 또한 치료를 통해 사회복귀를 위한 재활치료를 빨리 시작할 수 있다는 장점을 가진다.

정신분열증은 약을 규칙적으로 복용하지 않거나, 심한 스트레스를 받게 되면 재발할 수 있다. 일반적으로 자주 재발할수록 환자의 상태가 나빠지기 때문에 재발을 예방하는 것이 매주 중요하다. 재발 예방을 위해서는 재발이 임박했다는 사실을 알려 주는 신호인 재발 경고 징후를 미리 알고 대처하는 것이 가장 효과적이다. 경고 징후는 환자마다 다르나 환자에게서 반복하는 양상이 있으므로 자신의 재발 경고 징후를 정확히 알고 즉시 대처해야 한다. 효과적 약물치료만이 재발 방지를 가능하게 해 주기 때문에 절대로 의사의 지시 없이 약을 임의로 끊어서는 안 된다. 또한 환자가 재발 경고 징후를 보일 때는 담당 의사와 즉시 상의하여 복용하는 약의 용량을 조절하거나, 정기적인 병원 방문을 하는 것이 필요하다. 또한 환자가 심한 스트레스를 받지 않도록 스트레스를 주는 상황이나 사건들이 무엇인지를 구체적으로 생각해 보고, 편안함을 느끼는 활동이나 환경을 스스로 조성해 나가야 한다.

학습활동

- 망상장애에 관한 영화 〈내겐 너무 사랑스러운 그녀(Lars and the Real Girl)〉(2007)를 감상해 봅시다.
- 정신분열증에 관한 영화 〈뷰티풀 마인드(Beautiful mind)〉(2001)를 감상하고, 정신분열 증상의 특징을 찾아봅시다.
- 영화 〈지구를 지켜라!〉(2003)를 감상하고 어떤 정신분열증의 증상들이 나타나는지 토론해 봅시다.

정리해봅시다

1. 정신분열 스펙트럼 및 기타 정신병적 장애
   - 정신분열 스펙트럼 및 기타 정신병적 장애들에는 정신분열증, 기타 정신증적 장애 및 분열형 성격장애를 포함한다.
   - 망상장애는 적어도 1개월 동안 한 가지 또는 그 이상의 망상이 존재하지만, 다른 정신병적 증상은 없는 특징을 가진다.
   - 단기 정신병적 장애는 다음 양성 정신병적 증상들인 망상, 환각, 와해된 언어 또는 긴장증을 포함한 심하게 비정상적 정신운동 행동 중에서 적어도 한 가지의 갑작스러운 발병을 수반하며, 1일 이상 지속되며 1개월 내에 완화된다.
   - 정신분열형 장애는 정신분열증과 증상적인 것은 동일하지만, 전조기, 활동기 및 잔류기를 포함한 질병의 총 기간이 적어도 1개월 이상, 6개월 미만이며, 기능 감소에 대한 필요조건이 없다.
   - 정신분열증은 매우 다양한 정신 증상을 보이는 것이 특징으로, 사고, 기분, 행동 및 감각운동기능 등에 광범위한 붕괴가 일어난다. 정신분열증은 적어도 6개월 동안 지속되며, 적어도 1개월의 활성기 증상들이 있다.
   - 분열정동장애는 기분 삽화와 정신분열증의 활성기 증상들이 동시에 발생하며, 현저한 기분 증상들 없이 적어도 2주간 지속되는 망상이나 환각이 선행되거나 뒤따라야 한다.

2. 정신분열증의 치료 방법 및 재발 방지
   - 정신분열병의 치료 방법으로는 약물치료, 환경요법, 정신사회 재활치료, 심리요법, 가족치료 및 가족교육이 있으며, 조기 진단과 치료의 시작은 증상을 빨리 안정시켜 재활이 빨리 이루어지도록 돕는다.

참고문헌

강선경(2010). 정신병리. 경기: 집문당.

권석만(2013). 현대 이상심리학(2판). 서울: 학지사.

김청송(2002). 정신장애 사례연구 -DSM-IV를 중심으로-. 서울: 학지사.

조맹제 외(2011). 정신질환실태 역학조사: 보건복지부 연구 용역사업 보고서. 보건복지부.

American Psychiatric Association (2013). *Diagnostic and Statistical Manual of Mental*

Disorders (5th ed.). Arlington, VA: American Psychiatric Publishing.

Bernstein, J. G. (1983). *Handbook of drug therapy in psychiatry*. Boston: John Wright.

Brown, G. W. (1959). Experiences of discharged chronic schizophrenic mental hospital patients in various types of living group. *Milbank Memorial Fund Quarterly, 37*, 105.

Gallagher, B. J. (2002). *The sociology of mental illness*. Upper Saddle River, NJ: Prentice-Hall.

Hafner, H., & An der Heidler, W. (1997). Epidemiology of schizophrenia. *Canadian Journal of Psychiatry, 42*, 139-151.

Hooley, J. M. (1985). Expressed emotion: A review of the critical literature. *Clinical Psychology Review, 5*, 119-139.

Milkowitz, D. J. (1985). Family interaction and illness outcome in bipolar and schizophrenic patients. Unpublished Ph. D. thesis, University of California at Los Angeles.

Zubin, J., & Spring, B. (1977). Vulnerability: A new view of schizophrenia. *Journal of Abnormal Psychology, 86*, 103-126.

제7장

양극성 및 관련 장애

MENTAL

학습목표

- 양극성 및 관련 장애들에 해당하는 정신장애를 나열할 수 있다.
- 양극성 및 관련 장애들에 해당하는 정신장애 증상의 특성과 진단기준을 설명할 수 있다.
- 양극성 장애의 치료 방법을 알 수 있다.

HEALTH

학습내용

- 양극성 및 관련 장애
  - 양극성 장애의 증상
  - 양극성 장애의 유병률
  - 양극성 장애 I(Bipolar I Disorder)
  - 양극성 장애 II(Bipolar II Disorder)
  - 순환성 장애(Cyclothymic Disorder)
- 양극성 장애의 치료

1. 양극성 및 관련 장애

양극성 및 관련 장애(Bipolar and Related Disorders)는 DSM-IV-TR에서는 우울장애와 함께 기분장애로 구분되었으나, DSM-5에서는 우울장애와 분리되었다. 그리고 증후군, 가족력 및 유전학적 면에서 정신분열 스펙트럼 및 정신병 장애(Schizophrenia Spectrum and Other Psychotic Disorders) 그리고 우울 장애(Depressive Disorders)의 두 진단 등급 사이를 연결하는 가교로서의 역할을 인식하여, DSM-5에서는 정신분열 스펙트럼 및 정신병 장애 그리고 우울장애 사이에 양극성 및 관련 장애를 배치하였다. 양극성 및 관련 장애에는 양극성 장애 I(Bipolar I Disorder), 양극성 장애 II(Bipolar II Disorder), 순환성 장애(Cyclothymic Disorder), 물질/약물로 유발된 양극성 및 관련 장애(Substance/Medication-Induced Bipolar and Related Disorder), 다른 의학적 상태에 의한 양극성 및 관련 장애(Bipolar and Related Disorder Due to Another Medical Condition), 기타 분류된 양극성 장애 및 관련 장애(Other Specified Bipolar and Related Disorder), 그리고 분류되지 않은 양극성 및 관련 장애(Unspecified Bipolar and Related Disorder)가 포함된다(American Psychiatric Association, 2013).

여기서는 양극성 장애 I, 양극성 장애 II 및 순환성 장애에 대해 살펴본다.

양극성 장애의 증상

양극성 장애는 조울증이라고도 하는데, 다음과 같은 대표적인 증상이 반복적으로 일어난다.

- 조증 상태: 기분이 심각하게 들뜬 상태가 지속되어 자신을 실제보다 매우 대단한 존재로 느낀다. 공격적이며 충동적이고 낭비적인 측면이 부각된다.
- 우울증 상태: 매사에 무기력하고 쓸데없는 죄책감에 사로잡혀 있으며, 자신감이 사라지고 불면증 등에 시달린다.

양극성 장애의 주요 증상은 다음과 같다(강선경, 2010).

- 정서적 증상
  - 고양된 기분(elevated mood), 다행감, 병적 행복감
  - 자극에 예민하고, 충동성을 보이며, 안절부절못하고, 흥분되어 있고 민감한 상태
  - 주위 자극에 쉽게 감정의 변화를 보임
- 인지적 증상
  - 과대망상에 가까운 생각
  - 사고의 비약이 나타나 합리적으로 이어지지 않음
  - 주의(attention)의 장애가 나타나 한 가지 개념이나 생각에 잘 집중하지 못하고 사고의 대상이 이것저것 자주 바뀜
  - 자부심 증대
- 동기적 · 행동적 증상
  - 조증 상태에서는 무엇이든 굉장한 것을 이룰 것 같은 의욕 상승
  - 지나친 행동, 활동 증가
  - 열광적으로 일에 집착, 종교적으로 또는 성적으로도 광적인 열중
  - 지나친 관여, 과소비, 참견
- 신체증상
  - 조증 상태에서 지나친 활동 의욕 등으로 수면 욕구 감소

양극성 장애 I은 기분이 비정상적으로 고양되면서 생기는 다양한 증상의 조증 삽화를 보이며, 양극성 장애 II는 조증 삽화(Manic Episode)보다 증상이 약하고 상대적으로 지속 기간이 짧은 경조증 삽화(Hypomanic Episode)와 주요 우울 삽화(Major Depressive Episode)가 반복적으로 나타난다. 양극성 장애의 70% 정도는 우울증으로 시작한다. 다음 재발에 조증이 나타나거나 몇 번 우울증을 앓고 난 후 조증이 나타나는 특징이 있다(건강보험심사평가원, 2011. 5. 2.).

양극성 장애의 유병률

건강보험심사평가원의 2011년 심사결정자료보고서(건강보험심사평가원, 2011. 5. 2)에 따르면, 최근 5년간(2006~2010년) 양극성 장애에 대한 심사결정자료를 분석한 결과, 진료 인원은 2006년 4만 3천 명에서 2010년 5만 5천 명으로 5년간 약 1만 2천 명이 증가(28.8%)하였고, 연평균 증가율은 6.6%로 나타났다. 양극성 장애의 진료 인원을 성별로 살펴보면, 여성이 남성보다 약 1.4배 많았으며, 연평균 증가율도 7.3%로 남성의 연평균 증가율 5.6%보다 높았다.

1) 양극성 장애 I

양극성 장애 I은 조증으로도 알려져 있다. 조증 삽화의 기분은 행복감, 과도하게 쾌활하거나, 황홀하거나, '세상의 위에 있는 듯한 느낌'으로 자주 묘사된다. 조증 삽화는 적어도 1주간 지속되고, 하루의 대부분, 거의 매일 존재하는(또는 입원이 필요하다면 어떤 기간이든지) 비정상적이고 지속적으로 의기양양하거나, 과대하거나, 과민한 기분과 지속적으로 증가된 활동이나 활기가 있는 분명한 기간이 있다는 것이 중요한 특징이다. 그리고 추가적으로 다음 중 적어도 세 가지의 증상들을 동반한다. 만약 기분이 의기양양하거나 과대하기보다는 과민하다면, 적어도 네 가지의 증상이 있어야 한다.

- 과장된 자존감 또는 떠벌림
- 수면에 대한 욕구 감소(예시: 단 3시간의 수면으로도 휴식을 취했다고 느낌)
- 평소보다 말이 많아지거나 계속 말을 해야 할 것 같은 압박감
- 사고의 비약 또는 사고가 정신없이 돌아가는(thoughts are racing) 주관적 경험
- 보고되거나 관찰된 바와 같이, 주의산만함(예시: 중요하지 않거나 관계없는 외적 자극에 너무 쉽게 주의가 이끌림)
- 목표 지향적 활동(직장이나 학교에서 사회적으로 또는 성적으로) 또는 정신운동성 초조(예시: 목적 없는 목표 지향적이지 않은 활동)의 증가
- 고통스러운 결과를 초래할 가능성이 높은 활동에 지나치게 몰두(예시: 억제하지 않고 홍청망청 물건 사기, 성적으로 무분별한 행동, 어리석은 사업 투자에

관여함)

하지만 한두 가지의 증상들을 바탕으로 조증이나 경조증 삽화를 진단 내리는 데 충분하다고 간주해서는 안 된다. 양극성 장애 I로 진단을 내리기 위해서는 조증 삽화의 기준에 부합되는 것이 필요하지만, 경조증이나 주요 우울 삽화는 필수적이지는 않다. 그러나 경조증이나 주요 우울 삽화는 조증 삽화에 선행되거나 뒤따를 수 있다(American Psychiatric Association, 2013).

■ DSM-5의 양극성 장애 I 진단기준

양극성 장애 I의 진단을 위해서는 다음의 조증 삽화의 기준을 충족하는 것이 필요함. 경조증 삽화나 주요 우울 삽화가 조증 삽화 이전에 또는 이후에 나타날 수 있음

조증 삽화

A. 적어도 1주 동안 지속되고 하루의 대부분, 거의 매일 존재하는(또는 입원이 필요하다면 어떤 기간이든지), 비정상적이고 지속적으로 의기양양하거나, 과대하거나, 과민한 기분과 비정상적이고 지속적으로 증가된 목적 지향적 활동이나 활기의 분명한 기간

B. 기분장해와 증가된 활기나 활동의 기간 중에 다음 중 세 가지(또는 그 이상) 증상이 심각한 정도로 존재하며(기분이 단지 과민하기만 한 경우에는 네 가지), 평상시 행동에서 두드러진 변화가 눈에 띄게 나타남

1. 과장된 자존감 또는 떠벌림
2. 수면에 대한 욕구 감소(예시: 단 3시간의 수면으로도 휴식을 취했다고 느낌)
3. 평소보다 말이 많아지거나 계속 말을 해야 할 것 같은 압박감
4. 사고의 비약 또는 사고가 정신없이 돌아가는 주관적 경험
5. 보고되거나 관찰된 바와 같이, 주의산만함(예시: 중요하지 않거나 관계없는 외적 자극에 너무 쉽게 주의가 이끌림)
6. 목표 지향적 활동(직장이나 학교에서 사회적으로 또는 성적으로) 또는 정신운동성 초조(예시: 목적 없는 목표 지향적이지 않은 활동)의 증가

7. 고통스러운 결과를 초래할 가능성이 높은 활동에 지나치게 몰두(예시: 억제하지 않고 흥청망청 물건 사기, 성적으로 무분별한 행동, 어리석은 사업 투자에 관여함)

C. 기분장해가 사회적이나 직업적 기능에 뚜렷한 손상을 초래하거나 자신이나 타인에게 해를 입히는 것을 방지하기 위해 입원이 필요할 정도로 충분히 심각하거나 또는 정신병적 특징들이 있음

D. 삽화가 물질(예시: 약물남용, 약물치료, 기타 치료)의 생리적 효과들이나 다른 의학적 상태에 의한 것이 아님.

주: 항우울치료(예시: 약물치료, 전기충격요법) 동안에 나타났지만 증후군 수준이 충분히 치료의 생리적 영향을 넘어 계속되는 완전 조증 삽화는 조증 삽화, 그리고 그 결과 양극성 장애 I 진단에 대한 충분한 증거가 됨

주: 기준 A~D는 조증 삽화를 구성함. 양극성 장애 I의 진단을 위해서는 적어도 평생 한 번의 조증 삽화가 필요함

경조증 삽화

A. 적어도 연이어 4일 동안 지속되고 하루의 대부분, 거의 매일 존재하는, 비정상적이고 지속적으로 의기양양하거나, 과대하거나, 과민한 기분과 비정상적이고 지속적으로 증가된 활동이나 활기의 분명한 기간

B. 기분장해 및 증가된 활기와 활동의 기간 중에 다음 중 세 가지(또는 그 이상) 증상이(기분이 단지 과민하기만 한 경우에는 네 가지) 계속되어 왔으며, 평상시 행동에서 두드러진 변화를 나타내며, 심각한 정도로 존재해 왔음

1. 과장된 자존감 또는 떠벌림
2. 수면에 대한 욕구 감소(예시: 단 3시간의 수면으로도 휴식을 취했다고 느낌)
3. 평소보다 말이 많아지거나 계속 말을 해야 할 것 같은 압박감
4. 사고의 비약 또는 사고가 정신없이 돌아가는 주관적 경험
5. 보고되거나 관찰된 바와 같이, 주의산만함(예시: 중요하지 않거나 관계없는 외적 자극에 너무 쉽게 주의가 이끌림)
6. 목표 지향적 활동(직장이나 학교에서 사회적으로 또는 성적으로) 또는 정신운동성 초조의 증가

7. 고통스러운 결과를 초래할 가능성이 높은 활동에 지나치게 몰두(예시: 억제하지 않고 흥청망청 물건 사기, 성적으로 무분별한 행동, 어리석은 사업 투자에 관여함)

C. 삽화는 증상이 없을 때의 개인의 평소답지 않은, 명백한 기능 변화와 관련됨

D. 기분장해와 기능 변화가 타인에 의해 관찰될 수 있음

E. 삽화가 사회적 또는 직업적 기능에 현저한 손상을 초래하거나, 입원이 필요할 정도로 심각하지 않음. 정신병 특징들이 있다면, 그 삽화는 당연히 조증임

F. 삽화가 물질(예시: 약물남용, 약물치료, 기타 치료)의 생리적 효과들에 의한 것이 아님

주: 항우울치료(예시: 약물치료, 전기충격요법) 동안에 나타났지만 치료의 생리적 영향을 넘어서는 증후군적 수준으로 지속되는 완전 경조증 삽화는 경조증 삽화 진단을 위한 충분한 증거가 됨. 그러나 한 가지 또는 두 가지 증상들(항우울제 사용 이후에 특히 증가된 과민성, 초조함, 불안)이 경조증 삽화 진단을 위해 충분한 것으로 간주되어서는 안 되며, 양극성에 걸리기 쉬운 소질을 필연적으로 나타내는 것도 아니므로 주의가 필요함

주: 기준 A~F는 경조증 삽화를 구성함. 경조증 삽화는 양극성 장애 I에서 흔히 나타나지만, 양극성 장애 I의 진단을 위해 필수적인 것은 아님

주요 우울 삽화

A. 다음 증상 가운데 다섯 가지(또는 그 이상)가 2주 동안 같이 지속되었으며, 예전 기능에의 변화를 나타냄: 적어도 하나의 증상이 (1) 우울기분이거나, (2) 흥미나 즐거움의 상실과 같은 증상임

주: 다른 의학적 상태에서 분명히 기인하는 증상들은 포함하지 않음

1. 주관적 보고(예시: 슬픔, 공허감, 절망적으로 느낌) 또는 다른 사람들로부터의 관찰(예시: 우는 것같이 보임)에 나타나듯이, 하루의 대부분, 거의 매일 지속되는 우울한 기분(주: 아동과 청소년에게서는 화난 기분일 수 있음)
2. 하루의 대부분 또는 거의 매일, 모든 또는 거의 모든 활동에 대한 흥미

나 즐거움의 뚜렷한 저하

3. 다이어트를 하고 있지 않은 상태에서 상당한 체중 감소 또는 증가(예시: 한 달간 체중 5% 이상의 변화), 또는 거의 매일 계속되는 식욕 감퇴 또는 증가(주: 아동에게는 예상되는 체중 증가를 이루는 데 실패한 것으로 고려함)
4. 거의 매일 나타나는 불면이나 과다 수면
5. 거의 매일 나타나는 정신운동성 불안이나 지체(타인에 의해 관찰 가능함, 단순히 주관적으로 가만히 있지 못하는 느낌이나 지체하는 것이 아님)
6. 거의 매일의 피로나 활력 상실
7. 거의 매일 나타나는 무가치감 또는 (망상적일 수 있는) 과도하거나 부적절한 죄책감(단순히 자책 또는 아픈 것에 대한 죄책감이 아님)
8. 거의 매일 나타나는 생각하거나 집중하는 능력의 감퇴, 우유부단함(주관적 설명 또는 타인에 의한 관찰에 의해)
9. 반복되는 죽음에 대한 생각(단지 죽음에 대한 두려움이 아님), 구체적 계획이 없는 자살 상상의 반복, 자살기도나 구체적 자살 계획

B. 증상이 임상적으로 중요한 고통이나 사회적 · 직업적 또는 기타 중요한 영역의 기능에서 손상을 야기함

C. 삽화가 물질이나 일반적인 의학적 상태의 직접적인 생리적 효과에 의한 것이 아님

주: 기준 A~C는 주요 우울 삽화에 해당함

주: 의미 있는 상실에 대한 반응(예시: 사별, 재정적 파산, 자연재해에서의 상실, 심각한 의학적 질병이나 장애)은 기준 A에서 언급되듯이 극심한 슬픔의 감정, 상실에 대한 반추(rumination), 불면증, 식욕부진, 체중 감량이 포함될 수 있음. 이러한 증상들은 이해할 만하거나 상실에 대해 적절한 것으로 간주될 수 있으나, 의미 있는 상실에 대한 보통의 반응에 추가적으로 주요 우울 삽화가 있는지는 조심스럽게 고려되어야 함. 이 결정은 개인의 병력과 상실의 맥락에서 고통의 표현에 대한 문화적 기준들을 바탕으로 임상적 판단을 실행하는 것이 불가피하게 요구됨

양극성 장애 I

A. 적어도 한 번의 조증 삽화가 있는 기준에 부합함(앞의 '조증 삽화'의 기준

A~D).

B. 조증과 주요 우울 삽화(들)의 발생은 분열정동장애, 정신분열증(조현병), 정신분열형 장애, 망상장애나 기타 분류된 또는 분류되지 않은 정신분열 스펙트럼 및 기타 정신병적 장애로 더 잘 설명되지 않음

만약 해당된다면 명시할 것:

–불안한 고통이 있음

–혼합된 특징들이 있음

–급속 순환이 있음

–우울한(melancholic) 특징들이 있음

–기분 일치(mood-congruent)의 정신병 특징들이 있음

–기분 불일치(mood-incongruent)의 정신병 특징들이 있음

–긴장증이 있음

–출산 전후에 발병함

–계절형

〈사례 7-1〉

양극성 장애, 조증 삽화

새벽 4시가 지난 시간이지만 조 씨는 잠을 자지 않고 있다. 하지만 특별히 뭔가를 한다기보다는 옷을 꺼냈다가, 청소를 했다가, 책을 읽으려고 뒤척이다가 하면서 부산스럽게 집 안을 돌아다녔다. 조 씨는 기분이 공중에 붕 떠 있는 것처럼 느껴진다고 말했으며, 평소보다 말이 많아지고 계속 말을 끊이지 않고 하는 등 흥분 상태가 계속되는 것처럼 보였다. 조 씨는 자신이 얼마나 영리하고 창의적이며 특별히 뛰어난지에 대해 주위 사람들에게 말하고 다녔다.

주위 사람들은 조 씨를 차츰 걱정스러워하였다. 특히, 조 씨는 특별히 필요하지는 않지만 뭔가를 사고 싶은 욕구를 조절하기가 어려워 충동구매로 고액의 쇼핑을 하곤 하였다. 어느 날은 갑자기 충동적으로 자동차를 구입하여 몰고 오기도 하였다. 조 씨는 신용카드의 한도가 넘었음에도 불구하고 현금서비스를 받아서 계속 충동구매로 지출하였다.

2) 양극성 장애 II

양극성 장애 II는 1회 또는 그 이상의 주요 우울 삽화('주요 우울 삽화'의 기준 A~C)와 적어도 1회의 경조증 삽화('경조증 삽화'의 기준 A~F)로 구성된 반복되는 기분 삽화의 임상 경과로 특징지어진다. 즉, 우울증과 조증의 정도가 심하지 않은 경조증이 교대로 나타난다. 양극성 장애 II의 진단기준에 부합되기 위해서는 주요 우울 삽화는 적어도 2주 동안 지속되어야 하며, 경조증 삽화는 적어도 4일 동안 지속되어야 한다. 기분 삽화 동안에는 필요한 수의 증상들이 하루의 대부분, 거의 매일 존재해야 하며, 평소 행동과 기능에서 눈에 띄는 변화가 나타나야 한다. 질환의 경과 중에 조증 삽화가 있다면, 양극성 장애 II의 진단은 불가능하다. 우울 삽화나 경조증 변동은 임상적으로 중요한 고통이나 사회적·직업적 또는 기타 중요한 영역들의 기능에 손상을 초래해야 한다. 하지만 경조증 삽화에서는 이 조건이 부합되어야 할 필요는 없다. 심각한 손상을 초래하는 경조증 삽화는 조증 삽화의 진단, 그리고 따라서 양극성 장애 I의 생애진단을 내리는 조건이 될 것이다. 반복적인 주요 우울 삽화는 양극성 장애 I에서 나타나는 것보다 더 빈번하고 긴 경우가 많다. 양극성 장애 II를 가진 사람은 보통 임상가를 주요 우울 삽화 동안에 찾게 되고, 경조증에 대해 처음부터 얘기하지 않기 때문에 진단 내리기 어려울 수 있다. 보통, 경조증 삽화는 개인의 일상생활에 손상을 초래하지 않는다. 대신, 주요 우울 삽화 또는 예측 불가능한 기분 변화의 지속적 패턴과 동요하고 신뢰할 수 없는 대인관계나 직업적 기능의 손상으로 일상생활의 문제가 초래된다(American Psychiatric Association, 2013).

■ DSM-5의 양극성 장애 II 진단기준

양극성 장애 II의 진단을 위해서는 다음의 현재 또는 과거 경조증 삽화의 기준과 다음의 현재 또는 과거 주요 우울증 삽화의 기준을 충족시키는 것이 필요함

경조증 삽화

A. 적어도 연이어 4일 동안 지속되고 하루의 대부분, 거의 매일 존재하는, 비정상적이고 지속적으로 의기양양하거나, 과대하거나, 과민한 기분과 비정

상적이고 지속적으로 증가된 활동이나 활기의 분명한 기간

B. 기분장해 및 증가된 활기와 활동의 기간 중에 다음 중 세 가지(또는 그 이상) 증상이(기분이 단지 과민하기만 한 경우에는 네 가지) 계속되어 왔으며, 평상시 행동에서 두드러진 변화를 나타내며, 심각한 정도로 존재해 왔음

1. 과장된 자존감 또는 떠벌림
2. 수면에 대한 욕구 감소(예시: 단 3시간의 수면으로도 휴식을 취했다고 느낌)
3. 평소보다 말이 많아지거나 계속 말을 해야 할 것 같은 압박감
4. 사고의 비약 또는 사고가 바쁘게 돌아가는 주관적 경험
5. 보고되거나 관찰된 바와 같이, 주의산만함(예시: 중요하지 않거나 관계없는 외적 자극에 너무 쉽게 주의가 이끌림)
6. 목표 지향적 활동(직장이나 학교에서 사회적으로 또는 성적으로) 또는 정신운동성 초조의 증가
7. 고통스러운 결과를 초래할 가능성이 높은 활동에 지나치게 몰두(예시: 억제하지 않고 흥청망청 물건 사기, 성적으로 무분별한 행동, 어리석은 사업투자에 관여함)

C. 삽화는 증상이 없을 때의 개인의 평소답지 않은, 명백한 기능 변화와 관련됨

D. 기분장해와 기능 변화가 타인들에 의해 관찰될 수 있음

E. 삽화가 사회적 또는 직업적 기능에 현저한 손상을 초래하거나, 입원이 필요할 정도로 심각하지 않음. 정신병적 특징들이 있다면, 그 삽화는 당연히 조증임

F. 삽화가 물질(예시: 약물남용, 약물치료, 기타 치료)의 생리적 효과들에 의한 것이 아님

주: 항우울치료(예시: 약물치료, 전기충격요법) 동안에 나타났지만 증후군 수준이 충분히 치료의 생리적 영향을 넘어 계속되는 완전 경조증 삽화는 경조증 삽화 진단을 위한 충분한 증거가 됨. 그러나 한 가지 또는 두 가지 증상들(항우울제 사용 이후에 특히 증가된 과민성, 초조함, 불안)이 경조증 삽화 진단을 위해 충분한 것으로 간주되어서는 안되며, 양극성에 걸리기 쉬운 소질을 필연적으로 나타내는 것도 아니므로 주의가 필요함

주요 우울 삽화

A. 다음 증상 가운데 다섯 가지(또는 그 이상)가 같은 2주 동안 지속되었으며, 예전 기능에의 변화를 나타냄: 적어도 하나의 증상이 (1) 우울기분이거나, (2) 흥미나 즐거움의 상실과 같은 증상임

주: 다른 의학적 상태에서 분명히 기인하는 증상들은 포함하지 않음

1. 주관적 보고(예시: 슬픔, 공허감, 절망적으로 느낌) 또는 다른 사람들로부터의 관찰(예시: 우는 것같이 보임)에 나타나듯이, 하루의 대부분, 거의 매일 지속되는 우울한 기분(주: 아동과 청소년에게서는 화난 기분일 수 있음)
2. 하루의 대부분 또는 거의 매일, 모든 또는 거의 모든 활동에 대한 흥미나 즐거움의 뚜렷한 저하
3. 다이어트를 하고 있지 않은 상태에서 상당한 체중 감소 또는 증가(예시: 한 달간 체중 5% 이상의 변화), 또는 거의 매일 계속되는 식욕 감퇴 또는 증가(주: 아동에게는 예상되는 체중 증가를 이루는 데 실패한 것으로 고려함)
4. 거의 매일 나타나는 불면이나 과다 수면
5. 거의 매일 나타나는 정신운동성 불안이나 지체(타인에 의해 관찰 가능함, 단순히 주관적으로 가만히 있지 못하는 느낌이나 지체하는 것이 아님)
6. 거의 매일의 피로나 활력 상실
7. 거의 매일 나타나는 무가치감 또는 (망상적일 수 있는) 과도하거나 부적절한 죄책감(단순히 자책 또는 아픈 것에 대한 죄책감이 아님)
8. 거의 매일 나타나는 생각하거나 집중하는 능력의 감퇴, 우유부단함(주관적 설명 또는 타인에 의한 관찰에 의해)
9. 반복되는 죽음에 대한 생각(단지 죽음에 대한 두려움이 아님), 구체적 계획이 없는 자살 상상의 반복, 자살기도나 구체적 자살 계획

B. 증상이 임상적으로 중요한 고통이나 사회적 · 직업적 또는 기타 중요한 영역의 기능에서 손상을 야기함

C. 삽화가 물질이나 일반적인 의학적 상태의 직접적인 생리적 효과에 의한 것이 아님.

주: 기준 A~C는 주요 우울 삽화에 해당함

주: 의미 있는 상실에 대한 반응(예시: 사별, 재정적 파산, 자연재해에서의 상실, 심각한

의학적 질병이나 장애)은 기준 A에서 언급되듯이 극심한 슬픔의 감정, 상실에 대한 반추, 불면증, 식욕부진, 체중 감량이 포함될 수 있음. 이러한 증상들은 이해할 만하거나 상실에 대해 적절한 것으로 간주될 수 있으나, 의미 있는 상실에 대한 보통의 반응에 추가적으로 주요 우울 삽화가 있는지는 조심스럽게 고려되어야 함. 이 결정은 개인의 병력과 상실의 맥락에서 고통의 표현에 대한 문화적 기준들을 바탕으로 임상적 판단을 실행하는 것이 불가피하게 요구됨

양극성 장애 II

A. 적어도 1회의 경조증 삽화(앞의 '경조증 삽화'의 기준 A~F)와 적어도 1회의 주요 우울 삽화(앞의 '주요 우울 삽화'의 기준 A~C)의 기준에 부합함

B. 조증 삽화는 있은 적이 없음

C. 경조증 삽화(들)와 주요 우울 삽화(들)의 발생은 분열정동장애, 정신분열증, 정신분열형 장애, 망상장애나 기타 분류된 또는 분류되지 않은 정신분열 스펙트럼 및 기타 정신병적 장애에 의해 더 잘 설명되지 않음.

D. 우울증의 증상들이나 우울증과 경조증 기간들의 빈번한 교체로 발생된 예측 불가능성이 임상적으로 중요한 고통이나 사회적 · 직업적 또는 기타 중요한 영역의 기능에서 손상을 초래함

현재 또는 가장 최근 삽화를 명시할 것:

경조증

우울증

만약 해당된다면 명시할 것:

불안한 고통이 있음

혼합된 특징들이 있음

급속 순환이 있음

기분 일치의 정신병적 특징들이 있음

기분 불일치의 정신병적 특징들이 있음

긴장증이 있음

출산 전후에 발병함

계절형: 주요 우울 삽화들의 패턴에만 적용됨

만약 기분 삽화의 모든 기준이 현재 충족되지 않는다면, 경과를 명시할 것:

부분관해

완전관해

만약 기분 삽화의 모든 기준이 현재 충족된다면, 심각도를 명시할 것:

가벼운 정도

중간 정도

심각한 정도

〈읽을거리〉

조울증은 양극성 장애, 조증 상태와 우울 상태

국민건강보험공단의 자료에 따르면, 지난 2007년부터 2011년까지 5년 동안 '조울병' 으로 인한 건강보험 진료환자가 2007년 4만 6천 명에서 2011년 5만 8천 명으로 늘었다. 특히 20대에서 조울증 환자가 큰 폭으로 증가한 것으로 확인됐다. 이는 사회 초년생에게 나타나는 불안감과 경쟁적 업무환경 등의 영향에 의한 과도한 스트레스 때문인 것으로 추정된다.

감정장애 혹은 기분장애라 불리는 '조울증' 은 절망과 우울의 무기력 그리고 지나치게 흥분된 조증 상태가 교대로 나타나는 양극성 장애다.

조증 상태에서는 전형적으로 말이 지나치게 많아지고, 과잉행동을 하게 된다. 또한 자신감 넘치는 행동을 하면서도 방해를 받으면 발끈해서 짜증도 잘 낸다. 수면욕은 억제되고, 성욕은 증가하며, 목소리는 커지고, 때로는 공격적 성향을 보이기도 한다.

그렇지만 정도가 심하지 않을 때는 에너지와 자유분방한 사고가 창의성을 촉진할 수 있으며, 정확성과 논리에 의존해야 하는 영역보다는 정서적 표현과 심상에 의존하는 분야에서 양극성 장애로 고통받는 경우가 많다.

반대로 우울기에 빠지면 불안, 무기력감, 초조, 절망 등의 감정에 휩싸이게 되는데, 잔걱정이 많아지고, 비관적인 생각에 빠진다. 주변인들이 마치 자신을 비아냥거린다는 망상에 사로잡히기도 하며, 이해력이나 집중력, 판단력이 떨어져 쉽게 자신감을 잃기도 한다. 특히 우울기에 빠질 경우 당사자는 우울감을 호소하기보다는 두통, 소화불량, 근육통 등의 신체적 증상을 호소하는 경우가 많아 정확히 진단하기가 쉽지 않다.

조울증은 뇌 안의 신경전달물질의 불균형, 호르몬 조절의 변화, 뇌의 구조적 기능적 이상, 유전적 요인과 같은 생물학적인 요인 등이 가능한 원인일 수 있다. 이와 함께 생애 초기 스트레스, 심리적인 억압과 분노, 성격 등과 같은 심리사회적 요인 등도 발병에 영향을 줄 수 있다고 알려져 있다.

출처: 국민일보(kukinews.com) (2013. 7. 4.)

3) 순환성 장애

순환성 장애는 서로 구별되는 많은 경조증 증상의 주기들과 우울증 증상의 주기들이 포함된 만성적이고 변동적인 기분장애를 특징으로 한다. 순환성 장애의 경조증 증상들은 경조증 삽화의 모든 기준을 만족시키기에는 증상의 수, 심각도, 침투성 또는 기간이 충분하지 않다. 즉, 순환성 장애는 증상의 정도가 가벼우면서도 고양된 기분(경조증)과 경우울증이 교차하는 가벼운 양극성 장애 II의 형태로 볼 수 있다. 순환성 장애로 진단되기 위해서는 처음 2년의 시기 동안(아동이나 청소년인 경우에는 1년), 증상이 지속적이어야 하고(증상이 있는 날들이 없는 날보다 많아야 함), 증상이 없는 기간이 2개월 이상 지속되어서는 안 된다. 또한 주요 우울증, 조증 또는 경조증 삽화의 기준이 부합된 적이 없는 경우에만 순환성 장애로 진단 내려질 수 있다(American Psychiatric Association, 2013).

■ DSM-5의 순환성 장애 진단기준

A. 적어도 2년 동안(아동과 청소년은 적어도 1년), 경조증 삽화의 기준에 부합되지 않는 경조증 증상들이 있는 다수의 기간과 주요 우울 삽화의 기준에 부합되지 않는 우울 증상들이 있는 다수의 기간이 있어 왔음

B. 앞의 2년 동안(아동과 청소년은 1년), 경조증과 우울증 기간이 적어도 그 시간의 절반 가까이 있어 왔으며, 한 번에 2개월 이상 증상 없이 지속된 적이 없음

C. 주요 우울증, 조증 또는 경조증 삽화의 기준들에 부합된 적이 없음

D. 기준 A의 증상이 분열정동장애, 정신분열증, 정신분열형 장애, 망상장애

나 기타 분류된 또는 분류되지 않은 정신분열 스펙트럼 및 기타 정신병적 장애로 더 잘 설명되지 않음

E. 증상이 물질(예시: 약물남용, 약물치료)이나 일반적인 의학적 상태(예시: 갑상선 기능 항진증)의 생리적 효과들에 의한 것이 아님

F. 증상이 임상적으로 심각한 고통이나 사회적 · 직업적 또는 기타 중요한 영역의 기능에서 손상을 초래함.

만약 해당된다면 명시할 것:

불안한 고통이 있음

2. 양극성 장애의 치료

양극성 장애 I, 특히 조증 삽화가 나타날 때는 조증 삽화에서의 회복 및 조증 증상에 의한 자신과 가족 그리고 사회의 피해 방지가 우선시된다. 그러기 위해서는 입원치료를 권장하지만, 가벼운 조증일 경우에는 외래치료도 가능하다. 치료를 거절하거나 재산의 낭비, 가족 그리고 직장에 해를 끼치는 무리한 행위가 있을 때에는 입원치료를 해야 한다. 약물치료도 함께 이루어져야 하는데, 기분안정제인 리튬(Lithium)과 항정신약물이 병용되거나 또는 유지요법으로 리튬치료를 지속한다. 리튬은 모든 유형의 양극성 장애를 치료하는 데 사용되며, 조증 삽화를 진정시키고 예방하는 데 효과가 있다. 양극성 장애에서 주요 우울 삽화가 나타날 때에는 우울증이 회복되면서 조증으로 이행할 가능성을 염두에 두어야 하며, 조증 예방의 목적으로 항우울약물과 함께 리튬을 사용하기도 한다. 조증이 나타날 것 같으면 항우울약물을 중단하고 리튬의 혈중농도를 올려서 사용한다(강선경, 2010).

약물치료와 더불어 심리치료를 병행하는 것이 필요한데, 이는 만성적이고 재발 가능성이 높은 양극성 장애 환자는 자신의 증상을 주시하면서 생활을 조절해 나가는 것이 필수적이기 때문이다. 양극성 장애 환자는 증세가 시작되는 초기 변화를 자각하고, 증세가 악화되기 전에 전문가를 찾아야 한다. 이때, 인지행동치료는 일상생활 속에서 경험하는 부정적 경험을 인지적으로 재구성

하고, 전구기 증상을 감지하고 재발하는 것을 방지하도록 환자의 인지와 행동을 수정하는 데 도움이 된다. 가족 역시 양극성 장애의 증상을 잘 이해하고, 심리적 지지뿐만 아니라 현실 생활에 잘 적응할 수 있도록 도움을 제공해야 한다. 또한, 사회복귀를 위한 재활치료가 필요하다. 대인관계의 안정과 사회적 일상생활의 규칙성은 양극성 장애의 재발을 막는 데 효과적이기 때문에(Frank, Schwartz, & Kupfer, 2000), 사회적 관계에서의 갈등과 문제를 해결하도록 도움으로써 대인관계를 안정적으로 유지하고, 일상생활을 규칙적으로 영위할 수 있도록 불규칙적인 일상의 사건에 적응하는 방법을 습득하도록 돕는 것이 필요하다.

양극성 장애는 극단적인 기분 상태의 변화에 따라 예측 불가능한 돌발행동을 할 가능성이 매우 높기 때문에 우울증보다 심각하다고 알려져 있다. 특히, 양극성 장애를 가진 사람의 주변 사람들은 평소와 다른 과도한 행동을 하는 조증일 경우만 문제를 인식하게 되는데, 실제 양극성 장애를 가진 사람은 감정이 급격히 가라앉은 우울 상태에서 고통을 더 느끼게 되므로 각별히 주의해야 한다. 양극성 장애를 치료하기 위해선 약물처방과 함께 돌발행동에 의한 문제를 최소화하기 위하여 입원치료를 하는 것이 효과적이며, 치료를 위해 오랜 시간이 소요되는 만큼 주위 사람들 또한 꾸준한 노력으로 환자에게 긍정적인 사고방식을 유도하는 것이 중요하다(건강보험심사평가원, 2011. 5. 2.).

학습활동

- 양극성 장애에 관련하여 〈미스터 존스(Mr. Jones)〉(1994)와 〈콜 미 안나(Call Me Anna)〉(1990)를 감상해 봅시다.
- 양극성 장애에 관련된 동영상인 〈서울아산병원 AMC건강플러스: 나도 혹시 조울증?〉을 감상해 봅시다.

  http://www.youtube.com/watch?v=1erhMJMIDRs

정리해봅시다

1. 양극성 및 관련 장애

- 양극성 장애 I은 조증으로도 알려져 있다. 조증 삽화는 적어도 1주간 지속되고, 하루의 대부분, 거의 매일 존재하는(또는 입원이 필요하다면 어떤 기간이든지) 비정상적이고 지속적으로 의기양양하거나, 과대하거나, 과민한 기분과 지속적으로 증가된 활동이나 활기가 있는 분명한 기간이 있다는 것이 중요한 특징이다. 양극성 장애 I의 진단을 내리기 위해서는 조증 삽화의 기준에 부합되는 것이 필요하지만, 경조증이나 주요 우울 삽화들은 필수적이지는 않다. 그러나 경조증이나 주요 우울 삽화들은 조증 삽화에 선행되거나 뒤따를 수 있다.
- 양극성 장애 II는 1회 또는 그 이상의 주요 우울 삽화와 적어도 1회의 경조증 삽화로 구성된 반복되는 기분 삽화의 임상 경과로 특징지어진다. 즉, 우울증과 조증의 정도가 심하지 않은 경조증이 교대로 나타난다. 양극성 장애 II의 진단기준에 부합되기 위해서는 주요 우울 삽화는 적어도 2주 동안 지속되어야 하며, 경조증 삽화는 적어도 4일 동안 지속되어야 한다.
- 순환성 장애는 가벼운 양극성 장애 II의 형태라고 이해할 수 있으며, 서로 구별되는 많은 경조증 증상의 주기들과 우울증 증상의 주기들이 포함된 만성적이고 변동적인 기분장애를 특징으로 한다.

2. 양극성 장애의 치료

- 양극성 장애의 치료를 위해서는 집단 치료가 권장되며, 리튬 및 항정신약물과 같은 약물치료와 인지행동치료와 같은 심리치료가 이루어진다.

참고문헌

강선경(2010). 정신병리. 경기: 집문당.

건강보험심사평가원(2011. 5. 2.). 우울증보다 무서운 조울증… 진료인원 연평균 6.6% 증가.

American Psychiatric Association (2013). *Diagnostic and statistical manual of mental disorders* (5th ed.). Arlington, VA: American Psychiatric Publishing.

Frank, E., Schwartz, H. A., & Kupfer, D. (2000). Interpersonal and social rhythm therapy: Managing the chaos of bipolar disorder. *Biological Psychiatry, 48*, 593-604.

제8장

우울장애

MENTAL

학습목표

- 우울장애에 해당하는 정신장애들을 나열할 수 있다.
- 우울장애에 해당하는 정신장애들의 증상과 진단기준을 설명할 수 있다.
- 우울장애에 대한 치료 방법과 자살행동의 개입 방법을 알 수 있다.

HEALTH

학습내용

- 우울장애
  - 우울장애 유병률
  - 우울장애의 원인
  - 파괴적 기분 조절곤란 장애
  - 주요 우울장애
  - 지속적 우울장애(기분부전증)
  - 월경전 불쾌장애
- 우울장애의 치료와 자살행동
  - 우울장애의 치료
  - 자살행동

1. 우울장애

우울장애(Depressive Disorders)는 슬픔, 공허함 또는 짜증 나는 기분이 존재하며, 개인의 기능 역량에 중대한 영향을 미치는 신체적 · 인지적 변화를 동반한다. 기간, 시기 또는 추정하는 병인에 따라 우울장애를 구분할 수 있다. 우울장애에는 파괴적 기분 조절곤란 장애(Disruptive Mood Dysregulation Disorder), 주요 우울장애(Major Depressive Disorder), 지속적 우울장애(기분부전증)[Persistent Depressive Disorder(Dysthymia)], 월경전 불쾌장애(Premenstrual Dysphoric Disorder), 물질/약물로 유발된 우울장애(Substance/Medication-Induced Depressive Disorder), 다른 의학적 상태에 의한 우울장애(Depressive Disorder Due to Another Medical Condition), 기타 분류된 우울장애(Other Specified Depressive Disorder), 분류되지 않은 우울장애(Unspecified Depressive Disorder)들이 포함된다.

파괴적 기분 조절곤란 장애는 DSM-5에서 새로 추가된 장애로서, 지속적인 화남과 극도의 행동 조절곤란의 빈번한 삽화를 보이는 12세까지의 아동에게 진단될 수 있다. 이 장애를 가진 아동은 청소년기나 성인기가 되면서 양극성 장애보다는 단극성 우울장애나 불안장애의 증상을 나타낸다. 주요 우울장애는 감정, 인지 그리고 자율신경기능에서의 명백한 변화와 일화 사이의 관해를 수반한, 적어도 2주 동안의 별개의 삽화로 특징지어진다. 지속적 우울장애(기분부전증)는 DSM-IV-TR의 만성적 주요 우울장애와 기분부전증을 포함하여 DSM-5에서 새로 추가되었다. 지속적 우울장애는 기분장애가 성인에게는 적어도 2년 동안, 또는 아동에게는 적어도 1년 동안 계속되었을 때 진단될 수 있다. 월경전 불쾌장애는 DSM-IV-TR에서는 부록 목록에 들어 있었으나, DSM-5에서는 우울장애에 포함되었다.

우울장애는 DSM-IV-TR에서는 양극장애와 함께 기분장애에 포함되어 있었다. 그러나 DSM-5에서는 우울장애와 양극성 및 관련 장애로 각각 분리되었다. 이 장에서는 DSM-5에 명시된 우울장애 중에서 파괴적 기분 조절곤란 장애, 주요 우울장애, 지속적 우울장애(기분부전증), 월경전 불쾌장애에 대해 살펴본다.

* 우울장애 유병률

2011년도 보건복지부 '정신질환실태 역학조사'(조맹제 외, 2011)에 따르면, 주요 우울장애의 평생유병률은 6.7%로, 2001년 4.0%, 2006년 5.6%, 2011년 6.7%로 지속적으로 증가해 왔다. 주요 우울장애의 1년 유병률은 3.1%다. 주요 우울장애의 관련 인자로는 여성, 34세 이하, 학생, 주부이거나 무직, 낮은 소득으로 나타났다. 자살 관련 행동의 평생유병률로는 자살 생각 15.6%, 자살 계획 3.3%, 자살 시도 3.2%로 나타났으며, 자살 관련 행동의 1년 유병률은 자살 생각 3.7%, 자살 계획 0.7%, 자살 시도 0.3%로 나타났다. 여자에게서 자살 생각, 계획 및 시도가 모두 더 많았다. 자살 시도가 있었던 사람 중 75.3%는 평생 한 번 이상 정신장애를 경험하였고, 특히 40.9%에서 기분장애(양극성 장애와 우울장애 포함)를 경험한 것으로 나타났다.

* 우울장애의 원인

우울장애의 원인을 설명하기 위해 유전적 요인, 신경내분비계의 이상, 수면뇌파의 이상, 심리적 원인, 발병 전의 성격특성 등 여러 요인들이 제시되고 있다(강선경, 2010). 첫째, 유전적 요인이 있다면 발병 위험이 증가한다고 보는 관점이다. DSM-IV에 따르면, 단극성 우울증 환자의 직계가족에서 우울증 발생률은 일반 인구에서의 발생률에 비하여 1.5~3배 높다고 나타나고 있다. 둘째, 신경내분비계의 이상이 우울장애의 발병에 영향을 미친다고 보는 관점이다. 신경전달물질인 세로토닌의 감소가 우울증과 관련이 있다고 여기며, 노르에피네프린 감소, 도파민 감소, 코르티솔 과다, 갑상선 호르몬, 성장 호르몬, 멜라토닌 등의 이상이 우울장애의 원인이 된다. 셋째, 수면 뇌파의 이상에 의해 우울장애가 발병한다는 관점이다. 수면의 연속성이 깨져서 자주 깨고, REM 수면이 빨리 나타나 깊은 수면을 취하지 못하고 꿈을 많이 꾸게 되면서 우울장애가 발병한다는 것이다. 넷째, 심리적 원인이 우울장애에 영향을 미치는 것으로 보는 관점이다. 하지만 이 관점에 대해서는 과거의 어떤 일에 의한 심리적 타격이나 심리적 충격은 우울증 초기에는 영향을 많이 미치지만, 병이 만성화되면 주위의 사건과 상관없이 쉽게 재발된다는 반론도 있다. 다섯째, 발병 전의 성격적 특징이 우울장애의 발병에 영향을 미친다는 관점이다. 자아존중감이 낮고, 초자아가 강하고, 대인관계가 의존적이며, 지속적이고 성숙한 대인관계를 이루지 못하는 사람이 우울장애에 쉽게 걸리는 것으로 알려져 있다.

1) 파괴적 기분 조절곤란 장애

파괴적 기분 조절곤란 장애(Disruptive Mood Dysregulation Disorder)는 만성적이며 심각한 지속적인 과민성(irritability)을 특징으로 한다. 이 심각한 과민성은 임상적으로 빈번한 분노폭발과 심각한 분노폭발 사이에 존재하는 만성적이고 지속적인 짜증이나 화로 나타난다. 첫째, 분노폭발은 보통 좌절감에 대한 반응으로 나타나며, 언어적 분노이거나 소유물, 자신 또는 다른 사람에 대한 공격의 형태로 나타나는 행동적 분노일 수 있다. 이러한 분노폭발들은 발달적으로 부적절해야 하며, 학교나 집에서와 같이 적어도 두 가지 상황에서 적어도 1년 동안 1주일에 3회 이상 자주 나타나야 한다. 둘째, 짜증을 내거나 화난 기분은 하루의 대부분, 거의 매일 존재하며, 다른 사람도 알아챌 수 있는 아동의 특징이어야 한다(American Psychiatric Association, 2013).

■ DSM-5의 파괴적 기분 조절곤란 장애 진단기준

A. 상황이나 화를 내는 이유에 비해 강도나 기간이 극도로 지나친, 언어적(예시: 언어적 분노) 그리고/또는 행동적(예시: 사람이나 소유물을 향한 신체적 공격)으로 나타나는 극심하고 반복되는 분노폭발들

B. 분노폭발들은 발달적 수준에 부합되지 않음

C. 분노폭발들은 평균적으로 일주일에 3회 이상 발생함

D. 분노폭발들 사이의 기분은 하루의 대부분, 거의 매일 지속적으로 짜증이 나거나 화가 나고, 다른 사람들(부모, 교사, 또래)에 의해 관찰될 수 있음

E. 기준 A~D는 12개월 이상으로 존재함. 그 기간 동안 개인은 기준 A~D의 모든 증상 없이 연속 3개월 이상 지속된 기간이 없음

F. 기준 A와 D는 세 가지 환경(예시: 집에서, 학교에서, 또래와) 중에서 적어도

두 가지에서 존재하며, 이 중에서 적어도 한 가지에서 심각함

G. 6세 이전이나 18세 이후 첫 번째 경우에는 진단이 내려지지 않음

H. 병력이나 관찰에 따르면, 기준 A~E의 발병 연령은 10세 이전임

I. 기간만 빼고, 조증이나 경조성 삽화의 모든 증상 기준에 부합된 하루 이상 지속된 별개의 기간이 있은 적이 없음

주: 매우 긍정적인 사건이나 이를 예측하는 상황에서 발생되는 것과 같은, 발달적으로 적절한 기분 향상은 조증이나 경조증의 증상으로 간주해서는 안 됨

J. 행동들은 주요 우울장애의 삽화 중에만 오로지 발생하지 않으며, 다른 정신장애(예시: 자폐 스펙트럼 장애, 외상 후 스트레스 장애, 분리불안 장애, 지속적 우울장애(기분부전증))에 의해 더 잘 설명되지 않음

주: 이 진단은 비록 주요 우울장애, 주의력결핍 과잉행동 장애, 품행장애, 물질 사용 장애를 포함한 장애들과는 공존할 수 있지만, 반항장애, 간헐성 폭발 장애, 양극성 장애와는 공존할 수 없음. 증상들이 파괴적 기분 조절곤란 장애와 반항장애 기준 둘 다에 부합하는 개인에게는 파괴적 기분 조절곤란 장애만 진단되어야 함. 만약 개인이 조증이나 경조증 삽화를 경험한 적이 있다면, 파괴적 기분 조절곤란 장애는 진단되어서는 안 됨

K. 증상들은 물질 또는 다른 의학적 상태나 신경학적 상태의 생리적 영향에 기인하지 않음

2) 주요 우울장애

주요 우울장애(Major Depressive Disorder)를 진단하기 위해서는 몸무게 변화와 자살 상상만 제외하고, 주요 우울장애의 기준 증상들은 거의 매일 나타나야만 한다. 우울한 기분은 거의 매일 그리고 하루의 대부분 동안에 나타나야 한다. 주요 우울장애의 증상은 다음과 같다(강선경, 2010).

- 정서적 증상
  - 슬픔, 불행감, 절망감, 외로움, 무가치감, 걱정, 죄책감 등
  - 만족이 없고 즐거움이 없음, 식욕도 없어지고, 성적 욕구도 사라짐

- 인지적 증상
  - 극히 약한 자아존중감
  - 무능력, 열등, 적절하게 행동하지 못한다고 생각하지만, 이는 실제의 모습과 다를 때가 많음
  - 부정적이고 절망적 사고, 우유부단함
  - 실패한 일을 자기 책임으로 보고 죄책감을 가지는 실패의 내재화
  - 성공적인 생활을 하면서도 미래에 실패할 것이라는 생각
  - 죽음에 대한 생각이나 자살 생각을 자주 반복함
- 동기적 · 행동적 증상
  - 무슨 활동이든지 시작하기 무척 어려워함
  - 쉽게 지치고 사회적인 활동에 참여하지 못하고, 즐거운 활동에 흥미를 잃음
  - 칭찬이나 보상에 주의를 기울이지 못함
  - 자살행동(우울증의 회복기에 많은 것이 특징)
- 신체증상
  - 식욕 감퇴에 의한 체중 감소 또는 식욕 증가로 인한 체중 증가
  - 불면증
  - 때때로 신체증상에 집착, 실제로 감기 같은 전염성 질환에 약함
  - 소화불량, 변비, 체중 감소, 피로감, 두통, 오심 및 구토, 월경불순, 성욕 감퇴 등

우울 증상을 가진 사람이 불면증이나 피로감을 불평으로 제시하여 동반된 우울 증상을 탐색하지 못하고 제대로 진단하지 못하는 경우가 있을 수 있다. 슬픈 감정은 처음에는 부정될 수 있지만, 면담에서 도출해 내거나 얼굴 표정과 행동에서 암시될 수 있다. 신체화 통증을 호소하는 개인에 대해서는 사회복지사는 통증이 특정한 우울 증상과 연관되었는지를 결정해야 한다. 피로감과 수면장애가 나타나는 비율은 매우 높으며, 정신운동 장애는 흔히 나타나지는 않지만 망상적 또는 망상 유사적 죄책감 증상처럼 전반적으로 더 심각함을 나타낸다(American Psychiatric Association, 2013).

■ DSM-5의 주요 우울장애 진단기준

A. 다음 증상 가운데 다섯 가지(또는 그 이상)가 동일한 2주 동안 지속되었으며, 예전 기능의 변화를 나타냄: 적어도 하나의 증상이 (1) 우울기분이거나, (2) 흥미나 즐거움의 상실과 같은 증상임

주: 다른 의학적 상태에서 분명히 기인하는 증상들은 포함하지 않음

1. 주관적 보고(예시: 슬픔, 공허감, 절망적으로 느낌) 또는 다른 사람들로부터의 관찰(예시: 우는 것같이 보임)에 나타나듯이, 하루의 대부분, 거의 매일 지속되는 우울한 기분(주: 아동 · 청소년의 경우 화난 기분일 수 있음)
2. 하루의 대부분 또는 거의 매일, 모든 또는 거의 모든 활동에 대한 흥미나 즐거움의 뚜렷한 저하
3. 다이어트를 하고 있지 않은 상태에서 상당한 체중 감소 또는 증가(예시: 1개월 동안 체중 5% 이상의 변화), 또는 거의 매일 계속되는 식욕 감퇴 또는 증가

   주: 아동에게는 예상되는 체중 증가를 이루는 데 실패할 것으로 고려함
4. 거의 매일 나타나는 불면이나 과다 수면
5. 거의 매일 나타나는 정신운동성 불안이나 지체(타인에 의해 관찰 가능함, 단순히 주관적으로 가만히 있지 못하는 느낌이나 지체하는 것이 아님)
6. 거의 매일의 피로나 활력 상실
7. 거의 매일 나타나는 무가치감 또는 (망상적일 수 있는) 과도하거나 부적절한 죄책감(단순히 자책 또는 아픈 것에 대한 죄책감이 아님)
8. 거의 매일 나타나는 생각하거나 집중하는 능력의 감퇴 또는 우유부단함(주관적 설명 또는 타인에 의한 관찰에 의해)
9. 반복되는 죽음에 대한 생각(단지 죽음에 대한 두려움이 아님), 구체적 계획이 없는 자살 상상의 반복, 자살기도나 구체적 자살 계획

B. 증상이 임상적으로 중요한 고통을 주거나 사회적 · 직업적 영역 또는 기타 중요한 영역의 기능에서 손상을 야기함

C. 삽화가 물질이나 일반적인 의학적 상태의 직접적인 생리적 효과에 의한 것이 아님

주: 기준 A~C는 주요 우울 삽화에 해당함

주: 의미 있는 상실의 대한 반응(예시: 사별, 재정적 파산, 자연재해에서의 상실, 심각한 의학적 질병이나 장애)은 기준 A에서 언급되었듯이 극심한 슬픔의 감정, 상실에 대한 반추, 불면증, 식욕부진, 체중 감량이 포함될 수 있음. 이러한 증상들은 이해할 만하거나 상실에 대해 적절한 것으로 간주될 수 있으나, 의미 있는 상실에 대한 보통의 반응에 추가적으로 주요 우울 삽화가 있는지는 조심스럽게 고려되어야 함. 이 결정은 개인의 병력과 상실의 맥락에서 고통의 표현에 대한 문화적 기준들을 바탕으로 임상적 판단을 실행하는 것이 불가피하게 요구됨

D. 주요 우울 삽화의 발생은 분열정동장애, 정신분열증, 정신분열형 장애, 망상장애나 기타 분류된 또는 분류되지 않은 정신분열증 스펙트럼 및 기타 정신병적 장애들에 의해 더 잘 설명되지 않음

E. 조증 삽화 또는 경조증 삽화는 있은 적이 없음

주: 만약 모든 조증과 유사한 또는 경조증과 유사한 삽화들이 물질로 유발된 또는 다른 의학적 상태의 생리적 영향에 의한다면, 이 제외는 적용되지 않음

명시할 것:

불안한 고통이 있음

혼합된 특징들이 있음

우울한 특징들이 있음

기분 일치의 정신병적 특징들이 있음

기분 불일치의 정신병적 특징들이 있음

긴장증이 있음

출산 전후에 발병함

계절형(반복되는 삽화만)

〈사례 8-1〉

주요 우울장애

김 씨는 만 40세의 남성으로 어머니와 함께 살고 있으며, 우울증으로 일상생활의 어려움을 느끼고 있다. 김 씨는 평소에 초조하고 불안해하며 불면증이 있으며, 특히 아침에 심하게 저조한 기분 상태와 가슴이 허한 증상을 갖고 있다. 매사에 무기력하고, 컴퓨터 게임에 몰두하기도 하였다. 김 씨는 '나는 부족하다.'는 생각을 계속하게 되는 등 자존감이 저하되고, 가라앉는 느낌, 울컥함, 답답함, 기분 저조, 버거움 등 우울의 부정적인 정서가 지속되었다고 토로하였다. 김 씨는 직장에서 다른 사람들과 관계 맺는 능력이 부족하여 좌절과 실패를 여러 번 경험하게 되면서 회사에 가는 것을 무척 싫어하였다. 2년 전 이혼한 김 씨는 어머니에게 삶에 아무런 미련도 없으며, 무엇을 하든 인생에서 달라질 것이 없다고 하였다. 어머니는 김 씨가 하루 종일 꼼짝도 않고 누워 있기도 하며, 죽음에 대해 종종 얘기한다면서 매우 걱정하였다.

3) 지속적 우울장애(기분부전증)

지속적 우울장애(기분부전증)[Persistent Depressive Disorder(Dysthymia)]의 주요한 특징은 우울한 기분이 하루의 대부분, 적어도 2년(아동 · 청소년의 경우 1년) 동안 우울한 날들이 그렇지 않은 날보다 더 많이 발생하는 것이다. 이 장애는 DSM-IV에서의 만성 주요 우울장애와 기분부전장애를 통합한 것이다. 주요 우울증은 지속적 우울장애보다 먼저 일어날 수도 있고, 주요 우울 삽화는 지속적 우울장애 중에 나타날 수도 있다. 증상들이 주요 우울장애 기준을 2년 동안 부합한 사람에게는 주요 우울장애뿐만 아니라, 지속적 우울장애 진단을 내려야 한다.

지속적 우울장애를 가진 사람은 슬프거나 침울한 기분을 가지며, 우울한 기분을 갖는 기간 동안에는 적어도 다음의 증상들 중 두 가지가 존재한다.

- 식욕부진 또는 과식
- 불면 또는 수면 과다

- 기력 저하 또는 피로감
- 자아존중감 저하
- 낮은 집중력 또는 의사결정의 어려움
- 절망감

이러한 증상들이 매일매일 일상경험의 한 부분이 되기 때문에(예시: '나는 항상 이런 식이었다.') 개인이 직접적으로 고무되지 않는다면 이러한 증상을 보고하지 않을 수도 있다. 증상이 나타나는 2년 동안, 증상이 없는 시간은 2개월 이상 지속되지 않는다(American Psychiatric Association, 2013).

■ DSM-5의 지속적 우울장애(기분부전증) 진단기준

이 장애는 DSM-IV에 정의된 만성 주요 우울장애와 기분부전장애를 통합한 것에 해당함

A. 하루의 대부분에 우울한 기분이 있고, 최소한 2년 동안 주관적 설명이나 타인의 관찰로 드러난 것처럼 우울기분이 없는 날보다 있는 날이 더 많음
   주: 아동 · 청소년의 경우 기분이 화난 상태로 나타나기도 하고, 기간이 적어도 1년이 되어야 함

B. 우울한 동안에 다음 중 두 가지(또는 그 이상) 증상이 있음
   1. 식욕부진 또는 과식
   2. 불면 또는 수면 과다
   3. 기력 저하 또는 피로감
   4. 자아존중감 저하
   5. 낮은 집중력 또는 의사결정의 어려움
   6. 절망감

C. 장해가 있는 2년 동안(아동 · 청소년의 경우 1년), 한 번에 2개월 이상, 기준 A와 B의 증상이 존재하지 않았던 경우가 없음

D. 2년 동안 주요 우울장애의 기준이 계속적으로 존재할 수도 있음

E. 조증 삽화나 경조증 삽화가 한 번도 없었고, 순환성 장애의 기준에 부합된 적이 없음

F. 장애는 지속적 분열정동장애, 정신분열증, 망상장애나 기타 분류된 또는 분류되지 않은 정신분열 스펙트럼 및 기타 정신병적 장애에 의해 더 잘 설명되지 않음

G. 증상들은 물질(예시: 약물남용, 약물치료) 또는 다른 의학적 상태(예시: 갑상선 기능 저하증)의 생리적 효과에 의한 것이 아님

H. 증상들이 임상적으로 중요한 고통이나 사회적 · 직업적 또는 기타 중요한 영역의 기능에서 손상을 초래함

주: 주요 우울 삽화를 위한 기준이 지속적 우울장애(기분부전증)의 증상 목록에는 없는 네 가지 증상을 포함하기 때문에 극히 제한된 수의 사람들이 2년 넘게 지속된 우울 증상을 갖고도 지속적 우울장애의 기준에 부합하지 못할 것임. 만약 현재 질환의 삽화 중에 어느 시점에서 주요 우울 삽화에 대한 모든 기준에 부합된다면, 주요 우울장애의 진단이 내려져야 함. 그렇지 않다면, 기타 분류된 우울장애나 분류되지 않은 우울장애의 진단이 내려지는 것이 정당함.

만약 해당된다면 명시할 것:

불안한 고통이 있음

혼합된 특징들이 있음

우울한 특징들이 있음

비전형적 특징이 있음

기분 일치의 정신병적 특징들이 있음

기분 불일치의 정신병적 특징들이 있음

출산 전후에 발병함

만약 해당된다면 명시할 것:

부분관해

완전관해

만약 해당된다면 명시할 것:

조기 발병: 발병이 21세 이전인 경우

후기 발병: 발병이 21세 이상인 경우

만약(가장 최근 2년 동안 지속적 우울장애에) 해당된다면 명시할 것:

순수 기분부전증후군 있음: 주요 우울 삽화의 모든 기준에 적어도 이전 2년

동안 부합되지 않음

지속적 주요 우울 삽화 있음: 주요 우울 삽화의 모든 기준이 이전 2년 동안 부합되어 왔음

현재 삽화와 함께, 간헐적 주요 우울장애 있음: 주요 우울 삽화의 모든 기준이 현재 부합되지만, 완전한 주요 우울 삽화의 기준치 밑의 증상들이 적어도 이전 2년 동안에 적어도 8주 동안 있어 왔음

현재 삽화 없이, 간헐적 주요 우울장애 있음: 주요 우울 삽화의 모든 기준이 현재 부합되지 않지만, 하나 또는 그 이상의 주요 우울 삽화들이 적어도 이전 2년 동안 있어 왔음

현재의 심각도를 명시할 것:

가벼운 정도

중간 정도

심각한 정도

〈참고하기〉

벡의 우울척도(Beck's Depression Inventory: BDI)

현재 자신의 상태를 가장 잘 표현하고 있는 항목에 체크하시오.

1.
0 나는 슬픔을 느끼지 않는다.
1 나는 항상 슬프고 그것을 떨쳐 버릴 수 없다.
2 나는 슬픔을 느낀다.
3 나는 너무나도 슬프고 불행해서 도저히 견딜 수 없다.

2.
0 나는 앞날에 대해 특별히 낙담하지 않는다.
1 나는 앞날에 대해서 별로 기대할 것이 없다고 느낀다.
2 나는 앞날에 대해 기대할 것이 아무것도 없다고 느낀다.
3 나의 앞날은 암담하여 전혀 희망이 없다.

3.
0 나는 실패감 같은 것을 느끼지 않는다.

1 나는 다른 사람들보다 실패의 경험이 더 많다고 느낀다.

2 나는 살아온 과거를 되돌아보면 항상 많은 일에 실패를 했다.

3 나는 한 인간으로서 완전히 실패했다고 느낀다.

4.

0 나는 전과 다름없이 일상생활에서 만족하고 있다.

1 나의 일상생활은 전처럼 즐겁지가 않다.

2 나는 더 이상 어떤 것에서도 실제적인 만족을 얻지 못한다.

3 나는 모든 것이 다 불만스럽고 지겹다.

5.

0 나는 특별히 죄의식을 느끼지 않는다.

1 나는 많은 시간 동안 죄의식을 느낀다.

2 나는 대부분의 시간 동안 죄의식을 느낀다.

3 나는 항상 죄의식을 느낀다.

6.

0 나는 내가 벌을 받고 있다고 느끼지 않는다.

1 나는 내가 벌을 받을지도 모른다고 느낀다.

2 나는 벌을 받아야 한다고 느낀다.

3 나는 현재 내가 벌을 받고 있다고 느낀다.

7.

0 나는 나 자신에 대해 실망하지 않는다.

1 나는 나 자신에 대해 실망하고 있다.

2 나는 나 자신을 역겨워하고 있다.

3 나는 나 자신을 증오한다.

8.

0 나는 내가 다른 사람보다 못하다고 생각하지 않는다.

1 나는 나의 약점이나 실수에 대해 나 자신을 비판하는 편이다.

2 나는 나의 잘못에 대해 항상 나 자신을 비난한다.

3 나는 주위에서 일어나는 모든 잘못된 일에 대해 나 자신을 비난한다.

9.

0 나는 자살할 생각 같은 것은 하지 않는다.

1 나는 자살할 생각은 하고 있으나 실제 실행하지는 않을 것이다.

2 나는 자살하고 싶다.

3 나는 기회만 있으면 자살하겠다.

10.
0 나는 전보다 더 울지는 않는다.
1 나는 전보다 더 많이 운다.
2 나는 요즈음 항상 운다.
3 나는 전에는 자주 울었지만 요즈음은 울래야 울 기력조차 없다.

11.
0 나는 전보다 화를 더 내지는 않는다.
1 나는 전보다 쉽게 화가 나고 짜증이 난다.
2 나는 항상 화가 치민다.
3 전에는 화가 났던 일인데도 요즈음은 화조차 나지 않는다.

12.
0 나는 다른 사람에 대한 흥미를 잃지 않고 있다.
1 나는 다른 사람들에게 흥미를 덜 느낀다.
2 나는 다른 사람들에 대하여 거의 흥미를 잃었다.
3 나는 다른 사람들에 대하여 완전히 흥미를 잃었다.

13.
0 나는 전과 같이 결정하는 일을 잘 해낸다.
1 나는 어떤 일에 대해 결정을 못 내리고 머뭇거린다.
2 나는 어떤 결정을 할 때 전보다 더 큰 어려움을 느낀다.
3 나는 이제 아무 결정도 내릴 수가 없다.

14.
0 나는 전보다 내 모습이 나빠졌다고 느끼지 않는다.
1 나는 내 용모에 대해 걱정한다.
2 나는 남들에게 매력을 느끼게 할 용모를 지니고 있지 않다.
3 나는 내가 추하고 불쾌하게 보인다고 생각한다.

15.
0 나는 전과 다름없이 일을 잘할 수 있다.
1 어떤 일을 시작하려면 전보다 더 힘이 든다.
2 어떤 일을 시작하려면 굉장히 힘을 들이지 않으면 안 된다.
3 나는 너무 지쳐서 아무런 일도 할 수가 없다.

16.
0 나는 전과 다름없이 잠을 잘 잔다.
1 나는 전처럼 잠을 자지 못한다.

2 나는 전보다 한두 시간 빨리 잠이 깨며, 다시 잠들기가 어렵다.
3 나는 전보다 훨씬 빨리 잠이 깨며, 다시 잠들 수가 없다.

17.
0 나는 전보다 더 피곤하지 않다.
1 나는 전보다 더 쉽게 피곤해진다.
2 나는 무슨 일을 하든지 곧 피곤해진다.
3 나는 너무나 피곤해서 아무 일도 할 수가 없다.

18.
0 내 식욕은 전보다 나빠지지 않았다.
1 내 식욕이 전처럼 좋지 않다.
2 내 식욕은 요즈음 매우 나빠졌다.
3 요즈음에는 전혀 식욕이 없다.

19.
0 요즈음 나는 몸무게가 줄지 않았다.
1 나는 전보다 몸무게가 준 편이다.
2 나는 전보다 몸무게가 많이 줄었다.
3 나는 전보다 몸무게가 너무 많이 줄어서, 건강에 위협을 느낄 정도다.

20.
0 나는 전보다 건강에 대해 더 염려하지는 않는다.
1 나는 두통, 소화불량 또는 변비 등의 현상이 잦다.
2 나는 내 건강에 대하여 매우 염려하기 때문에 제대로 일을 하기가 어렵다.
3 나는 내 건강에 대하여 너무 염려하기 때문에 다른 일을 거의 생각할 수가 없다.

21.
0 나는 요즈음도 이성에 대한 관심에 변화가 없다고 생각한다.
1 나는 이전보다 이성에 대한 흥미가 적다.
2 나는 요즈음 이성에 대한 흥미를 상당히 잃었다.
3 나는 이성에 대한 흥미를 완전히 잃었다.

해석:
0~9점: 정상 상태
10~15점: 경한 우울 상태
16~23점: 중한 우울 상태
24~63점: 심한 우울 상태

출처: Beck, Ward, Mendelson, Mock, & Erbaugh (1961).

4) 월경전 불쾌장애

월경전 불쾌장애(Premenstrual Dysphoric Disorder)는 월경 주기에서 월경 전 단계 동안에는 반복적으로 나타나고 월경의 시작이나 그 직후에 완화되는 정서적 불안정성, 과민성, 불쾌감 그리고 불안 증상을 특징으로 한다. 이러한 증상들은 행동적 · 신체적 증상들을 동반한다. 지난해 동안 대부분의 월경 주기들에서 증상들이 나타나야 하며, 일이나 사회적 기능에 악영향을 주어야만 한다(American Psychiatric Association, 2013).

■ DSM-5의 월경전 불쾌장애 진단기준

A. 대부분의 월경 주기들에서, 적어도 다섯 가지 증상들이 월경이 시작되기 전 마지막 주에 나타나며, 월경이 시작된 후에는 며칠 안에 나아지기 시작하고, 월경이 끝난 주에는 최소화되거나 없어짐

B. 다음 증상들 중 하나(또는 그 이상)가 존재해야 함
1. 뚜렷한 정서적 불안정성(예시: 감정 기복, 갑자기 슬프거나 눈물이 나는 기분, 거절감에 높은 민감성)
2. 뚜렷한 과민이나 분노 또는 증가된 대인관계 갈등
3. 뚜렷한 우울한 기분, 절망감 또는 자기비하적 생각들
4. 뚜렷한 불안, 긴장 그리고/또는 긴장한 또는 초조한 느낌

C. 기준 B의 증상들과 결합했을 때, 총 다섯 가지의 증상에 도달하기 위해 다음 증상들 중 한 가지(또는 그 이상)가 반드시 추가적으로 존재해야 함
1. 일상 활동에 대한 감소된 흥미(예시: 일, 학교, 친구, 취미)
2. 정신집중의 주관적 어려움
3. 무기력, 쉽게 피로하거나 뚜렷한 활기 부족
4. 뚜렷한 식욕의 변화: 과식이나 특정 음식 갈망
5. 과다 수면이나 불면증
6. 압도되거나 통제 불능의 느낌
7. 유방의 민감성(breast tenderness)이나 부기, 관절이나 근육통, 부은 느낌 또는 체중 증가와 같은 신체적 증상들

주: 기준 A~C의 기준들은 전년도에 있었던 대부분의 월경 주기들에 부합되어야 함

D. 증상들은 임상적으로 중요한 고통 또는 일, 학교, 일상 사회활동이나 다른 사람과의 관계(예시: 사회적 활동들의 회피, 일 · 학교 · 집에서의 생산성과 효율성 감소)를 방해하는 것과 연관됨

E. 장애는 주요 우울장애, 공황장애, 지속적 우울장애(기분부전증) 또는 성격장애와 같은 다른 장애의 증상들의 단순한 악화가 아님(비록 이러한 장애들과 함께 발생할 수도 있지만).

F. 적어도 두 번의 증상 주기 동안에 예상 일일 평가에 의해 기준 A는 확정되어야 함

주: 이 확정 전에는 진단은 잠정적으로 내려질 수도 있음

G. 증상들은 물질(예시: 약물남용, 약물치료, 다른 치료)이나 다른 의학적 상태(예시: 갑상선 기능 항진증)의 생리적 효과에 기인하지 않음

〈읽을거리〉

월경전 증후군도 질병, 치료가 필요하다

……강남구에 사는 조수형 씨(31세)는 매달 찾아오는 생리 때면 주위 사람들로부터 히스테리를 부린다는 소리를 부쩍 자주 듣곤 했다. 몸이 불편한 것은 둘째 치고 매사가 짜증 나고 화나는 감정을 억누를 길이 없었지만, 병원은 한 번도 찾지 않았다. 하지만 직장에서 중요한 프로젝트를 진행하던 중 동료들과의 마찰이 평소보다 심했던 어느 날, 직장 선배가 병원에서 진료를 받아볼 것을 권유했다. 처음엔 정신이상으로 보는 것 같아 몹시 불쾌했지만, 산부인과를 찾고 진단을 받은 내용은 월경전 불쾌장애로 월경전 증후군에서도 중증이었다.

월경전 증후군은 가임기 여성이 생리 전에 불편하게 느끼는 증상들로 이루어진 질병이다. 보통 주기적으로 다음 월경 전 7~10일 전에 시작되어 월경 직전이나 월경 시작 후 수 시간 내에 끝나는 감정적 · 신체적 · 심리적 복합 장애다. 월경은 여성호르몬의 작용과 밀접한 연관이 있으며, 심리적인 불안감과 불편함이 따르게 된다. 실제로 여성의 65% 정도가 가벼운 우울증을 호소하고, 20~40%는 치료가 필요할 정도의 다양한 증상

으로 월경전 증후군을 앓고 있다.

〈중 략〉

주요한 증상으로는 유방에 통증이 있으며, 두통, 손발이 붓는 등의 신체적 증상과 우울하고 신경이 날카로워지며 불안하고 혼란스러운 감정이 생기는 정신적 증상이 있다.

특히 월경전 증후군을 겪는 여성들 중 4%는 월경전 불쾌장애 진단을 받기도 하는데, 감정이 과민해지고 기복이 심해지며 우울감 또는 좌절감을 호소하기도 한다. 또한 집중력 감퇴, 불면증, 식욕 감퇴와 더불어 의욕저하 등의 증상을 호소하기도 한다.

이와 같은 증상이 계속된다면 병원을 찾아 이상을 먼저 확인하고 이상이 없을 경우에 월경전 증후군으로 진단을 받게 된다. 아직 월경전 증후군에 대한 구체적인 병인은 밝혀지지 않았으나, 여성호르몬인 에스트로겐과 프로게스테론의 주기적 변동이 주된 원인일 것으로 여겨진다. 즉, 월경의 주기에 따라 호르몬의 분비에 변화가 생기는데, 이러한 과정에서 감정을 조절하는 뇌신경전달물질인 세로토닌이 감소하고, 흥분과 연관된 물질인 가바(GABA) 분비가 증가하면서 감정의 기복을 보이게 된다.

이 증후군은 단순한 장애가 아니라 적극적 치료가 필요하다. 인간관계에서 발생되는 갈등이나 심적으로 내재된 문제에 일단 주안점을 두고 월경 전에 발생되는 증상에 초점을 맞추면서 치료해야 한다.

일반적인 방법으로는 식사 조절, 운동, 정신적 지지(심리적으로 따뜻하게 위로해 주는 의미) 등이 있다. 월경 기간 전에는 염분의 섭취를 피하고 카페인 섭취를 줄이며, 알코올과 담배를 제한하는 것이 증상 완화에 도움을 줄 수 있다. 월경전 증후군에 사용하는 약물은 나타나는 증상에 따라 여러 가지 약물을 사용한다. 부종이 심한 경우에는 이뇨제를, 월경통이나 두통이 있을 경우에는 진통제를 사용한다. 여성호르몬을 조절하는 호르몬제인 피임약, 난소 기능을 억제하는 약, 항우울제 등을 사용하기도 한다.

직장 생활에 불편할 정도로 월경전 증후군이 심하더라도 생리 주기마다 증상이 달라지기도 하고, 어느 순간 갑자기 좋아지기도 하기 때문에 적극적 치료와 긍정적 사고로 증상을 호전시킬 필요가 있다. 또한 주변에 자신의 증상을 알려 감정 기복으로 인한 피해를 줄이는 방법도 필요하다.

출처: 이코노믹 리뷰(econovill.com) (2012. 9. 13.)

2. 우울장애의 치료와 자살행동

1) 우울장애의 치료

우울장애를 위한 약물치료로는 선택적 세로토닌 재흡수 억제제(SSRIs)와 3환계 항우울약물(TCAs)이 보편적으로 사용되며, 항정신병 약물을 같이 투여하기도 한다. 전기경련요법(ECT)은 우울증에 효과적인 치료법의 하나로서 효과가 매우 빠르며 반응률도 높다. 증상이 심해서 자살의 위험성이 크거나 신체 쇠약이 염려되는데 약물의 효과가 나올 때까지 기다릴 수 없는 경우, 약물을 복용할 수 없을 경우, 그리고 약물치료가 실패하였을 경우에 보통 약물치료와 병행하여 실행된다(강선경, 2010).

보통 약물치료와 함께, 기분장애에 대한 교육 실시, 감정 처리 및 파괴된 생활과 대인관계 재확립을 돕는 심리요법도 병행한다. 심리치료는 고통을 제공하는 심리적 증상의 감소와 부적응을 유발하는 결점을 제거하는 데 목표를 둔다. 심리치료 중에서도 긍정심리치료 접근법은 우울장애 환자의 장점, 강점, 긍정 경험에 초점을 두고, 우울장애 환자가 경험했던 긍정적 사건을 재경험하고 음미할 수 있도록 돕는다(Bryant & Veroff, 2006). 긍정적 경험을 음미하는 과정은 과거와 현재 혹은 미래의 긍정적 경험을 자각하여 충분히 느낌으로써 행복감이 증폭되고 지속되도록 의도적 노력을 기울이는 것을 의미한다(권석만, 2008). 다른 사람과 공유하기, 기억 잘하기, 자축하기, 행동으로 표현하기, 세밀하게 감각 느끼기, 몰입하기, 비교하기, 일시성 인식하기, 축복으로 여기기, 기쁨 냉각 사고하지 않기 등을 통해 긍정적 경험을 음미할 수 있다(임영진, 2012). 이러한 긍정심리치료는 우울 증상을 호전시키고 삶의 만족도와 긍정 정서를 증가시키는 데 영향을 주는 것으로 나타났다(임영진, 2010).

인지행동치료는 우울증 환자의 역기능적 사고 및 부정적 인지도식, 인지왜곡 등을 교정하고 새로운 사고방식을 제공하여 우울증을 완화시킨다. 우울장애에 대한 인지행동치료는 다음과 같은 세 가지 영역의 치료적 요인들이 통합적으로 구성된다(Curry, 2001).

- 행동 통제 기술: 즐거운 활동의 참가를 늘리거나 문제해결, 자기표현, 사회적 상호작용 기술 증진을 목표로 함
- 인지적 통제 기술: 자기 감찰하기, 왜곡된 인지 확인하기, 건설적 대안적 사고 갖기를 포함함
- 정서 통제 기술: 이완훈련과 분노통제 훈련을 포함함

부정적 인지도식이나 대인관계의 문제가 심화될 우려가 높은 우울장애의 정신병리적 특성을 고려할 때, 부정적 인지도식을 변화시키고 대인관계에서 요구되는 사회적 기술의 습득을 도와주는 인지행동치료는 사회적 실패 및 대인관계 문제를 줄여 우울장애 환자의 사회적 적응을 장기적으로 증진시킬 수 있다.

우울장애를 가진 사람에게는 자살의 방지와 신체적 쇠약을 교정해 주는 것이 시급하며, 다음의 경우에는 입원치료가 권장된다(강선경, 2010).

- 환자 자신이 치료를 거부하거나 치료에 협조가 안 될 경우
- 자살 시도를 하거나 자살의 가능성이 엿보이는 경우
- 심한 불면증, 심한 초조, 정신쇠약, 갑작스러운 감정의 폭발, 절망감 때문에 직장을 사직하거나 일을 포기한 경우
- 전에 친했던 사람과 만나기를 거부하는 경우
- 가족이나 직장 동료로부터 일에 대한 압력을 받는 경우 등

퇴원 후의 생활 방식, 적응 양상, 삶의 태도 그리고 향후 치료 대책을 충분히 논의하기 위해 우울장애에서 회복된 후에도 10일 내지 2주 정도는 병원생활을 하는 것이 좋다(조용래, 2000).

2) 자살행동

우울장애와 관련해서 자살행동에 주의를 기울여야 한다. 우울장애에서 회복되기 시작할 때 자살 생각을 실천에 옮길 에너지를 얻기 때문에, 자살의 위험이 가장 큰 것으로 알려져 있다. 특히 다음의 자살 위험성이 높은 인자(Kaplan,

Sadock, & Greb, 1994)를 지닌 사람이 상실이나 실패를 의미하는 부정적인 생활 사건에 직면했을 때, 자살이라는 방법을 택할 가능성이 높다.

- 이전의 자살 시도/불안, 우울증, 탈진
- 자살사고에 대한 언어적 표현, 자신의 물건을 남들에게 나누어 주는 등 간접적 표현을 함
- 남겨진 가족에 대한 표현을 함
- 구체적인 자살 계획을 세움
- 특별한 자살 수단이 있거나 그 수단에 접근함
- 가족 중에 자살한 사람이 있음

또한 정신보건전문가는 클라이언트가 자살에 대해 언급을 할 때 다음과 같은 점을 고려해야 한다.

- 어떤 약물을 복용하고 있는지 알아볼 것
- 자살하겠다는 모든 위협을 심각하게 받아들일 것
- 왜 자살을 생각하고 있는지 그 이유를 철저하게 탐색할 것
- 자신을 해칠 기회를 최소화할 것
- 적절한 경우 가족이나 친구를 끌어들일 것
- 계속해서 지지를 제공할 것
- 자살과 관련된 클라이언트의 문제를 다시 검토할 것(우울 증상이 없어지는 시점 등)
- 지속적인 추수관리를 위해 사회복지사와 클라이언트 간에 특별한 계획을 수립할 것

자살의 예방을 위해서는 우울장애 환자들을 늘 가까이에서 보살피는 것이 필요하다. 또한 자살 도구로 이용될 만한 물건들이 눈에 보이지 않게 해야 하며, 적절한 영양을 공급하고, 불면증에 대해 고통스러워할 수 있으므로 이에 대한 조치가 필요하다(강선경, 2010).

학습활동

- 보건복지가족부 지정 우울증 임상연구센터에서 우울증에 대한 정보를 찾아봅시다.
  http://www.smileagain.or.kr/home/depresstion/info04.asp?page_num=4
- 벡의 우울척도를 해 봅시다.
  http://www.smileagain.or.kr/home/depresstion/info04.asp?page_num=4
- 우울증에 관련된 〈우울증: 국민건강보험공단 건강〉 동영상을 감상해 봅시다.
  http://www.youtube.com/watch?v=Gjp_6ptkmag

정리해봅시다

1. 우울장애
   - 우울장애는 슬픔, 공허함 또는 짜증 나는 기분이 존재하며, 개인의 기능 역량에 중대한 영향을 미치는 신체적·인지적 변화들을 동반하며, 파괴적 기분 조절곤란 장애, 주요 우울장애, 지속적 우울장애(기분부전증), 월경전 불쾌장애, 물질/약물로 유발된 우울장애, 다른 의학적 상태에 의한 우울장애, 기타 분류된 우울장애와 분류되지 않은 우울장애가 포함된다.
   - 파괴적 기분 조절곤란 장애는 DSM-5에서 새로 추가된 장애로서, 지속적인 화남과 극도의 행동 조절곤란의 빈번한 삽화를 보이는 12세까지의 아동에게 진단될 수 있다. 이 장애를 가진 아동은 청소년기나 성인기로 성숙되어 가면서 양극성 장애보다는 단극성 우울장애나 불안장애의 증상을 나타낸다.
   - 주요 우울장애는 감정, 인지 그리고 자율신경기능에서의 명백한 변화와 일화 사이의 관해를 수반한, 적어도 2주 동안의 별개의 삽화로 특징지어진다.
   - 지속적 우울장애(기분부전증)는 DSM-IV-TR의 만성적 주요 우울장애와 기분부전증을 포함하여 DSM-5에서 새로 추가되었으며, 기분장애가 성인에게는 적어도 2년 동안, 아동에게는 적어도 1년 동안 계속되었을 때 진단될 수 있다.
   - 월경전 불쾌장애는 월경 주기에서 월경 전 단계 동안에는 반복적으로 나타나고 월경의 시작이나 그 직후에 완화되는 정서적 불안정성, 과민성, 불쾌감 그리고 불안 증상을 특징으로 한다.

2. 우울장애의 치료와 자살행동
   - 우울장애를 위한 치료로는 약물치료, 기분장애에 대한 교육 실시, 감정 처리 및 파괴된

생활과 대인관계 재확립을 돕는 심리요법 등이 있다.

- 우울장애는 자살의 위험이 상당히 높은 정신질환이며, 치료자는 이를 항상 인식하고 클라이언트의 자살행동에 주의를 기울여야 한다.

참고문헌

강선경(2010). **정신병리**. 경기: 집문당.

권석만(2008). **긍정심리학: 행복의 과학적 탐구**. 서울: 학지사.

임영진(2010). 성격강점과 긍정심리치료가 행복에 미치는 영향. 서울대학교 박사학위 논문.

임영진(2012). 주요우울장애 대학생을 대상으로 한 긍정심리치료의 효과. **한국심리학회지: 임상, 31**(3), 679-692.

조맹제 외(2011). 정신질환실태 역학조사: 보건복지부 연구 용역사업 보고서. 보건복지부.

조용래(2000). **양극성장애**. 서울: 학지사.

American Psychiatric Association (2013). *Diagnostic and statistical manual of mental disorders* (5th ed.). Arlington, VA: American Psychiatric Publishing.

Beck, A. T., Ward, C. H., Mendelson, M., Mock, J., & Erbaugh, J. (1961). An inventory for measuring depression. *Archives of General Psychiatry, 4*, 53-63.

Bryant, F. B., & Veroff, J. (2006). *Savoring*. Mahwah, NJ: Lawrence Erlbaum.

Curry, J. (2001). Specific psychotherapies for childhood and adolescent depression. *Biological Psychiatry, 49*(12), 1091-1100.

Kaplan, H., Sadock, B., & Greb, J. (1994). *Synopsis of psychiatry* (7th Ed.). Baltimore, Maryland: Williams & Wilkins.

MENTAL HEALTH

제9장

불안장애

MENTAL

학습목표

- 불안의 개념을 이해한다.
- 불안장애에 포함되는 정신장애들을 나열할 수 있다.
- 불안장애에 해당하는 정신장애들의 증상들과 진단기준들을 설명할 수 있다.
- 불안장애에 해당하는 정신장애들의 치료 방법 및 개입 방법을 알 수 있다.

HEALTH

학습내용

- 불안의 개념
- 불안장애
  - 분리불안 장애
  - 선택적 함구증
  - 특정공포증
  - 사회불안 장애(사회공포증)
  - 공황장애
  - 광장공포증
  - 범불안장애
- 불안장애의 치료
  - 행동요법
  - 인지행동집단치료
  - 약물요법

1. 불안의 개념

불안(anxiety)의 사전적 의미는 "마음이 편하지 아니하고 조마조마함, 분위기 따위가 술렁거리어 뒤숭숭함, 그리고 몸이 편안하지 아니함, 마음에 미안함, 특정한 대상이 없이 막연히 나타나는 불쾌한 정서적 상태, 안도감이나 확신이 상실된 심리 상태"를 말한다.

불안은 크게 인지적 · 생리적 · 행동적 요소로 구성되어 있다.

- 인지적 요소는 불안에 의해 주관적 고통을 경험하는 것을 말한다. 불안을 경험하는 사람은 안절부절못하거나, 짜증을 잘 내고 예민하고, 마음이 긴장되고 쉽게 편안하게 되지 않아 극심한 불안인 공황을 나타낸다.
- 불안의 생리적 요소는 말초신경계의 자율신경계와 관련된다. 즉, 불안할 때 일어나는 주요한 교감신경계의 반응을 말하는 것으로, 어두운 길에서 누군가가 쫓아온다고 느낄 때 나타나는 신체적 반응을 생각하면 된다. 예를 들어, 심장박동이 빨라지고, 혈압이 상승하고, 말초기관에서 피의 흐름이 감소하면서 손발이 차거나 오싹함을 느낀다. 또한 뇌나 근육에는 피가 많이 흘러 신속한 대응을 준비한다. 식욕부진, 소화불량, 입마름, 두통, 과호흡 등 기타 신체적 증상이 나타나기도 한다.
- 불안의 행동적 요소는 불안할 때에 나타나는 행동들로, 얼굴 표정이 굳어지거나, 안절부절못하고 초조해하거나, 불안을 일으키는 상황을 회피하는 행동이 나타나는 것을 말한다.

〈참고하기〉

벡의 불안척도(Beck's Anxiety Inventory: BAI)

		전혀 느끼지 않았다	조금 느꼈다	상당히 느꼈다	심하게 느꼈다
1	가끔 몸이 저리고 쑤시며 마비된 느낌을 받는다.	0	1	2	3
2	흥분된 느낌을 받는다.	0	1	2	3
3	가끔씩 다리가 떨리곤 한다.	0	1	2	3
4	편안하게 쉴 수가 없다.	0	1	2	3
5	매우 나쁜 일이 일어날 것 같은 두려움을 느낀다.	0	1	2	3
6	어지러움(현기증)을 느낀다.	0	1	2	3
7	가끔씩 심장이 두근거리고 빨라진다.	0	1	2	3
8	침착하지 못하다.	0	1	2	3
9	자주 겁을 먹고 무서움을 느낀다.	0	1	2	3
10	신경이 과민되어 있다.	0	1	2	3
11	가끔씩 숨이 막히고 질식할 것 같다.	0	1	2	3
12	자주 손이 떨린다.	0	1	2	3
13	안절부절못한다.	0	1	2	3
14	미칠 것 같은 두려움을 느낀다.	0	1	2	3
15	가끔씩 숨 쉬기 곤란할 때가 있다.	0	1	2	3
16	죽을 것 같은 두려움을 느낀다.	0	1	2	3
17	불안한 상태에 있다.	0	1	2	3
18	자주 소화가 안 되고 속이 불편하다.	0	1	2	3
19	가끔씩 기절할 것 같다.	0	1	2	3
20	자주 얼굴이 붉어지곤 한다.	0	1	2	3
21	땀을 많이 흘린다(더위로 인한 것은 제외).	0	1	2	3

해석: 0~21점은 가벼운 정도의 불안 상태; 22~35점은 중간 정도의 불안 상태; 36~63점은 심각한 정도의 불안 상태

출처: Beck, Epstein, Brown, & Steer (1988).

2. 불안장애

불안장애(Anxiety Disorders)는 과도한 공포와 불안 및 관련된 행동적 장애들의 특징을 공유하는 장애들을 포함한다. DSM-IV-TR에 비해 DSM-5에서의 불안장애는 여러 변화가 이루어졌다. DSM-5에서는 DSM-IV-TR에서 불안장애로 포함되었던 강박장애와 외상 후 스트레스 장애를 개별 장애 범주로 독립시키고, 유아기 · 아동기 · 청소년기에 보통 처음 진단되는 장애로 분류되었던 분리불안 장애와 선택적 함구증을 새롭게 불안장애에 포함시켰다. 결론적으로, DSM-5에서는 불안장애에 분리불안 장애(Separation Anxiety Disorder), 선택적 함구증(Selective Mutism), 특정공포증(Specific Phobia), 사회불안 장애(사회공포증)[Social Anxiety Disorder(Social Phobia)], 공황장애(Panic Disorder), 광장공포증(Agoraphobia), 범불안장애(Generalized Anxiety Disorder)가 포함되었다.

1) 분리불안 장애

분리불안 장애(Separation Anxiety Disorder)는 애착 대상으로부터 분리되는 것에 대해 심한 두려움과 고통을 겪는 것을 말한다. 분리불안 장애를 가진 사람은 주된 애착 대상을 뜻밖의 사고로 잃거나 애착 대상과 분리되는 것에 대해 지속적이고 과도한 걱정을 하며, 애착 대상과 떨어지는 데 대한 두려움으로 집이 아닌 다른 장소에 가는 것도 꺼린다. 애착 대상과의 분리나 이별이 일어나거나 예상될 때, 두통이나 구토와 같은 신체적 증상들이 나타날 수도 있다. DSM-IV-TR에서는 분리불안 장애가 유아기 · 아동기 · 청소년기에 보통 처음 진단되는 장애에 포함되었으나, DSM-5에서는 불안장애로 구분되었다. 또한 DSM-IV-TR에서는 만 18세 이전에 발병하는 것으로 나타났으나, DSM-5에서는 발병 연령 기준이 삭제되었다. 대신, DSM-5에서는 아동뿐만 아니라 청소년과 성인에 적용될 수 있는 기준을 설정하였다. 예를 들어, 기준 B에 "두려움, 불안 및 기피가 아동과 청소년에게는 적어도 4주 동안, 성인에게는 일반적으로 6개월 또는 그 이상 지속됨"으로 명시되었다.

■ DSM-5의 분리불안 장애 진단기준

A. 적어도 다음 중 세 가지로 입증되듯이, 개인이 애착을 느끼는 대상과 떨어지는 것에 발달적으로 부적절하게 과도한 두려움이나 불안을 느낌
  1. 집 또는 주된 애착 대상과의 분리를 경험하거나 분리가 예상될 때 반복되는 과도한 불안
  2. 주된 애착 대상을 잃거나 그 대상에게 나타날 수 있는 질병, 부상, 재난 또는 죽음과 같은 해로운 일에 대한 지속적이고 과도한 걱정
  3. 뜻밖의 불행한 사고(예시: 길을 잃거나 유괴되거나, 사고를 당하거나, 아프게 되는 것)로 주된 애착 대상과 분리되는 것에 대한 지속적이고 과도한 걱정
  4. 분리에 대한 두려움 때문에 집을 떠나 학교, 직장 또는 다른 곳에 나가는 것에 대한 지속적인 꺼림 또는 거부
  5. 혼자 있거나 주된 애착 대상 없이 집 또는 다른 환경에 있는 것에 대한 지속적이고 과도한 두려움 또는 꺼림
  6. 집을 떠나 숙박하거나 주된 애착 대상과 가까이 있지 않은 채 잠드는 것에 대한 지속적인 꺼림 또는 거부
  7. 분리의 주제(theme)에 관련한 반복적 악몽
  8. 주된 애착 대상과의 분리가 발생하거나 예상될 때, 신체적 증상들(예시: 두통, 복통, 메스꺼움, 구토)에 대한 반복적인 불평들

B. 두려움, 불안 및 기피가 아동 · 청소년에게는 적어도 4주 동안, 성인에게는 일반적으로 6개월 이상 지속됨

C. 장애는 사회적 · 학습적 · 직업적 또는 기타 중요한 영역의 기능에서 임상적으로 중요한 고통이나 손상을 초래함

D. 장애는 자폐 스펙트럼 장애에서 변화에 대한 과도한 저항 때문에 집을 떠나는 것을 거부하는 것, 정신병적 장애에서 분리에 관한 망상 또는 환각, 광장공포증에서 믿을 수 있는 동행 없이 나가는 것에 대한 거부, 일반적 불안장애에서 나쁜 건강 또는 중요한 다른 사람들에게 다른 해가 닥칠까 봐 걱정하는 것, 질병 불안장애(Illness Anxiety Disorder)에서 질병을 가졌을까 봐 걱정하는 것과 같이 다른 정신장애에 의해 더 잘 설명되지 않음

〈사례 9-1〉

분리불안 장애

철수는 10세 남아로, 어머니에 의해서 치료에 의뢰되었다. 철수는 집에 혼자 있지 않으려 했다. 부모가 교통사고로 죽거나 자신이 납치될까 봐 두려워했다. 또한 밤에 혼자 자기 방에 있지 않으려 했고, 부모와 같이 자겠다고 떼를 썼다. 집에 있을 때도 철수는 방마다 어머니를 그림자처럼 따라다녔다.

철수는 대개 학교에 가기는 했지만 늘 가기 싫어하면서 억지로 갔고, 학교에 가도 종종 두통이나 위통을 호소하며 양호실에 누워 있었다. 그리고 양호실에서 어머니에게 여러 차례 전화를 했다. 철수는 친구가 있긴 했지만, 어머니가 가까이 있을 때만 친구들과 즐겁게 놀았다.

어머니는 철수의 두려움을 없애 주려고 노력했지만 잘 되지 않아 좌절감을 느꼈으며, 철수 때문에 너무 지쳤다고 했다.

2) 선택적 함구증

선택적 함구증(Selective Mutism)은 DSM-IV-TR에서는 유아기 · 아동기 · 청소년기에 보통 처음 진단되는 장애에 포함되었으나, DSM-5에서는 불안장애(Anxiety Disorder)에 포함되었다. 선택적 함구증은 정상적 혹은 정상에 가까운 수준의 언어 사용을 할 수 있음에도 불구하고 학교생활 등 말을 해야 하는 특정한 상황에서 입을 다물고 말을 하지 않는 것을 말한다. 이러한 장애를 가진 사람은 특정 상황에 대한 두려움을 가지고, 지나친 부끄러움이나 강박, 분노발작 또는 사회적 위축 등의 행동이 나타나기도 한다.

■ DSM-5의 선택적 함구증 진단기준

A. 다른 상황에서는 말을 할 수 있음에도 불구하고, 말하기가 기대되는 특정한 사회적 상황(예시: 학교)에서 말을 하는 데 지속적으로 실패함

B. 장애가 학업적 · 직업적 성취 또는 사회적 의사소통을 방해함

C. 장애의 기간이 적어도 1개월 동안 지속됨(입학 후 처음 1개월은 해당하지 않음)

D. 말을 하지 못하는 것이 사회적 상황에서 요구되는 구어체 언어에 대한 지

식이 부족하거나 구어체 언어가 편하지 않기 때문은 아님

E. 장애는 의사소통 장애(예시: 아동기 발병 유창성 장애)에 의해 더 잘 설명되지 않고, 자폐 스펙트럼 장애, 정신분열증 또는 다른 정신병적 장애의 진행 중에만 전적으로 나타나는 것이 아님

〈사례 9-2〉

선택적 함구증

초등학교 3학년인 문 군은 학교에서 말을 하지 않는다는 문제로 아동복지관을 찾았다. 취학 전까지 어린이집에서는 친구들과 대화가 가능했고, 얼굴이 익숙한 성인과도 의사소통에는 문제가 없었다. 집에서는 부모, 형제와 정상적으로 대화를 하며 아무런 문제를 보이지 않았다. 집에 있을 때, 문 군은 주로 동생과 시간을 보내고 어울렸다.

문 군은 초등학교 1학년 때에는 담임교사와 충분한 의사소통은 없었지만, 친구들과 잘 어울리고 또래집단 속에서의 대화가 잘 이루어졌었다. 1학년 때 문 군의 담임교사는 문 군과는 충분한 대화는 어렵지만, 가끔씩 "예." "아니요."와 같은 말은 한다고 하였다. 그런데 전학을 온 2학년 때부터 교사뿐만 아니라 친구들과 의사소통이 거의 없게 되었다. 3학년이 되어서는 4개월이 지나도록 다른 또래 친구들이나 담임교사와는 전혀 말을 하지 않았고, 눈을 마주치기를 피하였다. 또한, 소극적이고 내성적인 성격으로 자기 자신의 의견이나 감정을 표현하거나 나타내지 않았다. 문 군은 혼자만의 생각에 멍하니 빠질 때가 많았다.

문 군은 온순한 성격을 가졌으나, 의사소통이 차단되어서 입술 주위 근육에 늘 힘이 들어가고 입술을 굳게 다물고 있다. 학습 상태는 기초학습능력은 보통이고 수동적이다. 또래학습, 협동학습 시 단순한 활동에는 참여하나 의사표현, 역할극 등 적극적인 활동 참여 부분에서는 움츠러들고 거의 하지 않았다.

3) 특정공포증

특정공포증(Specific Phobia)은 인식할 수 있는 명확한 대상이나 상황에 대한 현저하고도 지속적인 두려움을 갖는 장애다. 예를 들어, 동물형은 동물이나 곤

충을 두려워하고, 자연환경형은 높은 곳, 천둥이나 폭풍 등 자연환경을 두려워한다. 혈액-주사-손상형은 피를 보거나 주사를 맞는 것과 같은 신체적 손상을 두려워한다. 상황형은 비행기나 승강기 안 또는 폐쇄된 공간과 같은 특정 상황을 두려워한다. 기타형은 두려움이 기타 자극에 의해 촉발되는 경우로서, 질식이나 구토가 유발될 수 있는 상황이나, 큰 소리나 분장한 인물에 대한 아동들의 두려움이 여기에 해당된다. 공포를 느끼는 대상이 일상생활에서 흔히 접할 수 있는 것이 아니라면 일상생활에 큰 지장을 초래하지는 않는다.

■ DSM-5의 특정공포증 진단기준

A. 특정 대상이나 상황에 대한 현저한 공포나 불안(예시: 비행, 높은 곳, 동물, 주사 맞는 것, 피를 보는 것)

주: 아동의 경우 두려움이나 불안이 울기, 짜증, 얼어붙음, 매달리기로 표현될 수 있음

B. 공포증이 있는 물체 또는 상황은 거의 항상 즉각적 두려움이나 불안이 유발됨

C. 공포증이 있는 물체 또는 상황을 적극적으로 피하거나, 극심한 두려움이나 불안을 갖고 견딤

D. 공포나 불안감이 특정 물체나 상황에 의해 제기된 실제 위험이나 사회문화적 문맥에 비해 너무 큼

E. 공포, 불안감, 회피가 지속되며, 보통 6개월 이상 계속됨

F. 공포, 불안감, 회피가 임상적으로 큰 고통이나 사회적 · 직업적 또는 기타 중요한 영역의 기능에서 손상을 야기함

G. 장애는 두려움, 불안, 공황발작과 같은 증상들과 연관된 상황의 회피나 다른 무력화하는 증상들(광장공포증에서처럼), 강박증에 관련된 물체들이나 상황들(강박장애에서처럼), 정신적 외상을 초래하는 사건들을 생각나게 하는 것들(외상 후 스트레스 장애에서처럼), 집이나 애착 대상으로부터의 분리(분리불안 장애에서처럼), 또는 사회적 상황들(사회불안 장애에서처럼)을 포함한 다른 정신병적 장애의 증상들에 의해 더 잘 설명되지 않음

만약 해당된다면 명시할 것:

공포 자극들을 바탕으로 부호화함

동물형(예시: 거미, 곤충, 개)

자연환경형(예시: 높은 곳, 폭풍, 물)

혈액-주사-손상형(예시: 주사, 외과적 의학 절차)

상황형(예시: 비행기, 승강기, 폐쇄된 장소)

기타형(예시: 질식이나 구토가 유발될 수 있는 상황, 아동의 경우 큰 소리나 분장한 인물)

4) 사회불안 장애(사회공포증)

사회불안 장애(사회공포증)[Social Anxiety Disorder(Social Phobia)]는 다른 사람을 만나거나 다른 사람들 앞에서 무엇인가를 하고자 할 때 연설뿐 아니라 비공식적 소집단에서의 담화까지도 두려워하는 장애로서, 다른 사람에게 잘 보여야 하는데 그렇지 못할까 봐 걱정하는 데서 시작하는 공포라 할 수 있다. 사회불안 장애를 가진 사람은 자기가 특정 상황에서 공포를 느끼고 있다는 사실이 자신의 얼굴 표정이나 행동에 나타나게 되는 것을 두려워한다.

■ DSM-5의 사회불안 장애 진단기준

A. 다른 사람이 개인을 유심히 볼 가능성이 있는 한 가지 이상의 사회적 상황에 대한 뚜렷한 두려움 또는 불안. 예시들은 사회적 상호작용(예시: 대화를 하거나, 낯선 사람을 만남), 관찰되는 것(예시: 먹거나 마시는 것), 다른 사람 앞에서 행동하는 것(예시: 연설하기)을 포함함

주: 아동의 경우 불안함은 또래와의 환경에서 일어나야 하며, 성인과의 상호작용 중에서만 나타나서는 안 됨

B. 부정적으로 평가될 수 있는 방식으로 행동하거나 부정적으로 평가될 수 있는 불안 증상들을 나타내는 것을 두려워함(예시: 수치스럽거나 당황스러울 것임, 거부당하거나 다른 사람들을 불쾌하게 할 것임)

C. 사회적 상황은 거의 항상 즉각적 두려움이나 불안을 유발함

주: 아동의 경우 두려움이나 불안이 울기, 짜증, 얼어붙음, 매달리기, 움츠러들기 또는 사회적 상황에서 말을 하지 못하는 것으로 표현될 수 있음

D. 사회적 상황들을 피하거나, 극심한 두려움이나 불안을 갖고 견딤

E. 공포나 불안감이 사회적 상황에 의해 제기된 실제 위험이나 사회문화적 문맥에 비해 너무 큼

F. 공포, 불안감, 회피가 지속되며, 보통 6개월 이상 계속됨

G. 공포, 불안감, 회피가 임상적으로 큰 고통이나 사회적 · 직업적 또는 기타 중요한 영역의 기능에서 손상을 야기함

H. 두려움, 불안, 회피는 물질(예시: 약물남용, 약물복용)이나 다른 의학적 상태의 직접적인 생리적 효과에 의한 것이 아님

I. 두려움, 불안, 회피는 공황장애, 신체변형장애 또는 자폐 스펙트럼 장애와 같은 다른 정신장애의 증상들에 의해 더 잘 설명되지 않음

J. 다른 의학적 상태(예시: 파킨슨 병, 비만, 화상, 부상에 의한 외모 손상)가 있다면, 두려움, 불안, 회피가 이와 확실히 상관이 없거나 과도함

만약 해당한다면 명시할 것:

단지 수행만 해당함(Performance only): 두려움이 대중 앞에서 말을 하거나 수행하는 것에 제한됨

5) 공황장애

공황장애(Panic Disorder)는 예기치 못한 심한 공황발작(panic attack)을 반복적으로 경험하는 장애를 일컫는다. 공황장애를 겪는 사람은 추가적 공황발작이 일어나는 것에 대해서, 또한 공황발작에 의해 나타날 수 있는 결과에 대해서 지속적인 염려나 걱정을 한다. 그리고 이러한 공황발작을 피하기 위해 여러 심각한 부적응적 행동변화를 보이는 특징을 가진다. 공황발작은 예기치 못한 갑작스러운 두려움이 몰려오는데 그 두려움이 너무 극심해서 견디기 힘든 상황에까지 이르는 경험을 말하며, 가슴이 두근거림, 심장의 두근거림 또는 심장박동 수의 증가, 땀 흘림, 떨림 혹은 동요, 숨 가쁜 느낌 또는 숨 막히는 감각 등과 같은 증상을 동반한다.

■ DSM-5의 공황장애 진단기준

A. 예기치 못한 반복적인 공황발작들. 공황발작은 몇 분 안에 최고조에 달하는 극심한 두려움이나 불편함이 갑작스럽게 밀려드는 것으로, 그 시간 동안에 다음의 증상들 중에서 네 가지 이상이 발생함

주: 갑작스러운 동요는 차분한 상태 또는 불안한 상태에서 발생할 수 있음

1. 가슴이 두근거림, 심장의 두근거림 또는 심장박동 수의 증가
2. 땀 흘림
3. 떨림 혹은 동요
4. 숨 가쁜 느낌 또는 숨 막히는 감각
5. 질식감
6. 흉부 통증 또는 불쾌감
7. 메스꺼움 또는 복부 고통
8. 어지럽거나 불안정하거나, 머리가 띵하거나 또는 기절할 것 같은 느낌
9. 오한 또는 열감
10. 감각이상(마비 또는 얼얼한 감각)
11. 현실감 상실(비현실감) 혹은 이인감(자기 자신과 분리됨)
12. 자제력 상실 또는 '정신이 이상해지는 것'에 대한 두려움
13. 죽음에 대한 두려움

주: 문화적 특유의 증상들(이명, 목 통증, 두통, 통제할 수 없는 비명 지르기나 울기)이 나타날 수 있음. 이러한 증상들은 요구되는 네 가지 증상들의 하나로 간주되어서는 안 됨

B. 발작들 중 적어도 한 가지 이후에 다음 둘 중 하나가 1개월(또는 그 이상) 동안 나타남

1. 추가적 공황발작들 또는 그 결과들(통제력을 잃거나, 심장마비를 겪거나, '정신이 이상해지는 것')에 대한 지속적 염려나 걱정
2. 발작과 관련된 심각한 부적응적인 행동변화들(예시: 운동이나 낯선 상황을 회피하는 것과 같은, 공황발작을 피하기 위해 의도된 행동)

C. 장애는 물질(예시: 약물남용, 약물치료)이나 다른 의학적 상태(예시: 갑상선 기능 항진증, 심폐장애)의 생리학적 영향에 기인하지 않음

D. 장애는 다른 정신장애(예시: 사회불안 장애에서처럼 두려워하는 사회적 상황들에만 반응하거나, 특정공포증에서처럼 공포증의 물체나 상황들에 국한되어 반응하거나, 강박장애에서처럼 강박증에 반응하거나, 외상 후 스트레스 장애에서처럼 정신적 외상적 사건들을 상기시키는 것에 반응하거나, 분리불안 장애에서처럼 애착 대상으로부터의 분리에 반응하여 공황발작이 일어나지 않음)에 의해 더 잘 설명되지 않음

〈사례 9-3〉

공황장애

38세의 건강한 회사원인 강 씨는 이직 후에 회사일로 바쁘게 지내던 중에, 회사에서 갑자기 현기증이 나면서 숨이 차고 가슴이 답답해지는 것을 느꼈다. 잠시 넥타이를 풀고 심호흡을 해 보았으나, 숨이 더 가빠지는 것은 물론 심장까지 격렬히 요동치는 것 같고, 금방이라도 질식해서 죽을 것 같았다. 심장이 터질 것 같다는 생각과 함께, 강 씨는 죽을 것 같다는 극심한 두려움에 휩싸였다. 급히 병원 응급실로 갔으나 곧 증상이 약해졌고, 병원에서는 별 이상이 없다고 하였다. 그러나 계속해서 이와 같은 경험은 반복되었고, 원인을 알 수 없는 신체적 증상과 극심한 두려움에 강 씨는 점점 예민해졌으며, 다시 이러한 발작이 일어날까 봐 불안해하였다. 맡은 일도 제대로 할 수 없게 되고, 모든 일이나 취미생활에도 의욕을 잃었다.

6) 광장공포증

광장공포증(Agoraphobia)은 즉각적으로 피하기 어려운 장소나 상황에 처하는 것에 대해 두려움을 보이는 장애를 말한다. 광장공포증을 갖고 있는 사람은 즉각적으로 피하기 어렵거나 또는 공황과 유사한 증상이 일어났을 때 도움을 받기 어려운 장소나 상황에 처해 있다는 데 대한 불안 때문에 혼자 외출한다거나, 군중 속에 있다거나, 다리 위에 있다거나, 여행을 하는 것에 대한 불안을 나타낸다. 그렇기 때문에 광장공포증을 갖고 있는 사람은 이러한 상황을 회피하거나, 현저한 두려움이나 불안을 참고 견디거나, 동반자를 필요로 한다.

■ DSM-5의 광장공포증 진단기준

A. 다음 다섯 가지 상황들 중에서 두 가지(또는 그 이상)에 대한 뚜렷한 공포나 불안

1. 대중교통 이용하기(예시: 자동차, 버스, 기차, 배, 비행기)
2. 개방된 공간에 있기(예시: 주차장, 장터, 다리)
3. 폐쇄된 공간에 있기(예시: 상점, 극장, 영화관)
4. 줄 서기 또는 군중 속에 있기
5. 집 밖에 홀로 있기

B. 피하기 어렵거나, 공황과 유사한 증상 또는 다른 무력하게 하거나 당황스러운 증상들(예시: 노인의 경우 넘어지는 것에 대한 공포, 대소변의 실금에 대한 공포)이 발생한 경우에 도움을 받기 어려울 것이라는 생각들 때문에 이러한 상황들을 두려워하거나 회피함

C. 광장공포증의 상황들은 거의 항상 공포나 불안을 유발함

D. 광장공포증의 상황들을 적극적으로 회피하거나, 동반자를 필요로 하거나, 극심한 공포나 불안을 견딤

E. 공포나 불안감이 광장공포증의 상황들에 의해 제기된 실제 위험이나 사회문화적 맥락에 비해 너무 큼

F. 공포, 불안감, 회피가 지속되며, 보통 6개월 이상 계속됨

G. 공포, 불안감, 회피가 임상적으로 큰 고통이나 사회적 · 직업적 또는 기타 중요한 영역의 기능에서 손상을 야기함

H. 다른 의학적 상태가 존재한다면, 공포, 불안, 회피가 명백하게 과도함

I. 공포, 불안, 회피는 다른 정신장애들의 증상들에 의해 더 잘 설명되지 않음. 예를 들어, 증상들은 특정공포증의 상황형에 국한되지 않으며, 사회적 상황에만 연관되지 않으며(사회불안 장애에서처럼), 강박증(강박장애에서처럼), 신체적 외모에서의 인지된 결점이나 결함(신체변형장애에서처럼), 정신적 외상을 초래한 사건들을 상기시키는 것(외상 후 스트레스 장애에서처럼), 분리에 대한 공포(분리불안 장애에서처럼)에만 오로지 관련되지도 않음

주: 광장공포증은 공황장애와는 상관없이 진단됨. 만약 개인이 공황장애와 광장공포증에 대한 기준에 부합한다면, 두 진단 모두 내려져야 함

〈사례 9-4〉

광장공포증

20대 후반 여성인 박 씨는 사람이 많고 넓은 장소에 가는 것을 매우 두려워한다. 1년 전에 혼자 백화점에서 쇼핑을 하던 중에 갑자기 머리가 어지럽고, 속이 울렁거리며, 자신을 통제하지 못하고 큰 소리를 지르고 발버둥 치는 행동을 할 것 같은 극심한 불안감을 경험하였다. 남자 친구와 함께 나가기도 해 봤으나, 쇼핑센터에 들어가는 순간부터 공포감이 밀려와 즉시 돌아왔다. 그 이후에는 전철이나 버스와 같이 사람이 많은 대중교통을 이용하는 것도 싫어하였다.

오늘 박 씨는 친구와 약속이 있어 오랜만에 나왔다. 버스를 타야 하지만 공포감이 밀려오기 시작했다. 박 씨는 셔츠 밑에서 땀이 등을 타고 내리는 것이 느껴졌다. 숨이 가빠지면서 메스꺼움이 훅 올라와 벤치에 앉아 손으로 머리를 잡고 어지러움을 이기려고 안간힘을 썼다. 버스가 오자, 박 씨는 떨기 시작하였고, 급기야는 전율하며 심장이 뛰기 시작하였다. 박 씨는 다리를 간신히 움직여 체중을 지탱하면서 버스에 몸을 실었다. 버스는 사람들로 만원이었고, 통로는 좁았다. 통로가 눈앞에서 돌고 있는 듯하여 박 씨는 손잡이를 꽉 부여잡았다. 박 씨는 여기서 빠져나가야 한다는 생각밖에 들지 않았고, 공포감에 사로잡혀 버스에서 급박하게 내리지 않을 수 없었다.

7) 범불안장애

범불안장애(Generalized Anxiety Disorder)는 일상적인 삶 속에서 만성적이고 지속적으로 불안해하는 증상을 가지며, 생활 전반의 여러 가지 사건이나 활동에 대해 지나친 불안을 느끼거나 걱정을 하는 장애다. 범불안장애를 가진 사람은 땀이 나고 얼굴이 붉어지고, 심장이 두근거리며 손이 차가운 등의 신체증상, 근육의 긴장과 통증, 안절부절못함, 쉽게 피로해짐, 과민하여 쉽게 화를 냄, 주의집중 곤란, 수면장애 등의 증상을 동반한다.

■ DSM-5의 범불안장애 진단기준

A. 적어도 6개월 동안, 여러 사건들과 활동들(직장 또는 학교 수행과 같은)에 대

한 과도한 불안과 걱정(우려하는 예상)이 나타난 날들이 그렇지 않은 날보다 더 많이 있음

B. 걱정을 통제하는 데 어려움이 있음을 알고 있음

C. 불안과 걱정은 다음 여섯 가지 증상들(지난 6개월 동안 적어도 몇몇 증상들이 나타난 날들이 안 나타난 날보다 더 많음) 중에서 세 가지(또는 그 이상)와 연관됨

주: 아동의 경우 단지 한 가지 항목만 요구됨

1. 안절부절못함 또는 긴장되거나 신경이 곤두선 느낌
2. 쉽게 피로해짐
3. 주의집중 곤란이나 정신이 멍해지는 느낌
4. 자극과민성
5. 근육긴장
6. 수면장애(잠이 들거나 잠자는 상태를 유지하기 어려움, 제대로 잠들지 못하고 불만족스러운 수면)

D. 불안함, 걱정, 신체증상이 임상적으로 심각한 고통이나 사회적·직업적 또는 기타 중요한 영역의 기능에서 손상을 야기함

E. 장애는 물질(예시: 약물남용, 약물치료)이나 다른 의학적 상태(예시: 갑상선 기능 항진증)의 생리학적 영향에 기인하지 않음

F. 장애는 다른 정신장애[예시: 공황장애에서 공황발작이 일어나는 것에 대한 불안이나 걱정, 사회불안 장애(사회공포증)에서 부정적인 평가, 강박장애에서 오염이나 강박증, 분리불안 장애에서 애착 대상으로부터의 분리, 외상 후 스트레스 장애에서 정신적 외상적 사건들을 상기시키는 것, 거식증에서 살찌는 것, 신체증상 장애에서 신체적 통증, 신체변형장애에서 신체적 외모 결함, 질병 불안장애에서 심각한 질환이 있는 것, 정신분열증 또는 망상장애에서 망상적인 생각의 내용]에 의해 더 잘 설명되지 않음

〈사례 9-5〉

범불안장애

40대 주부인 오 씨는 왠지 늘 불안하고 초조하다. 무언가 불길한 일이 벌어질 것 같은 막연한 불안감을 자주 느끼며 여러 가지 일로 걱정이 많다. 남편이 운전 중에 사고를 당하지 않을까, 아들이 학교에서 공부를 열심히 하고 있을까, 연로한 친정 어머니가 병들어 아프지는 않을까, 이웃이 자신을 싫어하지 않을까, 도둑이나 강도가 들지 않을까 하는 걱정을 비롯하여, 사소하게는 음식이 너무 짜지는 않은지, 가전제품이 망가지지는 않는지, 쓸데없는 물건을 산 것은 아닌지 등 일상생활 전반에 대해서 걱정이 많다. 오 씨는 이런 걱정이 불필요하고 과도하다는 것을 알고 있지만, 막연한 불안감에 걱정을 멈출 수 없어 늘 초조하고 안절부절못하였다. 이렇게 항상 긴장 상태에 있게 되니, 불안감으로 하루하루가 피곤하고 고통스러웠다.

3. 불안장애의 치료

1) 행동요법

행동치료는 불안장애를 치료하는 효과적인 방법으로 알려져 있다. 그중에서도 체계적 둔감법과 노출치료가 흔히 알려져 있다. 체계적 둔감법(systematic desensitization)은 처음에는 공포에 대한 긴장을 해소할 수 있는 이완요법을 학습하고, 이완요법을 습득한 후에는 점진적으로 공포를 느끼는 대상이나 상황을 상상 속에서 직면한 후 대상이나 상황을 묘사하게 하고, 마지막으로 대상이나 상황을 직면하게 하는 방법이다(강선경, 2010).

노출치료를 실시하는 방식에는 다음의 유형들이 있다(조용래, 2001).

- **상상적 대 실제 노출과 가상현실에 대한 노출:** 상상적 노출은 클라이언트가 두려워하는 대상이나 상황에 대면했을 때 경험할 수 있는 소리, 광경, 냄새, 촉각 등을 상상하게 함으로써 공포상황에 노출시키는 반면, 실제 노출은 실제로 두려워했던 대상에나 상황에 노출시키는 것을 말한다. 가상현실

표 9-1 불안장애의 각 종류별로 적합한 대표적인 노출치료 유형(조용래, 2001)

불안장애 종류	노출치료 유형
광장공포증	실제 노출
공황장애	체내 감각에 대한 노출과 상황적 노출
사회공포증	집단 상황에서의 모의 노출 및 실제 노출을 위한 숙제
특정공포증	실제 노출

출처: 조용래(2001).

에 대한 노출은 실시간 컴퓨터 그래픽, 신체 감각 추적 장치 등을 이용하여 클라이언트가 두려워하는 가상현실 상황을 만들어서 노출시키는 것을 말한다.

- **등급화된 노출 대 강렬한 노출**: 등급화된 노출은 등급화된 가장 덜 공포스러운 자극에서부터 가장 공포스러운 자극으로 점진적으로 진행하는 방식이다. 강렬한 노출은 대량자극법(flooding therapy)이라고도 불리며, 긴 시간 동안 가장 강렬한 공포자극에 노출시키는 방식이다.
- **집중적 노출 대 간격을 둔 노출**: 집중적 노출은 여러 주 동안 매일 한 번씩 집중적으로 노출을 하는 방식이다. 간격을 둔 노출은 여러 달 동안 매주 한 번씩 이루어지는 방식이다.
- **치료자 또는 다른 사람의 도움을 받는 노출 대 자기 주도적 노출**: 치료자 또는 다른 사람의 도움을 받는 노출은 더 많은 노출을 촉진하기 위하여 처음의 안전신호로서 기여할 수 있는 사람을 선정하여 함께 있다가, 점차 그 사람이 없이도 노출되는 방식이다. 반면 자기 주도적 노출은 매뉴얼에 따라 클라이언트 자신이 주도적으로 노출하는 방식이다.

2) 인지행동집단치료

벡(Beck) 등의 인지치료에 기반을 둔 인지행동집단치료는 심리교육(psycho-education), 인지적 재구성(cognitive restructuring) 훈련, 공포상황에 대한 회기 중의 모의 노출(simulated exposure), 실제 공포상황에서의 노출을 위한 숙제

(homework for in vivo exposure) 등 네 가지 주요 구성요소들이 통합되어 집단 형태로 실시한다(조용래, 이경선, 황경남, 2005). 인지행동집단치료의 여러 기법들 중에서도 모의 노출 동안 안전행동을 하지 않으면서 노출하는 훈련과 비디오 피드백 훈련이 주목받고 있다. 예를 들어, 사회불안 장애가 있는 사람은 자신이 두려워하는 재앙을 피하기 위하여 다양한 종류의 안전행동을 할 수 있으며, 이러한 행동 때문에 일상생활에서 공포유발 상황에 당면하게 되더라도 두려움이 감소하지 않는다는 것이다. 그러므로 노출훈련만 하는 것보다는 안전행동을 하지 않으면서 노출훈련을 하는 조건에서 사회적 불안수준 및 두려운 재앙에 대한 확신도가 더 효과적으로 감소할 수 있다(Wells, Clark, Salkovskis, Ludgate, Hackmann, & Gelder, 1995). 또한 비디오 피드백은 사회불안 장애가 있는 사람이 객관적인 외부 정보를 비디오 피드백을 통해 제공함으로써 자신의 왜곡된 사회적 자기상을 효과적으로 바꿀 수 있다는 점에서 효과적이다(Rodebaugh, 2004).

3) 약물요법

항불안제는 공포를 일으키는 대상이나 상황에 직면했을 때 나타날 수 있는 공황발작과 예기불안이나 염려를 감소시켜 주기 때문에 그러한 상황에 직면하는 것을 용이하게 해 준다(강선경, 2010). 범불안장애를 위한 약물치료로서 가장 흔히 처방되는 약물은 벤조디아제핀(Benzodiazepine) 계열의 약물로, 자극에 대한 과민성을 저하시키고 사고와 행동을 감소시키는 진정효과를 나타낸다. 하지만 다량으로 복용하면 인지적 · 행동적 기능을 저하시켜서 일상적 활동이 곤란하며, 장기간 복용하는 경우에는 내성이 나타날 수 있다. 광장공포증은 주로 MAO억제제, 삼환계 항우울제, 선택적 세로토닌 재흡수 억제제와 같은 항우울제를 통해 완화될 수 있다. 이러한 약물들은 효과가 빨리 나타나지만, 치료를 중단할 경우 재발률이 높다. 사회공포증에는 삼환계 항우울제와 MAO억제제가 사용된다(권석만, 2013). 하지만 진정제의 경우 공포증에 대한 치료 효과가 개개인마다 차이가 나서 어떤 경우에는 전혀 도움이 되지 않을 때도 있으며, 효과가 있는 경우에도 장시간 약물을 투여해야 한다.

학습활동

- 특정공포증에 대한 동영상을 감상해 봅시다.
  KBS 1TV 스페셜 〈마음〉
  http://www.youtube.com/watch?v=e37QoAv5fys&feature=relmfu
- 영화 〈파인딩 포레스터(Finding Forrester)〉(2000)를 감상하고, 영화에서 윌리엄 포레스터가 갖는 장애가 무엇인지 분석해 봅시다.
- 영화 〈배트맨 비긴즈(Batman Begins)〉(2005)를 감상하고, 영화에 나오는 특정공포증의 증상에 대해서 토론해 봅시다.

정리해봅시다

1. 불안의 개념
   - 불안은 크게 불안에 의해 주관적 고통을 경험하는 인지적 요소, 말초신경계의 자율신경계와 관련된 생리적 요소, 그리고 불안할 때에 나타나는 행동들인 행동적 요소로 구성되어 있다.

2. 불안장애
   - 불안장애는 과도한 공포와 불안 및 관련된 행동적 장애들의 특징을 공유하는 장애들로, 분리불안 장애, 선택적 함구증, 특정공포증, 사회불안 장애(사회공포증), 공황장애, 광장공포증, 범불안장애가 포함된다.
   - 분리불안 장애는 애착 대상으로부터 분리되는 것에 대해 심한 두려움과 고통을 겪는 것을 말한다.
   - 선택적 함구증은 정상적 혹은 정상에 가까운 수준의 언어 사용을 할 수 있음에도 불구하고 학교생활 등 말을 해야 하는 특정한 상황에서 입을 다물고 말을 하지 않는 것을 말한다.
   - 특정공포증은 인식할 수 있는 명확한 대상이나 상황에 대한 현저하고도 지속적인 두려움을 갖는 장애다.
   - 사회불안 장애(사회공포증)는 다른 사람을 만나거나 다른 사람들 앞에서 무엇인가를 하고자 할 때 연설뿐 아니라 비공식적 소집단에서의 담화까지도 두려워하는 장애다.
   - 공황장애는 예기치 못한 심한 공황발작을 반복적으로 경험하는 장애로, 추가적 공황발작이 일어나는 것에 대해서, 또한 공황발작에 의해 나타날 수 있는 결과에 대해서 지속적

인 염려나 걱정을 한다.

- 광장공포증은 즉각적으로 피하기 어려운 장소나 상황에 처하는 것에 대한 두려움을 보이는 장애를 말한다.
- 범불안장애는 일상적인 삶 속에서 만성적이고 지속적으로 불안해하는 증상을 가지며, 생활 전반의 여러 가지 사건이나 활동에 대해 지나친 불안을 느끼거나 걱정을 하는 장애다.

3. 불안장애의 치료

- 불안장애의 치료에는 행동요법, 인지행동집단치료, 약물요법 등이 있다.

참고문헌

강선경(2010). **정신병리**. 경기: 집문당.

권석만(2013). **현대이상심리학**. 서울: 학지사.

조용래(2001). 불안장애에 대한 노출치료: 비판적 분석, 작용기제 및 개선방안. **한국심리학회지: 일반, 20**(1), 229-257.

조용래, 이경선, 황경남(2005). 사회불안장애 청소년에 대한 집단인지행동치료 효과의 예비연구. **한국심리학회지: 임상, 24**(1), 243-253.

Barlow, D. H. (1988). *Anxiety and its disorders: The nature and treatment of anxiety and panic*. New York: Guilford Press.

Beck, A. T., Epstein, N., Brown, G., & Streer, R. A. (1988). An inventory for measuring clinical anxiety: Psychometric properties. *Journal of Consulting & Clinical Psychology, 56*(6), 893-897.

Rodebaugh, T. (2004). I might look OK, but I'm still doubtful, anvious, and avoidant: The mixed effects of enhanced video feedback on social anxiety symptoms. *Behaviour Research & Therapy, 42*(12), 1435-1451.

Wells, A., Clark, D., Salkovskis, P., Ludgate, J., Hackmann, A., & Gelder, M. (1995). Social phobia: The role of in-situation safety behaviors in maintaining anxiety and negative beliefs. *Behavior Therapy, 26*, 153-161.

제10장

강박 및 관련 장애

MENTAL

학습목표

- 강박 및 관련 장애에 해당하는 정신장애들을 나열할 수 있다.
- 강박 및 관련 장애에 해당하는 정신장애들의 증상들과 진단기준을 설명할 수 있다.
- 강박 및 관련 장애에 해당하는 정신장애들의 치료 방법 및 개입 방법을 알 수 있다.

HEALTH

학습내용

- 강박 및 관련 장애
  - 강박장애
  - 신체변형장애
  - 저장장애
  - 발모광(털 뽑기 장애)
  - 표피박리 장애(피부 뜯기 장애)
- 강박 및 관련 장애의 치료

1. 강박 및 관련 장애

강박장애(Obsessive-Compulsive Disorders)는 DSM-IV-TR에서는 불안장애(Anxiety Disorder)에 포함되어 있었으나, 신체형 장애(Somatoform Disorders)로 분류되었던 신체변형장애와 충동조절장애(Impulse-Control Disorders Not Elsewhere Classified)로 분류되었던 발모광과 다른 새로운 장애들을 포함하여 DSM-5에서는 강박 및 관련 장애(Obsessive-Compulsive and Related Disorder)로 따로 분리되었다. 강박 및 관련 장애에는 강박장애(Obsessive-Compulsive Disorder), 신체변형장애(Body Dysmorphic Disorder), 저장장애(Hoarding Disorder), 발모광(털 뽑기 장애)(Trichotillomania(Hair-Pulling Disorder)), 표피박리 장애(피부 뜯기 장애)(Excoriation(Skin-Picking) Disorder), 물질/약물로 유발된 강박 및 관련 장애(Substance-Medication-Induced Obsessive-Compulsive and Related Disorder), 다른 의학적 상태에 의한 강박 및 관련 장애(Obsessive-Compulsive and Related Disorder Due to Another Medical Condition), 기타 분류된 강박 및 관련 장애(Other Specified Obsessive-Compulsive and Related Disorder), 분류되지 않은 강박 및 관련 장애(Unspecified Obsessive-Compulsive and Related Disorder)들이 포함된다.

강박관념과 강박충동을 가지는 것을 특징으로 하는 강박장애와는 달리, 몇몇 다른 강박 및 관련 장애들은 집착(preoccupation), 그리고 집착에 반응한 반복적인 행동이나 정신작용으로 특징지을 수 있다. 또 다른 강박 및 관련 장애들은 털 뽑기, 피부 뜯기와 같은 주로 되풀이되는 신체 중심의 반복적 행동과 그 행동을 줄이거나 멈추려고 하는 반복적 시도로 특징지어진다. 여기서는 강박장애, 신체변형장애, 저장장애, 발모광(털 뽑기 장애), 표피박리 장애(피부 뜯기 장애)에 대해 살펴본다.

1) 강박장애

강박장애(Obsessive-Compulsive Disorder: OCD)는 강박사고와 강박행동을 특징으로 하는 장애다. 강박사고(obsessions)는 거슬리고 자신이 생각하고 싶지 않음에도 불구하고 반복적이고 지속적으로 떠오르는 생각, 충동 및 심상을 말한다. 강박행동(compulsions)은 개인이 강박사고에 반응하거나 반드시 엄격하게 적용해야 할 법칙에 따라 수행해야 할 것같이 느껴지는 반복적 행동이나 정신활동을 말한다(American Psychiatric Association, 2013). 강박장애와 관련된 문제의 신호는 다음과 같다(이용승, 이한주, 2000).

- 감정반응이 위축된다.
- 어떤 일을 반복적으로 한다.
- 자신의 판단에 대해 끊임없이 회의하고 질문하여 안도감을 구한다.
- 간단하고 일상적인 일과에도 오랜 시간이 소요된다.
- 피로감이 증가한다.
- 전반적으로 행동이 느려진다.
- 작은 일이나 세부 사항에 대한 관심이 증가한다.
- 사소한 일에도 매우 강한 감정반응을 나타낸다.
- 적절한 수면이 어렵다.
- 식습관이 변한다.
- 날마다의 삶이 뭔가에 대한 투쟁처럼 힘들어진다.
- 회피적 행동을 보인다.

강박장애를 가진 사람은 되풀이하는 사고나 비논리적인 행동 때문에 고통받으며, 이러한 생각과 행동은 상당히 시간 소모적이기 때문에 직장과 사회적 관계에 지장을 주게 된다. 이러한 생각을 억제하려고 하지만, 억제하려는 시도는 오히려 이러한 생각을 더 심해지게 한다.

■ DSM-5의 강박장애 진단기준

A. 강박사고, 강박행동, 또는 둘 다 나타남

강박사고는 (1)과 (2)로 정의됨:

1. 장애 경과 중 어느 시점에서 거슬리고 자신이 원하지 않음에도 불구하고 경험하게 되고, 대부분의 사람들에게서 현저한 불안이나 고통을 초래하는, 반복적이고 지속적인 사고, 충동이나 심상
2. 개인은 이러한 사고, 충동이나 심상을 무시·억압하려 하거나, 다른 생각이나 행위(예시: 강박충동을 수행함으로써)로 상쇄시키려고 함

강박행동은 (1)과 (2)로 정의됨:

1. 개인이 강박사고에 대한 반응으로, 또는 엄격하게 적용해야 할 법칙에 따라 수행되어야 한다고 내몰리는 듯이 느껴지는 반복적 행동(예: 손 씻기, 정돈하기, 확인하기) 또는 정신활동(예시: 기도하기, 숫자 세기 등)
2. 행동이나 정신활동은 불안이나 고통의 예방이나 감소, 또는 어떤 두려운 사건이나 상황 방지를 목적으로 함. 그러나 이런 행동이나 정신활동은 상쇄하거나 방지하려는 목적과는 실현 가능한 방식으로 관련되지 않거나 명백하게 과도함

주: 어린 아동의 경우 이러한 행동이나 정신활동의 목적을 분명히 표현하지 못할 수도 있음

B. 강박사고나 강박행동이 시간 소모적(예시: 하루에 1시간 이상 걸림)이거나, 임상적으로 중요한 고통이나 사회적·직업적 또는 기타 중요한 영역의 기능에서 손상을 초래함

C. 강박적 증상은 물질(예시: 약물남용, 약물치료)이나 다른 의학적 상태의 직접적인 생리적 효과에 의한 것이 아님

D. 장애는 다른 정신장애들의 증상(예시: 일반화된 불안장애의 과도한 걱정들, 신체변형장애의 외모에 대한 집착, 저장장애의 소유물을 버리거나 작별하는 것에 대한 어려움, 발모광의 털 뽑기; 표피박리 장애의 피부 뜯기, 정형적 운동장애의 상동증, 섭식장애의 의식화된 섭식행동, 물질 관련 및 중독 장애의 물질 또는 도박에 대한 집착, 질병 불안장애의 질병이 있는 것에 집착, 성도착 장애의 성적 충동 또는 환상, 파괴적, 충동조절 및 품행 장애의 충동들, 주요 우울장애

의 죄책감의 반추, 정신분열 스펙트럼 및 기타 정신병적 장애의 사고의 주입 또는 망상적 집착, 자폐 스펙트럼 장애의 반복적인 행동패턴)에 의해 더 잘 설명되지 않음

만약 해당된다면 명시할 것:

훌륭한 또는 타당한 통찰력을 가짐: 강박장애의 믿음들이 확실히 또는 아마도 사실이 아니라고 인식하거나, 사실일 수도 있거나 아닐 수도 있다고 인식함

나쁜 통찰력을 가짐: 강박장애의 믿음들이 아마도 사실일 거라고 생각함

통찰력이 없음/망상적 믿음을 가짐: 강박장애의 믿음들이 사실이라고 전적으로 확신함

만약 해당된다면 명시할 것:

틱 관련됨: 현재 또는 과거 병력에 틱 장애가 있음

〈사례 10-1〉

강박장애

25세 김 군은 공공장소에서는 어떤 물건도 만지기를 꺼렸다. 남들이 만졌던 물건을 만지면 병균에 감염될 것 같았기 때문이다. 지저분한 공중화장실의 수도꼭지나 문고리, 버스의 손잡이 등 여러 사람들이 만졌을 만한 물건에는 어떠한 수를 써서라도 손을 대지 않으려 하였고, 근처에 가는 것도 몹시 꺼렸다. 다른 사람이 접촉한 물건을 만지게 되면 세균이 감염될지도 모른다는 생각 때문에 밖에 나갈 수도, 다른 사람과의 만남도 가질 수 없었다. 김 군은 자신의 생각이 사실이 아닐 수도 있다는 것을 알고 있지만, 그 생각을 떨쳐 버릴 수가 없었다. 어쩔 수 없이 남이 만진 더러운 것들을 접촉한 경우에는 반복적으로 비누로 1시간씩 손을 씻지 않고서는 견딜 수가 없었다. 어느 날 집에 배달을 온 택배 배달원이 잠시 화장실을 쓸 것을 요청하자, 김 군은 단번에 거절했다. 다른 사람이 쓴 화장실을 자신이 쓰거나 청소하는 것을 도저히 상상할 수 없었기 때문이다.

2) 신체변형장애

신체변형장애(Body Dysmorphic Disorder)는 다른 사람은 잘 알아채지 못하거나 단지 경미해 보이는 하나 이상의 신체적 외모의 인지된 결손이나 결함에 집착하는 것으로 특징지어진다. 예를 들어, 여드름이나 상처, 주름 등의 피부, 몸이나 얼굴에 있는 털, 코의 크기나 모양 등과 같이 신체의 한 가지 이상의 부분에 중점적으로 집착하는 것이다. 신체변형장애의 또 다른 특징은 이러한 외모적 염려에 반응하여 인지된 신체적 결점을 거울로 계속 확인하거나, 머리 모양에 과도하게 신경을 쓰거나, 화장을 계속 덧바르거나, 싫어하는 부분을 모자·옷·머리카락 등으로 감추거나, 피부를 뜯거나, 자신의 외모가 괜찮은지 다른 사람에게서 안심을 구하는 것과 같은 반복 행동, 또는 자신의 외모를 다른 사람과 비교하는 등의 정신활동을 하는 것이다.

■ DSM-5의 신체변형장애 진단기준

A. 다른 사람에게는 식별할 수 없거나 경미해 보이는 신체적 외모의 하나 또는 그 이상의 인지된 결손 또는 결함에 대한 집착

B. 장애 경과 중의 어느 시점에 개인은 외모 염려에 반응하여 반복 행동들(예시: 거울로 확인하기, 과도한 몸단장, 피부 뜯기, 안심시키는 말 추구)이나 정신활동들(예시: 자신의 외모를 다른 사람들과 비교함)을 수행함

C. 집착이 임상적으로 중요한 고통이나 사회적·직업적 또는 기타 중요한 영역의 기능에서 손상을 초래함

D. 외모 집착은 섭식장애의 진단기준에 부합하는 증상을 가진 개인의 체지방 또는 몸무게에 대한 염려로 더 잘 설명되지 않음

만약 해당된다면 명시할 것:

근육추형(muscle dysmorphia)이 있음: 개인이 자신의 체형이 너무 작거나 근육이 불충분하다는 생각에 사로잡혀 있음. 이 명시는 흔히 있는 경우이지만, 개인이 다른 신체 부분들에 집착하는 경우에도 사용될 수 있음

만약 해당된다면 명시할 것:

신체변형장애의 믿음(예시: '나는 못생겨 보여.' '나는 기형적으로 보여.')에

대한 통찰력의 정도를 나타낼 것

훌륭한 또는 타당한 통찰력을 가짐: 신체변형장애의 믿음들이 확실히 또는 아마도 사실이 아니라고 인식하거나, 사실일 수도 있거나 아닐 수도 있다고 인식함

나쁜 통찰력을 가짐: 신체변형장애의 믿음들이 아마도 사실일 거라고 생각함

통찰력이 없음/망상적 믿음을 가짐: 신체변형장애의 믿음들이 사실이라고 전적으로 확신함

〈사례 10-2〉

신체변형장애

29세 남 씨는 코 성형수술을 이미 세 차례나 받았다. 주변 사람들은 수술 전의 남 씨의 코가 동글동글하지만 귀엽다고 말해 주곤 했다. 그럼에도 불구하고, 남 씨는 계속해서 자신의 코가 돼지 코처럼 보이며, 사람들이 코 때문에 자신을 이상하게 쳐다보는 것 같다는 느낌이 들었다. 남 씨는 항상 거울을 들고 다니면서 계속해서 얼굴의 코를 확인하고 만지고 이상하게 보이는지 확인하였다. 남 씨는 이러한 확인하는 행동을 하는 데 하루에도 몇 시간씩 보냈으며, 거울로 얼굴을 확인하기 전에는 사람들이 모이는 공공장소에 갈 수 없었다. 그리고 매일 아침마다 코의 결점을 가리기 위해 화장을 공들여서 몇 시간씩 하였으며, 점심시간에는 화장이 다 지워졌을 거라는 걱정에 얼굴을 반복해서 씻고 다시 화장을 하였다.

코 성형수술을 세 차례나 받은 이후에도 남 씨는 계속해서 다른 사람들이 이상스럽게 자신의 코만 바라보고 비웃는 것 같다는 생각에 사로잡혔다.

3) 저장장애

저장장애(Hoarding Disorder)는 DSM-5에서 새로이 추가된 장애로서, 소유물의 가치와는 상관없이 소유물을 버리거나 작별하는 것에 어려움을 느끼는 장애다. 소유물을 버리거나, 팔거나, 주거나, 재활용하는 것을 포함한 모든 종류의 버리는 것에 어려움을 겪는다. 이러한 어려움을 겪는 주요한 이유는 물품의 유

용성이나 미적 가치를 인지하거나, 소유물에 대한 강한 감정적 애착을 갖고 있기 때문이다. 어떤 사람은 소유물의 운명에 대해 책임감을 느끼고, 낭비하는 것을 회피하는 데 오랜 시일이 걸린다. 중요한 정보를 잃어버리는 것에 대한 두려움도 매우 흔하게 나타난다(American Psychiatric Association, 2013).

■ DSM-5의 저장장애 진단기준

A. 소유물의 실제 가치와는 상관없이 버리거나 소유물과 작별하는 것에 지속적인 어려움을 느낌

B. 이 어려움은 그 물품을 모아야 한다는 인지된 필요성과 물품들을 버리는 데 관련된 고통 때문임

C. 소유물을 버리는 것에 대한 어려움은 활동적인 생활공간을 혼잡하게 하고 어지럽혀서 생활공간의 의도된 사용을 상당히 어렵게 하는 소유물의 축적을 초래함. 생활공간이 어지럽지 않다면, 이것은 단지 제삼자의 개입 때문임(예시: 가족원, 청소부, 정부)

D. 저장은 임상적으로 중요한 고통이나 사회적 · 직업적 또는 기타 중요한 영역의 기능에서(자기 자신과 다른 사람들을 위한 안전한 환경을 유지하는 것 포함) 손상을 야기함

E. 저장은 다른 의학적 상태[예시: 뇌 손상, 뇌혈관 질환, 프래더윌리 증후군(Prader-willi syndrome)]에 기인하지 않음

F. 저장은 다른 정신장애의 증상(예시: 강박장애의 강박관념, 주요 우울장애의 기운 감소, 정신분열증 또는 다른 정신병적 장애의 망상, 주요 신경인지 장애의 인지결함, 자폐 스펙트럼 장애의 제한된 흥미)에 의해 더 잘 설명되지 않음

만약 해당된다면 명시할 것:

과도한 취득(aquisition)**이 있음**: 만약 소유물을 버리는 것에 대한 어려움이, 필요하지 않거나 놓을 여유 공간이 없는 과도한 물품들의 취득과 동반된 경우

만약 해당된다면 명시할 것:

훌륭한 또는 타당한 통찰력을 가짐: 개인은 저장 관련 믿음들과 행동들(물품을 버리는 것에 대한 어려움, 잡동사니, 과도한 취득과 관련된)이 문제가 있음을

인식함

나쁜 통찰력을 가짐: 반대의 증거가 있음에도 불구하고 저장 관련 믿음들과 행동들(물품을 버리는 것에 대한 어려움, 잡동사니, 과도한 취득과 관련된)이 문제가 있지 않다고 거의 확신함

통찰력이 없음/망상적 믿음을 가짐: 반대의 증거가 있음에도 불구하고 저장 관련 믿음들과 행동들(물품을 버리는 것에 대한 어려움, 잡동사니, 과도한 취득과 관련된)이 문제가 있지 않다고 전적으로 확신함

〈읽을거리〉

'저장강박장애' 주민 쓰레기 20t 집 안에 모아 둬

70명 동원 쓰레기 치우는 데 이틀, 구청장도 나서

광주 동구청이 저장강박증에 걸린 주민이 5년 동안 집 안에 저장해 놓은 쓰레기 20t을 치웠다.

〈중 략〉

주민 A(70)씨는 어떤 물건이든지 버리지 못하고 저장해 두는 정신질환의 일종인 '저장강박장애'에 시달려 지난 2009년부터 최근까지 자신의 집 안에 동물의 사체, 폐건축자재, 생활용품 등을 쌓아 놓고 지내 왔다. A씨는 평소 휴대용 라디오나 전축 등을 모으는 취미생활을 해 왔으나 생활고 탓에 폐품을 모으다가 급기야 쓰레기를 집 안에 저장해 놓는 정신질환으로까지 번진 것으로 알려졌다.

쓰레기를 치워 달라는 주민 민원이 계속됐지만 A씨는 강경하게 거부해 왔다. 그러나 동구는 최근 A씨의 가족들을 설득해 쓰레기를 치울 수 있게 됐다.

A씨가 쓰레기를 쌓아 놓은 주택이 좁은 골목 깊숙한 곳에 위치해 있고 쓰레기양이 너무 많아 구청 측은 전날부터 이틀째 공무원, 청소미화원, 사회단체 회원 등 70여 명과 함께 쓰레기 치우기에 나섰다.

출처: 연합뉴스 (2013. 4. 4.)

4) 발모광

발모광(털 뽑기 장애)[Trichotillomania(Hair-Pulling Disorder)]은 발모가 임상적으로 중요한 고통이나 사회적·직업적 영역 또는 기타 중요한 영역의 기능에서 손상을 초래하고, 발모를 감소시키거나 중단하려 반복적으로 시도함에도 불구하고 계속해서 반복적으로 털을 뽑는 장애다. 발모광은 털이 자라는 신체의 어떤 부분에서든 일어날 수 있다. 자주 나타나는 부위는 머리카락, 눈썹, 속눈썹이며, 흔치는 않지만 겨드랑이 털, 얼굴의 털, 음모를 뽑는 경우도 있다. 발모는 하루 동안에 드문드문 짧은 삽화로 일어나거나, 흔치는 않지만 더 지속적인 기간으로 여러 시간 동안 계속 나타날 수도 있다. 이러한 발모는 여러 달 또는 몇 년에 걸쳐 나타날 수 있다. 발모광은 DSM-IV-TR에서는 충동조절장애로 분류되었으나, DSM-5에서는 강박 및 관련 장애에 포함되었다(American Psychiatric Association, 2013).

■ DSM-5 발모광 진단기준

A. 모발 손실을 초래하는 반복적 발모

B. 발모를 감소시키거나 중단하려는 반복적 시도들

C. 발모가 임상적으로 중요한 고통이나 사회적·직업적 또는 기타 중요한 영역의 기능에서 손상을 초래함

D. 발모나 모발 손실이 다른 의학적 상태(예시: 피부 질환)에 기인하지 않음

E. 발모는 다른 정신장애의 증상에 의해 더 잘 설명되지 않음(예시: 신체변형장애의 외모의 인지된 결함이나 결점을 개선하기 위한 시도들)

〈사례 10-3〉

발모광

하 양은 13세의 중학생으로, 외모에 많이 신경 쓰는 나이에 머리카락을 뽑는 습관 때문에 고민하고 있다. 독서실에서 공부를 할 때 주로 머리카락을 뽑는 행동을 하는데, 자신도 모르게 머리카락을 하나씩 뽑다 보면 어느새 책상에 수북이 머리카락이 쌓여 있기도 하였다. 하 양의 앞머리는 뽑혔다가 다시 나는 짧은 머리카락들

때문에 삐쭉삐쭉하게 보였다. 공부에 대한 스트레스가 심해지는 시기에는 머리카락을 뽑는 습관도 심해져서 원형탈모증처럼 한 부분에만 집중적으로 머리카락이 없는 등 흉측해 보이기도 하였다. 최근에는 하 양이 머리카락뿐만 아니라 눈썹을 뽑는 행위까지 보이고 있다.

5) 표피박리 장애(피부 뜯기 장애)

표피박리 장애(피부 뜯기 장애)를 가진 사람은 주로 얼굴, 팔 및 손을 뜯거나 여러 신체 부위를 뜯는다. 건강한 피부뿐만 아니라, 작은 피부 이상, 여드름이나 굳은살 같은 피부 손상, 예전 피부 뜯기에서 생겨난 딱지 등을 뜯는다. 대부분의 사람들이 손톱으로 뜯지만, 핀셋이나 핀, 다른 물체를 사용하기도 한다. 피부 뜯기에 추가적으로 피부 문지르기, 꽉 짜기, 째기, 물기의 증상이 있을 수도 있다. 표피박리 장애를 가진 사람은 피부를 뜯는 데 가끔은 하루에 몇 시간씩 많은 시간을 보내며, 이러한 피부 뜯기는 몇 달 혹은 몇 년 동안 지속되기도 한다(American Psychiatric Association, 2013). 이 표피박리 장애는 DSM-5에서 처음으로 강박 및 관련 장애로 포함되었다.

■ DSM-5 표피박리 장애 진단기준

A. 피부 손상을 초래하는 반복적 피부 뜯기

B. 피부 뜯기를 감소시키거나 중단하려는 반복적 시도들

C. 피부 뜯기가 임상적으로 중요한 고통이나 사회적 · 직업적 또는 기타 중요한 영역의 기능에서 손상을 초래함.

D. 피부 뜯기는 물질(예시: 코카인)의 생리학적 영향들이나 다른 의학적 상태[예시: 옴(scabies)]에 기인하지 않음

E. 피부 뜯기는 다른 정신장애의 증상(예시: 정신장애의 망상이나 촉각환각, 신체변형장애의 외모의 인지된 결함이나 결점을 개선하기 위한 시도, 정형적 운동장애의 상동증, 비자살성 자해의 자신을 해치려는 의도)에 의해 더 잘 설명되지 않음

〈사례 10-4〉

표피박리 장애

55세 여성인 어 씨는 피부에서 피가 나서 밴드를 붙여야 할 정도까지 피부를 뜯는 버릇이 있다. 어 씨는 가리기 어려운 얼굴 부분을 빼고, 팔이나 다리와 같이 옷으로 가릴 수 있는 신체의 부분을 골라서 피부를 뜯어내고는 했다. 한번 피부를 뜯기 시작하면 2~3시간씩 계속하였으며, 멈추기를 어려워하였다. 어 씨는 피부를 뜯는 행동을 조절할 수 없다는 것에 죄책감과 수치심 등을 느끼고 있었다. 하지만 이러한 부정적인 정서적 스트레스로 다시 피부를 뜯고 싶은 충동이 나타나는 심리적 순환을 보였다. 특히, 어 씨의 다리는 딱지로 뒤덮여 있으며, 이 때문에 어 씨는 한여름에도 반바지를 입을 수가 없었다. 어 씨는 스스로 심리상담소를 찾아갈지에 대해 고민하고 있다.

2. 강박 및 관련 장애의 치료

강박장애(Obsessive-Compulsive Disorder: OCD)의 치료를 위해 클로미프라민(clomipramine)과 선택적 세로토닌 재흡수억제제(Selective Serotonin Reuptake Inhibitor: SSRI)를 대표로 한 약물치료가 흔히 이루어진다. 또한 인지행동치료는 강박장애의 치료에 핵심적 역할을 하며, 치료 효과가 뛰어나고 재발 방지 및 유지에 탁월하여 약물치료와 병합 또는 단독으로 활용되고 있다(신민섭, 설순호, 2007).

강박장애를 위한 또 다른 치료 방법으로는 인지행동치료인 노출 및 반응 방지법(Exposure and Response Prevention: ERP)이 많이 쓰이고 있다(이상원, 원승희, 이승재, 2010; 김세주, 김원, 양종철, 하태현, 구민성, 권준수, 김찬형, 2007). 강박장애를 가진 사람은 자신이 예방조치를 취하지 않으면 자신이나 타인이 해를 입을 수 있다는 책임감을 갖게 만드는 침투적 인지인 강박사고를 억제하거나 중성화하고자 강박적인 행동이나 의례적인 사고를 한다. 이런 중성화 행위나 침투적 행위를 억제하고 통제하려는 시도는 강박사고의 빈도와 강도를 더욱 증가시키는 악순환이 형성된다. 이때, 생각하는 것만으로도 행동한 것이나 마찬가지라는 사고-행위 융합과 자신의 책임감에 대한 과도한 민감성에 대한 인지적 왜곡이 일어나는 것이다(Bailey, 2001). 인지행동치료는 강박장애 환자가 생각을 회피하거나 억제하고 중성화하는 것이 더 강한 침투적 사고를 야기할 수 있다는 점을 알려 주고, 점진적 노출 형식을 이용하는 행동 실험을 숙제로 할당할 수 있다(신민섭, 김상선, 오경자, 2006). 노출 및 반응 방지법은 강박장애 환자가 두려워하는 자극이나 사고에 노출시키지만 강박행동을 하지 못하게 함으로써 두려워하는 자극과 사고를 견디는 둔감화 효과를 얻을 수 있다. 또한 강박장애 환자로 하여금 이를 통해 강박행동을 하지 않아도 두려워하는 결과가 나타나지 않음을 알게 하는 것이다.

강박장애 외의 기타 관련 장애들은 다음과 같은 치료 방법이 효과적인 것으로 알려져 있다(권석만, 2013). 신체변형장애는 클로미프라민이나 플루복사민(fluvoxamine)과 같은 선택적 세로토닌 재흡수 억제제를 사용하거나, 인지행동적 치료 방법인 노출 및 반응 방지법을 활용하는 것이 효과적인 것으로 알려져 있다. 저장장애의 치료에는 인지행동치료와 약물치료가 적용될 수 있다. 인지행동치료에서는 강박적 수집을 하는 사람이 물건을 수집하는 이유를 자각하게 하고, 소유물을 가치와 유용성에 따라 정리하는 방법을 습득하게 하며, 소유물 중에서 버릴 것을 결정할 수 있는 의사결정 기술을 향상시키도록 돕는다. 또한 강박장애에 처방되는 삼환계 항우울제나 선택적 세로토닌 재흡수 억제제와 같은 항우울제가 강박적 수집증상을 완화시킬 수 있다.

발모광 환자의 치료를 위해서는 약물치료와 행동치료적 방법이 효과적인 것으로 알려져 있다. 발모광의 약물치료와 관련해서는 아직 그 효과에 대한 논란의 여지가 있기는 하지만 선택적 세로토닌 재흡수 억제제(SSRIs)를 비롯한 항우울제가 우선적으로 고려되며, 올란자핀(olanzapine) 등의 비전형성 항정신증제(atypical antipsychotic), 피모짓(pimozide) 등의 도파민 차단제, 날트렉손(naltrexone) 등의 아편길항제(opioid antagonist)가 추가적으로 사용되기도 한다(김향숙, 안명희, 2011). 행동치료적 방법으로는 환자 스스로 머리카락을 뽑는 행동을 조사하고 주의를 기울이게 하는 자기관찰법, 머리카락을 뽑는 대신 다른 행동을 하게 하는 습관반전법, 털을 뽑는 행동과 양립할 수 없는 행동(예: 주먹 쥐기)을 동시에 함으로써 발모의 빈도를 줄이는 역습관화 훈련, 발모 행동을 멈

춰야 하는 이유를 작성하여 반복적으로 읽는 동기향상법, 발모 행동을 억제하는 것을 격려하는 순기능적 독백을 하는 내면적 독백 변화시키기 등을 적용할 수 있다(권석만, 2013; 김향숙, 안명희, 2011).

마지막으로, 표피박리 장애의 치료를 위해서는 선택적 세로토닌 재흡수 억제제 계열의 항우울제가 흔히 처방된다. 표피박리 장애 환자에게는 행동치료를 적용할 수 있는데, 자기관찰을 통해 피부를 뜯는 행동이 나타나는 횟수나 상황을 기록함으로써 증상을 자각하게 하고, 피부를 뜯고 싶은 충동이 일어날 때 다른 행동을 하도록 하는 습관 반전 훈련을 시킨다. 또한 피부를 뜯고 싶은 충동을 느끼게 되는 상황이나 심리적 상태를 확인하여 회피하도록 돕는다(권석만, 2013).

학습활동

- 영화 〈이보다 더 좋을 순 없다(As good as it gets)〉(1997)를 감상하고, 여기에 나오는 강박장애의 증상들을 토론해 봅시다.
- 미국 드라마 〈명탐정 몽크(Monk)〉의 주인공 몽크가 가진 강박장애의 증상들을 분석해 봅시다.

정리해봅시다

1. 강박 및 관련 장애

- 강박 및 관련 장애에는 강박장애, 신체변형장애, 저장장애, 발모광(털 뽑기 장애), 표피박리 장애(피부 뜯기 장애), 물질-약물로 유발된 강박 및 관련 장애, 다른 의학적 상태에 의한 강박 및 관련 장애, 기타 분류된 강박 및 관련 장애, 분류되지 않은 강박 및 관련 장애 등이 있다.
- 강박장애는 강박사고와 강박행동을 특징으로 하는 장애다. 강박사고는 거슬리고 자신이 생각하고 싶지 않은데도 반복적 · 지속적으로 떠오르는 생각, 충동 및 심상을 말하며, 강박행동은 개인이 강박사고에 반응하거나 반드시 엄격하게 적용해야 할 법칙에 따라 수행해야 할 것같이 느껴지는 반복적 행동이나 정신활동을 말한다.
- 신체변형장애는 다른 사람은 잘 알아채지 못하거나 단지 경미해 보이는 한 가지 이상의

신체적 외모의 인지된 결손이나 결함에 집착하는 것으로 특징지어진다.

- 저장장애는 DSM-5에서 새로이 추가된 장애로서, 소유물의 가치와는 상관없이 소유물을 버리거나 작별하는 것에 어려움을 느끼는 장애다.
- 발모광은 발모가 임상적으로 중요한 고통이나 사회적 · 직업적 또는 기타 중요한 영역의 기능에서 손상을 초래하고, 발모를 감소시키거나 중단하려고 반복적으로 시도함에도 불구하고 계속해서 반복적으로 털을 뽑는 장애다.
- 표피박리 장애(피부 뜯기 장애)는 주로 얼굴, 팔 및 손을 뜯거나 여러 신체 부위를 계속적으로 뜯는 장애다.

2. 강박 및 관련 장애의 치료

- 강박 및 관련 장애를 위한 치료 방법으로 약물치료와 인지행동치료인 노출 및 반응 방지법, 행동치료적 방법이 많이 쓰이고 있다.

참고문헌

권석만(2013). **현대 이상심리학**. 서울: 학지사.

김세주, 김원, 양종철, 하태현, 구민성, 권준수, 김찬형(2007). 한국형 강박장애 치료 알고리듬 2007(II): 초기 치료와 치료 저항성 강박장애. **대한정신약물학회지, 18**(5), 347-357.

김향숙, 안명희(2011). 사례를 통해 살펴 본 만성화된 발모관의 인지행동치료. **인간이해, 32**(2), 23-36.

신민섭, 김상선, 오경자(2006). 아동 청소년 정신장애에 대한 인지행동치료. **인지행동치료, 6**(2), 145-161.

신민섭, 설순호(2007). 강박장애의 인지행동치료. **인지행동치료, 7**(1), 17-40.

이상원, 원승희, 이승재(2010). 강박장애 환자의 부적응적 스키마 특성. **인지행동치료, 10**(2), 75-91.

이용승, 이한주(2000). **강박장애: 헤어날 수 없는 반복의 굴레**. 서울: 학지사.

American Psychiatric Association (2013). *Diagnostic and Statistical Manual of Mental Disorders* (5th ed.). Arlington, VA: American Psychiatric Publishing.

Bailey, V. (2001). Cognitive-behavioral therapies for children and adolescents. *Advances in Psychiatric Treatment, 7*, 224-232.

MENTAL HEALTH

제11장

파괴적, 충동조절 및 품행 장애

MENTAL

학습목표

- 파괴적, 충동조절 및 품행 장애에 해당하는 정신장애들을 나열할 수 있다.
- 파괴적, 충동조절 및 품행 장애에 해당하는 정신장애들의 증상들과 진단기준들을 설명할 수 있다.
- 파괴적, 충동조절 및 품행 장애에 해당하는 정신장애들의 치료 방법 및 개입 방법을 알 수 있다.

학습내용

- 파괴적, 충동조절 및 품행 장애
  - 반항장애
  - 간헐성 폭발장애
  - 품행장애
  - 반사회성 성격장애
  - 방화광
  - 병적 도벽
- 파괴적, 충동조절 및 품행 장애의 치료

1. 파괴적, 충동조절 및 품행 장애

파괴적, 충동조절 및 품행 장애(Disruptive, Impulse-Control, and Conduct Disorders)는 정서와 행동에 대한 자기 통제 문제들에 관여하는 상태들을 포함한다. DSM-5의 다른 장애들이 정서적 또는 행동적 통제에 대한 문제에 관여한다면, 파괴적, 충동조절 및 품행 장애는 다른 사람의 권리를 침해하는 행동(예시: 공격성, 재산 파괴)에서 나타나거나 개인과 사회적 규범이나 권위적 대상과의 현저한 갈등을 가져오는 문제라는 점이 구별된다. DSM-IV-TR에서는 간헐성 폭발장애, 병적 도벽, 방화광, 병적 도박, 발모광, 기타 분류되지 않는 충동조절 장애를 포함하여, 달리 분류되지 않는 충동조절장애(Impulse-Control Disorders Not Elsewhere Classified)로 명명되었다. 그러나 앞서 살펴본 장애들에 추가적으로 DSM-IV-TR에서 주의력 결핍 및 파괴적 행동 장애로 분류되었던 품행장애와 반항장애를 포함하여 DSM-5에서는 파괴적, 충동조절 및 품행 장애로 명칭이 변경되었다.

DSM-5의 파괴적, 충동조절 및 품행 장애에는 반항장애(Oppositional Defiant Disorder), 간헐성 폭발장애(Intermittent Explosive Disorder), 품행장애(Conduct Disorder), 반사회성 성격장애(Antisocial Personality Disorder), 방화광(Pyromania), 병적 도벽(Kleptomania), 기타 분류된 파괴적, 충동조절 및 품행 장애(Other Specified Disruptive, Impulse-Control, and Conduct Disorder), 그리고 분류되지 않은 파괴적, 충동조절 및 품행 장애가 포함된다.

이러한 정신장애들은 정서적 통제와 행동적 통제를 모두 포함하지만, 장애들 간에 상대적인 강조의 차이가 있다. 예를 들어, 품행장애의 기준은 다른 사람의 권리를 침해하거나 주요 사회적 규범을 위배하는 행동의 통제가 제대로 되지 않는 것에 크게 중점을 두고 있다. 반면, 간헐성 폭발장애의 기준은 정서의 통제가 제대로 되지 않는 것, 즉 대인관계나 다른 도발 또는 다른 심리사회적 스트레스 요인들에 비해 과잉한 분노폭발에 크게 중점을 두고 있다. 이 두

장애들의 중간에 위치한 반항장애의 기준은 정서(예시: 분노와 과민증)와 행동(예시: 논쟁적임과 반항) 사이에 훨씬 고르게 분포되어 있다. 방화벽과 병적 도벽은 내적 긴장을 완화하는 특정 행동(방화, 절도)에 관련한 충동조절로 특징지어지며, 흔치 않게 내려지는 진단들이다. 기타 분류된 파괴적, 충동조절 및 품행 장애는 품행장애, 반항장애나 기타 파괴적, 충동조절 및 품행 장애의 증상이 있지만, 증상에 관련된 임상적으로 현저한 손상의 증거가 있음에도 증상들의 수가 어떤 장애의 진단 한계치에도 부합되지 않는 경우에 해당된다. 파괴적, 충동조절 및 품행 장애는 모두 여성보다는 남성에게서 더 흔하게 나타나는 경향이 있으며, 아동기 · 청소년기에 처음으로 발병하는 경향이 있다. 품행장애의 대부분의 경우들이, 적어도 품행장애가 청소년기 이전에 발생하는 경우에서는, 이전에 반항장애의 기준에 부합되었다는 점에서 반항장애와 품행장애는 발달적 연관관계가 있다. 하지만 반항장애를 가진 대부분의 아동이 품행장애로 궁극적으로 발전하는 것은 아니다. 반항장애를 가진 아동은 품행장애 외에도 불안장애와 우울장애를 포함한 다른 문제들이 나타날 위험이 있다(American Psychiatric Association, 2013).

1) 반항장애

반항장애(Oppositional Defiant Disorder)는 화나거나/민감한 기분, 시비를 걸거나/반항하는 행동, 또는 앙심이 있는 것의 빈번하고 지속적인 패턴을 특징으로 한다. 반항장애를 가진 사람이 부정적 기분 문제가 없는 행동적 특징의 장애를 보이는 것은 흔하다. 하지만 화나거나/민감한 기분 증상을 보이는 반항장애를 가진 사람은 보통 행동적 특징도 보인다. 반항장애의 증상은 한 환경하에서로 국한될 수도 있는데, 가장 빈번하게 나타나는 환경은 집이다. 집에서만 나타날지라도, 진단 한계치에 부합하는 충분한 증상을 가진 개인은 사회적 기능이 현저하게 손상되었을 수 있다. 더 심각한 경우, 장애의 증상이 여러 환경에서 나타날 수 있다. 증상의 만연성이 장애의 심각성을 나타내는 지표이므로, 여러 환경이나 관계들에 걸쳐 행동을 평가하는 것은 중요하다. 이러한 행동들은 형제자매 사이에서 흔히 나타날 수 있으므로, 형제자매 외의 사람들과의 상호작용을 잘 관찰해야 한다. 또한 이 장애의 증상은 잘 아는 일반 성인이나 또래와의 상호작용에서 더 분명하므로 임상적 평가 중에는 나타나지 않을 수도 있다.

반항장애의 증상은 반항장애를 갖지 않은 사람에게서도 어느 정도는 나타날 수 있다. 그러므로 행동이 반항장애의 징후인지를 판단할 경우에는 다음의 사항들을 고려하여야 한다. 첫째, 진단기준인 이전 6개월 이내의 네 가지 또는 그 이상의 증상들이 반드시 부합되어야 한다. 둘째, 증상의 지속성과 빈도가 개인의 연령, 성별 및 문화의 규범적인 것을 초과해야 한다. 예를 들어, 학령 전기의 아동이 매주 짜증을 내는 것은 흔한 일이다. 하지만 이전 6개월 동안 대부분의 날에 짜증폭발이 나타난 경우, 적어도 세 가지 다른 장애의 증상들로 나타난 경우, 그리고 짜증폭발이 장애와 연관된 현저한 손상에 기인하는 경우라면(예시: 폭발이 재산 파괴로 이어짐, 유치원 강제 퇴학 초래), 반항장애의 증상으로 고려될 수 있다(American Psychiatric Association, 2013).

■ DSM-5의 반항장애 진단기준

A. 다음 분류 중에서 적어도 네 가지 증상들로 나타나고, 적어도 형제가 아닌 개인 한 명과의 상호관계에서 보이는, 적어도 6개월 동안 지속되는 화나거나/민감한 기분, 시비를 걸거나/반항하는 행동, 또는 앙심이 있는 양상

화나거나/민감한 기분:

1. 자주 심하게 화를 냄
2. 자주 과민하거나 쉽게 짜증을 냄
3. 자주 화내고 원망함

시비를 걸거나/반항하는 행동:

4. 권위를 가진 대상과, 또는 아동・청소년의 경우 성인과 자주 논쟁함
5. 권위를 가진 대상으로부터의 요청이나 규칙을 따르는 데 자주 적극적으로 반항하거나 거절함
6. 고의적으로 자주 타인을 괴롭힘
7. 자신의 실수나 잘못된 행동을 자주 남의 탓으로 돌림

앙심이 있음:

8. 지난 6개월 이내에 적어도 두 번은 악의적이거나 앙심을 품음

주: 이러한 행동들의 지속성과 빈도는 징후적인 행동과 정상 범위에 있는 행동을 구분하는 데 반드시 사용되어야 함. 5세 미만 아동의 경우, (기준 A8에) 언급된 것이 아니라면 적어도 6개월 동안 대부분의 날들에서 행동이 나타나야만 함. 5세 이상인 경우, (기준 A8에) 언급된 것이 아니라면 적어도 6개월 동안 1주일에 적어도 한 번 행동이 나타나야만 함. 이러한 빈도 기준은 증상을 정의할 수 있는 최소 수준의 빈도에 대한 안내를 제공하는 반면, 행동의 빈도와 심각성이 개인의 발달단계, 성별 및 문화에서 정상 범위 밖에 있는지와 같은 다른 요소들도 반드시 고려되어야 함.

B. 행동장애가 가까운 사회적 환경(예시: 가족, 또래집단, 직장 동료)의 개인이나 다른 사람의 고통과 연관되거나, 사회적 · 학업적 · 직업적 또는 기타 중요한 영역의 기능에 부정적으로 영향을 미침

C. 이 행동들이 정신병적 장애, 물질 사용 장애, 우울장애, 양극성 장애의 경과 중에만 오로지 나타나지 않음. 또한 기준은 파괴적 기분조절 곤란 장애에 부합되지 않음

현재의 심각도를 명시할 것:

가벼운 정도: 증상들이 한 가지 환경에서만으로 국한됨(예시: 집, 학교, 직장, 또래와의 관계)

중간 정도: 몇몇 증상들이 적어도 두 가지 환경에서 존재함

심각한 정도: 몇몇 증상들이 세 가지 이상의 환경에서 존재함

〈사례 11-1〉

반항장애

최 군은 만 5세로 1남 1녀 중 장남이다. 출생 이후 10개월 동안에는 큰 문제가 없었으나, 언어발달이 다른 아이들에 비해 늦은 편이다. 연년생으로 여동생이 태어나면서, 최 군의 부모는 약하게 태어난 막내에게 더 많은 신경을 쓰게 되었다. 최 군이 여동생을 괴롭히거나 말을 잘 듣지 않을 때마다 부모는 최 군에게 겁을 많이 주는 위협적 말과 행동을 하였으며, 일관성 없는 양육태도로 최 군을 대하였다. 최 군은 만 2세부터 어린이집에 다녔는데, 이때부터 화가 나면 자신의 뺨을 때리고 물건을 던지거나 화를 많이 내는 행동을 보였다. 최 군은 감정조절에 매우 극단적이어서, 조그만 다툼이나 자극에도 쉽게 흥분하고 분노폭발을 하면서 친구들에게 폭력을

행사하곤 했다. 친구들과 잘 어울려 놀지 못하고, 친구들을 괴롭히고 침을 뱉는 등의 공격적 행동도 보였다. 무언가 뜻대로 되지 않으면 몸을 비틀며 낑낑거리고 꼬며 몹시 힘들어하였으며, 상대 탓을 하며 화를 내며 소리를 질렀다. 부모나 어린이집 교사에게는 도전적 · 반항적 행동과 말을 했으며, 쉽게 짜증을 내고 화를 냈다. 이에 어린이집 교사는 최 군의 부모에게 소아정신과에서 상담을 받아 볼 것을 권유하였다.

2) 간헐성 폭발장애

간헐성 폭발장애(Intermittent Explosive Disorder)는 충동적이거나 분노 기반의 공격적 폭발이 긴급하게 발병하며, 보통 전구기가 거의 없거나 아예 없다. 폭발은 보통 30분보다 짧게 지속되며, 흔히 가까운 친구나 동료의 작은 자극에 대한 반응으로 발생한다. 간헐성 폭발장애를 가진 개인은 더 심각한 파괴적이고 공격적인 삽화들 사이에 덜 심각한 언어적이거나 피해를 주거나 파괴적이지 않으며 상해를 입히지 않는 신체적 폭행의 여러 삽화들을 가진다. 간헐성 폭발장애는 50세 이상의 사람보다는 35~40세 이하의 젊은 사람에게서 더 많이 나타난다. 기분장애(단극성), 불안장애 및 물질 사용 장애가 간헐성 폭발장애와 연관이 있다(American Psychiatric Association, 2013). 많은 연구들이 간헐성 폭발장애가 공격적 행동을 통제하고 억제하는 역할을 하는 뇌의 부분에서 신경전달물질인 세로토닌의 비정상적 활동에 연관되어 있다고 보고하고 있다(Harvard Mental Health Letter, 2011). 전반적으로 충동적 공격성은 판단과 자기 통제를 관장하는 전두엽 피질의 손상뿐만 아니라 낮은 세로토닌 활동과 연관된 것으로 나타나 있다.

■ DSM-5의 간헐성 폭발장애 진단기준

A. 다음 두 가지 중 하나로 드러나는 공격충동을 통제하지 못하여 나타나는 반복적인 행동적 폭발들

1. 평균 매주 두 번, 3개월 동안 발생한 재산, 동물 및 다른 사람을 향한 언

어적 공격(예시: 짜증, 장황한 비난, 언어적 논쟁이나 싸움)이나 신체적 공격을 행함. 신체적 공격은 재산의 피해나 파괴를 초래하지 않으며, 동물이나 다른 사람의 신체적 부상을 초래하지 않음

2. 12개월 내에 발생한, 세 가지의 재산 피해나 파괴를 수반하는 행동적 폭발들 그리고/또는 동물이나 다른 사람을 대상으로 신체적 부상을 수반하는 신체적 폭행을 함

B. 반복적 폭발들 중에 나타나는 공격성의 크기가 자극이나 어떤 심리사회적 스트레스 요인에 비해 극도로 지나치게 나타남

C. 반복적인 공격적 폭발들은 미리 중재할 수 없으며(예시: 폭발은 충동적 그리고/또는 분노에 기반함), 어떤 실질적 목표를 성취하기 위해 저질러지는 것이 아님(예시: 돈, 권력, 위협)

D. 반복적인 공격적 폭발들은 개인에게 현저한 고통이나 직업적 · 대인관계적 영역에서 손상을 초래하거나 경제적 · 법적 결과와 연관됨

E. 생활 연령이 적어도 6세임(또는 동등한 발달단계)

F. 반복적인 공격적 폭발들은 다른 정신장애(예시: 주요 우울장애, 양극성 장애, 파괴적 기분 조절곤란 장애, 정신병적 장애, 반사회성 성격장애, 경계선 성격장애)에 의해 더 잘 설명되지 않으며, 다른 의학적 상태(예시: 머리 외상, 알츠하이머 병)나 물질(예시: 약물남용, 약물치료)의 생리적 영향에 기인하지 않음. 6~18세의 아동의 경우 적응장애의 부분으로 나타나는 공격적 행동을 이 진단을 내리는 데 고려해서는 안 됨

注: 이 진단은 반복적인 충동적 공격적 폭발들이 주의력결핍 과잉행동 장애, 품행장애, 반항장애, 자폐 스펙트럼 장애에서 보통 보이는 것보다 과도하고 독립적인 임상적 주의가 정당화된 경우, 주의력결핍 과잉행동 장애, 품행장애, 반항장애, 자폐 스펙트럼 장애의 진단에 추가적으로 내려질 수 있음

〈사례 11-2〉

간헐성 폭발장애

강 씨는 31세의 남성으로, 직장에서 '미친개'로 불렸다. 강 씨는 평소 매우 조용하고 홀로 있다가, 갑자기 강한 분노와 공격성의 폭발을 보였다. 이에 직장 동료들은 강 씨를 피하고 사소한 것이라도 강 씨의 분노를 일으킬까 봐 두려워하였다. 며칠 전에도 강 씨는 술집에서 홀로 술을 먹다가 옆자리에 앉은 다른 사람들이 의자를 옮겨 줄 것을 요구하자 분노를 참지 못하고 욕설을 퍼부으며 발길질을 했다. 결국 강 씨는 폭행으로 경찰서에 가서 조서를 써야 했다. 지난 일 년 동안 이미 이러한 폭행사건이 세 번이나 있었다. 강 씨의 분노폭발은 15~30분으로 지속되다가, 스스로 진정되곤 하였다. 강 씨는 분노폭발이 일어난 사건을 기억하지만, 자신의 폭력적 행동에 대해서는 아무런 합당한 이유를 대지 못하였다. 이러한 폭발적 행동을 하기 전에는 심한 긴장상태를 경험하고, 공격적 행동 이후에는 긴장감이 풀리면서 안도감을 느꼈다. 강 씨는 술을 마시고 다른 사람을 폭행한 적이 있었지만, 술 때문에 이러한 행동이 일어나는 것은 아니었다고 말했다.

3) 품행장애

품행장애(Conduct Disorder)는 다른 사람의 기본 권리나 나이에 적합한 사회기준이나 규율을 위해하는 반복적이고 지속적인 행동양상을 보이는 장애로서, 장애를 가진 사람보다는 주변 사람이 더 고통스러워한다는 특징을 가진다. 품행장애는 DSM-IV-TR에서는 주의력결핍 파괴적 행동장애에 속해 있었으나, DSM-5에서는 파괴적, 충동조절 및 품행 장애에 포함되어 있다. 그리고 DSM-5에서는 제한적인 친사회적 정서에 대해 추가적으로 명시하도록 하였다.

■ DSM-5의 품행장애 진단기준

A. 다음의 어느 분류에 해당하건 간에 15개의 기준 중 적어도 세 가지가 지난 12개월간 있으면서, 최소한 한 가지 기준은 지난 6개월 동안에 나타나는, 다른 사람의 기본 권리나 나이에 적합한 사회기준이나 규율을 위해하는 반복적이고 지속적인 행동양상

사람과 동물에 대한 공격:

1. 자주 다른 사람을 괴롭히거나 협박하거나 겁을 줌
2. 신체적 싸움을 자주 걺
3. 다른 사람에게 심한 신체 손상을 줄 수 있는 무기를 사용함(예시: 방망이, 벽돌, 깨진 병, 칼, 총)
4. 사람에게 신체적으로 잔인하게 대함
5. 동물들에게 잔인하게 대함
6. 피해자와 직면한 채로 도둑질을 함(예시: 노상강도, 지갑 날치기, 강탈, 무장 강도)
7. 다른 사람에게 강제로 성행위를 하도록 함

재산 파괴:

8. 심각한 피해를 초래할 의도를 가지고 고의로 불을 지름
9. 다른 사람의 재산을 고의로 파괴함(방화 외에 다르게)

사기 또는 절도:

10. 다른 사람의 집, 건물 또는 자동차에 침입함
11. 물건이나 호의를 얻기 위해 또는 의무를 피하려고 자주 거짓말을 함(즉, 다른 사람을 속임)
12. 피해자와 직면하지 않고 작지 않은 가치의 물건을 훔침(예시: 무단침입 없는 가게 좀도둑질, 문서위조)

중대한 규칙 위반

13. 부모의 금지에도 불구하고 자주 외박을 하며, 13세 이전부터 시작되었음
14. 부모나 대리부모와 같은 집에 살면서 밤에 최소 2회의 가출, 오랫동안 돌아오지 않은 일이 1회 있어 왔음
15. 13세 이전부터 학교에 무단결석을 자주 함

B. 행동장애가 사회, 학업 및 작업 기능에 임상적으로 중요한 손상을 초래함

C. 18세 이상인 사람에게는 반사회성 성격장애의 진단기준에 부합하지 않음

어느 것인지 명시할 것:

아동기 발병형: 10세 이전에 적어도 품행장애 특징의 한 가지 증상이 나타나야 함

청소년기 발병형: 10세 이전에 품행장애 특징의 증상이 나타나지 않음

불특정 시기 발병형: 품행장애의 진단기준들에는 부합되지만, 첫 증상의 발병이 10세 이전 또는 이후였는지 판단할 수 있는 정보가 충분하지 않음

만약 해당된다면 명시할 것:

제한적인 친사회적 정서: 이 명시에 부합하기 위해서, 다음의 특징 중 적어도 두 가지가 지속적으로 최소 12개월 넘게 다양한 관계들과 상황 속에서 드러나야 함. 이러한 특징들은 어떤 상황 속에서 가끔 발생하는 것이 아닌, 이 기간 동안 개인의 대인관계와 감정 기능의 전형적 양상들을 반영함. 그러므로 이 명시의 기준을 평가하기 위해서는 다양한 정보 출처들이 필요함. 자기보고와 함께 그 사람을 긴 기간 동안 알아온 다른 사람(예시: 부모, 선생님, 동료, 확대 가족원, 또래)의 보고를 고려하는 것이 필요함

후회나 죄책감의 부족: 무언가를 잘못했을 때 후회하거나 죄책감을 느끼지 않음(잡혔을 때 그리고/또는 체벌을 직면했을 때만 표현하는 후회는 제외함). 자신이 한 행동의 부정적 결과에 대해서는 보편적으로 염려가 부족함을 보임. 예를 들어, 다른 사람을 다치게 한 후에 후회하지 않으며, 규칙을 어긴 것에 대한 결과를 신경 쓰지 않음

냉담한-감정이입의 부족: 다른 사람의 감정을 무시하고, 개의치 않음. 차갑고 무정한 사람으로 묘사됨. 다른 사람에게 상당한 해를 야기했을 경우에도, 자신의 행동이 다른 사람에게 미치는 영향보다는 자기 자신에게 미치는 영향에 대해 더 염려하는 것처럼 보임

성과에 대해 무심함: 학교, 직장, 다른 중요한 활동들에서 나쁜/문제가 되는 성과에 대해 염려를 보이지 않음. 기대가 명백한 때에도 잘 수행하는 것에 필요한 노력을 하지 않으며, 자신의 나쁜 성과에 대해 전형적으로 다른 사람의 탓을 함

피상적인 또는 부족한 정서: 피상적이거나, 가식적이거나, 가벼워 보이는 방식(예시: 나타난 감정에 모순되는 행동, 감정을 재빠르게 바꿀 수 있음) 외에는 느낌을 표현하거나 다른 사람에게 감정을 나타내지 않음. 또는 감정 표현이 이익을 위해 사용됨(예시: 다른 사람을 조종하거나 위협하기 위해 감정을 나타냄)

현재 심각도를 명시할 것:

가벼운 정도: 만일 진단을 내리는 데 필요한 것을 초과한 품행장애가 있다면 매우 소수이며, 품행문제가 상대적으로 다른 사람에게 작은 피해를 초래함(예시: 거짓말, 무단결석, 허락 없이 어두울 때까지 집에 안 들어가기, 그 밖의 규칙 위반하기)

중간 정도: 품행문제의 빈도와 다른 사람에게 미치는 영향이 '가벼운 정도'에 명시된 것들과 '심각한 정도'에 명시된 것들의 중간임(예시: 피해자를 직면하지 않고 훔치기, 공공기물 파손)

심각한 정도: 진단을 내리는 데 필요한 것을 초과한 품행장애들이 많이 있거나, 품행문제가 다른 사람에게 상당한 피해를 초래함(예시: 강제적 성관계, 신체적 학대, 무기 사용, 피해자를 직면하면서 훔치기, 무단침입)

〈사례 11-3〉

품행장애

18세의 한 군은 법원에 의해서 상담에 의뢰되었다. 한 군은 12세부터 학교에 가기 싫다며 일주일에 두 번 정도 학교에 가지 않고 PC방과 만화방을 오가며 생활하기 시작했다. 중학교에 입학하면서는 반항의 정도가 심해져서 자신이 원하는 것을 들어주지 않으면 집 안의 집기를 부수고, 약한 어머니를 구타하고, 부모의 지갑에서 돈을 훔치는 등 문제행동을 보여서 한 군의 동의하에 상담을 받기도 하였다. 그 이후 대안학교, 청소년쉼터 등에서 규칙적인 생활에 적응하지 못하고 집으로 들어와 잦은 가출과 공격적 언행을 하였다. 한 군은 밤낮으로 친구들과 집 밖을 배회하였고, 장난으로 자동차에 돌을 던져서 망가뜨리기도 하였다. 한 군은 소년법정에서 6개월간의 집행유예를 받았고, 학교에서는 퇴학당하기 직전이다.

4) 반사회성 성격장애

반사회성 성격장애(Antisocial Personality Disorder)는 아동기나 청소년 초기에 시작되어 성인기까지 계속되는, 타인의 권리를 무시하고 침범하는 만연한 패턴을 갖는 장애다. 사회의 규범이나 법을 지키지 않으며, 무책임하고 폭력적인 행동을 반복적으로 나타내어 사회적 부적응을 초래한다. 반사회성 성격장애는 물질 관련 및 중독 장애뿐만 아니라, 품행장애를 '외현화(externalizing)'하는 범주에도 밀접하게 연결되어 있다. 따라서 DSM-5에서는 반사회성 성격장애가 성격장애에 해당됨에도 불구하고, 파괴적, 충동조절 및 품행 장애에 포함시켰다. 제13장에서 반사회성 성격장애의 진단기준과 자세한 설명을 다루고 있다.

5) 방화광

방화광은 고의적·의도적인 수차례의 방화를 특징으로 한다. 이 장애를 가진 사람은 방화 전에 긴장감이나 정서적 흥분을 경험하며, 불 및 이와 연관된 상황에 대한 매혹, 흥미, 호기심, 끌림을 가진다. 이들은 보통 이웃에 난 불을 정기적으로 '감시'하며, 허위 경보를 울릴 수도 있으며, 불과 연관된 기관, 장비 및 사람으로부터 즐거움을 얻는다. 지역 소방서에서 시간을 보내거나, 소방관과 친분을 맺기 위해 방화를 하기도 하며, 소방관이 되기도 한다. 이 장애는 반사회성 성격장애, 물질 사용 장애, 양극성 장애, 우울장애, 도박장애 및 기타 파괴적, 충동조절 및 품행 장애와의 공존이 흔하게 나타난다(American Psychiatric Association, 2013).

■ DSM-5의 방화광 진단기준

A. 1회 이상의 고의적, 의도적 방화를 함

B. 행위 전의 긴장 또는 정서적 흥분을 느낌

C. 불 및 불의 상황적 맥락(예시: 장비, 사용, 결과)에 대해 매혹, 흥미, 호기심, 매력을 느낌

D. 방화할 때나 방화의 여파를 목격하거나 참여할 때의 기쁨, 만족, 안도감을 느낌

E. 방화는 금전상의 이득을 위해, 사회정치적 이념의 표현으로, 범죄활동을 은폐하기 위해, 분노나 복수심을 표출하기 위해, 생활환경을 개선하기 위해, 망상이나 환각에 대한 반응으로, 판단력 손상의 결과(예시: 주요 신경인지 장애, 지적 장애, 물질 중독)로 행해진 것이 아님

F. 방화는 품행장애, 조증 삽화, 반사회성 성격장애로 더 잘 설명되지 않음

6) 병적 도벽

병적 도벽은 물품이 개인적 사용이나 금전적 가치로 필요하지 않음에도 불구하고, 훔치는 충동을 억제하는 데 반복적으로 실패하는 것을 말한다. 병적 도벽이 있는 사람은 절도 전에 주관적 긴장감의 고조를 경험하고, 절도를 하고 나서 기쁨, 만족감 및 안도감을 느낀다. 절도는 분노나 복수를 표출하기 위해 행해지는 것이 아니며, 망상이나 환각에 대한 반응으로 실행되는 것이 아니다. 또한, 품행장애, 조증 삽화 및 반사회성 성격장애로 더 잘 설명되지 않는다. 충분히 구매할 수 있는 금전적 여유가 있고 개인에게 가치가 별로 없는 물건임에도 불구하고 훔치며, 훔친 물건을 다른 사람에게 주거나 버리곤 한다. 가끔 훔친 물건을 저장하거나 몰래 돌려줄 수도 있다. 현장 구속이 가능한 경우(예시: 경찰 바로 앞에서)에는 보통 절도를 피하지만, 일반적으로 절도를 미리 계획하거나 체포의 가능성을 충분히 고려하지 않는다. 절도는 다른 사람의 도움이나 협조 없이 이루어진다. 남성보다는 여성에게서 3:1의 비율로 더 흔하게 나타나며, 의도적이거나 무심코 저지른 도둑질과는 구별되어야 한다(American Psychiatric Association, 2013).

■ DSM-5의 병적 도벽 진단기준

A. 개인 용도로나 금전적 가치로 쓸모없는 물건을 훔치려는 충동을 참는 데 반복적으로 실패함

B. 절도 직전에 고조되는 긴장감을 느낌

C. 절도를 저지를 때 기쁨, 만족감 또는 안도감을 가짐

D. 절도가 분노나 복수를 표출하기 위한 것이 아니고, 망상이나 환각에 대한 반응도 아님

E. 절도가 품행장애, 조증 삽화, 반사회성 성격장애에 의해 더 잘 설명되지 않음

〈읽을거리〉

10억 아파트에 살면서 우울증 · 판단장애 · 병적 도벽…'클렙토매니아' 할머니

〈생략〉

17일 오후 7시 45분쯤 서울 하계동 노원경찰서 형사과. 경찰관과 마주 앉은 박 모(69 · 여) 씨는 외모와 몸가짐에서 부티가 흘렀다. 키 155cm에 마른 체구의 박 씨는 단아했다. 낙타색 바지에 감색 외투를 걸쳤고, 반들거리는 검정 고급 손가방을 허벅지 위에 올려 두 손으로 감싸고 있었다.

"할머니, 왜 하필 면도날을 훔치셨어요?" 경찰이 묻자 박 씨는 "저도 모르겠어요. 순간적으로 나쁜 마음이 들어서…"라며 말을 잇지 못했다. 박 씨는 조사받는 내내 아랫입술을 심하게 떨었다.

박 씨는 이날 오후 3시쯤 상계동 모 대형매장에서 면도날을 훔치다 잡혔다. 11만 8300원어치를 손수레 바닥에 깔고서 계산대를 몰래 빠져나가려 했다. 매장이 혼잡한 틈을 노렸지만 점원에게 들켰다.

박 씨는 지난 5일에도 같은 매장에서 같은 방법으로 물건을 훔치다 붙잡힌 것으로 드러났다. 면도기 13개를 비롯해 시가 19만 6000원 상당의 생필품을 챙겼다. 박 씨는 수년 전 남편과 사별하고 미혼인 둘째 딸과 단둘이 살고 있다. 면도기나 면도날을 훔쳐도 쓸 데가 없다. 경찰은 "눈에 잘 띄는 곳에 진열돼 있는 데다 부피가 작아 숨겨 나오기 쉬우니까 훔쳤을 것"이라고 추측할 뿐이었다.

박 씨를 조사할수록 경찰은 혼란스러워졌다. 박 씨는 서울 시내 한 부촌에 10억 원대 아파트를 자기 명의로 가지고 있었다. 남편이 박 씨에게 남긴 재산 가운데 하나였다. 경찰서에 잡혀 온 박 씨는 금장 시계와 사파이어 반지를 착용하고 있었다. 이런 장식품 가격은 훔친 물건에 비할 바가 아니었다.

잠시 후 박 씨의 딸이 경찰서에 찾아와 의사 진단서를 내밀었다. 병명은 '병적 도벽(절도광)' 이었다. 한 대학병원에서 발급한 진단서에는 우울증, 피해의식, 판단력장애 같은 정신질환명이 함께 기록돼 있었다. 이런 증상이 병적 도벽에 큰 영향을 끼친다는 의사 소견이 덧붙여졌다.

박 씨는 절도 19범으로 1975년부터 버릇처럼 물건을 훔쳐 왔다. 젊은 시절 교도소를 수차례 드나들었다. 징역 1년 6개월형만 세 번 살았다. 정신질환이 확인되고는 충남 공주 치료감호소에서 1년간 치료도 받았다. 박 씨의 딸은 "어머니는 매주 네 번 병원에서 치료받고 있다."고 선처를 호소했다…….

출처: 국민일보 (2010. 3. 18.)

2. 파괴적, 충동조절 및 품행 장애의 치료

반항장애와 품행장애는 아동기 · 청소년기에서 가장 흔히 진단되는 정신장애일뿐만 아니라 아동이 나이가 들어갈수록 반항장애와 품행장애가 동시에 나타날 확률이 높은 것으로 나타났다(Maughan, Rowe, Messer, Goodman, & Meltzer, 2004). 반항장애와 품행장애에 대한 치료는 인지행동치료(Kazdin, Siegel, & Bass, 1992), 부모 훈련(Webster-Stratton, 2005) 및 가족치료(Sexton & Alexander, 2005)가 반항장애와 품행장애를 가진 아동 · 청소년 및 가족에게 상당한 효과가 있는 것으로 나타났다.

특히, 품행장애는 감정에 기반을 둔 메시지를 사용하여 의사소통하는 능력, 또래와의 교우관계 성립 및 유지, 그리고 다른 사람과의 협동이 필요한 영역에서의 성공에서 어려움을 겪는다(Salmon, Dadds, Allen, & Hawes, 2009). 이러한 아동의 감정 통제와 감정 이해에서의 결함은 아동의 적절한 감정 표현에 가치를 두고, 자신이나 다른 사람의 감정을 인식하는 것을 강조하며, 감정 언어와 대처 전략에 대해 직접적으로 교육하는 등의 부모의 감정적 의사소통을 통해 개선될 수 있다(Dunsmore & Karn, 2004). 품행장애를 가진 아동의 어머니들이 감정코칭을 시작했을 때, 아동이 더 긍정적인 또래 상호작용 패턴을 가진다는 연구결과도 있다(Katz & Windecker-Nelson, 2004). 감정코칭은 아동의 감정에 대한 부모의 수용적 태도, 아동의 감정에 대한 적극적 인정, 아동이 자신의 감정을 이해하고 적절하게 표현하고 대처할 수 있도록 언어로 코치하는 것을 말한다(Gottman, Katz, & Hooven, 1997). 반항장애를 위한 약물치료로는 정신자극제 또는 비중추신경자극제 계열의 아토목세틴(atomoxetine)이 효과적일 수 있다. 삼환계 항우울제(TCAs)나 클로니딘(clonidine) 및 구안파신(guanfacine)도 사용될 수 있다(Turgay, 2009).

간헐성 폭발장애에 대해서는 약물치료나 인지행동치료가 효과적인 것으로 알려져 있다(Harvard Mental Health Letter, 2011). 인지행동치료는 인지적 재구성, 대처기술 훈련 및 이완훈련으로 구성될 수 있다. 또한 간헐성 폭발장애는 청소년기부터 발병될 수 있기 때문에 학교 기반 폭력 예방 프로그램이 치료에 도움이 될 수 있다. 간헐성 폭발장애에 대한 약물치료로는 항우울제(선택적 세로토닌 재흡수 억제제), 기분 안정제(리튬과 항경련제) 및 항정신병약물이 효과적인 것으로 나타났다.

방화광에 대해서는 단기간의 상담, 주간 치료 프로그램(Dell'Osso, Altamura, Allen, Marazziti, & Hollander, 2006), 기분 안정제, 인지행동치료가 효과적인 것으로 알려져 있지만, 약물치료나 정신적 치료에 관한 통제변인을 사용한 연구가 없어(Grant, Schreiber, Odlaug, 2013) 검증되기 어렵다.

병적 도벽에 대해서는 약물치료, 정신분석적 정신치료, 인지행동치료가 이루어져 왔다(Durst, Katz, Teitelbaum, Zislin, & Dannon, 2001). 병적 도벽은 충동조절장애에 해당되므로 항우울제, 선택적 세로토닌 재흡수 억제제의 약물들이 주로 사용되었으며, 전기충격요법, 리튬과 밸프로산(valproic acid)도 사용되어 왔다. 정신분석적 정신치료에서는 도벽증을 절도하는 행위 동안에 불안, 금지된 본능이나 소망, 풀리지 않은 갈등이나 금지된 성적 욕구, 거세에 대한 두려움, 성적 흥분, 성적 만족이나 오르가즘에 대한 무의식적 자아 방어를 반영하는 것으로 해석하고, 정신분석적 또는 정신역학적 정신치료를 장기간 제공해 왔다. 인지행동치료로는 메스꺼움과 구토의 혐오스러운 현상화를 사용한 내재적 민감화(covert sensitization), 혐오요법(예시: 훔치고자 하는 충동이나 훔치는 영상이 나타날 때마다, 약간 고통스러울 때까지 숨을 참음), 체계적 둔감법(systematic desensitization) 등의 기법들이 효과적인 것으로 나타났다.

학습활동

- 영화 〈매닉(Manic)〉(2001)을 감상하고, 간헐성 폭발장애의 증상들을 분석하고, 사회복지적 개입 방법에 대해 토론해 봅시다.
- 반항장애나 품행장애를 가진 청소년과 가족을 위해 어떤 사회복지적 개입을 할 것인지 토론해 봅시다.

정리해봅시다

1. 파괴적, 충동조절 및 품행 장애

- 파괴적, 충동조절 및 품행 장애에는 반항장애, 간헐성 폭발장애, 품행장애, 반사회성 성격장애, 방화광, 병적 도벽, 기타 분류된 파괴적, 충동조절 및 품행 장애 그리고 분류되지 않은 파괴적, 충동조절 및 품행 장애가 포함된다.
- 반항장애는 화나거나/민감한 기분, 시비를 걸거나/반항하는 행동, 또는 앙심이 있는 것의 빈번하고 지속적인 양상을 특징으로 한다.
- 간헐성 폭발장애에서 충동적인(또는 분노 기반의) 공격적 폭발은 긴급하게 발병되며, 폭발은 보통 30분보다 짧게 지속된다. 흔히 가까운 친구나 동료의 작은 자극에 대한 반응으로 발생한다.
- 품행장애는 다른 사람의 기본 권리나 나이에 적합한 사회기준이나 규율을 위해하는 반복적이고 지속적인 행동양상을 보이는 장애다. 장애를 가진 사람보다는 다른 사람이 더 고통스러워한다는 특징을 가진다.
- 반사회성 성격장애는 아동기나 청소년 초기에 시작되어 성인기까지 계속되며 타인의 권리를 무시하고 침범하는 만연한 패턴을 갖는 장애다. 사회의 규범이나 법을 지키지 않으며 무책임하고 폭력적인 행동을 반복적으로 나타내어 사회적 부적응을 초래한다.
- 방화광은 수차례의 고의적 · 의도적 방화를 특징으로 한다. 이 장애를 가진 사람은 방화 전에 긴장감이나 정서적 흥분을 경험하며, 불 및 이와 연관된 상황에 대한 매혹, 흥미, 호기심, 끌림이 있다.
- 병적 도벽은 물품이 개인적 사용이나 금전적 가치로 필요하지 않음에도 불구하고, 훔치는 충동을 억제하는 데 반복적으로 실패하는 것을 말한다.

2. 파괴적, 충동조절 및 품행 장애의 치료

- 반항장애와 품행장애에는 인지행동치료(Kazdin, Siegel, & Bass, 1992), 부모 훈련(Webster-Stratton, 2005) 및 가족치료가 제공되며, 간헐성 폭발장애에는 약물치료나 인지행동치료가 효과적이다. 방화광에 대해서는 단기간의 상담, 주간 치료 프로그램(Dell'Osso, Altamura, Allen, Marazziti, & Hollander, 2006), 기분 안정제, 인지행동치료가 이루어지며, 병적 도벽을 치료하기 위해서는 약물치료, 정신분석적 정신치료, 인지행동치료가 효과적이다.

참고문헌

American Psychiatric Association (2013). *Diagnostic and statistical manual of mental disorders* (5th ed.). Arlington, VA: American Psychiatric Publishing.

Dell'Osso, B., Altamura, A., Allen, A., Marazziti, D., & Hollander, E. (2006). Epidemiologic and clinical updates on impulse control disorders: a critical review. *European Archives of Psychiatry & Clinical Neuroscience, 256*(8), 464-475.

Dunsmore, J. C., & Karn, M. A. (2004). The influence of peer relationships and maternal socialization on kindergartners' developing emotion knowledge. *Early Education and Development, 15,* 39-56.

Durst, R., Katz, G., Teitelbaum, A., Zislin, J., & Dannon, P. (2001). Kleptomania: Diagnosis and treatment options. *CNS Drugs, 15*(3), 185-195.

Gottman, J. M., Katz, L. F., & Hooven, C. (1997). *Meta-emotion: How families communicate emotionally.* Mahwah, NJ: Lawrence Erlbaum.

Grant, J., Schreiber, L., & Odlaug, B. (2013). Phenomenology and Treatment of Behavioural Addictions. *Canadian Journal of Psychiatry, 58*(5), 252-259.

Harvard Mental Health Letter (2011). *Treating intermittent explosive disorder: Emerging data show medication and cognitive behavioral therapy may help some patients, 27*(10), p. 6.

Katz, L. F., & Windecker-Nelson, B. (2004). Parental meta-emotion philosophy in families with conduct-problem children: Links with peer relations. *Journal of Abnormal Child Psychology, 32,* 385-398.

Kazdin, A. E., Siegel, T. C., & Bass, D. (1992). Cognitive problem-solving skills training and parent management training in the treatment of antisocial behavior in children. *Journal of Consulting and Clinical Psychology, 60*(5), 733-747.

Maughan, B., Rowe, R., Messer, J., Goodman, R., & Meltzer, H. (2004). Conduct disorder and oppositional defiant disorder in a national sample: Developmental epidemiology. *Journal of Child Psychology and Psychiatry and Allied Disciplines, 45*(3), 609-621.

Salmon, K., Dadds, M. R., Allen, J., & Hawes, D. J. (2009). Can emotional language skills be taught during parent training for conduct problem children? *Child Psychiatry and Human Development, 40*(4), 485-498.

Sexton, T. L., & Alexander, J. F. (2005). Functional family therapy for externalizing disorders in adolescents. In J. L. Lebow (Ed.). *Handbook of clinical family therapy* (pp. 164-194). Hoboken, NJ: John Wiley & Sons Inc.

Turgay, A. (2009). Psychopharmacological treatment of oppositional defiant disorder. *Therapy in Practice, 23*(1), 1-17.

Webster-Stratton, C. (2005). The incredible years: A training series for the prevention and treatment of conduct problems in young children. In E. D. Hibbs & P. S. Jensen (Eds.), *Psychosocial treatments for child and adolescent disorders: Empirically based strategies for clinical practice* (2nd ed.). Washington, DC: American Psychological Association.

MENTAL HEALTH

제12장

물질 관련 및 중독 장애

MENTAL

학습목표

- 물질 관련 및 중독 장애에 해당하는 정신장애들을 나열할 수 있다.
- 물질 관련 및 중독 장애에 해당하는 정신장애들의 증상들과 진단기준들을 설명할 수 있다.
- 물질 관련 및 중독 장애에 해당하는 정신장애들의 치료 방법 및 개입 방법을 알 수 있다.

HEALTH

학습내용

- 물질 관련 및 중독 장애
  - 물질 관련 장애
    - 물질 사용 장애
    - 물질 유발 장애
  - 알코올 관련 장애
    - 알코올 사용 장애
    - 알코올 중독
    - 알코올 금단
    - 분류되지 않은 알코올 관련 장애
  - 비물질 관련 장애
    - 도박 장애
- 알코올 중독 및 도박장애의 치료
  - 알코올 중독의 치료
  - 도박장애의 치료

1. 물질 관련 및 중독 장애

물질 관련 및 중독 장애(Substance-Related and Addictive Disorders)는 알코올, 담배, 마약 등과 같은 중독성 물질을 사용하거나 중독성 행위에 몰두함으로써 사회적 · 직업적 또는 기타 중요한 영역의 기능에서 여러 가지 손상이나 부적응이 나타나는 장애들을 포함한다. 물질 관련 및 중독 장애는 크게 물질 관련 장애와 비물질 관련 장애로 나뉜다.

물질 관련 장애(Substance-Related Disorders)는 다음의 10가지 약물 및 물질을 포함한다.

- 알코올
- 카페인
- 대마
- 환각제(펜사이클리딘(또는 유사하게 사용되는 아릴시클로헥실아민)과 기타 환각제들에 대해서는 별도의 범주가 있음)
- 흡입제
- 아편류
- 진정제, 수면제, 항불안제
- 흥분제(암페타민 유형 물질들, 코카인, 기타 흥분제들)
- 담배
- 기타(또는 알려지지 않은) 물질들

이러한 10가지 약물 및 물질은 완전히 구분되지 않는다. 과도하게 섭취되는 모든 약물은 행동의 강화와 기억의 생산에 관련된 뇌의 보상체계를 공통적으로 직접 활성화시킨다. 약물들은 보상체계의 극심한 활성화를 만들어 내어 일상활동들이 방치될 수 있다. 적응적 행동을 통해 보상체계 활성화를 이루어 내는 것이 아니라, 물질남용은 직접적으로 보상 경로를 활성화시킨다. 각 유형별 약물들이 보상을 만들어 내는 약물학적 메커니즘들은 모두 다르지만, 약물은 일반적으로 체제를 활성화시키고 흔히 '황홀감'이라고 일컬어지는 즐거운 감정들을 만들어 낸다(American Psychiatric Association, 2013).

도박 행동이 약물남용과 비슷하게 보상체계를 활성화하고 물질 사용 장애들과 비슷한 행동적 증상들을 만들어 낸다는 증거를 반영하여, 도박장애는 비물질 관련 장애로 포함되었다. 인터넷 도박과 같은 다른 과도한 행동양식도 묘사되었지만, 이들과 다른 행동적 증후군들에 대한 연구는 덜 명확하다. 그러므로 진단기준을 성립하기에는 동료 검토(peer-reviewed)된 증거가 충분하지 않고, 이러한 행동들을 정신장애로 인정하기 위해서는 경과 보고가 필요하기 때문에 섹스 중독, 운동 중독 또는 쇼핑 중독과 같은 하위 유형을 가지며, '행동중독'이라는 명칭으로 불리는 반복적 행동군은 DSM-5에 포함되지 않았다.

1) 물질 관련 장애

물질 관련 장애(Substance-Related Disorders)는 크게 물질 사용 장애와 물질 유발 장애로 구분할 수 있다. 그리고 각 상태들은 물질 유발된 중독, 금단, 그리고 다른 물질/약물 유발 정신장애들(정신병적 장애, 양극성 및 관련 장애, 우울장애, 불안장애, 강박 및 관련 장애, 수면장애, 성기능 장애, 섬망, 신경인지 장애)로 분류될 수 있다(American Psychiatric Association, 2013).

(1) 물질 사용 장애

물질 사용 장애는 물질에 관련된 심각한 문제들에도 불구하고 계속해서 물질을 사용함을 보여 주는 인지적 · 행동적 · 생리적 증상군이 주요 특징이다. 물질 사용 장애의 중요한 특징은 특히 심각한 장애를 가진 개인에게서 나타나는, 해독을 넘어서 지속될 수 있는 뇌 회로의 근본적 변화다. 이러한 뇌 변화들의 행동적 영향은 반복적 재발과 약물 관련 자극에 노출되었을 때 극심한 약물에 대한 갈망으로 나타날 수도 있다. 치료의 장기적 접근이 이러한 지속적 약물 영향을 치료하는 데 도움이 될 수 있다. 전반적으로, 물질 사용 장애의 진단은 물질 사용에 관련된 행동의 병적 양식에 바탕을 둔다(American Psychiatric Association, 2013).

(2) 물질 유발 장애

물질 유발 장애의 전체 범주는 물질 중독, 물질 금단, 그리고 다른 물질/약물 유발 정신장애(예시: 물질 유발 정신병적 장애, 물질 유발 우울장애)가 다음과 같이 포함된다(American Psychiatric Association, 2013).

- **물질 중독**: 물질 중독의 주요 특징은 최근의 물질 섭취에 의한 원상회복이 가능한 물질 특유의 증후군의 발달이다. 중독과 관련된 임상적으로 현저한 문제가 있는 행동적 · 정신적 변화들(예시: 호전성, 기분 불안정성, 손상된 판단)은 중추신경계에 미치는 물질의 생리적 영향에서 비롯되며, 물질의 사용 동안 또는 사용 직후에 발달하게 된다. 이러한 기준들은 다른 의학적 상태에 기인하지 않으며, 다른 정신장애에 의해 더 잘 설명되지 않는다. 물질 중독은 물질 사용 장애를 가진 사람에게는 흔히 나타나지만, 물질 사용 장애를 가지지 않은 사람에게서도 자주 나타난다. 이 범주는 담배에는 적용되지 않는다. 중독에서 가장 공통적인 변화는 지각, 각성, 생각, 판단, 정신운동성 행동 및 대인 행동의 장애를 포함한다. '단기' 또는 '급성' 중독은 '지속적' 또는 '만성적' 중독과는 다른 징후들이나 증상들을 가질 수도 있다. 예를 들어, 보통량의 코카인 복용은 사교성을 초래할 수 있지만, 복용이 며칠 또는 몇 주에 걸쳐 자주 반복되면 사회적 위축이 발달될 수 있다.
- **물질 금단**: 물질 금단의 주요한 특징은 심한 그리고 장기적인 물질 사용의 중단이나 감소에 의한, 생리적 · 인지적 부수물을 포함한 물질 특유의 문제가 있는 행동적 변화의 발달이다. 물질 특유의 증후군은 임상적으로 현저한 고통이나 사회적 · 직업적 기능 또는 기타 중요한 영역의 기능에서 손상을 초래한다. 증후군은 다른 의학적 상태에 의한 것이 아니며, 다른 정신장애로 더 잘 설명되지 않는다. 금단은 보통 물질 사용 장애와 관련이 있지만, 언제나 그런 것은 아니다. 금단을 가진 대부분의 사람들은 증상을 감소

시키기 위해 물질을 다시 투여하고자 하는 충동을 가진다.

- **물질/약물 유발 정신장애**: 물질 남용, 약물치료 또는 여러 독소들의 영향으로 발달하는 정신장애로서 잠재적으로 심각할 수 있으며, 보통 한시적이지만 가끔은 지속적인 중추신경계 증후군이다. 이 장애들은 인지적 · 행동적 · 생리적 증후군의 집단이 현저한 물질 관련 문제들에도 불구하고 계속적인 물질 사용을 하는 데 기여하는 물질 사용 장애와는 차이를 보인다. 이 장애는 물질 사용 장애를 초래하는 10가지 종류의 물질들이나 의학 치료에서 사용되는 다양한 다른 약물에 의해 유발된다. 모든 물질/약물 유발 정신장애는 다음의 공통된 특징을 공유한다.

A. 장애는 관련된 정신장애의 임상적으로 현저한 증상 제시가 나타남

B. 다음 두 가지에 대한 병력, 신체적 검사, 실험 결과로부터의 증거가 있음

1. 장애는 물질 중독이나 금단 또는 약물 복용의 1개월 동안이나 이내에 생김
2. 관련된 물질/약물은 정신장애를 초래할 수 있음

C. 장애는 독립적 정신장애에 의해 더 잘 설명될 수 없음. 독립적 정신장애의 증거는 다음을 포함할 수 있음

1. 장애는 심각한 중독이나 금단의 발병 또는 약물에 대한 노출에 선행됨
2. 완전 정신장애가 급성 금단이나 심각한 중독 또는 약물 섭취의 중단 이후에 현저한 기간(예시: 적어도 1개월) 동안 지속됨. 이 기준은 급성 중독이나 금단의 중단 이후에도 계속되는 물질 유발 신경인지 장애나 환각제 지속 인지장애에 적용되지 않음

D. 장애는 섬망의 과정 중에만 독점적으로 나타나지 않음

E. 장애는 임상적으로 현저한 고통이나 사회적 · 직업적 또는 기타 중요한 영역의 기능에서 손상을 초래함

표 12-1 물질군과 연관되는 진단

	정신병적 장애	양극성 장애	우울 장애	불안 장애	강박 및 관련 장애	수면 장애	성 기능 장애	섬망	신경인지 장애	물질 사용 장애	물질 중독	물질 금단
알코올	I/W	I/W	I/W	I/W		I/W	I/W	I/W	I/W/P	X	X	X
카페인				I		I/W					X	X
대마	I			I		I/W		I		X	X	X
환각제												
–펜사이클리딘	I	I	I	I				I		X	X	
–다른 환각제	I*	I	I	I				I		X	X	
흡입제	I		I	I				I	I/P	X	X	
아편류			I/W	W		I/W	I/W	I/W		X	X	X
진정제, 수면제, 항불안제	I/W	I/W	I/W	W		I/W	I/W	I/W	I/W/P	X	X	X
흥분제**	I	I/W	I/W	I/W	I/W	I/W	I	I		X	X	X
담배						W				X		X
기타(또는 알려지지 않은) 물질들	I/W	I/W	I/W	I/W	I/W	I/W	I/W	I/W	I/W/P	X	X	X

주: X는 DSM-5에서 인정되는 범주를 나타냄
I는 '중독 중에 발병함' 명시가 그 범주에 나타날 수 있음
W는 '금단 중에 발병함' 명시가 그 범주에 나타날 수 있음
I/W는 '중독 중에 발병함' 또는 '금단 중에 발병함'의 명시들 중 하나가 그 범주에 나타날 수 있음
P는 장애가 지속적임

* 또한 환각제 지속되는 지각 장애(회상들)

** 암페타민 유형 물질들, 코카인 및 기타 흥분제, 분류되지 않은 흥분제들을 포함함

출처: American Psychiatric Association (2013), p. 482.

〈읽을거리〉

'우유주사' 맞은 여성의 절규 "2년에 5억을…"

시신 버린 의사 사건으로 본 프로포폴 남용 실태

작년 마약류 지정 전까지 1회 10~20만 원에 주사… 17개 병 · 의원 관리 부실

지난달 12일 오후 5시 30분쯤, 서울 강남구 청담동 한 건물 주차장에서 이 모(여 ·

32)씨가 빨간 마티즈 차량 안에서 정신을 잃고 쓰러진 상태로 발견됐다. 이 씨의 팔뚝과 손등, 팔목 등에는 벌집처럼 수십 개의 주삿바늘 자국이 선명했다. 차량 안에는 피 묻은 주사기와 유리로 만든 빈 주사제 앰풀이 널브러져 있었다. 수면마취제 프로포폴이었다. 이 씨는 "제발 프로포폴을 끊게 해 달라. 이 약을 끊으려고 자살까지 시도했다"면서 흐느꼈다고 경찰은 전했다. 프로포폴 투여 시나 깨어날 때 일부에서 황홀감이나 몽상 등의 증상이 생길 수 있다. 이 씨는 프로포폴에 정신적으로 중독된 것이다.

유흥업소 출신의 이 씨는 2007년 성형수술을 받으면서 프로포폴을 처음 맞았다. 그는 수술 후 "한숨 자고 났더니, 개운한 기분이 들었다."고 했다. 이씨는 2009년과 2010년 사이 병원을 통해 집중적으로 프로포폴을 투여받았다. 프로포폴을 맞기 위해서 일부러 지방흡입술 등 소규모 성형수술을 받기도 했다. 이 씨는 "당시 일주일에 서너 번 치료받은 적도 있다."며 "한 번 치료를 받는 데는 50~100만 원 정도가 들어, 이 기간에 모두 5~6억 원 정도를 쓴 것 같다."고 경찰에 진술했다.

이 씨의 프로포폴 남용에 제동이 걸린 것은 작년 2월. 식품의약품안전청이 프로포폴을 마약류(향정신성의약품)로 지정한 시점이다. 치료 목적 이외에는 사용이 통제되면서 프로포폴을 쉽게 맞을 수가 없게 되자, 이 씨는 이 약물을 훔치기로 마음먹었다. 지난 6월 29일 강남구 신사동 한 성형외과에 손님을 가장하고 찾아가, 원장이 자리를 비운 사이 약품 보관함에 있던 프로포폴 20mL 앰풀 15개를 훔쳐 달아났다. 7월에도 강남 성형외과와 내과에서 프로포폴 3병을 훔쳐 상습 투약했다고 경찰은 전했다.

프로포폴 남용이 사회 문제를 일으키고 있다. 프로포폴 맛에 중독된 사람들이 범죄를 저지르면서까지 맞거나, 마약류 지정 이후에도 일부에서 피로해소제라는 이름으로 본래 사용 목적 이외 용도로 사용되고 있는 것이다. 최근 발생한 산부인과 의사 시신 유기 사건에서도 피해 여성은 평소 의사 김 모 씨를 통해 프로포폴을 맞아 온 것으로 보인다.

현재 병 · 의원에서 프로포폴을 쓰면 사용량과 재고량 등을 철저히 기록해야 한다. 이를 어기면 「마약관리법」 위반이다. 하지만 프로포폴 관리가 허술하고, 쓰고 남은 것을 빼돌리는 방식으로 프로포폴이 유출되고 있다. 식약청이 지난 5월 병 · 의원 프로포폴 관리 실태를 점검한 결과, 13개 병 · 의원에서 15건의 관리 위반 사례가 적발됐다. 지난해 12월에는 17곳에서 관리 부실 사례가 발견됐다.

〈중 략〉

의학적으로 프로포폴은 양날의 칼이다. 수면 유도가 1~2분 정도로 빠르고, 진통 효과가 뛰어나며, 약물 주입을 끊으면 환자가 수면 상태에서 빠르게 회복된다. 이 때문에 수면 내시경이나 전신마취가 필요 없는 '외래 수술'에서 널리 쓰인다. 하지만 프로포폴이 과다 투여되거나 민감 체질인 경우, 호흡과 혈압이 급속히 떨어져 위험할 수 있다. 지난 2000년 이후 국립과학수사연구원에 의해 프로포폴 관련 사망으로 확인된 사례는 36건. 그중 16건은 의료 시술 중 프로포폴을 맞은 환자가 사망한 경우다. 나머지 20명은 자살에 이용하거나, 자가 투여하다가 죽음을 맞았다. 이 중 대다수(75%)는 프로포폴을 접하기 쉬운 의사, 간호사 등 병원 관련 종사자였다. 사망자 3명은 비(非)의료인으로, 음성적인 유통 경로로 프로포폴을 구해 맞다가 사망한 것으로 나타났다.

프로포폴은 전 세계에서 가장 많이 쓰이는 정맥 주사용 마취제로 일명 수면마취제로 불린다. 내시경 시술이나 전신마취를 하지 않고 환자를 재워서 간단한 수술을 할 때 주로 사용된다. 마취 유도 시간이 짧고 마취에서 잘 깨어나 간편하게 쓸 수 있다.

출처: 조선일보 (2012. 8. 10.)

2) 알코올 관련 장애

알코올은 물질 관련 장애의 하나로 인간의 심리사회적 · 경제적 · 신체적 · 영적 · 가족적 기능 등에 심각한 손상을 가져오는 중요한 사회문제를 야기한다. 특히, 우리나라는 문화적으로 알코올에 대해 비교적 관대하였기 때문에 알코올 관련 장애가 나타나도 이를 인정하고 도움을 청하는 경우가 드물었다. 하지만 이러한 경향도 알코올 관련 장애의 심각성이 알려지면서 점차 변화하고 있다. 2011년도 보건복지부의 정신질환실태 역학조사(조맹제 외, 2011)에 따르면, 2006년에 비해 알코올 사용 장애의 평생유병률이 16.2%에서 2011년 14.1%로 감소되었고, 1년 유병률도 5.6%에서 4.7%로 감소하였다. 특히, 남성은 알코올 의존의 1년 유병률이 2006년 4.7%에서 2011년 3.4%로 감소되었다. 하지만 여성은 알코올 남용의 1년 유병률이 0.9%에서 1.3%로 오히려 증가하였다. 여성의 알코올 관련 장애에 대한 더 큰 관심이 필요하다고 볼 수 있다.

알코올 관련 장애는 다음의 장애들을 포함한다. 알코올 사용 장애(Alcohol Use Disorder), 알코올 중독(Alcohol Intoxication), 알코올 금단(Alcohol Withdrawal), 기타 알코올 유발 장애(Other Alcohol-Induced Disorder), 분류되지 않은 알코올 관련 장애(Unspecified-Alcohol Related Disorder)가 있다.

(1) 알코올 사용 장애

알코올 사용 장애는 금단, 내성 및 갈망을 포함한, 인지적 · 행동적 · 생리적 증상군으로 정의된다. 알코올 금단은 장기간 다량의 알코올을 섭취한 다음에 섭취량 감소의 약 4~12시간 후에 나타나는 금단 증상들로 특징지어진다. 알코올 사용 장애를 가진 사람은 불쾌하고 극심한 알코올 금단 증상들 때문에, 부정적 결과가 초래됨에도 불구하고 흔히 금단 증상을 피하거나 완화하기 위해 알코올 소비를 계속할 수 있다. 어떤 금단 증상(예시: 수면 문제)은 낮은 강도로 수개월 동안 지속될 수 있으며, 재발의 원인이 되기도 한다. 반복적이고 심각한 사용의 양상이 발달되면, 알코올 사용 장애를 가진 사람은 알코올을 획득하고 소비하는 데 상당한 시간을 쏟을 수 있다. 알코올에 대한 갈망은 다른 것을 생각하기 어렵게 만들고, 자주 음주의 시작을 초래하는, 마시고 싶은 강한 욕구를 나타낸다. 음주의 후유증이나 실제 중독 때문에 학교나 직업수행이 악화될 수 있으며 육아나 가정의 책무가 방치될 수도 있다. 신체적으로 위험한 상황(예시: 운전, 수영, 기계 작동)에서 알코올을 사용하기도 한다. 마지막으로, 알코올 사용 장애를 가진 사람은 계속되는 알코올 소비가 현저한 신체적(예시: 일시적 의식상실, 간 질환), 정신적(예시: 우울증), 사회적 또는 대인관계적 문제들(예시: 취한 상태에서 배우자와의 폭력적 논쟁, 아동학대)을 야기할 수 있음을 알면서도, 알코올을 계속해서 소비할 수 있다(American Psychiatric Association, 2013).

■ DSM-5의 알코올 사용 장애 진단기준

A. 12개월의 기간 이내에 발생하는, 적어도 다음 중 두 가지로 나타나는 임상적으로 현저한 손상이나 고통에 이르게 하는 알코올 사용의 문제 있는 패턴

1. 알코올을 의도했던 것보다 많은 양을 마시거나 긴 기간 동안 마심
2. 알코올 사용을 줄이거나 통제하려는 지속적인 욕구나 성공하지 못한 노력이 있음
3. 알코올을 구하거나, 마시거나, 또는 알코올의 영향에서 회복하는 데 많은 시간을 소비함
4. 알코올에 대한 갈망 또는 알코올을 마시고 싶은 강한 욕구나 충동
5. 직장, 학교, 집에서 주요 역할의 책임을 이행하지 못하는 것을 초래하

는 반복되는 알코올 사용

6. 알코올의 영향에 의해 야기되거나 악화되는 지속적이거나 반복적인 사회적 · 대인관계적 문제들에도 불구하고 계속적인 알코올 사용
7. 알코올 사용 때문에 중요한 사회적 · 직업적 활동 및 여가활동이 포기되거나 감소함
8. 신체적으로 위험한 상황에서 반복적인 알코올 사용
9. 알코올에 의해 야기되어 왔거나 악화되어 온 것 같은 지속적 또는 반복적인 신체적 · 정신적 문제를 갖고 있음을 알고 있음에도 불구하고 알코올 사용이 계속됨
10. 다음 중 한 가지로 정의된 내성:
    a. 중독이나 원하는 효과를 얻기 위해 현저하게 증가한 양의 알코올 필요
    b. 같은 양의 알코올의 계속된 사용에 대하여 현저하게 줄어든 효과
11. 다음 중의 한 가지로 나타난 금단:
    a. 알코올의 특징적 금단증후군(알코올 금단의 진단기준 A, B 참조)
    b. 금단증후군을 완화하거나 피하기 위해 알코올(또는 벤조디아제핀과 같은 밀접하게 관계된 물질)을 마심

만약 해당한다면 명시할 것:

조기 관해: 알코올 사용 장애에 대한 모든 기준들이 이전에 부합된 이후에 알코올 사용 장애의 기준이 적어도 3개월 이상, 12개월 미만 동안 부합한 적이 없음(기준 A4는 부합할 수 있다는 예외가 있음)

지속적 관해: 알코올 사용 장애에 대한 모든 기준들이 이전에 부합한 이후에 알코올 사용 장애의 기준이 12개월 이상 동안에 어떤 시점에도 부합된 적이 없음(기준 A4는 부합할 수 있다는 예외가 있음)

만약 해당한다면 명시할 것:

통제된 환경: 이 추가적 명시는 개인이 알코올에 대한 접근이 제한되는 환경에 있는 경우에 사용됨

현재의 심각도를 명시할 것:

가벼운 정도: 2~3개의 증상이 있음

보통 정도: 4~5개의 증상이 있음

심각한 정도: 6개 이상의 증상이 있음

(2) 알코올 중독

알코올 중독의 주요 특징은 알코올을 섭취하는 동안 또는 직후 발생된, 임상적으로 심각한 문제가 있는 행동적 · 정신적 변화들(예시: 부적절한 성적 · 공격적 행동, 감정 불안정성, 손상된 판단)의 존재다. 이러한 변화들은 손상된 기능과 판단의 증거를 동반하고, 만약 중독이 심각한 경우에는 생명을 위협하는 혼수상태를 초래할 수 있다. 증상은 다른 의학적 상태(예시: 당뇨병성 케토애시도시스)에 기인하지 않아야 하며, 섬망과 같은 상태의 반영이 아니고, 다른 억제제 약물(예시: 벤조디아제핀) 중독과도 관계가 없어야 한다. 알코올 중독에 의한 운동실조증의 정도는 운전 능력과 일상 활동의 수행을 방해하여 사고를 야기할 수도 있다. 개인의 입김에서 알코올 냄새 맡기, 개인이나 다른 목격자로부터 병력을 이끌어 내기, 필요할 때는 중독검사를 위해 입김 · 혈액 · 소변 샘플을 제공하게 함으로써 알코올 사용의 증거를 얻어 낼 수 있다(American Psychiatric Association, 2013).

옐리네크(Jellinek, 1952)는 알코올 중독의 단계를 다음과 같이 4단계로 제시하였다.

- **전알코올 증상 단계**(prealcoholic phase): 술 마시는 것 자체가 좋아서 마시는 단계로, 사교적 목적으로 음주를 시작하여 즐기는 단계임. 술이 기분을 좋아지게 하거나 편안하게 한다는 것을 느끼고, 대인관계가 원활해지는 알코올의 긍정적 효과를 경험함
- **전조단계**(predromal phase): 술이 필요해서 마시고, 기분 전환을 하기 위해서는 술을 이용하면 틀림없다고 믿고, 술을 이용하여 기분 변화를 일으키는 단계임. 음주의 횟수가 많아지면 괴로운 경험을 하게 됨. 음주 동안에 일어났던 사건을 기억하지 못하는 망각현상(blackout)이 일어남
- **결정적 단계**(crucial phase): 음주에 대한 통제력을 서서히 상실하게 되는 단계로, 술에 의한 문제를 부분적으로나마 인정하지 않을 수 없게 됨. 술을

마시고 깨어나면 평소보다 더 고통스러움을 경험하고, 과음에 의한 폭행이나 직장 적응에의 문제 등 여러 가지 부적응 문제가 나타나기도 함. 술을 마신 후에는 후회와 자책감, 수치심, 부정적인 자아상 등의 정신적인 고통을 점점 겪음.

- **만성단계**(chronic phase): 알코올에 대한 내성이 생기며, 심한 금단 증상을 경험함. 알코올에 대한 통제력을 완전히 상실하게 됨. 술이 필요해서 괴로운 감정 상태에서 일시적으로라도 벗어나 보통의 상태가 되기 위해 술을 마심. 술은 기분뿐 아니라 중독자의 신체 기능도 정상적으로 만듦. 신체 중독이 심해지면 몸에서 술기운이 빠질 때 금단 증상이 심해져서 손이 떨리고 땀이 나며, 신체의 여러 기능이 제대로 돌아가지 않게 됨. 신체적 질병뿐만 아니라 가족, 직장, 대인관계 등에서 심각한 부적응이 나타남

■ DSM-5의 알코올 중독 진단기준

A. 최근에 알코올을 섭취함

B. 알코올을 섭취하는 동안 또는 직후 발생된, 임상적으로 심각한 문제가 있는 행동적 · 정신적 변화들(예시: 부적절한 성적 또는 공격적인 행동, 감정 불안정성, 손상된 판단)이 나타남

C. 알코올 사용 중 또는 직후 발생된, 다음 징후들이나 증상들 중 한 가지(또는 그 이상)가 나타남

1. 불명료한 말투
2. 운동실조증
3. 불안정한 걸음걸이
4. 안구진탕증
5. 주의력 또는 기억력 손상
6. 혼미 또는 혼수

D. 징후들이나 증상들이 다른 의학적 상태에 의한 것이 아니며, 다른 물질 중독을 포함한 다른 정신장애에 의해 더 잘 설명되지 않음

〈참고하기〉

알코올 중독 자가 진단 테스트(NAST)

1. 스트레스를 술로 해결한다.
2. 혼자 술을 마신다.
3. 술 마신 다음 날 해장술을 마신다.
4. 취기가 오르면 술을 계속 마시고 싶어진다.
5. 술에 대한 욕구를 참을 수 없다.
6. 최근 6개월간 2회 이상 망각현상(blackout)을 경험했다.
7. 대인관계, 사회생활에 지장이 있다.
8. 술로 인해 일하는 데 어려움이 많다.
9. 음주문제로 가족이 나를 떠났거나, 떠나겠다고 말한다.
10. 술이 깨면 진땀, 손 떨림, 불안을 느끼거나 잠을 못 이룬다.
11. 술이 깰 때 공포, 몸 떨림, 헛것을 보거나 환청이 들린다.
12. 술로 인한 심리적, 신체적 질병을 치료받은 적이 있다.

3개에 해당하면 알코올 중독 전 단계인 알코올 남용
4개 이상에 해당하면 알코올 중독으로 판정되며, 병원입원 치료 필요
단, 10번, 11번 해당자는 무조건 알코올 중독으로 진단됨

출처: 동아일보 (2010. 11. 1.)

(3) 알코올 금단

알코올 금단은 다량으로 장기간 사용하던 알코올 사용 중단 또는 감소 이후에 몇 시간에서 며칠 내에 발달되는 특유의 금단증후군의 존재로 특징지어진다. 금단증후군은 위장증상과 함께, 기준 B에 열거된 것처럼, 자율 활동항진과 불안을 반영한 두 가지 이상의 증상들을 포함한다. 금단 증상은 임상적으로 현저한 고통이나 사회적 · 직업적 또는 기타 중요한 영역의 기능에서 손상을 초래한다. 증상은 다른 의학적 상태에 기인해서는 안 되며, 다른 물질 중독 또는 금단을 포함한 다른 정신장애(예시: 범불안장애)에 의해 더 잘 설명되어서도 안 된다. 장기적으로 알코올을 사용하게 되면, 신체는 항상성을 유지하기 위해 계속적으로 알코올을 요구하게 된다. 그러다가 알코올의 수준이 감소하면, 경미한

불안과 떨림부터 급성 정신병, 심하면 죽음에 이르는 금단 증상을 겪게 된다 (American Psychiatric Association, 2013).

■ DSM-5의 알코올 금단 진단기준

A. 다량으로 장기간 사용하던 알코올 사용 중단(또는 감소)

B. 기준 A의 알코올 사용 중단(또는 감소) 이후, 다음 중 두 가지(또는 그 이상)가 몇 시간 또는 며칠 내에 발생함

1. 자율 활동항진(예시: 발한 또는 맥박수가 분당 100회 이상)
2. 증가된 수전증
3. 불면증
4. 메스꺼움 및 구토
5. 일시적인 시각적, 촉각적, 청각적 환각이나 착각
6. 정신운동성 홍분
7. 불안
8. 일반화된 강장제 간헐적 경련성 발작

C. 기준 B의 징후들이나 증상들이 임상적으로 현저한 고통이나 사회적 · 직업적 또는 기타 중요한 영역의 기능에서 손상을 초래함

D. 징후들이나 증상들이 다른 의학적 상태에 의한 것이 아니며, 다른 물질 중독이나 금단을 포함한 다른 정신장애에 의해 더 잘 설명되지 않음

만약 해당된다면 명시할 것:

지각장애 있음: 이 명시는 환각(보통 시각적이나 촉각적)이 온전한 현실검사에서 발생하거나 청각적, 시각적, 촉각적 착각이 섬망이 없을 때 나타나는 드문 경우에 적용됨

〈사례 12-1〉

알코올 금단

서 씨는 39세로 가정주부다. 서 씨는 임신을 한 후 직장을 그만두었고, 현재 유치원에 다니는 아이를 돌보며, 일로 매우 바쁜 남편을 대신해서 여러 집안일을 건사하고 있다. 아이가 아직 손이 필요하긴 하지만, 서 씨는 아이가 유치원에 간 후에,

또는 아이가 잠들고 홀로 남편을 기다릴 때 무료해하고 외로움을 느꼈다. 낮에는 아이 친구의 엄마들과 몰려다니면서 점심도 먹고 모임도 하지만, 예전에 직장을 다녔을 때가 그립기도 하고, 시간을 함께 보내지 못하는 바쁜 남편 때문에 외롭고 공허한 생각이 들곤 했다. 서 씨는 이렇게 외롭고 공허할 때마다, 남편이 마시려고 사다 놓은 술을 한 잔씩 마시기 시작했다. 동네 엄마들과 모임이 끝난 후, 아이를 재운 후, 또는 늦게 오는 남편을 기다리면서도 한두 잔씩 술을 마셨다. 남편이 지방출장을 떠나는 경우에는 저녁에 술을 더욱 많이 마시게 되었다. 남편이 출장을 떠난 후 어느 날 아침 서 씨는 잠에서 깨어났다. 서 씨는 땀이 나고, 속이 메슥거리며, 심장 박동이 빨라지는 것 같아 불안해하였다. 침대에서 일어났을 때 손이 떨리고 속이 안 좋아 화장실로 가서 변기에 토해 내었다. 가만히 앉아 있기가 힘들었고, 집안 여기저기를 왔다 갔다 하다가 주방에 가서 앉았다. 그리고 술을 컵에 따라 두어 차례 나누어 마셨다. 그러자 30분도 지나지 않아 마음이 진정되었고, 손도 떨리지 않았으며, 기분이 훨씬 좋아짐을 느꼈다. 서 씨는 그제서야 평소처럼 아이의 유치원 등원을 위해 아침밥을 준비할 수 있었다.

(4) 분류되지 않은 알코올 관련 장애

분류되지 않은 알코올 관련 장애는 임상적으로 현저한 고통이나 사회적 · 직업적 또는 기타 중요한 영역의 기능에서 손상을 초래하는 알코올 관련 장애의 특유의 증상들이 두드러지지만, 어느 특정 알코올 관련 장애들이나 물질 관련 및 중독 장애 진단군의 모든 기준들을 충족시키지 않는 경우에 적용된다.

〈참고하기〉

알코올 중독 외에도 다른 물질에 중독되는 정신장애들

• 카페인 중독(Caffeine Intoxication)

A. 최근에 카페인의 섭취(보통 250mg을 초과한 많은 양)

B. 카페인 사용 중 또는 직후 발생한 다음 징후들이나 증상들 중 다섯 가지(또는 그 이상)가 나타남

1. 안절부절못함

2. 신경과민
3. 흥분
4. 불면증
5. 안면홍조
6. 이뇨
7. 위장 장해
8. 근육 연축
9. 사고와 언어의 횡설수설한 흐름
10. 심박 급속증 또는 심부정맥
11. 지칠 줄 모르는 기간
12. 정신운동성 흥분

C. 기준 B의 징후들이나 증상들이 임상적으로 심각한 고통 또는 사회적 · 직업적 기능 및 기타 중요한 영역에서 손상을 초래함

D. 징후들이나 증상들이 다른 의학적 상태에 의한 것이 아니고, 다른 물질 중독을 포함한 다른 정신장애에 의해 더 잘 설명되지 않음

• 담배 사용 장애(Tobacco-Related Disorders)

A. 12개월의 기간 이내에 발생하는, 적어도 다음 중 두 가지로 나타나는 임상적으로 현저한 손상이나 고통에 이르게 하는 담배 사용의 문제 있는 패턴

1. 담배를 의도했던 것보다 많은 양을 피우거나 긴 기간 동안 피움
2. 담배 사용을 줄이거나 통제하려는 지속적인 욕구나 성공하지 못한 노력이 있음
3. 담배를 구하거나 또는 피우는 데 많은 시간을 소비함
4. 담배를 사용하고 싶은 갈망 또는 강한 욕구나 충동
5. 직장, 학교, 또는 집에서 주요 역할의 책임을 이행하지 못하는 것을 초래하는 반복되는 담배 사용(예시: 일에 방해됨)
6. 담배의 영향에 의해 야기되거나 악화되는 지속적이거나 반복적인 사회적 · 대인관계적 문제들에도 불구하고 계속적인 담배 사용
7. 담배 사용 때문에, 중요한 사회적 · 직업적 활동 및 여가활동이 포기되거나 감소함
8. 신체적으로 위험한 상황(예시: 잠자리에서 담배를 피움)에서 반복적인 담배 사용
9. 담배에 의해 야기되어 왔거나 악화되어 온 것 같은 지속적 · 반복적인 신체적 · 정신적 문제를 갖고 있음을 알고 있음에도 담배 사용이 계속됨
10. 다음 중 한 가지로 정의된 내성:

a. 중독이나 원하는 효과를 얻기 위해 현저하게 증가한 양의 담배 필요

b. 같은 양의 담배의 계속된 사용에 대하여 현저하게 줄어든 효과

11. 다음 중의 한 가지로 나타난 금단:

a. 담배의 특징적 금단증후군(담배 금단의 기준 A, B 참조)

b. 금단증후군을 완화하거나 피하기 위해 담배(또는 니코틴과 같은 밀접하게 관계된 물질)를 피움

만약 해당된다면 명시할 것:

조기 관해: 담배 사용 장애에 대한 모든 기준들이 이전에 부합한 이후에, 담배 사용 장애의 기준이 적어도 3개월 이상, 12개월 미만 동안 부합된 적이 없음(기준 A4는 부합할 수 있다는 예외가 있음)

지속적 관해: 담배 사용 장애에 대한 모든 기준들이 이전에 부합한 이후에, 담배 사용 장애의 기준이 12개월 이상 동안에 어떤 시점에도 부합된 적이 없음(기준 A4는 부합할 수 있다는 예외가 있음)

만약 해당된다면 명시할 것:

유지 요법: 개인은 니코틴 대체 약물과 같은 장기간 유지 약물을 복용하며, 담배 사용 장애에 대한 기준이 그 약물 분류에 부합된 적이 없음(니코틴 대체 약물에 대한 내성이나 금단은 제외)

통제된 환경: 이 추가적 명시는 개인이 담배에 대한 접근이 제한되는 환경에 있는 경우에 사용됨

현재의 심각도를 명시할 것:

가벼운 정도: 2~3개의 증상이 있음

보통 정도: 4~5개의 증상이 있음

심각한 정도: 6개 이상의 증상이 있음

3) 비물질 관련 장애

(1) 도박장애

물질의 섭취를 포함하지 않는 몇몇의 행동 상태들이 물질 관련 장애들과 유사점을 갖고 있지만, 도박장애(Gambling Disorder)만이 비물질 관련 장애에 포함될 만큼의 충분한 자료를 갖고 있기 때문에 DSM-5에서는 도박장애가 물질

관련 및 중독 장애에 포함되었다. 도박은 더 큰 가치를 가진 무엇을 얻겠다는 희망에서 귀중한 무엇을 거는 것을 포함한다. 많은 사람들이 게임과 경기의 재미와 즐거움을 위해 도박을 하지만, 대부분이 문제를 경험하지 않는다. 하지만 어떤 사람은 도박 행동 때문에 상당한 손상이 나타난다. 개인 및 가족의 활동과 직업적 활동에 지장을 주는 지속적이고 반복적인 부적응적 도박 행동이 도박장애의 주요한 특징이다.

도박장애를 가진 사람은 손실이나 연쇄적 손실을 원상태로 돌리기 위해 계속 도박을 하는 절실한 필요(흔히 더 큰 내기를 걸거나, 더 큰 위험을 감수함)를 가지고, '자신의 손실을 추적'하는 양상이 나타날 수 있다. 이들은 자신의 도박 전략을 포기하고, 한 번에 손실을 모두 되찾으려고 하기도 한다. 빈번히 그리고 흔히 장기간 동안 손실을 '추적'하는 것이 도박장애를 가진 사람의 특징이다. 이들은 가족원, 상담사나 주변 사람에게 도박에 관여한 정도를 감추기 위해 거짓말할 수도 있다. 이러한 경우의 속임은 도박을 할 자금을 조달하기 위해 문서 위조, 사기, 도둑질 및 횡령과 같은 불법 행동을 감추는 것도 포함되며, 이에 한정되지 않는다. 개인은 도박으로 야기된 절망적 재정 상태에 대한 도움을 얻기 위해 가족이나 주변 사람에게 의지하기도 한다(American Psychiatric Association, 2013).

■ DSM-5의 도박장애 진단기준

A. 12개월의 기간 이내에 다음 중 적어도 네 가지(또는 그 이상)로 나타나는, 임상적으로 현저한 손상이나 고통에 이르게 하는 지속적이고 반복적인 문제가 있는 도박 행동
   1. 바라는 흥분을 얻기 위해 증가한 액수의 돈을 가지고 도박을 해야 함
   2. 도박을 줄이거나 중지하려고 시도할 때 안절부절못하거나 과민해짐
   3. 도박을 조절하거나 줄이거나 중지하려는 노력이 반복적으로 실패함
   4. 흔히 도박에 집착함(예시: 지루함을 줄여 주는 과거의 도박경험을 지속적으로 생각하고, 다음 모험의 승산을 따져 보거나 계획하고, 도박을 할 수 있는 돈을 마련할 방법을 생각함)
   5. 괴로움을 느낄 때, 흔히 도박을 함(예시: 무기력감, 죄책감, 불안감, 우울)

6. 도박으로 돈을 잃은 후 그것을 만회하기 위해 흔히 다른 날 도박판에 다시 되돌아감(자신의 손실을 추적함)
7. 도박에 관여한 정도를 숨기기 위해 거짓말을 함
8. 도박으로 중요한 관계 · 직업 · 교육 · 경력의 기회가 위태로워지거나 상실되어 옴
9. 도박으로 야기된 절망적인 경제 상태를 완화하기 위해서 금전 조달을 남에게 의존함

B. 도박 행동은 조증 삽화에 의해 더 잘 설명되지 않음

만약 해당된다면 명시할 것:

일시적: 도박장애의 기간들 사이에 적어도 여러 개월 동안 진정되는 증상들을 가지며, 어느 한 시점보다 더 많은 시점에서 진단기준에 부합함

지속적: 여러 해 동안 진단기준에 부합하는 지속적 증상들을 경험함

만약 해당된다면 명시할 것:

조기 관해: 도박장애의 모든 기준들이 이전에 부합한 이후 도박장애 기준이 적어도 세 달 이상, 12개월 미만 동안 전혀 부합하지 않았음

지속 관해: 도박 장애의 모든 기준들이 이전에 부합한 이후 도박장애 기준이 12개월의 기간 동안 전혀 부합하지 않았음

현재의 심각도를 명시할 것:

가벼운 정도: 4~5개의 기준에 부합함

보통 정도: 6~7개의 기준에 부합함

심각한 정도: 8~9개의 기준에 부합함

〈읽을거리〉

국민의 6.7%가 술 · 게임 · 마약 · 도박 중독인데… 법은 국회에서 낮잠

4대 중독 현황

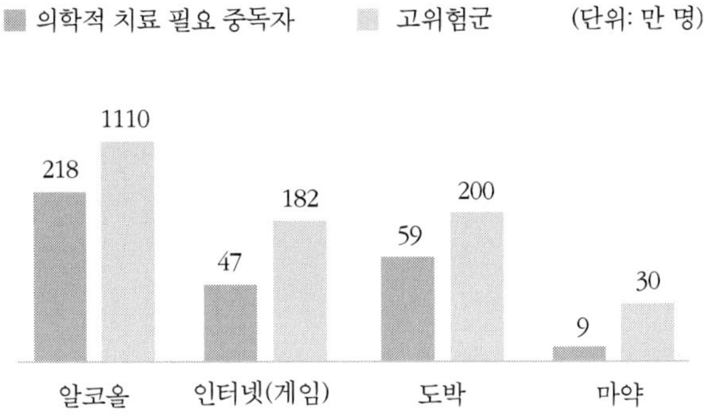

(자료: 보건복지부, 중독모형)

◆4대 중독 관할 부처

대 상	부 처	사업 수행 기구(공공)
알코올	복지부	보건소, 알코올상담센터(47곳)
마약	복지부, 식약처, 법무부	마약퇴치운동본부 및 지부(12곳), 자료보호기관
도박	시행산업감독위, 문체부, 안행부, 기재부, 농림부	중독예방치유센터(서울 · 부산 · 수원 · 광주 · 강원), 사업자센터 및 민간 상담센터
인터넷(게임)	미래부, 안행부, 문체부, 여성부, 교육부, 복지부, 서울시 등 지방자치단체	인터넷중독대응센터(미래부 · 11개), Wee센터 개입과몰입 전문상담사 지원(문체부 · 48곳), Wee센터(교육부 · 135곳), 청소년상담복지센터(여성부 · 190여 곳), 정신보건센터(복지부 · 157곳)

중독의 늪서 'SOS' 봇물… 예방 · 재활 시스템 태부족

#사례1 지난 5월 경남 창원에서 하루 20시간 넘게 인터넷 게임에 빠져 살던 A씨(23)가 즐기던 게임을 만류하고 방해한다며 아내와 어린 자녀에게 폭력을 행사하다 경찰에 구속됐다. 그는 경찰에서 "도저히 내 의지만으론 게임을 끊을 수 없었다. 하지 못하게 해줘 고맙다."고 말해 주변을 어리둥절하게 했다. 지난해 10월 고교 3년생 B군(18)은 수능이 코앞에 다가왔는데도 하루 종일 게임만 했다. 어머니가 야단치자 온갖 욕설을 퍼붓고 주먹을 휘둘렀다. 놀란 어머니는 맨발로 집 밖 공중전화로 달려가 도움을 요청했다.

#사례2 직장인 C씨(28)는 스무 살 때부터 강원랜드를 들락거리며 카지노 도박에 빠지는 바람에 1000만 원가량의 사채 빚을 지게 됐다. 39%나 되는 고리에 시달리며 겨우 이자만 갚고 있지만 한 번만 성공하면 하루아침에 빚을 다 갚을 수 있다는 생각에 연봉의 절반이 넘는 2000만 원을 또다시 도박에 탕진했다.

#사례3 5년 전 알코올 중독 진단을 받은 D씨(33)는 경기도 일산의 알코올치료기관 카프병원에서 두 차례 치료와 재활을 받으며 한동안 술을 끊었다. 하지만 올해 5월 카프병원이 문을 닫으면서 다시 술을 입에 대기 시작했다. "아들이 예전처럼 돌아갈까 봐 조마조마하다."는 D씨의 아버지는 "알코올 중독자 상황을 나 몰라라 하는 국가에 화가 난다."며 울분을 토로했다.

4대 중독자 333만 명… 전 인구의 6.7%

중독은 물질(알코올, 마약 등)이나 행위(인터넷 게임, 도박 등)에 대한 과도한 집착과 내성, 금단 증상, 일상생활 지장 등 정신 · 행동 문제가 나타나는 경우를 말한다. 4일 보건복지부 등에 따르면, 국내에서 의학적 치료가 필요한 이른바 '4대 중독' 환자는 알코올 218만 명, 도박 59만 명, 인터넷 게임 47만 명, 마약 9만 명 등 약 333만 명으로 파악되고 있다. 우리나라 전체 인구(5000만 명)의 6.7%에 해당된다. 이 가운데 입원 및 재활치료가 필요한 만성 중독군은 알코올 22만 명, 인터넷 5만 명, 도박 6만 명, 마약 1만 명 등 34만 명으로 추정된다.

〈중 략〉

의학계에선 다양한 형태의 중독을 개인적 성향에 머물지 않고 사회적 질병으로 죽음에까지 이르게 하는 심각한 뇌질환으로 보고 있다. 쾌락을 느끼게 하는 신경전달물질 도파민이 관련되는 '뇌보상회로' 가 활성화돼 중독에 빠지게 된다는 것이다.

가톨릭의대 정신건강의학과 김대진 교수는 "특히 게임, 도박 같은 행위 중독도 알코올이나 마약처럼 '뇌보상회로' 의 자극을 통해 기쁨이 유발되고 이를 통해 중독이 된다는 병리 메커니즘이 동일하다는 보고가 잇따라 나오고 있다."면서 "이에 따라 최근 미국 진단통계 편람 5판(DSM-5)은 행위 중독과 물질 중독을 '중독' 이라는 하나의 범주로 포함해 논의하고 있다."고 말했다. 중독은 우울증 등 개인건강 문제뿐 아니라 자살이나 각종 범죄, 생산성 저하 등 중독자 가족과 사회 전반에 심각한 폐해를 초래하고 있다.

출처: 국민일보 (2013. 9. 5.)

2. 알코올 중독 및 도박장애의 치료

1) 알코올 중독의 치료

국내의 알코올 관련 치료 및 재활 현황은 아직까지 입원 위주의 치료가 주류를 이루고 있다(윤명숙, 2002). 입원치료는 급성 중독 증상이나 금단 증상에 대한 해독 치료와 단주를 유지하고 재발을 예방하기 위한 치료가 이루어진다. 입원을 하게 되면, 정신과적 진단과 심리사회재활 치료가 이루어지며, 이를 통해 재발 방지를 목적으로 환자 스스로 자신과 알코올 중독에 대해 잘 알고 미래에 대한 계획을 세우도록 한다. 입원치료가 필요한 이유는 알코올 중독으로부터의 해독 기간이 필요하며, 이 기간 중 금단 증상을 예방 및 치료할 수 있기 때문이다. 또한, 금주 상태를 유지하는 것이 가능하며, 음주에 의해 자신이나 타인에게 생길 수 있는 신체적 · 정신적 위험으로부터 보호하고, 다른 정신적 · 신체적 질병이 동반하는 경우에 같이 치료할 수 있다. 하지만 입원치료는 알코올 문제를 갖고 있다는 낙인이 찍힐 수 있으며, 경제적 손실과 가정 및 사회에서의 역할 수행이 단절된다는 단점이 있다.

약물치료로는 단주제인 다이설피람(Disulfiram)을 복용하는 방법이 있다. 다이설피람은 알코올 대사물의 산화를 막아 숙취를 지속시켜 술을 끊게 하는 약으로, 이 약을 복용하면 이틀 동안 알코올의 대사 산물인 아세트알데히드를 분해시키는 데 필요한 효소의 작용을 방해한다. 약물을 복용한 후 길게는 2주까지도 술을 마시면 구토와 메스꺼움, 화기, 작열감, 호흡곤란, 구역질, 얼굴이 창백해지는 증상 등의 매우 괴로운 독성반응이 나타날 수 있다. 이 약은 저혈압, 어지러움증, 심계항진 등의 부작용이 있을 수 있기 때문에 치료를 받고자 하는 환자의 동기가 있어야 하고, 의사의 충분한 설명이 필요하다. 또한, 음주 충동을 낮춰 주는 날트렉손(naltrexone), 항우울제, 항불안제 등을 처방하는 경우도 있다.

알코올 중독을 치료하기 위해 교육 프로그램과 집단치료가 이루어지기도 하는데, 알코올 중독증의 심각성을 알리고 자신의 문제를 인식하도록 강의 및 비디오나 슬라이드를 통한 시청각 교육, 단주 교본 및 12단계의 학습 지도 등이 이루어지며, 알코올 중독에 대한 객관적 정보를 제공한다. 중독자를 대상으로 하는 집단치료는 중독자 간에 경험을 공유함으로써 새로운 대인관계를 경험하고, 외로움과 열등감을 해소하며, 회복되는 사람들을 봄으로써 자신도 회복할 수 있다는 자신감과 희망이 생길 수 있다는 장점이 있다.

그 밖에 지지치료, 역동치료, 인지치료, 행동치료 등을 통한 개인상담이나, 가족에게 정보를 제공하고 가족이 어려움을 효과적으로 극복할 수 있는 행동기술을 학습시키는 가족교육 프로그램도 도움이 될 수 있다.

(1) 익명의 알코올 중독자 모임

익명의 알코올 중독자 모임(Alcoholic Anonymous: A.A.)은 스스로 자신의 술 문제를 인정하고 술을 끊겠다는 열망으로 모인 알코올 중독자들의 자조집단으로서, 알코올 중독자의 단주를 최우선으로 삼고 있다. A.A.는 1935년 미국에서 두 명의 알코올 중독자가 알코올 중독에서의 회복은 그들만이 이해할 수 있는 경험을 바탕으로 할 때 가능하다는 사실을 알고 최초의 모임을 시작하였고, 현재는 전 세계적으로 수만 개의 A.A. 집단이 구성되어 있다. A.A. 구성원들은 자신뿐만 아니라 다른 알코올 중독자가 알코올 중독으로부터 벗어나도록 돕는 것을 또 하나의 목적으로 하기 때문에, 과거에 알코올 관련 문제가 있었거나 현재 알코올 관련 문제가 있는 사람들이 익명으로 정기적인 모임을 통해 경험을 나누고 알코올 문제를 극복하는 방법을 알려 주며 지원한다.

A.A.의 가장 기본적 원리는 사고방식과 생활방식을 바꾸는 데 도움이 되는 다음의 12단계를 실천함으로써 알코올에 대한 자신의 무능함을 받아들이고, 도덕적 진단을 수용하고, 잘못된 부분의 특성을 파악하고 고쳐 나감으로써 지속적으로 회복을 유지하는 것이다.

- 1단계: 우리는 알코올에 무력했으며, 스스로 생활을 처리할 수 없게 되었다는 것을 깨닫고 시인했다.
- 2단계: 우리보다 위대하신 '힘'이 우리를 건전한 본정신으로 돌아오게 해 주실 수 있다는 것을 믿게 되었다.

- 3단계: 우리가 이해하게 된 대로, 그 신의 보살피심에 우리의 의지와 생명을 완전히 맡기기로 결정했다.
- 4단계: 철저하고 대담하게 우리의 도덕적 생활을 검토했다.
- 5단계: 솔직하고 정확하게 우리가 잘못했던 점을 신과 자신에게 또 어느 한 사람에게 시인했다.
- 6단계: 신께서 우리의 이러한 모든 성격상 약점을 제거해 주시도록 우리는 준비를 완전히 했다.
- 7단계: 겸손한 마음으로 신께서 우리의 약점을 없애 주시기를 간청했다.
- 8단계: 우리가 해를 끼친 모든 사람의 명단을 만들어서 그들에게 기꺼이 보상할 용의를 갖게 되었다.
- 9단계: 어느 누구에게도 해가 되지 않는 한, 할 수 있는 데까지 어디에서나 그들에게 직접 보상했다.
- 10단계: 계속해서 자신을 반성하여 잘못이 있을 때마다 즉시 시인했다.
- 11단계: 기도와 명상을 통해서 우리가 이해하게 된 대로의 신과 의식적인 접촉을 증진하려고 노력했다. 그리고 우리를 위한 그의 뜻만 알도록 해 주시며, 그것을 이행할 수 있는 힘을 주시도록 간청했다.
- 12단계: 이러한 단계로서 생활해 본 결과 우리는 영적으로 각성되었고, 알코올 중독자들에게 메시지를 전하려고 노력했으며, 우리 생활의 모든 면에서도 이러한 원칙을 실천하려고 했다.

이 12단계를 실천하는 과정에서 A.A. 구성원은 자신의 무능력을 인식하게 하는 위대한 힘에 대한 영적 성장을 통해 자신의 능력에 대한 새로운 확신과 희망을 갖게 된다(천덕희, 2011). 비록 A.A.가 영적 성장을 강조하고 있지만, 어떠한 특정 종교와도 연관되어 있지는 않다.

(2) 알코올 중독자 가족과 가족친목모임

알코올 중독은 진행적이고 만성적이며 재발률이 높다. 알코올 중독은 중독자 자신뿐만 아니라, 중독자의 가장 가까운 가족에게도 실업이나 경제적 파탄에 의한 재정상의 어려움과 생활수준의 하락, 가족 갈등이나 가정 폭력, 자녀의 건전한 정서발달과 자아성장에 대한 악영향, 자녀의 성인모델에 대한 안정된 행동의 동일시 결여, 음주운전 · 범죄 · 폭력 · 싸움 · 강도 등의 법적 문제 등과 같은 많은 악영향을 준다. 이런 점에서 알코올 중독은 가족이나 주위의 친밀한 관계에 역기능을 가져오는 가족병이라 할 수 있다. 알코올 중독자의 가족은 정상 가족에 비해 가족 응집력과 생활만족도 및 가족기능의 정도가 낮고, 역기능적 의사소통 유형이 두드러지며, 견고한 규칙과 역할을 나타내는 등 전반적으로 역기능적 가족기능을 가진다.

무엇보다도 알코올 중독자의 가족은 공동의존이라는 역기능을 가진다. 공동의존(co-dependency)은 중독자와 긴밀한 관계를 맺고 있는 가족이 알코올 중독자와 일상적인 상호작용의 결과로 나타나는, 알코올 중독에 의한 정서적 상처와 스트레스 행동이 경험되는 가족 내에서 살아남기 위해 가족 구성원으로부터 배운 일련의 비적응적이고 강박적인 행동을 말한다. 공동의존증은 비적응적이며, 강박적 행동, 자기 파괴적 행동을 동반하며, 대인관계상의 장애와 자율성 저하에서 비롯된 비합리적 문제처리 방식을 가지며, 다음의 특성을 가진다(최송식, 1995).

- 자기비판이 심하다.
- 친밀성을 갖는 데 어려움이 있다.
- 감정 표현을 하는 데 어려움이 있다.
- 주체성에 장애가 있다.
- 자율성이 약하다.
- 자기를 돌보는 데 관심이 부족하다.
- 경계를 설정하거나 유지하는 데 어려움이 있다.

즉, 알코올 중독자의 가족은 알코올 중독자와 공동의존자가 되어, 중독자의 음주를 집중적으로 조절하면서 동시에 음주를 돕는 경향이 있기도 하다(임은혜, 2006). 알코올 중독자의 가족은 중독자의 음주문제로 생긴 여러 생활상의 문제들을 부인하고 문제 자체에 대한 인식을 회피하는 경향을 가진다(권보영, 1992). 가족은 음주와 음주행동에 대한 중독자에 대한 적개심을 가지게 되며,

중독자의 음주행동으로 발생하는 문제나 수치심으로 사회적으로 고립된 생활을 하게 된다. 또한, 우울증이나 알코올 중독자의 음주에 대한 죄책감과 매우 낮은 자존감, 완벽주의, 충동성, 그리고 스트레스와 관련된 질병으로 고통을 받게 된다(임은혜, 2006).

알코올 중독자의 배우자는 정서적으로 불안하고 신경질적이 되며, 알코올 중독에 의한 직업 상실에서 오는 경제적 책임을 전적으로 맡아야 한다는 부담감을 가지며, 또한 가계 전부를 꾸려 나가야 하는 가족의 실질적 책임자가 된다. 알코올 중독자의 자녀는 어려서부터 알코올 의존 부모의 예측할 수 없는 행동과 태도 때문에 혼돈과 긴장 속에서 살아가는 경우가 많다. 따라서 이들은 불안, 우울, 죄책감, 수치심, 자기 비하 등의 심리적 어려움을 겪기도 한다. 심리적 불안감은 행동으로도 나타나서 학습의 어려움, 학교문제, 음주문제, 법적인 문제행동, 정서적인 행동, 낮은 자신감, 반사회적이고 공격적인 행동 등의 문제가 표출되기도 한다. 또한 알코올 중독자의 자녀는 역기능적 가족환경에서 성장함에 따라 성인이 되어도 아이와 같은 미성숙한 자아를 가지는 다음의 특성을 가진 성인아이증후군을 가질 수 있다(장수미, 2008).

- 어려서부터 부모의 알코올 문제로 보호자의 역할을 대신하는 등 지나치게 과도한 책임감을 느낌. 인생의 크고 작은 문제에 적절하게 대처하지 못할 경우 자신의 책임이 아닌데도 불구하고 죄책감을 느끼며 주변의 비난을 두려워함. 이는 자존감의 저하와 자신의 감정을 솔직하게 표현하지 못하는 어려움으로 이어짐
- 정상적 발달을 하지 못했으므로 미성숙한 행동을 하기 쉬움
- 유전적 · 사회학습적인 이유로 성인이 되었을 때 알코올 의존자가 될 위험이 큼
- 자신의 감정을 솔직하게 표현하거나 다른 사람을 완전히 신뢰하기가 어렵게 됨
- 부모와 자식의 빈번한 역할혼동을 경험함으로써, 정체감과 성(sexuality)에 대한 올바른 시각을 발달시키기 어렵게 됨
- 느끼지 말아야 하고, 화를 내지 말아야 하고, 책임을 많이 져야 한다는 왜

곡된 신념으로 가정, 학교, 직장 및 사회에서 역기능적인 역할을 담당하기 쉬움

- 대인관계에서 고립감을 많이 느끼며, 신뢰하면서 서로 애정을 주고받는 대상을 만나지 못하여 특정한 대상에 의존심이 높을 수 있음

가족친목모임(Al-Anon)은 알코올 중독자의 배우자, 자녀, 부모, 친척 및 친구를 위한 익명의 모임으로, 알코올 중독자의 가족으로서 공통적 경험을 나누는 상호 원조의 자조집단이다. 이 모임은 A.A. 구성원의 배우자와 친척들이 단주를 위해서 세운 원칙들을 자신들도 이용할 수 있다는 것을 알게 되면서 1940년대 후반 미국에서 모이게 되면서 시작되었다. Al-Anon은 알코올 문제를 성공적으로 극복하는 사람이 자기 자신이나 가족에게 가족 구성원이 알코올 중독자라는 것을 받아들이기 쉽게 하고, 부정을 감소시키도록 도와주며, 가족 구성원의 음주로 나타나는 불안과 우울 등의 감정적 상태를 치료하는 것뿐만 아니라 음주 행위를 야기하는 상황을 인식하고 예측하여 대처능력을 증가시키는 등의 역할을 한다(김혜신, 2003). Al-Anon은 A.A.와 동맹관계를 맺으면서 12단계를 따르고 있다. 그리고 알코올 중독자가 자신의 음주 행위에 대해 책임이 있기는 하지만, 배우자 또한 알코올 중독자의 음주에 대해 불안과 분노로 반응함으로써, 알코올 중독을 촉진한다고 본다. Al-Anon은 "나는 알코올 중독의 원인이 아니다. 나는 알코올 중독자를 통제할 수 없다. 나는 알코올 중독을 치료할 수 없다."라는 슬로건을 내세우고 있다. 즉, 음주의 변화는 알코올 중독자가 책임을 져야 할 부분이라는 사실을 배우자가 수용해야 하며, 중독자와의 음주문제와는 분리된 자신만의 성취할 수 있는 영역을 가질 것을 강조하고 있다.

2) 도박장애의 치료

도박중독을 중단하고 재발을 방지하기 위한 다양한 접근법들이 있어 왔다. 정신분석적 접근부터, 고전적/조작적 조건 형성과 기타 전략들을 사용한 행동적 접근, 가족치료, 인지치료, 약물치료, 자조집단 참여, 동기강화치료 등이 있다. 그중에서 인지치료는 도박자에게 도박 문제에 영향을 미치는 여러 가지 인

지적 왜곡을 자각시키는 것(Ladouceur & Walker, 1996)으로, 도박과 관련된 인지적 영향을 분석하고 이를 통제할 수 있는 사회기술 훈련, 문제해결 전략과 재발방지 기법 등의 인지적 기법을 적용한다(김영혜, 2009). 즉, 도박장애에 대한 치료를 위해 변화시켜야 할 외현적 행동인 도박 행동과 함께, 이 행동을 촉발하고 유지시키고 있는 인지적 기제에 초점을 맞추는 것이다. 병적 도박을 지속하게 하는 역기능적 신념으로는 무선성(randomness)에 대한 지각이 있다. 무선성에 대한 지각은 모든 사건이 독립적이라는 개념을 무시한 채 도박판에서 일정한 질서나 규칙이 작용하는 것처럼 유추하고 행동하는 것으로, 과거 경험으로부터 발전된 어떤 태도나 가정에 기초한다. 역기능적인 신념이지만 도박중독자는 이를 자각하지 못하고, 자각하더라도 역기능적 신념을 수정하여 그 행동을 중단하지 못한다.

인지행동적 관점에서 볼 때, 병적 도박자의 반복적이고 역기능적인 도박 행동은 불쾌한 정서에 대한 회피반응으로도 볼 수 있으며, 도박자는 이것이 자기패배적 행동임을 알면서도 멈추지 못한다. 이에 도박자의 부적응적 반응을 세밀하게 검토하고 자기 파괴적 행동을 촉발하고 유지시키는 기제들을 자각하면서 이를 적절히 수정할 수 있는 행동적 기법으로 대체하는 과정, 즉 조건화된 행동을 탈학습하고 기능적인 행동으로 조건화시키는 것이 중요하다.

학습활동

- 알코올 관련 장애에 대한 영화인 〈라스베가스를 떠나며(Leaving Las Vegas)〉(1995)를 감상하고, 알코올 관련 장애의 증상들과 사회복지적 개입 방법을 토론해 봅시다.
- 익명의 알코올 중독자 모임(A.A.)과 알코올 중독자 가족 자조모임(Al-Anon)의 효과성과 장단점에 대해 토론해 봅시다.
- 대마초 사용의 합법화에 대해 찬반을 논의해 봅시다.
- 영화 〈투 포 더 머니(Two for the money)〉(2005)를 감상하고, 병적 도박을 가진 사람의 증상과 사회복지적 개입 방법에 대해 논의해 봅시다.

정리해봅시다

1. 물질 관련 및 중독 장애

- 물질 관련 및 중독 장애는 알코올, 담배, 마약 등과 같은 중독성 물질을 사용하거나 중독성 행위에 몰두함으로써 사회적 · 직업적 또는 기타 중요한 영역의 기능에서 여러 가지 손상이나 부적응이 나타나는 장애들을 포함한다.
- 물질 관련 및 중독 장애는 크게 물질 관련 장애와 비물질 관련 장애로 나뉜다.
- 물질 관련 장애는 알코올, 카페인, 대마, 환각제, 흡입제, 아편류, 진정제 · 수면제 · 항불안제, 흥분제, 담배, 기타 물질 등의 10가지 약물 및 물질을 포함한다.

물질 관련 장애

- 물질 관련 장애는 크게 물질 사용 장애와 물질 유발 장애로 구분할 수 있다. 물질 사용 장애는 개인이 물질에 관련된 심각한 문제들에도 불구하고 계속해서 물질을 사용함을 보여 주는 인지적 · 행동적 · 생리적 증상군이 주요 특징이다. 물질 유발 장애에는 중독, 금단 및 다른 물질/약물 유발 정신장애가 포함된다.

알코올 관련 장애

- 알코올 관련 장애에는 알코올 사용 장애, 알코올 중독, 알코올 금단, 다른 알코올 유발 장애 그리고 명시되지 않은 알코올 관련 장애가 있다.
- 알코올 사용 장애는 금단, 내성, 그리고 갈망을 포함한, 인지적 · 행동적 · 생리적 증상군으로 정의된다.
- 알코올 중독의 주요 특징은 알코올을 섭취하는 동안 또는 직후 발생된, 임상적으로 심각한 문제가 있는 행동적 · 정신적 변화들의 존재다.
- 알코올 금단은 다량으로 장기간 사용하던 알코올 사용 중단 또는 감소 이후에 몇 시간에서 며칠 내에 발달되는 특유의 금단증후군의 존재로 특징지어진다.

비물질 관련 장애

- 도박장애는 개인, 가족, 그리고/또는 직업적 활동에 지장을 주는 지속적이고 반복적인 부적응적 도박 행동을 특징으로 한다.

2. 알코올 중독 및 도박장애의 치료

- 국내의 알코올 관련 치료 및 재활 현황은 아직까지 입원 위주의 치료가 주로 이루어지고 있으며, 입원치료에서는 급성 중독 증상이나 금단 증상에 대한 해독 치료와 단주를 유지하고 재발을 예방하기 위한 치료가 이루어진다.
- 알코올 관련 치료 및 개입 방법으로는 약물치료, 교육 프로그램, 집단치료, 지지치료 · 역

동치료 · 인지치료, 행동치료 등을 통한 개인상담, 가족교육 프로그램, 익명의 알코올 중독자 모임(A.A.)과 알코올 중독자 가족 자조모임(Al-Anon)이 있다.

- 도박중독을 중단하고 재발을 방지하기 위한 치료 방법으로는 정신분석적 접근부터, 고전적/조작적 조건 형성과 기타 전략들을 사용한 행동적 접근, 가족치료, 인지치료, 약물치료, 자조집단 참여, 동기강화치료 등이 있다.

참고문헌

권보영(1992). 알코올 중독자 부인을 위한 교육 프로그램 효과에 관한 연구. 서울여자대학교 대학원 석사학위논문.

김영혜(2009). 병적 도박에 대한 이중초점 도식치료 적용 가능성의 탐색. **한국심리학회지: 상담 및 심리치료**, 21(2), 349-368.

김혜신(2003). 알코올중독자 가족을 위한 가족친목모임(Al-Anon)에 관한 연구: 알코올중독자 부인을 중심으로. 명지대학교 사회복지대학원 석사학위 논문.

윤명숙(2002). 알코올중독현황과 정신보건사회사업의 대응방안. 한국정신보건사회사업학회 춘계학술대회.

임은혜(2006). 알코올중독자와 가족의 치료개입에 대한 탐색적 연구. 서울시립대학교 도시과학대학원 사회복지학과 석사학위논문.

장수미(2008). 특집: 대물림되는 알코올 의존: 고통받는 알코올 의존자 자녀-성인아이증후군-. **건강생활**, 61, 12-14.

조맹제 외(2011). 정신질환실태 역학조사: 보건복지부 연구 용역사업 보고서. 보건복지부.

천덕희(2011). A.A.를 통해 회복 중인 알코올중독자들의 경험에 관한 연구. 숭실대학교 대학원 박사학위논문.

최송식(1995). 알콜중독 가족의 공동의존증에 대한 사정과 개입전략. 부산대학교 박사학위논문.

American Psychiatric Association (2013). *Diagnostic and statistical manual of mental disorders* (5th ed.). Arlington, VA: American Psychiatric Publishing.

Jellinek, E. M. (1952). Phases of alcohol addiction. *Quarterly Journal of Studies on Alcohol, 13*, 673-684.

Ladouceur, H. R., & Walker, M. (1996). A cognitive perspective on gambling. In P. M. Salkovskis (Ed.), *Trends in cognitive therapy* (pp. 89-120). Oxford: Wiley.

제13장

성격장애

MENTAL

학습목표

- 성격장애에 해당하는 정신장애들을 나열할 수 있다.
- 성격장애에 해당하는 정신장애들의 증상들과 진단기준들을 설명할 수 있다.
- 성격장애에 해당하는 정신장애들의 치료 방법 및 개입 방법을 알 수 있다.

HEALTH

학습내용

- 성격장애
  - A군 성격장애: 편집성, 분열성, 분열형 성격장애
  - B군 성격장애: 반사회성, 경계선, 연극성, 자기애성 성격장애
  - C군 성격장애: 회피성, 의존성, 강박성 성격장애
- 성격장애의 치료

1. 성격장애

성격이란 생활에서 환경과 자기 자신에 대해서 지각하고 관계를 맺고 생각하는 비교적 지속적인 양식을 말한다(송종용, 2000). 성격장애(Personality Disorders)는 개인의 문화의 기대에서 뚜렷하게 벗어나고, 만연하고 완강하며, 청소년기나 초기 성인기에 발병되고, 시간이 지나면서 안정되며, 그리고 고통이나 손상을 초래하는 내적 경험과 행동의 지속적인 패턴의 특징을 가진다. 성격장애에는 다음의 장애들이 포함된다(American Psychiatric Association, 2013).

- 편집성 성격장애(Paranoid Personality Disorder): 불신과 의심의 패턴으로 다른 사람들의 동기를 악의적으로 해석함
- 분열성 성격장애(Schizoid Personality Disorder): 사회적 관계들로부터의 분리, 정서적 표현의 제한된 범위의 패턴
- 분열형 성격장애(Schizotypal Personality Disorder): 가까운 관계에서 극심한 불편, 인지적 · 지각적 왜곡, 행동의 기이함의 패턴
- 반사회성 성격장애(Antisocial Personality Disorder): 다른 사람들의 권리에 대한 무시 및 위반의 패턴
- 경계선 성격장애(Borderline Personality Disorder): 대인관계, 자아상, 그리고 감정 및 뚜렷한 충동에서 불안정의 패턴
- 연극성 성격장애(Histrionic Personality Disorder): 과도한 정서성과 관심을 구하는 것의 패턴
- 자기애성 성격장애(Narcissistic Personality Disorder): 과장, 존경에 대한 욕구, 공감 부족의 패턴
- 회피성 성격장애(Avoidant Personality Disorder): 사회적 억제, 부적절감, 부정적인 평가에 대한 과민증의 패턴
- 의존성 성격장애(Dependent Personality Disorder): 돌봄을 받고 싶은 과도한

욕구에 관련된 순종적이고 남에게 의존하는 행동의 패턴
- 강박성 성격장애(Obsessive-Compulsive Personality Disorder): 질서정연, 완벽함, 통제에 대한 집착의 패턴
- 다른 의학적 상태에 의한 성격 변화: 의학적 상태(예시: 전두엽 손상)의 직접적 생리적 영향에 의한 것으로 판단되는 지속적 성격장애
- 기타 분류된 성격장애 그리고 분류되지 않은 성격장애(Other Specified Personality Disorder and Unspecified Personality Disorder): (1) 개인의 성격 패턴이 성격장애의 일반적 기준에 부합되고 여러 다른 성격장애들의 특성이 존재하지만, 어떤 특정 성격장애를 위한 기준에는 부합되지 않는 경우, 또는 (2) 개인의 성격 패턴이 성격장애의 일반적 기준에 부합되지만, DSM-5 분류에 포함되지 않은 성격장애(예시: 수동 공격성 성격장애)를 갖고 있는 것으로 간주되는 경우에 제공되는 범주임

성격장애는 기술적인 유사점에 바탕을 두고 다음의 세 가지 군으로 나뉜다.

- A군 성격장애(Cluster A Personality Disorders): 편집성, 분열성, 분열형 성격장애가 포함됨. 이 장애들을 가진 사람은 괴상하고 기이하게 보이는 것이 특징임
- B군 성격장애(Cluster B Personality Disorders): 반사회성, 경계선, 연극성, 자기애성 성격장애가 해당됨. 이 장애들을 가진 사람은 대체로 극적이고 감정적이며 변덕스러움이 특징임
- C군 성격장애(Cluster C Personality Disorders): 회피성, 의존성, 강박성 성격장애가 포함됨. 이 장애들을 가진 사람은 억제되어 있고 불안해하고 두려움을 가진 것처럼 보임

성격특성은 광범위한 사회적 · 개인적 맥락에서 드러나는 환경과 자신에 대해 인식하고, 관계하고, 생각하는 지속적 패턴들을 말한다. 성격특성이 경직되고 부적응적이며, 기능 손상이나 주관적 고통을 초래할 때, 성격장애가 된다. 성격장애의 진단은 개인의 기능의 장기간 패턴들을 평가하는 것이 필요하며,

특정 성격특징은 초기 성인기부터 나타나야만 한다. 일반적 성격장애의 진단기준은 다음과 같다.

■ DSM-5의 일반적 성격장애 진단기준

A. 개인이 속한 문화의 기대에서 현저히 벗어난 내적 경험과 행동의 지속적인 패턴. 이 패턴은 다음 중 두 가지(또는 그 이상) 영역에서 나타남
   1. 인지(예시: 자신, 타인, 사건의 지각과 해석 방식)
   2. 정동(예시: 정서반응의 범위, 강도, 불안정성, 적절성)
   3. 대인관계 기능
   4. 충동조절

B. 지속적 패턴이 경직되고, 광범위한 개인적 · 사회적 상황에 만연함

C. 지속적 패턴이 임상적으로 심각한 고통이나 사회적 · 직업적 및 기타 중요한 영역의 기능에서 손상을 초래함

D. 패턴은 안정적이고 오랜 기간 지속되어 왔으며, 발병 시기는 적어도 청소년기나 또는 초기 성인기로 거슬러 올라갈 수 있음

E. 지속적 패턴은 다른 정신장애의 징후나 결과로 더 잘 설명되지 않음

F. 지속적 패턴이 물질(예시: 약물남용, 약물치료)이나 다른 의학적 상태(예시: 두부외상)의 생리적 영향에 기인하지 않음

1) A군 성격장애

(1) 편집성 성격장애

편집성 성격장애(Paranoid Personality Disorder)는 다른 사람의 동기를 악의적으로 해석하는 것과 같은 만연한 불신과 의심을 특징으로 한다. 이 장애는 초기 성인기에 시작되어 다양한 상황에서 나타난다. 편집성 성격장애를 가진 사람은 비록 증거가 없음에도 불구하고 다른 사람이 자신을 착취하거나, 해를 끼치거나, 속인다고 추측한다. 이들은 증거가 거의 없거나 아예 없음에도 불구하고 다른 사람이 자신에 대한 음모를 꾸민다고 추정하고, 갑자기 이유 없이 다른 사람을 공격할 수도 있다. 비록 객관적 증거가 없는 경우일지라도, 자신이 다른 사

람이나 그들에 의해 깊고 회복할 수 없는 손상을 입었다고 자주 느낀다. 친구나 동료의 충실성이나 신뢰성에 대한 부당한 의심에 집착하고, 오히려 그들이 충실성을 보이면 너무 놀라서 이를 신뢰하거나 믿을 수 없다. 이 장애를 가진 사람은 자신이 문제가 생겼을 경우에 친구나 동료가 자신을 공격하거나 무시할 것이라고 예상하며, 친절한 말이나 사건을 숨겨진 모욕적이거나 위협적인 의미가 있다고 해석한다. 예를 들어, 점원의 순수한 실수를 거스름돈을 덜 주려는 의도적인 시도로 오해하거나, 동료의 가벼운 농담을 심각한 인격공격으로 본다(American Psychiatric Association, 2013).

편집성 성격장애를 가진 사람은 친밀한 대인관계를 맺기 어려우며, 과도한 의심과 적대감은 심한 논쟁, 반복적 불평, 냉담 등으로 나타난다. 따라서 이들은 주요 우울장애를 일으키기도 하며, 광장공포증과 강박장애를 일으킬 위험이 높으며, 알코올이나 다른 물질 남용과 의존이 자주 동반된다. 편집성 성격장애는 의심이 많다는 결정적인 특성에서 편집증이나 편집형 정신분열병과 유사하지만, 편집성 성격장애를 가진 사람은 현실적 접촉이 상실되거나 기능이 심각하게 저하되지는 않는다는 차이가 있다.

■ DSM-5의 편집성 성격장애 진단기준

A. 다음 중 네 가지(또는 그 이상)로 나타나듯이, 초기 성인기에 시작되어 다양한 상황에서 존재하는, 다른 사람의 동기를 악의적으로 해석하는 것과 같은 만연한 불신과 의심

1. 충분한 근거 없이 타인이 자신을 착취하거나, 해를 끼치거나, 속인다고 의심함
2. 친구나 동료의 충실성이나 신뢰성에 대한 부당한 의심에 집착함
3. 정보가 자신에게 악의적으로 사용될 것이라는 확인되지 않은 두려움으로 터놓고 이야기하기를 꺼림
4. 친절한 말이나 사건에서 숨겨진 모욕적이거나 위협적인 의미를 읽음
5. 지속적으로 원한을 품음(예시: 모욕, 상해, 경멸을 용서하지 않음)
6. 타인에게는 그렇게 보이지 않는 자신의 성격이나 평판에 대한 공격을 인지하고, 재빨리 화를 내며 대응하거나 반격함

7. 정당한 이유 없이 배우자나 성적 파트너의 정절에 대해 반복적인 의심을 가짐

B. 정신분열증, 정신병 특징들이 있는 양극성 장애나 우울장애, 다른 정신병적 장애의 경과 중에만 나타나는 것이 아니고, 다른 의학적 상태의 생리적 영향에 기인하지 않음

주: 정신분열증의 발병 이전에 기준에 부합한다면, 추가로 '병전'이라고 기록하는데, 예컨대 '편집성 성격장애(병전)'라고 표시함

〈사례 13-1〉

편집성 성격장애

54세의 김 씨는 거의 모든 상황에서, 모든 사람들에게, 전혀 터무니없이 의심을 한다. 예를 들어, 우편물이 늦거나 이웃이 한밤중에 음악을 크게 틀어 놓으면, 이를 김 씨에 대한 개인적인 적대감을 나타내는 것이라고 생각한다. 직장 내에서도 다른 직원들이 자신을 소외시키고 직장 내에서 일어나는 일들을 말해 주지 않음으로써, 자신을 쫓아내려는 음모가 진행되고 있다고 생각한다. 이에 대해 자신의 측근이라고 믿었던 부하 직원이 사실이 아니라고 하자, 오히려 그 부하 직원을 "그래, 너도 역시 내게서 등을 돌렸구나!"라면서 의심하였다. 김 씨는 아주 고립적이며, 지나치게 비판적이고 완고하며 지배적이었다. 가족은 김 씨가 워낙 과민하고 의심이 많아서 돈 씀씀이, 친구, 모임 등을 항상 감시하면서 집을 이리저리 살피고 다닌다고 불평하였다. 김 씨는 다른 사람들과 계속 다투고 소송에 이르는 적대적 논쟁에 휘말린 적도 몇 차례 있었으나, 이런 문제들이 자신의 내적 요인보다는 외적 요인에서 비롯된 것으로 보고 있다.

(2) 분열성 성격장애

분열성 성격장애(Schizoid Personality Disorder)는 사회적 관계에서의 분리와 대인관계 상황에서의 제한된 범위의 정서표현의 만연한 패턴을 특징으로 한다. 이 장애는 초기 성인기에 시작되며, 다양한 상황에서 존재한다. 이 장애를 가진 사람은 친밀함에 대한 욕구가 결여되고, 가까운 관계를 발달시키는 기회에 대해 무관심하며, 가족이나 다른 사회 집단의 일부가 되는 것에서 많은 만족을 얻

지 못하는 것으로 보인다. 이들은 다른 사람과 함께 있기보다는 혼자서 시간을 보내는 것을 선호한다. 사회적으로 고립된 것처럼 보이며, 거의 언제나 다른 사람과의 상호작용 없이 홀로 하는 활동이나 취미를 선택한다. 그리고 컴퓨터나 수학적 게임과 같은 기계로 작동되거나 추상적인 과제들을 선택한다. 이들은 다른 사람과 관계를 형성하는 능력과 적절히 반응하는 능력에 심각한 장애가 있다. 또한, 분노나 기쁨과 같은 강렬한 감정을 거의 경험하지 못하며, 흔히 억제된 정동을 보이며, 냉담하고 무관심해 보인다(American Psychiatric Association, 2013).

분열성 성격장애는 사회적 초연함과 고립된 행동, 그리고 타인에 대해 둔감하다는 점에서 가벼운 정도의 자폐 스펙트럼 장애와 유사하다. 하지만 가벼운 정도의 자폐 스펙트럼 장애는 더 심각하게 손상된 사회적 상호작용과 상동증적 행동들과 흥미를 보인다는 점이 분열성 성격장애와 다르다. 또한 분열성 성격장애, 분열형 성격장애 및 편집성 성격장애는 사회적 고립과 제한된 정서라는 공통점을 갖는다. 하지만 분열성 성격장애는 분열형 성격장애와는 인지적이고 지각적인 왜곡의 결여라는 점에서, 그리고 편집성 성격장애와는 의심과 편집증적 사고가 결여되었다는 점에서 구분된다. 분열성 성격장애에서의 사회적 고립은 당황하거나, 부적절하다고 여겨지거나, 거절의 과도한 예상에 대한 두려움에서 비롯되는 회피성 성격장애의 사회적 고립과 구분될 수 있다. 반면, 분열성 성격장애를 가진 사람은 좀 더 만연한 무심함과 사회적 친밀함에 대한 제한적 욕구를 가진다. 강박성 성격장애는 일에 대한 헌신과 감정에 대한 불편함에서 비롯된 명백한 사회적 무심함을 보일 수도 있지만, 친밀함에 대한 근본적 능력은 가지고 있다(American Psychiatric Association, 2013).

■ DSM-5의 분열성 성격장애 진단기준

A. 다음 중 네 가지(또는 그 이상)로 나타나듯이, 초기 성인기에 시작되어 다양한 상황에서 존재하는, 사회적 관계에서의 분리와 대인관계 상황에서의 제한된 범위의 정서표현의 만연한 패턴

   1. 가족의 일원이 되는 것을 포함하여, 친밀한 관계를 바라지도 즐기지도 않음

2. 거의 항상 혼자 하는 활동을 선택함
3. 만약 타인과 성 경험을 갖는 일이 있다면, 거의 흥미가 없음
4. 즐거움으로 삼는 활동이, 만약 있다면,거의 없음
5. 직계가족 외에는 가까운 친구나 마음을 털어놓을 수 있는 친구가 없음
6. 타인의 칭찬이나 비판에 무관심해 보임
7. 정서적 냉담, 분리, 단조로운 정동을 보임

B. 정신분열증, 정신병적 특징들이 있는 양극성 장애나 우울장애, 다른 정신병적 장애, 자폐 스펙트럼 장애의 경과 중에만 나타나는 것이 아니고, 다른 의학적 상태의 생리적 영향에 기인하지 않음

주: 정신분열증의 발병 이전에 기준에 부합한다면, 추가로 '병전'이라고 기록하는데, 예컨대 '분열성 성격장애(병전)'라고 표시함

〈사례 13-2〉

분열성 성격장애

박 씨는 40세의 노총각으로, 프로그래머로 일하고 있다. 일의 특성상 대개 혼자서 일을 하였고, 좋은 성과를 냈다. 박 씨는 연구 프로젝트가 확대되면서 프로그램 매니저로 승진되었다. 그러나 부하 직원들 중에서 벌써 2명이 일을 그만두었고, 남아 있는 사람들도 박 씨가 어떤 지침도 잘 주지 못하고 불친절하고 건방지다며 불평하였다. 또한, 박 씨가 온정이나 즐거움, 실망, 고통 등을 전혀 느끼지 못하는 것처럼 무표정해 보인다고 말했다. 박 씨는 자신이 어떤 평판을 갖고 있는지 사회적으로 무관심해 보였고, 가끔씩 자기몰두로 얼빠진 듯 멍해 보일 때도 있었다.

박 씨는 사람들과 함께 있으면 좀 어색하고 불편함을 느끼며 혼자 있고 싶어 했다. 박 씨는 어려서부터 기숙사 등에서 생활하면서 항상 가족과 떨어져서 지냈고, 성장기에도 대화를 나눌 좋은 친구들이 없었으며, 참여하는 모임도 전혀 없었다. 이러한 일들이 자신을 고립시키는 것임을 알았지만, 그것 때문에 괴롭지는 않았다고 하였다. 여자와 데이트를 한 적이 별로 없었고, 여가 시간에는 컴퓨터 게임을 하면서 시간을 보내고 있다.

(3) 분열형 성격장애

분열형 성격장애(Schizotypal Personality Disorder)는 인지나 지각 왜곡과 행동의 기이함뿐만 아니라 친밀한 관계에의 극심한 불편과 감소된 능력으로 특징지어지는 사회적·대인관계적 결함들의 만연한 패턴을 특징으로 한다. 이 패턴은 초기 성인기에 시작되며 여러 상황에서 존재한다. 분열형 성격장애를 가진 사람은 흔히 관계 관념을 가진다. 예를 들어, 우연한 일과 외부 사건을 당사자에게 특정하고 특이한 의미가 있는 것으로 부정확하게 해석한다. 이것은 망상적 확신을 갖는 믿음인 관계망상과는 구분되어야 한다. 이들은 미신을 믿거나 자신의 하위문화의 기준 밖에 있는 초자연적 현상에 집착할 수도 있으며, 사건이 일어나기 전에 사건을 감지하거나 다른 사람의 생각을 읽는 특별한 힘이 있다고 느낄 수 있다. 또한, 마법적 의식(예시: 특정 해로운 결과를 피하기 위해 특정 물체를 세 번 지나쳐 감)을 따름으로써 직접적(예시: 배우자가 개를 산책시키러 나간 것이 1시간 전에 본인이 반드시 되어야 한다고 생각한 것의 직접적 결과라고 믿음)이거나 간접적으로 실행될 수 있는 다른 사람들에 대한 마법적 통제를 갖고 있다고 믿을 수 있다. 다른 사람이 존재하는 것을 감지하거나, 자신의 이름을 웅얼거리는 목소리를 듣는 것과 같은 지각적 변질(perceptual alteration)이 있을 수 있다(American Psychiatric Association, 2013).

분열형 성격장애는 편집성 성격장애와 분열성 성격장애와 같이 사회적 분리와 제한된 정동으로 특징지어질 수 있지만, 분열형 성격장애는 인지적·지각적 왜곡과 뚜렷한 기이한 행동이나 특이함이 존재한다는 점에서 다른 성격장애들과 차이가 있다. 분열형 성격장애와 회피성 성격장애는 모두 가까운 인간관계를 맺는 데 제한적이다. 하지만 회피성 성격장애에서는 거절에 대한 두려움으로 관계에 대한 적극적 욕구가 제한되었다면, 분열형 성격장애에서는 관계에 대한 욕구가 결여되며 지속적인 분리가 있다. 자기애성 성격장애를 가진 사람은 의심, 사회적 위축, 소외 등이 있을 수 있지만, 이러한 특징들은 불완벽성이나 결함이 드러나는 것에 대한 두려움에서 주로 나온다. 경계성 성격장애를 가진 사람도 정신병과 비슷한 일시적인 증상들을 가질 수도 있지만, 스트레스에 대한 반응으로 나타나는 극심한 분노, 불안, 실망과 같은 정서적 변화에 더 가까우며, 현실감 상실, 이인증과 같은 해리적인 증상이 보통 더 나타난다. 반면, 분열형 성격장애는 스트레스하에서는 악화될 수도 있는 지속적인 정신병과 비슷한 증상들을 가질 가능성이 높으며, 경계선 성격장애와는 달리, 확연한 정서적 증상들과 항상 연관되지는 않는다(American Psychiatric Association, 2013).

분열형 성격장애는 정신분열증을 가진 사람의 생물학적 친척들 사이에서 더 만연하게 나타나고(Maier et al., 1994; Nicolson & Rapoport, 1999), 정신분열증과 동일한 약물에 반응한다(Schulz, Schulz, & Wilson, 1988). 그러므로 분열형 성격장애와 정신분열증은 어느 정도 유전적 관련이 있는 것으로 보인다.

■ DSM-5의 분열형 성격장애 진단기준

A. 다음 중 다섯 가지(또는 그 이상)로 나타나는 것처럼, 초기 성인기에 시작되어 다양한 상황에서 존재하며, 인지나 지각 왜곡과 행동의 기이함뿐만 아니라 친밀한 관계에의 극심한 불편과 감소된 능력으로 특징지어지는 사회적 · 대인관계적 결함의 만연한 패턴

1. 관계 관념(관계망상 제외)
2. 행동에 영향을 미치고 하위 문화의 기준에 부합되지 않는 괴이한 믿음이나 마술적 사고(예시: 미신, 예지력에 대한 믿음, 텔레파시나 '육감', 아동 · 청소년의 경우 기이한 환상이나 집착)
3. 특이한 지각적 경험, 신체적 착각 포함
4. 괴이한 사고와 언어(예시: 모호한, 정황적, 은유적, 지나치게 자세하게 설명하는, 상동증적)
5. 의심 또는 편집증적 사고
6. 부적절하거나 억눌린 정동
7. 괴이하거나, 기이하거나, 특이한 행동 또는 외모
8. 직계가족 외에는 가까운 친구나 마음을 털어놓을 수 있는 사람이 없음
9. 친밀해져도 줄어들지 않고, 자신에 대한 부정적인 판단 때문이라기보다는 편집증적인 두려움과 연관되는 경향이 있는 과도한 사회적 불안

B. 정신분열증, 정신병 특징들이 있는 양극성 장애나 우울장애, 다른 정신병적 장애, 자폐 스펙트럼 장애의 경과 중에만 나타나는 것이 아니고, 다른 의학적 상태의 생리적 영향에 기인하지 않음

주: 정신분열증의 발병 이전에 기준에 부합한다면, 추가로 '병전'이라고 기록하는데, 예컨대 '분열형 성격장애(병전)'라고 표시함

〈사례 13-3〉

분열형 성격장애

60대의 미혼 여성인 지 씨는 5마리의 고양이들과 살고 있다. 지 씨는 겉모습과 행동이 아주 특이하여 사람의 이목을 끌며, 보통 사람과는 다르다는 느낌을 준다. 지 씨는 1980년대에 유행했을 것 같은 알록달록한 색깔의 누비옷을 입고, 길다란 은색 목걸이를 하고, 커다란 동으로 된 십자가를 만지작거리곤 했다. 그녀는 언젠가 신으로부터 자신이 계시를 받을 것이라고 믿고 있다. 그녀는 사람들이 하는 아주 일상적인 이야기에도 혹시 깊은 의미가 숨겨져 있지 않은지 알아보기 위해 신중하게 검토하였다.

지 씨는 거의 항상 이인증과 비현실감을 경험하며, 자신이 유체이탈되어 자기 자신과 연결되어 있지 않고, 영화 속의 등장인물처럼 느껴진다고 말했다. 지 씨는 자신이 미래를 예언할 수 있으며, 다른 사람의 생각을 읽을 수 있다는 등의 주장을 하였다. 이러한 행동과 차림새에 사람들이 수군덕거린다는 느낌을 받은 지 씨는 사람들과 이야기하거나 만나는 것을 피해 살며시 밤에만 집을 드나든다.

지 씨는 어려서부터 아주 수줍음이 많아서 늘 뒤로 물러나 있었으며, 형제자매나 또래와 어울린 적이 없었다. 형제자매는 지 씨와 계속 연락을 유지하고 방문하려 했으나, 지 씨는 혼자 있을 때가 더 편안하다며 그들의 제의를 대부분 거절했다. 가끔 형제자매 중 한두 사람과 연락하는 것을 제외하고는 거의 완전히 고립되어 살았다. 친척 중에서 지 씨의 이모가 정신분열증을 앓았던 것으로 나타났다.

2) B군 성격장애

(1) 반사회성 성격장애

반사회성 성격장애(Antisocial Personality Disorder)는 아동기나 청소년 초기에 시작되어 성인기까지 계속되는 타인의 권리를 무시하고 침범하는 만연한 패턴을 갖는 장애다. 이 패턴은 정신병질(사이코패시, Psychopathy), 사회병질(소시오

패시, Sociopathy) 및 사회곤란 성격장애(Dyssocial Personality Disorder)라고도 일컬어진다. 사기와 속임수가 주된 특징이기 때문에, 부수적 자료에서 얻은 정보로 체계적인 임상적 평가에서 얻어진 정보들을 통합하는 것이 특별히 도움이 된다. 반사회성 성격장애는 18세 미만의 아동 · 청소년에게는 진단되지 않으며, 품행장애의 몇몇 증상들이 15세 전에 내력이 있는 경우에 내려진다. 품행장애의 증상으로는 사람이나 동물에 대한 공격성, 재산의 파괴, 사기나 절도, 규칙의 심각한 위반과 같은 다른 사람의 기본적 권리나 주요 연령에 적절한 사회적 규범이나 규칙을 위반하는 반복적이고 지속적인 행동패턴이 있다. 반사회성 성격장애를 가진 사람은 합법적 행동에 대한 사회적 규범을 따르지 못한다. 재산 파괴, 다른 사람 괴롭히기, 훔치기 또는 불법적 점유를 계속하기 등의 체포될 수 있는 행동들을 반복적으로 한다. 10세 이전에 품행장애의 발병과 주의력결핍 과잉행동 장애의 수반을 경험한 사람은 성인기에 반사회성 성격장애로 진행될 가능성이 높다. 아동학대나 방치, 불안정하거나 일정치 않은 육아, 일관성 없는 부모 훈육 등이 품행장애가 반사회성 성격장애로 발달될 가능성을 높일 수 있다(American Psychiatric Association, 2013).

■ DSM-5의 반사회성 성격장애 진단기준

A. 다음 중 세 가지(또는 그 이상) 항목으로 나타나듯이, 15세 이후에 발생되는 타인의 권리 무시 또는 침해의 만연한 패턴

1. 구속 사유가 되는 행동을 반복적으로 수행하는 것으로 나타나는 것처럼, 합법적 행동에 관한 사회규범을 따르지 못함
2. 개인의 이익이나 즐거움을 위한 반복적 거짓말, 가명 사용, 속임수와 같은 사기 행각
3. 충동성, 사전 계획을 못함
4. 반복되는 신체적 싸움이나 폭행으로 나타나는 것처럼, 과민성과 공격성
5. 자신이나 타인의 안전을 무모하게 무시함
6. 일관된 직업 행동을 유지하거나 재정적 책무를 이행하는 데 반복적으로 실패하는 것으로 나타나는 것처럼, 지속적 무책임성
7. 다른 사람에게 상해, 학대, 절도 행위를 하고도 무관심하거나 합리화하

는 것으로 나타나는 것처럼, 자책의 결여

B. 적어도 18세이어야 함

C. 15세 이전에 발병한 품행장애의 증거가 있음

D. 반사회적 행동이 정신분열증이나 양극성 장애의 경과 중에만 나타나는 것이 아님

〈읽을거리〉

부장에 대든 김 대리 혹시 성격장애?

자신도 모르는 성격질환 진단

매번 '남 탓' 불구 같은 패턴 반복…사회 통념 어긋날 땐 이상 의심을

욱하는 성미가 있는 직장인 김 모(35) 씨는 유독 직장 상사와 불화가 잦다. 그 때문에 직장을 옮긴 것도 서너 차례나 된다. 열심히 일했지만 인정을 못 받는 것이 억울해 언성을 높여 상사와 다투게 되고, 나중에는 악이 받쳐 상사의 약점을 물고 늘어졌다. 그러다 보면 결국 내팽개치듯 사표를 던지고 회사를 떠났다. 이런 과정은 매번 똑같았다. 김 씨는 대학 시절 아르바이트를 할 때도 심사가 뒤틀리면 무단으로 일을 그만둔 적이 몇 차례 있었다. 김 씨는 오늘도 '왜 나는 고약한 직장 상사만 만날까' 하며 혼자서 푸념한다. 과연 그럴까. 반복되는 문제라면 원인이 바깥에 있기보다 자신에게 있다고 보는 게 옳다. 김 씨의 성격이 매번 일을 망치는 주범일 수 있다.

〈중 략〉

세상엔 별의별 종류의 사람들이 있고 온순한 사람, 적극적인 사람, 소심한 사람, 냉정한 사람 등 성격도 천차만별이다. 이런 성격 자체는 개성이므로 좋다 혹은 나쁘다고 구분할 사안은 아니다.

하지만 사람의 정신장애를 치료하는 것을 목적으로 하는 정신과에서는 크게 3가지 축으로 사람의 성격을 구분하기도 한다. 내향적인지, 불안감수성이 높은지, 남을 못 믿고 충동적인지 여부를 따진다. 그래서 용인될 수준이면 정상이고, 남에게 큰 폐를 입히는 등 사회 통념에 반할 정도라면 성격질환으로 진단한다.

"그 사람 참, 성격 이상하네."…주변 사람 괴롭히는 얄궂은 성격

성격장애는 그리 생소한 이야기가 아니다. 우선 편집적 성격장애가 대표적인 이상한 성격 중 하나다. 늘 남을 의심하고 타인의 행동을 계획적인 위협으로 본다. 자신에게 상처를 주거나 모욕을 준 사람을 절대 용서하지 않고 지속적으로 해코지하려 든다. 동네 관공서마다 꼭 몇 명씩 있다는 '소송광' '민원광' 들이 그렇다. 이들은 구청, 동사무소 등에서 직원과 큰소리로 떠들어 주위를 소란스럽게 한다. 강박적 성격장애가 있는 사람도 괴팍한 행동을 한다. 한 장애인학교의 한 교사는 후임 교사에게 강박적으로 모든 일에 대해 자기 규정을 내세워 지킬 것을 강요했다. 후임 교사의 의견은 평가절하하고, 심지어 모함하는 글까지 인터넷에 올려 공개 망신을 줬다. 그러나 이들은 병원을 잘 찾지 않는다. 오히려 이들에게 '당한' 주변 사람들이 정신과 질환을 안고 병원을 찾게 되는 수가 많다. 선배 교사에게 시달리다 못해 정신과 병원을 찾은 그 후임 교사는 외상 후 스트레스 장애 진단을 받았다. 이주영 교수는 "성격장애가 있는 사람들은 자신은 그런 성격 때문에 불편함이나 고통을 느끼지 않는다는 특징이 있다. 대신 당하는 사람이 괴롭다"며 "예컨대, 신경증 질환인 강박증 환자는 자신의 '손을 자주 씻는 행동' 때문에 스스로 괴로움을 느끼지만, 강박적 성격은 그로 인해 별 불편함을 못 느낀다"고 설명했다.

〈중 략〉

괴팍한 성격, 노력하면 고칠 수 있다

성격 때문에 자신과 다른 사람이 피해를 본다면 성격을 고치는 것이 가장 직접적인 해결책이다. 다행히 성격은 고칠 수 있는 대상이라고 전문의들은 말한다. 홍진표 교수는 "성격 소인에는 타고나는 점이 분명 있지만 망나니처럼 살다 결혼해서 정신차리고 바르게 사는 경우처럼 환경적인 요인도 작용한다."며 "20대 때 감정 기복이 심하던 사람이 30, 40대가 되면서 원숙해지고 다듬어지거나, 반사회적 인격으로 문제가 되던 사람이 10, 20년 뒤 온순해지는 것은 연구를 통해 입증된 사례"라고 말했다.

다만 커다란 난관이 있다. 성격장애가 있는 사람은 흔히 '입에서 마늘 냄새를 풍기는 사람' 으로 비유된다. 남들은 괴로워하지만 자신은 잘 느끼지 못하고 인정하려 들지 않고 남 탓을 하는 것이다. 홍진표 교수는 "주변의 조언을 받아들여 자신의 성격을 돌아볼 때 비로소 성격을 고칠 수 있는 준비가 된다."며 "일기요법처럼 자기 스스로 회고하고 반성하는 글을 쓰는 것만으로도 부정적인 행동들을 예방하는 효과가 있다."고 조언했다. 전문의들에 따르면 병원 치료는 우울증, 정신분열증 등 다른 정신과 질환과 달리 약물치료가 잘 듣지 않아 인지행동치료가 중심이 된다.

출처: 해럴드 경제신문 (2010. 4. 1.)

(2) 경계선 성격장애

경계선 성격장애(Borderline Personality Disorder)는 초기 성인기에 시작되어 여러 상황에서 나타나는 대인관계, 자아상 및 정동의 불안정과 심한 충동성이 만성적 패턴을 가진 성격장애다. 경계선 성격장애를 가진 사람은 실제적 · 가상적 버림을 피하기 위한 필사적인 노력을 한다. 곧 일어날 헤어짐이나 거절의 자각, 외부 체계의 상실은 자아상, 정동, 인지 및 행동의 극심한 변화로 이어진다. 이들은 버림받음에 대한 극심한 공포와 실제적인 시한이 있는 헤어짐을 직면하거나 계획에서 피할 수 없는 변동이 있는 경우에 부적절한 분노를 느낀다. 예를 들어, 상담가가 상담 시간이 끝났다고 공지하는 것에 반응하여 갑작스러운 절망감을 느끼거나, 자신에게 중요한 사람이 약속에 몇 분 늦거나, 약속을 취소해야 하는 경우에 공황상태에 빠지거나 분노한다. 이들은 이러한 '버림받음'은 자신이 '나쁨'을 암시하는 것이라고 믿는다. 버림받는 것에 대한 두려움은 혼자 있는 것을 참지 못하는 것과 다른 사람들이 함께 있어야 하는 욕구에 관련된다. 버림받는 것을 막기 위한 필사적 노력은 자해나 자살행동들과 같은 충동적 행동을 포함한다(American Psychiatric Association, 2013). 경계선 성격장애를 가진 개인은 기분 변동이 심하고 만성적 공허감과 권태를 호소한다. 또한 불안과 우울, 분노 사이에서 예측할 수 없이 변화되어 매우 불안정하고 극단적이며 자제가 곤란한 분노반응을 보이며, 충동적이고 통제력이 상실된다.

■ DSM-5의 경계선 성격장애 진단기준

다음 중 다섯 가지(또는 그 이상)로 나타나듯이, 초기 성인기에 시작되어 다양한 상황에서 존재하며, 대인관계, 자아상 및 정동에서의 불안정성과 현저한 충동성의 만연한 패턴

1. 실제적 · 가상적 버림을 피하기 위한 필사적 노력
   주: 기준 5에서 다루는 자살이나 자해 행위는 포함되지 않음
2. 과대평가와 평가절하의 두 극단 사이를 오가는 것으로 특징지어지는 불안정하고 강렬한 대인관계 패턴
3. 정체성 장해: 현저하게, 지속적으로 불안정한 자아상 또는 자아감
4. 적어도 두 가지 잠재적으로 자해적인 영역에서의 충동성(예시: 소비, 성, 물질

남용, 난폭운전, 폭식)

주: 기준 5에서 다루는 자살이나 자해 행위는 포함되지 않음

5. 반복적 자살행동, 자살 시늉, 자살 위협, 자해 행위
6. 기분의 현저한 반응성으로 인한 정동의 불안정성(예시: 보통 몇 시간 정도 지속되고 매우 드물게 며칠 이상 지속되는 강한 일시적 불쾌감, 과민성, 불안)
7. 만성적 공허감
8. 부적절하고 심한 분노 또는 분노조절 곤란(예시: 잦은 분노표출, 지속적 분노, 반복되는 몸싸움)
9. 일시적, 스트레스 관련 편집증적 사고, 심한 해리증상

〈사례 13-4〉

경계선 성격장애

지 양은 29세의 여성으로 자살을 시도하여 병원으로 실려 왔다. 지 양을 병원에 데리고 온 남자 친구는 전화로 지 양이 자살하겠다고 협박하여, 집으로 찾아가 보니 부엌 바닥에 여러 종류의 약병들이 놓여 있었다고 하였다.

지 양은 남자 친구에게 더 많은 시간을 같이 있어야 한다고 요구하면서 직장에 있는 그에게 전화를 해 대기 시작했고, 매일 저녁 시간을 같이 보내지 않는다면 자살하겠다고 위협을 하였다. 남자 친구는 지 양의 까다로운 요구, 불평, 변덕스러운 행동, 그리고 점점 수위가 높아지는 위협을 참을 수 없게 되어 헤어지자고 말하였다.

지 양은 남자 친구가 자신과 헤어지겠다고 한 것에 대해 분을 삭이지 못하고 술을 마시다가, 남자 친구에게 전화를 하여 당장 와 주지 않으면 자살하겠다고 위협을 했다. 병원에 옮겨진 지 양의 상태는 다행히 심각하지 않았으며, 곧 의식을 되찾았다. 지 양은 의사와의 상담에서 자신이 완전히 무가치하고 사랑받을 수 없을 뿐 아니라 뚱뚱하고 매력적이지 못한 것처럼 느껴졌다고 말했다. 지 양은 현재의 남자 친구뿐만이 아니라 이전 남자 친구들과도 비슷한 무절제하고 불안정한 관계를 가졌으며, 비슷한 자해 행위와 유사한 형태의 사건들이 있어 왔다고 했다. 지 양은 남자 친구들과 관계가 나빠지거나, 남자 친구가 자신을 거절하고 밀어낸다고 느낄수록 상대방에 대해 더 큰 의존심을 갖게 되고 분노와 자기 학대를 하게 된다고 말했다. 이번 자살시도도 정말 죽으려고 한 것보다는 남자 친구에게 자신의 분노를 표현하고 싶었기 때문이었다.

(3) 연극성 성격장애

연극성 성격장애(Histrionic Personality Disorder)는 만성적이고 과도한 감정과 관심을 끌려는 행동의 특징을 가진 성격장애로, 히스테리성 성격장애라고도 한다. 연극성 성격장애를 가진 사람은 관심의 중심이 되지 못하는 상황을 불편해하거나 자신이 인정받지 못했다고 느낀다. 이들은 흔히 활발하고 극적이며, 이목을 끌려는 경향이 있다. 또한 자신의 열정과 개방적으로 보임으로써, 또는 교태를 부림으로써 새로운 지인을 처음에 매혹시킬 수도 있다. 관심의 중심이 되지 않는 경우에는 다시 이목을 끌기 위해 이야기를 만들어 내거나 한바탕 소란을 피우는 등 극적인 뭔가를 할 수도 있다(American Psychiatric Association, 2013). 다른 사람의 관심과 주의를 끌기 위해 과장된 표현을 하지만, 실제로는 의존적이며 무능하고, 인간관계를 지속적으로 갖지 못한다.

■ DSM-5의 연극성 성격장애 진단기준

다음 중 다섯 가지(또는 그 이상)로 나타나듯이, 초기 성인기에 시작하여 다양한 상황에서 존재하는 과도한 정서성(emotionality)과 관심 끌기의 만연한 패턴

1. 자신이 관심의 중심이 되지 못하는 상황에서 불편해함
2. 타인과의 상호작용이 흔히 부적절하게 성적으로 유혹적이거나 자극적인 행동으로 특징지어짐
3. 정서의 급격한 변화와 피상적 표현을 보임
4. 자신에게 관심을 끌기 위해 지속적으로 신체 외모를 사용함
5. 극도로 막연하고(impressionistic) 세부 사항들이 부족한 화법을 가짐
6. 자기연극화, 연극조, 과장된 정서표현을 보임
7. 남의 영향을 받기 쉬움(예시: 다른 사람이나 환경에 쉽게 영향을 받음)
8. 관계가 실제보다 더 친밀하다고 여김

〈사례 13-5〉

연극성 성격장애

최 씨는 45세의 여성이다. 최 씨는 매우 매력적인 외모를 갖고 있으며, 항상 용모로 관심을 끌려고 하기 때문에 많은 시간을 옷이나 치장하는 데 쓴다. 최 씨는 그동안 여러 번 상담치료를 받았고, 남성 치료자를 만나면 부적절한 성적 행동이나 유혹적 행동을 하곤 했다. 이러한 행동이 전문적 관계에서는 비윤리적이라는 설명을 들었음에도, 최 씨는 자신의 애정이 받아들여지지 않은 것에 대해 깊은 좌절을 했다. 최 씨는 사랑이나 일에서 매우 변덕스러웠고, 처음 누군가를 만나거나 일을 시작하면 열정적으로 몰두했다가도 몇 달이 지나면 다른 일에 빠져 소홀히 하였다. 또 실제 일하는 것보다는 자신의 동료나 후배로부터, 특히 남성에게서 사랑받고 존경받는 데 많은 관심을 기울였다. 최 씨는 다른 여자들이 자신을 질투하고 지나치게 경쟁적이기 때문에 함께 일하기가 매우 어렵다고 하였다. 실제로 최 씨는 남자 친구들은 많았지만 가까운 여자 친구는 한 명도 없었다.

최 씨는 어디를 가든 매우 주목받는 행동을 곧잘 하였다. 예를 들어, 사람들이 많이 모이는 모임이 있으면 수일 전부터 옷차림에 신경을 쓰고, 막상 참석한 후에는 지나치다 할 정도로 모임을 주도하고, 잘 알지도 못하는 사람에게까지 친밀한 척하였다. 그러다 사람들의 대화의 초점이 다른 사람, 특히 여성에게로 옮겨 가면 안절부절못하는 가운데 말수가 더 많아지고, 급기야 말다툼을 벌인다. 자신이 관심의 초점이 되느냐 안 되느냐에 따라 행동양상이 달라지는 것이다. 관심의 초점이 되면 상냥하지만, 그렇지 않으면 폭발하는 것이다.

(4) 자기애성 성격장애

자기애성 성격장애(Narcissistic Personality Disorder)는 초기 성인기에 시작되고 여러 상황에서 나타나는 과장, 칭찬에 대한 욕구, 감정이입의 결여의 만연한 패턴 등을 특징으로 한다. 이 장애를 가진 개인은 과장된 자존감을 가지며, 자신의 능력을 과대평가하고 성취를 과장하여 자주 허풍을 떨거나 허세를 부리는 것처럼 보인다. 이들은 보통 과도한 찬사를 요구하며, 얼마나 잘하는지 그리고 얼마나 다른 사람들이 자신을 호의를 가지고 보는지에 집착한다. 그렇기 때문에 계속적인 관심과 찬사에 대한 욕구를 흔히 보인다. 이들의 특권의식은 자신의 특별히 호의적인 대우에 대한 불합리적인 기대에서 드러난다. 예를 들어, 자신은 줄을 설 필요가 없다거나 자신의 우선권이 너무 중요해서 다른 사람은 자신에게 양보해야 한다고 생각하고, 다른 사람이 '자신의 중요한 일'을 돕지 못한 경우에는 화를 낼 수도 있다. 또한 대인관계에서 착취적이며, 자신의 목적을 달성하기 위해 타인을 이용하면서도 타인의 느낌이나 요구는 보통 개의치 않는다(American Psychiatric Association, 2013).

■ DSM-5의 자기애성 성격장애 진단기준

다음 중 다섯 가지(또는 그 이상)로 나타나듯이, 초기 성인기에 시작되어 다양한 상황에서 존재하는 과장(공상 또는 행동에서), 칭찬에 대한 욕구, 감정이입의 결여의 만연한 패턴

1. 과장된 자존감이 있음(예시: 자신의 성취나 재능을 과장함, 상응하는 성취 없이 자신의 뛰어남이 인정받기를 기대함)
2. 성공, 권력, 탁월성, 아름다움, 이상적인 사랑에 대한 끝없는 공상에 사로잡혀 있음
3. 자신이 '특별'하고 독특하며, 다른 특별하거나 높은 지위의 사람들(또는 기관)만이 자신을 이해할 수 있거나, 그들(또는 기관)과만 어울려야 한다고 믿음
4. 과도한 찬사를 요구함
5. 특권의식(예시: 특별히 호의적 대우를 받거나 자신의 기대에 자동적으로 따르는 것에 대한 불합리한 기대감)
6. 대인관계에서 착취적임(예시: 자신의 목적을 달성하기 위해 타인들을 이용함)
7. 공감 능력이 결여됨: 타인의 감정과 욕구를 인정하거나 공감하려 하지 않음
8. 자주 타인을 질투하거나 타인이 자신을 질투한다고 믿음
9. 거만하고 방자한 행동이나 태도를 보임

〈사례 13-6〉

자기애성 성격장애

55세의 남성인 유 씨는 최근 아내가 상담을 받지 않으면 이혼하겠다고 하여, 이를 무마하기 위해 치료를 받으러 왔다. 유 씨는 자신이 아내와 결혼을 해 준 것에 대해 아내가 고마운 줄 알아야 하며 결혼한 이후에 아내에게 너무나 많은 것을 주어왔다고 생각해 왔다. 따라서 아내의 이혼 요구를 전혀 이해할 수 없었다. 유 씨는 치료자에게 이제까지 자신이 직업적으로 이루어온 것들과 재산을 얼마나 모았는지 등에 대해 장황하게 설명하였다. 하지만 유 씨의 성공에는 아내의 헌신과 숨은 노력이 있었음에도 불구하고, 이를 인정하지 않았다.

유 씨는 직장에서 부하 직원들을 잘 관리하지 못하였고, 함께 일하던 직원들이 회사를 떠나는 일이 종종 있었다. 유 씨는 부하 직원들이 자신의 성공을 따라오기에는 재능이나 능력이 없어서 질투심에 자신을 욕한다고 생각했다. 유 씨는 자신은 특별하다는 특권의식을 가지고 있으며, 특별하고 능력 있는 상위층들과만 어울리려고 하였다. 음식점에 가도 제일 좋은 자리를 요구하고 제일 비싼 음식을 주문하였다. 가족은 유 씨가 자신들을 남들에게 뽐낼 수 있는 하나의 대상으로 간주하고 있다고 하였다. 즉, 아내의 화려한 외모나 자녀의 학교에서의 성취를 남들에게 자랑하려 했으며, 유 씨는 이런 기준들이 충족되지 않으면 매우 화를 냈다. 이런 기준이 성취되었어도 달갑게 여기지 않고, 더 큰 욕망을 성취하지 못했음을 후회하고 실망했다. 또한, 유 씨는 자신은 매우 중요한 사람이며 늘 바쁘기 때문에 마트나 공공장소에서 줄 서기를 자주 거부했다. 다른 사람들이 유 씨의 새치기에 대해 불평하면, 자신은 너무 바쁘며 지금 자신의 시간을 낭비하고 있다고 오히려 화를 냈다.

3) C군 성격장애

(1) 회피성 성격장애

회피성 성격장애(Avoidant Personality Disorder)는 초기 성인기에 시작되어 다양한 상황에서 나타나는 사회적 억제, 부적절감, 부정적 평가에 대한 과민성의 만연한 패턴을 특징으로 한다. 이 장애를 가진 사람은 비판, 불찬성 및 거절이 두려워서 중요한 대인 접촉을 포함한 직업활동을 회피한다. 예를 들어, 승진을 제안받았음에도 새로운 책임들에 의해 동료로부터 비판을 초래할 수 있기 때문에 이를 거절하기도 한다. 자신을 좋아하고 비판 없이 받아들여 줄 것이 확신되지 않는 한, 새로운 친구를 사귀는 것도 회피한다. 사회적 상황에서 비판이나 거부당하는 것에 집착하기 때문에 만약 어떤 사람이 조금이라도 못마땅해하거나 비판적이면 매우 크게 상처를 받는다. 이들은 부끄러워하거나, 조용하고, 내성적이고, '눈에 띄지 않는' 경향이 있으며, 사회적으로 은둔생활을 하지만, 실제로는 남들과 안정되고 친밀한 관계를 갖기를 바란다(American Psychiatric Association, 2013).

■ DSM-5의 회피성 성격장애 진단기준

다음 중 네 가지(또는 그 이상)로 나타나듯이, 초기 성인기에 시작되어 다양한 상황에서 존재하는 사회적 억제, 부적절감 및 부정적 평가에 대한 과민성의 만연한 패턴

1. 비판, 불찬성 및 거절이 두려워서 중요한 대인 접촉을 포함한 직업활동을 회피함
2. 자신을 좋아하고 있다는 확신이 서지 않으면 사람과 관계하는 것을 꺼려함
3. 망신이나 조롱당할 것이 두려워 친밀한 관계를 제한함
4. 사회적 상황에서 비판이나 거부당하는 것에 집착함
5. 부적절감으로 새로운 사람과 만나게 되는 상황에서 위축됨
6. 스스로를 사회적으로 부적절하거나, 개인적 매력이 없거나, 타인에 비해 열등하다고 여김
7. 당황하는 것이 드러날 수도 있기 때문에, 개인적 모험을 하거나 새로운 활동에 참여하는 것을 대단히 꺼림

〈사례 13-7〉

회피성 성격장애

이 씨는 32세의 미혼으로 마트에서 계산원으로 일하고 있다. 이 씨는 수줍음을 매우 많이 타서, 계산원으로 일하다가 실수를 하여 고객이나 사장에게 질책을 당하게 될까 봐 몹시 두려워하고 있었다. 특히 낯선 사람과 대화를 시작하는 것에 큰 곤란을 느끼고, 자기가 뭔가 바보 같은 말을 꺼낼까 봐 두려워하였다. 모임에서 사람

들 앞에서 뭔가를 해야 할 경우에는 몹시 어색해하였고, 당황하여 얼굴이 빨갛게 되었다. 이 씨는 모임이나 집단 속에서 조용하고 눈에 띄지 않으려고 하였다. 이런 자신의 모습에 대해 이 씨는 바보 같다고 느끼며, 마음이 위축되곤 하였다. 이 씨는 자신이 개인적으로 매력이 없으며, 다른 사람에 비해 열등하다고 보았다. 자신의 생각이나 행동에 대해 조롱이나 창피를 당할까 봐 누군가와 친해지는 것도 두렵다고 말했다.

(2) 의존성 성격장애

의존성 성격장애(Dependent Personality Disorder)는 복종적이고 매달리는 행동과 이별에의 두려움으로 이어지는 보호받고 싶어 하는 만연하고 지나친 욕구로 특징지어진다. 이 패턴은 초기 성인기에 시작되어 다양한 상황에서 나타난다. 의존적이고 순종적인 행동은 다른 사람의 부양을 유도하고 다른 사람의 도움 없이는 적절하게 기능할 수 없다는 자아인식에서 발생한다. 의존성 성격장애를 가진 사람은 어떤 색깔의 옷을 입고 직장에 가야 하는지, 우산을 들고 가야 하는지와 같은 매일의 결정을 내리는 데 큰 어려움을 겪는다. 이들은 지원이나 승인을 잃는 것을 두려워하기 때문에 다른 사람, 특히 의존하는 사람에게 자신의 의견은 표현하는 데 흔히 어려움을 겪는다. 이들은 타인의 보살핌과 지지를 얻기 위해, 비록 다른 사람의 요구가 불합리적이어도, 다른 사람이 원하는 대로 따른다(American Psychiatric Association, 2013).

■ DSM-5의 의존성 성격장애 진단기준

다음 중 다섯 가지(또는 그 이상)로 나타나듯이, 초기 성인기에 시작되어 다양한 상황에서 존재하는, 복종적이고 매달리는 행동과 이별에의 두려움으로 이어지는 보호받고 싶어 하는 만연하고 지나친 욕구

1. 타인으로부터 과도한 충고와 안심을 얻지 못하면 일상적인 결정도 내리기 어려워함
2. 자기 인생에서 대부분의 중요한 영역에 대한 책임을 떠맡길 수 있는 타인을 필요로 함

3. 지지 또는 승인을 잃을 것에 대한 두려움 때문에 타인에게 반대를 표현하기 어려워함

   주: 현실적 보복의 두려움은 포함되지 않음

4. 혼자 힘으로 과제를 시작하거나 업무수행을 어려워함(동기나 활력이 부족해서라기보다는 판단이나 능력에 대한 자신감이 부족하기 때문임)
5. 타인의 보살핌과 지지를 얻기 위해서는 불쾌한 일도 자원해서 할 만큼 어떤 일이든 함
6. 자신을 돌볼 수 없을 것이라는 과장된 두려움 때문에 혼자 있을 때 불편해지거나 무력해짐
7. 친밀한 관계가 끝났을 때 보살핌과 지지를 얻기 위한 자원으로 또 다른 관계를 급히 찾음
8. 스스로를 돌보도록 남겨지는 것에 대한 두려움에 비현실적으로 집착함

〈사례 13-8〉

의존성 성격장애

58세의 여성인 강 씨는 3년 전 남편이 세상을 떠난 후부터 하루하루가 두렵게 느껴졌고, 자신의 생활에 대해 어떤 것도 의사결정을 내릴 수가 없었다. 생전에 남편은 무엇을 사고, 돈을 어디다 쓰며, 언제 어디로 여행을 갈지, 물건 고르기 등 강 씨의 모든 결정들을 내려주었다. 그런데 남편이 세상을 떠나자, 강 씨는 살림을 어떻게 꾸려가야 할지, 직장을 구해야 할지 아무것도 결정할 수 없고, 아무 일도 할 수 없는 무기력한 공황상태에 빠져 버리고 말았다. 강 씨의 딸은 처음에는 어머니의 고통을 이해하고 도왔지만, 점점 아무것도 하지 못하는 강 씨에게 짜증을 내기 시작했다.

이번에 딸은 직장에서 출장으로 일주일간 집을 비운다고 말했다. 강 씨는 아무도 없는 집 안이 너무 조용하여 견딜 수가 없었다. 강 씨는 부엌에 가 보았다. 딸은 냉장고에 일주일간 먹을 수 있는 음식을 만들어 놓고 갔다. 컵과 식기 그리고 강 씨가 필요할 수 있는 것들을 모두 손 닿는 가까운 곳에 정리해 놓았다.

거실에는 강 씨가 즐겨 보는 드라마 방영시간과 채널이 적힌 쪽지를 남겨 두었다. 리모컨도 강 씨가 항상 앉는 소파 자리 위에 놓여 있었다. 강 씨는 딸이 이 모든 것을 해놓고 갔다는 것을 알고 있지만, 치밀어 오르는 깊은 배반감에 어쩔 줄 몰랐다.

(3) 강박성 성격장애

강박성 성격장애(Obsessive-Compulsive Personality Disorder)는 융통성, 개방성 및 효율성을 잃어 가며, 정리정돈, 완벽성, 정신적 · 대인관계적 통제에 대한 집착을 특징으로 한다. 이 장애를 가진 사람은 활동의 주요 핵심을 잃을 정도까지 규칙, 사소한 세부 사항, 절차, 목록, 일정 및 양식에 힘들여 통제를 유지하려고 한다. 또한, 세부 사항에 매우 주의를 기울이며 일어날지도 모를 실수를 반복적으로 확인하는 등 과도하게 조심스럽고 반복하는 경향이 있다. 예를 들어, 해야 할 일의 목록을 잃어버린 경우, 목록을 다시 만드는 데 몇 분만 소비하고 과제를 성취하기 위해 일을 진행하기보다는 목록을 찾는 데 과도한 시간을 보낸다. 이들은 과업 완수를 방해하는 완벽주의를 보이는데, 예컨대 보고서를 완성하는 데 완벽성이 부족해서 보고서를 다시 쓰느라 많은 시간이 지체된다(American Psychiatric Association, 2013).

■ DSM-5의 강박성 성격장애 진단기준

다음 중 네 가지(또는 그 이상)로 나타나듯이, 초기 성인기에 시작되어 다양한 상황에서 존재하는, 융통성, 개방성 및 효율성을 잃어 가며, 정리정돈, 완벽주의, 정신적 · 대인관계적 통제에 집착하는 만연한 패턴

1. 활동의 주요 핵심을 잃을 정도까지 세부 사항, 규칙, 목록, 순서, 조직 및 일정에 집착함
2. 과업 완수를 방해하는 완벽주의를 보임(예시: 자기 스스로의 지나치게 엄격한 기준에 충족되지 않아서 과제를 끝마칠 수 없음)
3. 여가활동과 교우관계를 배제하고, 지나치게 일과 생산성에 헌신함(명백하게 경제적 필요성 때문은 아님)
4. 도덕, 윤리 및 가치의 문제에 관하여 지나치게 양심적이고, 꼼꼼하며, 융통성이 없음(문화적 · 종교적 동일시에 의해 설명되지 않음)
5. 닳아서 해지거나 무가치한 물건들을 감상적 가치가 없는 경우에도 버리지 못함
6. 타인이 자신의 업무수행 방식을 그대로 따르지 않으면 타인에게 업무를 위임하거나 함께 일하기를 꺼림

7. 자신과 타인 모두에게 인색한 지출 방식을 취함, 돈을 미래의 재난에 대비하여 축적해야 하는 것으로 여김
8. 경직성과 완고함을 보임

〈사례 13-9〉

강박성 성격장애

40세 남성인 주 씨는 매우 정확하고 세밀하고, 질서가 있고 규칙적인 것을 추구하는 성격이다. 직장에서 정기적으로 작성하는 보고서를 완벽하게 제출하기 위해 주의 깊게 반복하여 살피느라 제때에 내본 적이 없다. 또한 직장에서 해야 할 일의 목록을 자세히 만드느라 아침 시간을 거의 다 소비하였고, 또 실제로 목록에 적힌 일들이 너무 많아 다 마칠 수도 없었다. 주 씨는 직장이나 가정 내에서도 해야 할 일들에 대해서 세세하게 계획을 짰고, 거기에 모두 따라야 한다고 하였으며, 무계획적이고 마음 내키는 대로 해서는 안 된다고 주장하였다. 다른 동료들보다 일찍 출근하고 늦게 퇴근하는 등 언제나 바쁜 것처럼 보였지만, 주 씨는 가장 낮은 실적을 보였다. 주 씨는 자신이 상사에게 절대 복종하듯이, 부하 직원도 자신에게 그와 같이 복종해 주기를 바랐다. 하지만 부하 직원들은 주 씨의 지속적인 감독 지시를 부담스러워하며, 성가시고 시간을 낭비하는 것으로 생각하였다. 만사를 완벽하게 처리하려는 성향 때문에, 주 씨는 결단을 내리지 못하고 망설이는 경우가 많이 있으며, 타인에게 일을 맡기거나 함께 일하기를 꺼렸다.

2. 성격장애의 치료

성격장애의 심리적 평가는 경험이 많은 임상전문가에 의한 성격장애의 증상을 구체적으로 평가하는 구조화된 면접이나 반구조화된 면접으로 이루어지거나, 객관적 심리검사인 미네소타 다면적 인성 검사(Minnesota Multiphasic Personality Inventory: MMPI)나 밀론 임상 다축 검사(Millon Clinical Multiaxial Inventory: MCMI)를 통해 이루어질 수 있다. 일반적으로 성격장애를 가진 사람은 다음과 같은 특징을 상담치료에서 보여 줄 수 있다(Beck, Freeman, & Associates, 1990).

- 환자나 보호자가 "그는 어렸을 때부터 그런 식으로 했어요." 혹은 "난 늘 이랬어요."라는 언급을 함. 환자의 성격문제를 당연하고 자연스러운 것으로 받아들임
- 환자가 치료 절차에 순응하지 않을 때, 환자가 저항하는 것은 흔한 일이지만, 계속해서 순응하지 않음. 이것은 성격장애의 문제로 볼 수 있음
- 분명한 이유도 없이 갑자기 치료를 중단함. 이런 환자와 작업할 때는 불안이나 우울과 같은 문제를 감소시켜 주는 것이 도움이 됨
- 자신의 행동이 타인에게 어떤 영향을 주는지 전혀 알지 못함. 타인의 반응을 보고하기는 하지만, 자신이 보이는 행동이 어떻게 자극하고 영향을 주는지는 보고하지 못함
- 환자의 변화 동기가 의심스러운 때, 특히 타의에 의해 심리치료를 받게 될 경우가 해당됨. 이런 환자의 경우 치료라든지 변화의 중요성에 대해서는 그럴듯하게 말하지만 변화를 피함

송종용(2000)은 성격장애의 상담치료 효과에 대해 다음과 같이 정리하였다. 편집성, 분열성 및 분열형 성격장애가 포함된 A군 성격장애는 상담이나 치료에 별로 반응하지 않고, 예후가 좋지 않으며, 자발적으로 상담치료를 찾는 경우도 거의 없다. 반사회성, 경계선, 연극성 및 자기애성 성격장애가 포함된 B군 성격장애는 상담치료를 받는 경우가 흔하지만 대개는 주변 사람이 의뢰하여 도움을 청하는 경우가 많으며, 이들 중 일부는 나이가 들면서 저절로 호전되는 것으로 알려져 있다. 회피성, 의존성 및 강박성 성격장애가 포함된 C군 성격장애는 불안을 많이 느끼기 때문에 스스로 상담치료를 찾는 비율이 다른 유형에 비해 많으며, 상담에 의한 변화가 다른 유형에 비해 쉽게 일어나는 것으로 알려져 있다.

〈표13-1〉은 인지행동적 관점에서 보는 성격장애와 관련된 기본적인 신념과 책략을 보여 준다(송종용, 2000; Beck, Freeman, & Associates, 1990).

성격장애를 가진 대부분의 클라이언트들은 지나치게 의존적이고 인정과 사랑을 요구한다. 이들의 요구를 다 들어 줄 수는 없으므로, 정신보건전문가는 클라이언트와의 전문적 관계에서 벗어나지 않는 한도와 경계를 지키는 것이 필요

표 13-1 인지행동적 입장에서 보는 성격장애와 관련된 기본적 신념과 책략

성격장애		기본 신념	책략(외적 행동)
A군 성격장애	편집성 성격장애	• 사람들은 모두 적이다. • 사람들은 악의적이고 기만적이다. • 사람들은 기회만 있으면 나를 공격할 것이다. • 긴장하고 경계해야만 나에게 피해가 없을 것이다.	걱정, 적대적 반격행동
	분열성 성격장애	• 나는 혼자 있는 것이 낫다. • 아무도 나를 간섭하지 않았으면 좋겠다. • 다른 사람과 관계를 맺으면 문제가 일어난다. • 나는 사회 속에 어울리기에는 부적절한 사람이다.	다른 사람과 거리 유지, 격리
	분열형 성격장애	• 나는 결함이 많은 사람이다. • 사람과 관계를 맺는 것은 매우 위험하다. • 나는 다른 사람이 무슨 생각을 하는지 다 안다. • 내가 느끼는 감정은 앞으로 무슨 일이 벌어질지를 미리 알려주는 신호다.	관계망상적 사고, 마술적 사고, 괴이한 믿음에서 비롯된 기이한 행동
B군 성격장애	반사회성 성격장애	• 사람들을 이길 수 있다. • 내가 먼저 공격하지 않으면 다른 사람이 나를 먼저 공격할 것이다. • 들키지 않는다면 거짓말을 하거나 속여도 상관없다.	다른 사람에 대한 공격
	경계선 성격장애	• 세상은 위험하며 악의에 가득 차 있다. • 나는 힘없고 상처받기 쉬운 존재다. • 나는 원래부터 환영받지 못할 존재다.	경계 및 만성적 불안과 위험 신호에 대한 과민성, 타인에 의존하고 매달림
	연극성 성격장애	• 나는 감명이 필요하다. • 내가 행복하려면 다른 사람의 관심과 애정이 절대적으로 필요하다. • 모든 사람으로부터 사랑을 받아야 한다.	극화, 지나치게 요구적이고 끊임없는 인정을 바람
	자기애성 성격장애	• 나는 특별한 사람이다. • 나는 너무나 우월하기 때문에 특별한 대우를 받고 특권을 누릴 자격이 있다. • 나 정도의 훌륭한 사람만이 나를 이해할 수 있다.	자기 우상화
	회피성 성격장애	• 나는 상처받을지도 모른다. • 사람들이 나를 바보로 생각할 것이다. • 사람들이 나를 비판할지도 모른다.	사회적 상황의 회피

(계속)

C군 성격장애	의존성 성격장애	• 나는 무기력하다. • 나는 혼자서는 세상에 대처할 수 없으며 의지할 사람이 필요하다.	애착, 타인에 대한 의존
	강박성 성격장애	• 실수는 잘못이므로, 실수해서는 안 된다. • 나는 나 자신뿐만 아니라 내 주변 환경을 완벽하게 통제해야 한다. • 나는 실수를 하지 않아야만 가치 있는 존재다.	완벽주의

출처: 송종용(2000); Beck, Freeman, & Associates (1990).

하다. 정신보건전문가는 성격장애 환자와의 관계에서 협동과 신뢰를 구축해야 하며, 일관성 있는 행동과 규칙 및 예측 가능한 상황을 만들어 주고, 환자의 생각과 감정을 이해하고 공감함으로써 안정감을 제공해야 한다.

다음은 정신보건전문가가 성격장애를 가진 환자와의 치료에 사용할 수 있는 인지행동적 기법들이다.

- 인지적 탐색하기: 성격문제를 시사하는 사건을 확인하고, 그 사건의 기저에 존재하는 클라이언트의 자동적 사고를 끄집어내고 평가함. 클라이언트의 자동적 사고가 사건을 어떻게 해석하고 그 결과로 어떤 행동이나 사고가 연결되는지를 봄
- 틀에 직면시키기: 클라이언트의 생활을 지배하는 역기능적 규칙들을 확인하도록 돕고, 보다 적응적인 기능을 위해 이를 수정하거나 변화시킴. 역기능적 신념에 대립되는 긍정적인 경험을 찾아내어 이를 분석함
- 결정하기: 클라이언트로 하여금 실생활의 상황들에 대처하는 새로운 책략들을 배우게 하여 성격장애를 드러내는 부적응적 책략을 중화시킴. 예컨대, 양자택일 시 각 선택의 이득과 손실을 적고 객관적으로 선택할 수 있도록 함
- 행동 감찰과 계획하기: 변화를 확인하고 계획할 수 있음
- 성취 활동과 즐기는 활동 계획하기: 개인적 효율성을 향상시키고 성공 가능성을 확인하며, 변화된 경험으로부터 즐거움을 느끼도록 함
- 행동 시연, 모델링, 주장 훈련, 역할극: 성격장애를 가진 사람들이 원만한

대인관계 및 사회적 관계를 맺기 위해 사회기술을 향상시키는 데 사용함

- 이완 훈련과 행동적 기분전환 기법: 변화에 동반되는 불안을 다루기 위해 사용함
- 실제 상황 노출: 임상전문가가 성격장애를 가진 클라이언트와 함께 실제로 문제가 되는 상황에 가서 클라이언트의 역기능적 틀과 행동을 다룰 수 있도록 도움

표 13-2 각 성격장애별로 사용될 수 있는 약물

성격장애 유형	약물치료
편집성 성격장애	초조나 불안을 치료하기 위해 항불안제를 투여하기도 하며, 심한 초조나 망상적 사고가 나타날 때는 항정신병약물을 소량 투여함
분열성 성격장애	소량의 항정신병약물, 항우울제, 중추신경자극제 등이 효과적일 수 있음
분열형 성격장애	간혹 소량의 항정신병약물이나 항우울제가 필요한 경우가 있음
반사회성 성격장애	동반되는 불안, 분노, 우울 등을 치료하기 위해 약물치료를 병행해야 할 경우가 있고, 만약 환자가 주의력결핍 과잉행동 장애를 동반하는 경우에는 메틸페니데이트(methylphenidate)가 필요할 수 있음
경계선 성격장애	정신치료와 약물치료를 병행하는 경우가 많은데, 정신병적 삽화를 조절하기 위해서는 할로페리돌(haloperidol)과 같은 항정신병약물이 사용되기도 하고, 세로토닌 재흡수 억제제 등이 사용되기도 함. 카르바마제핀(carbamazepine) 같은 항경련제가 환자의 전반적 정신기능을 개선할 목적으로 사용되기도 함
연극성 성격장애	우울증이나 신체증상을 호소하는 경우에는 항우울제, 불안을 호소하는 경우에는 항불안제, 이인화나 착각을 호소하는 경우에는 항정신병약물을 투여함
회피적 성격장애	불안이나 우울 증상이 있을 때에는 약물치료를 할 수 있음. 어떤 환자들은 특히 두려워하는 상황에 직면하게 되었을 때 아테놀롤(atenolol)과 같은 베타차단제의 도움을 받기도 함
의존성 성격장애	흔히 나타날 수 있는 불안이나 우울과 같은 특정 증상을 치료하기 위해 약물치료가 필요할 수 있음. 공황발작이나 심한 분리불안을 경험한 환자들의 경우 이미프라민(imipramine)이 도움이 될 수 있음
강박성 성격장애	강박장애로 발전할 경우 삼환계 항우울제나 SSRIs가 사용되기도 함

출처: 이정균, 김용식(2000).

- 점진적 과제 부여: 과제를 부여하는 단계적인 과정을 통해서 변화를 경험함

성격장애를 가진 사람이 불안이나 우울과 같은 증상을 보이는 경우에는 약물치료와 심리치료를 병행할 수도 있으며, 성격장애에 의한 행동이나 증상이 너무 타인에게 위협이 될 경우에도 약물치료가 이루어질 수 있다. 하지만 성격장애를 치료하는 데 효과적인 약물은 아직 없다(송종용, 2000).

학습활동

- 성격은 평생 동안 발달하고 유지되는 것인데, 정신장애로 진단될 수 있는지에 대해 논의해 봅시다.
- 강박성 성격장애와 강박장애 간의 증상과 진단기준의 차이를 토론해 봅시다.
- 분열성 성격장애, 분열형 성격장애 및 편집성 성격장애 간의 공통점과 차이점을 토론해 봅시다.

정리해봅시다

1. 성격장애

- 성격장애는 개인의 문화의 기대에서 뚜렷하게 벗어나고, 만연하고 완강하며, 청소년이나 초기 성인기에 발병되고, 시간이 지나면서 안정되며, 고통이나 손상을 초래하는 내적 경험과 행동의 지속적 패턴의 특징을 가진다.

A군 성격장애

- A군 성격장애에는 편집성, 분열성, 분열형 성격장애가 있다.
- 편집성 성격장애는 불신과 의심의 패턴으로 다른 사람의 동기를 악의적으로 해석하는 장애다.
- 분열성 성격장애는 사회적 관계들로부터의 분리 그리고 정서적 표현의 제한된 범위의 패턴을 가지는 장애다.

- 분열형 성격장애는 가까운 관계에서 극심한 불편, 인지적 · 지각적 왜곡, 행동의 기이함의 패턴을 가지는 장애다.

B군 성격장애

- B군 성격장애에는 반사회성, 경계선, 연극성, 자기애성 성격장애가 있다.
- 반사회성 성격장애는 다른 사람의 권리에 대한 무시 및 위반의 패턴을 가지는 장애다.
- 경계선 성격장애는 대인관계, 자아상, 감정 및 뚜렷한 충동에서 불안정의 패턴을 가지는 장애다.
- 연극성 성격장애는 과도한 정서성과 관심을 구하는 것의 패턴을 가지는 장애다.
- 자기애성 성격장애는 과장, 존경에 대한 욕구, 공감 부족의 패턴을 가지는 장애다.

C군 성격장애

- C군 성격장애에는 회피성, 의존성, 강박성 성격장애가 있다.
- 회피성 성격장애는 사회적 억제, 부적절감, 부정적인 평가에 대한 과민증의 패턴을 가지는 장애다.
- 의존성 성격장애는 돌봄을 받고 싶은 과도한 욕구에 관련된 순종적이고 남에게 의존하는 행동의 패턴을 가지는 장애다.
- 강박성 성격장애는 질서정연, 완벽함, 통제에 대한 집착의 패턴을 가지는 장애다.

2. 성격장애의 치료

- 성격장애의 치료를 위해서는 인지행동적 관점에서의 상담이 이루어지며, 성격장애를 치료하는 데 효과적인 약물은 아직 없다.

참고문헌

송종용(2000). 성격장애 내담자의 주요 증상과 치료적 접근. **대학생활연구**, 18(1), 113-136.

이정균, 김용식(2000). **정신의학(4판)**. 서울: 일조각.

American Psychiatric Association (2013). *Diagnostic and statistical manual of mental disorders* (5th ed.). Arlington, VA: American Psychiatric Publishing.

Beck, A., Freeman, A., & Associates (1990). *Cognitive therapy of personality disorders.* New York: Guilford.

Maier, W., Lichtermann, D., Minges, J., & Heun, R. (1994). Personalty disorders among the relatives of schizophrenia patients. *Schizophrenia Bulletin, 20,* 481-493.

Nicolson, R. & Rapoport, J. L. (1999). Childhood-onset Schizophrenia: rare but worth studying. *Biological Psychiatry, 46*, 1418-1428.

Schulz, S. C., Schulz, P. M., & Wilson, W. H. (1988). Medication treatment of schizotypal personality disorder. *Journal of Personality Disorders, 2,* 1-13.

제14장

정신사회재활

MENTAL

학습목표

- 정신사회재활의 개념을 이해한다.
- 정신사회재활의 구성요소들인 사회기술 훈련, 환자교육, 가족교육, 직업재활, 주거 프로그램, 사례관리 및 낮병원의 개념을 설명할 수 있다.

학습내용

- 정신사회재활
- 정신사회재활의 구성요소
  - –사회기술 훈련
  - –환자교육
  - –가족교육
  - –직업재활
  - –주거 프로그램
  - –사례관리
  - –낮병원

1. 정신사회재활

정신사회재활(psychosocial rehabilitation)은 정신장애를 가진 사람이 지역사회에서 적절한 기능 훈련과 환경적 지지를 제공받음으로써 일상생활 기능과 사회적응 능력 등이 최대한 회복되고 지역사회에서의 삶의 질이 향상될 수 있도록 하는 데 초점을 두고 있다(김현숙, 2002). 즉, 정신사회재활은 정신장애에 의해 오랫동안 기능적 장애를 가진 사람이 스스로 선택한 환경 내에서 최소한의 전문적 개입을 받으며 성공적이고 만족스러운 독립적 삶을 살아가기 위해 필요한 기능을 증진시키는 것이라고 할 수 있다(Anthony, Cohen, Farkas, & Gagne, 2002). 정신적 · 정서적 장애로 어려움을 겪고 있는 사람의 치료 및 재활, 문제 발생의 조기 개입과 예방을 통하여 국민건강 증진을 목적으로 하는 정신보건사회복지에서 정신사회재활의 개입은 다음의 1, 2, 3차 예방 중에서 3차에 해당한다고 할 수 있다(이경아, 2001).

- 1차 예방: 정신질환의 발생 예방, 정신건강 증진에 주력함
- 2차 예방: 조기 발견과 신속한 치료에 중점을 두며, 응급전화, 단기 정신치료, 입원치료 등의 위기중재가 포함됨
- 3차 예방: 정신질환으로 말미암아 부차적으로 갖는 정신적 결함이나 사회적 장애를 줄이는 데 목적이 있음

정신사회재활 모형에 따르면, 일반적으로 한 개인에게 정신질환이 발생하게 되면 상호 영향을 주고받는 손상, 불능, 불구, 불리의 네 가지 영역에서 개인의 삶에 부정적 영향을 미치게 된다(이수희, 2010). 즉, 심리적 · 생리적 손상(impairment)에 의해 망상, 환각, 불안, 우울, 무감동 등의 증상들이 나타나고, 이러한 증상들은 개인의 사회기술, 대인관계 기술, 일상생활 기술 등의 활동수행 능력에서의 불능(dysfunction)을 유발하며, 궁극적으로 사회적 역할수행 능력의 제

표 14-1 정신사회재활 모형의 정신장애 영향의 진행 단계

단계	손상	불능(무능력, 장애)	불구	불리
정의	심리적 · 생리적 · 해부학적 구조나 기능이 상실되거나 어떤 이상이 생긴 상태	정상이라고 생각하는 방식과 범위 내에서 활동수행 능력이 제한되거나 부족한 상태	정상이라고 생각되는 방식과 범위 내에서 역할수행 능력이 제한되거나 부족한 상태	어떤 개인이 정상적인 역할을 수행하는 일에 제한과 방해를 받는 불이익 상태(손상이나 장애 때문에 초래된 결과)
예	환각, 망상, 우울, 무감동	직무적응 기술 부족, 사회기술 부족, 일상생활기술 부족	학교를 다니지 못함, 취업을 하지 못함, 거주지가 없음	차별화, 편견, 가난
중재	약물치료 정신치료	재활 프로그램	재활 프로그램	제도 변화 권익옹호 편견교육 프로그램

출처: Anthony & Petronis (1991): 강선경(2010), p.444 재인용

한과 불구(disability)를 가져오게 된다. 정신장애인을 낙인찍고 불이익(disadvantage)을 주는 사회적 분위기나 상황도 정신장애인의 활동 및 역할수행 능력을 제한하고 방해한다(박병선, 배성우, 2013).

정신사회재활의 대상은 일반적으로 급성 증상이 호전되거나 비교적 없어졌더라도 완전히 회복되기보다는 다시 재발할 때까지 잔존증상과 음성증상을 보이는 만성정신질환을 가지고 있는 사람, 즉 심한 정신질환을 앓고 있거나 사회적 · 직업적 기능에 장애가 만성적으로 보이는 정신장애인이다. 정신사회재활은 모든 사람은 개발될 수 있는 잠재능력과 사회적 · 직업적 · 교육적 · 대인관계적 기술 등을 가지고 있고, 자기결정을 할 수 있는 권리와 책임을 가지고 있음을 전제로 한다. 이러한 전제를 바탕으로, 독립적으로 생활하는 데 필요한 기술과 자원이 부족한 지역사회의 정신장애인을 위해 지지재활 프로그램들이 개발되어 활용되고 있다. 정신장애인과 그 가족은 사회 복귀에 관련하여 위기상황에서의 대처문제, 증상조절 문제와 약물사용 방법, 일상생활 수행의 문제, 사회생활 및 직업생활 수행의 문제, 사회적 고립의 문제 및 재정적 부담의 문제 등에 직면하고, 이러한 문제해결에 도움이 될 수 있는 정신보건서비스에 대한

욕구를 가지고 있다(유수현, 2001). 우리나라 대부분의 정신보건시설에서는 정신장애인에게 대인관계, 스트레스 관리, 일상생활 관리, 인지재활 등을 포함하는 사회기술 훈련, 약물증상관리 프로그램, 직업훈련 및 직업재활 프로그램, 가족교육 프로그램, 편견해소 캠페인 등의 다양한 정신사회재활서비스들을 통합적으로 제공하고 있다(김이영, 2004).

표 14-2 지지재활 프로그램

일상생활 기술훈련	• 보다 독립적인 생활을 수행할 수 있도록 도움(의복관리, 청결관리, 간단한 요리기술 습득 등)
사회기술 훈련	• 대화기술과 대인관계 기술, 대응하기 어려운 상황에서의 대처 방법 등을 학습, 구체적인 상황에 활용하도록 배움 • 직접적이고 적극적인 학습의 원칙을 가지고 정신질환자들이 사회에서 원활히 살 수 있도록 다양한 기술 훈련(자기주장훈련, 대인관계훈련, 스트레스 대처법, 분노조절훈련 등)
여가활동 훈련	• 일상의 여가 시간을 효과적으로 활용할 수 있는 활동 프로그램으로 구성 • 정서함양, 스트레스 감소와 대처능력개발 등을 통하여 삶의 질을 증진시키기 위한 훈련 프로그램을 제공(노래방, 탁구장, 볼링장 가기, 비디오 감상, 서예, 미술, 종이접기, 꽃꽂이 등)
지역사회 적응훈련	• 지역사회자원을 활용하여 문화생활과 여가생활 활용에 도움이 되도록 하여 지역사회적응을 돕기 위한 것(박물관, 미술관 견학, 백화점 쇼핑, 관공서 방문 등)
약물 · 증상 교육	• 대상자 스스로 자신의 병을 이해하도록 돕고 자기 스스로 돌볼 수 있는 실제적 방법을 제시하며 진료자와 효과적으로 의사소통할 수 있게 도와 치료에 적극적인 태도를 갖게 함

출처: 강선경(2010), p. 452.

2. 정신사회재활의 구성요소

정신사회재활은 사회기술 훈련, 환자교육, 가족교육, 직업재활, 주거 프로그램, 사례관리 및 낮병원으로 구성되어 있다.

1) 사회기술 훈련

정신장애인의 사회기술 훈련은 지역사회 생활에 필수적인 생활기술을 습득하도록 함으로써 실제적 역량을 강화하는 과정이다. 여기에서 생활기술이란 지역사회 유지에 필요한 사회기술로서, 자신의 일상생활을 독립적으로 수행해 나가기 위한 도구적 기술부터 사회 구성원과의 교류를 강화하는 정서적 기술까지를 포함한다(이용표, 2003). 사회기술 훈련을 통해, 정신장애인은 자신감 회복, 질병의 자가 관리, 치료 팀과의 협력적 관계 구축, 가족 부담의 감소, 재발 방지, 스트레스 극복, 사회적 역할기능 향상, 낮은 약물 용량 유지 등의 성과를 얻을 수 있다(김기태, 황성동, 최송식, 박동길, 최말옥, 2001).

사회기술 훈련은 지역사회정신보건 프로그램의 재활서비스에서 매우 중요한 역할을 하고 있으며, 사회학습이론에 기반을 둔 행동주의 모형, 문제해결 모형, 주의집중 모형, 조망적 사회기술 훈련이 주로 활용되고 있다(이용표, 2003; 김기태 외, 2001).

- **행동주의 모형**: 행동이론과 사회학습이론에 기초를 두고, 적절한 사회적 행동을 학습하지 못했거나 부적응적 행동을 학습했기 때문에 정신장애인이 사회적 기능을 적절하게 수행하지 못한다고 봄. 가장 보편적으로 이루어지는 훈련 방법으로, 주로 모델링, 행동시연(역할연기), 피드백, 사회적 강화 등을 통해 사회기술 훈련이 이루어짐
- **문제해결 모형**: 정신장애인의 인지적 결함으로 인해 사회기술 부족이 나타난다고 보고, 정보를 받아들이는 기술, 처리하는 기술, 보내는 기술 등의 각 단계에서 개인의 수행을 분석하고 이를 지적함으로써 인지적 문제해결 능력을 강화하려 함. 행동시연(역할연기) 기법이 주로 활용되며, 녹화된 장면을 보며 정보의 입수, 처리, 반응의 각 단계에 관한 질문을 통해 적절한 사회기술을 훈련함(전석균, 1994)
- **주의집중 모형**: 심하게 퇴행되거나 혼란스러워하는 환자에게 적용하며, 환자의 주의력을 유도하는 것에 초점을 둠. 훈련 내용의 체계적 반복, 단계적 격려, 즉각적 강화법 등을 적용하여 환자가 상대에게 적절한 반응과 질문

을 하도록 훈련시킴. 어떤 말에 대해 환자가 적절하게 반응하면 칭찬이나 긍정적 보상을 제공하고, 부정확한 반응을 보이면 시범을 보이거나 다시 반응하도록 함

- 조망적 사회기술 훈련: 자기중심성을 벗어나서 일반적이며 전체적인 관점에서 사상을 이해하고 대상을 보는 조망능력의 결여 때문에 정신장애인의 사회기술이 부족한 것으로 봄. 문제 상황 만화 보기, 강의, 모델링 및 역할연기, 피드백, 사회적 조망에 초점을 둔 역할연기, 피드백, 정리 및 소감 나누기 등의 훈련을 통해 타인 및 자신의 행동을 일반적 관점에서 파악하는 능력을 개발함

2) 환자교육

환자가 자신의 병을 극복해 나가는 데 필요한 내용을 교육시키는 것(김기태 외, 2001)으로, 증상관리와 약물관리에 대한 교육을 포함한다. 이러한 환자교육

표 14-3 증상관리교육과 약물관리교육

	증상관리교육	약물관리교육
목적	정신장애인에게 자신의 증상이 어떻게 하면 일상생활에 최소한의 영향을 끼칠 수 있는지에 관해 교육함으로써 정신장애인 스스로 자신의 증상을 관리하여 재발과 재입원을 막으려 함	정신장애인이 정신과 약물에 대한 올바른 지식을 갖게 되고 적절한 투약 방법과 약물 복용의 중요성을 이해함으로써 증상의 안정된 상태를 유지시키고 재발을 예방하려 함
교육 내용	• 증상과 징후 • 질병의 경과 • 가능한 원인들 • 생활양식 변화의 적용 • 치료 선택 • 치료적 전략 • 적절한 대응 방법 • 이행에 대한 문제 • 재발의 조기 경고 증상 • 기대되는 치료 결과	• 약물교육에 대한 오리엔테이션 • 약물 복용의 이유 • 정신과 약물의 종류와 특성 • 항정신성약물의 효과와 올바른 복용법 • 항정신병약물의 부작용과 해결법 • 약물을 먹지 않게 되는 이유 • 약물과 관련된 문제 발생 시 해결 방법

출처: 김기태 외(2001).

을 통해, 정신장애인은 자기 스스로를 돌볼 수 있는 실질적 방법을 배우게 되며, 치료자와 효과적으로 의사소통하고, 치료에 적극적으로 참여하는 동기가 부여된다.

〈읽을거리〉

[발달장애인 희망찾기] (중) 부모의 눈물
"난 장애아 엄마일 뿐…내 삶은 사라져"

이유현(50 · 여 · 가명) 씨의 딸 지연(17 · 가명) 양은 자폐성장애 1급이다. 말을 전혀 하지 못한다. 화장실에 가고 밥을 떠 먹는 것이 고작이다. 집에서 불과 5분 거리에 있는 교회에 가는 길에도 이상행동을 반복한다. 학교와 복지관에서 생활하는 오전 9시부터 오후 5시까지를 빼고 이 씨가 항상 지연이의 곁에 머물며 돌봐야 한다. 언제부턴가 집안 대소사에서도 지연이네 가족은 멀어지기 시작했다. 이 씨는 "지금은 학교에서 돌봐 주니 다행이지만 졸업하고 나면 집 말고는 달리 있을 곳도 없다."고 말했다.

모든 발달장애인 가족들이 다 힘들게 사는 것은 아니다. 오히려 발달장애를 가진 자녀가 구심점이 돼 가족이 똘똘 뭉치는 경우도 많다. 하지만 발달장애인의 삶 전반에 걸친 지원체계가 미비한 가운데 발달장애인에 대한 책임을 전적으로 지고 있는 가족의 부담이 큰 것은 사실이다. 하루 24시간 장애를 가진 자녀를 돌봐야 하는 가운데 사회관계의 단절, 사회적 편견 등을 경험해야 하는 부모들 중에는 우울감을 호소하는 이들도 적지 않다.

부모의 부담은 발달장애인의 형제자매에게도 영향을 미친다. 서 모(38 · 여) 씨의 아들 정훈(14 · 가명) 군은 지적장애 1급과 지체장애 4급을 동시에 가지고 있다. 대화가 전혀 되지 않을 뿐만 아니라 오른쪽 팔과 다리가 마비된 탓에 걷는 것도 쉽지 않다.

서 씨는 정훈이를 돌보느라 둘째 아들 영훈(8 · 가명)이에게는 상대적으로 소홀할 수밖에 없었다. 어렸을 때부터 집에 있는 장난감은 정훈이에게 모두 양보하게 했고, 지금도 서 씨가 정훈이를 학교에 데려다 주느라 영훈이는 혼자서 등교하고 있다.

영훈이가 초등학교에 입학하고 나서 서 씨는 가슴이 철렁 내려앉는 경험을 했다. 정훈이에게 장애가 있는 것을 안 영훈이네 반 친구들이 "네 형 장애인이라며?"라고 놀려댔던 것이다. 서 씨는 "첫째를 돌보는 것도 버거운데 둘째까지 챙겨야 해 너무 힘들다."면서 "우울한 마음이 극에 달해 화병이 생긴 것 같다."고 말했다. 보건복지부의 발달장애인 실태조사에 따르면 발달장애인을 주로 돌보는 사람의 68.8%는 부모였다. 발달장애인의 보호자는 장애인을 두고 혼자 외출하는 경우가 주 1회 미만(48.9%)이고 41.8%는 여가생활을 포기하며 42.2%는 꼭 가야 할 집안 모임에 가지 못하는 등 여가생활과 사회생활을 제대로 하지 못하는 것으로 나타났다. 보호자가 직장을 그만두거나 옮기는 등 직장생활에 영향을 받은 적이 있다는 응답도 44.6%에 달했다.

자연스럽게 보호자의 삶의 질이 떨어져 52%는 우울증이 의심됐고, 이혼이나 별거를 경험한 비율도 7.1%나 됐다…….

출처: 서울신문 (2012. 7. 11.)

3) 가족교육

정신장애인을 시설에서 보호하는 것을 탈피하여 지역사회로 돌려보내는 탈시설화가 나타나면서, 지역사회 내에 지지자원이 충분하지 않은 상황에서 정신장애인의 가족은 정신장애인에게 일차적 보호를 제공해야 하는 책임을 지게 되었다. 가족은 정신장애인에게 매우 실질적이고 개인적인 도움뿐만 아니라 정서적인 지원까지도 제공하는 역할을 하게 되면서, 높은 스트레스 수준을 경험하게 되었다(전혜성, 2011). 보호부담(care burden)은 정신장애인의 증상과 행동의 결과로 발생하는 현실적 요구로 구성된 객관적 보호부담, 그리고 정신장애인 가족원의 미래에 대한 상실 등에 따른 정서적 고통으로 구성된 주관적 보호부담으로 구분할 수 있다(서미경, 2007). 정신장애인 가족이 겪는 객관적 보호부담으로는 정신장애인의 증상적 행동, 가족기능의 붕괴, 사회적 낙인, 정신보건체계와의 문제, 가족의 정체성과 역할의 변화 등이 있다. 정신장애인 가족이 느끼는 주관적 보호부담으로는 분노, 죄책감, 우울, 위축, 정신장애인의 고통 공감 등 정서적 고통이 포함된다(Marsh, 1992). 정신장애인 가족은 객관적 · 주관적 보호부담에 의해 일반적으로 다음과 같은 욕구를 갖는다(Marsh, 1992; 양옥경, 1995).

- 적절하고 접근 가능한 포괄적 정신보건서비스와 서비스 간의 조정과 통합
- 치료과정과 지역사회 내 이용 가능한 서비스와 자원에 대한 정보

- 정신장애와 정신장애인에 대한 개인적 · 가족적 대처기술에 대한 정보와 교육 그리고 정신보건서비스의 효율적 이용 방법에 대한 교육
- 비공식적 지지망(핵가족, 확대가족, 친구, 이웃, 동료 등)과 공식적 지지망(전문가와 서비스제공자, 사회제도, 정부 등)으로부터의 정서적 · 물질적 · 사회적 지지
- 정신장애인 치료와 재활에 의미 있는 참여
- 정서적 부담을 경감시키고, 가족 갈등을 해결하며, 모든 가족원의 욕구가 균형 있게 만족될 수 있도록 도와주는 전문적 개입
- 다른 정신장애인 가족들과의 만남을 통한 정서적 지지
- 정부와 대중을 상대로 문제를 해결할 때 전문가 집단의 적극적 원조
- 질병에 대한 교육
- 정신장애인의 독립적 생활지원

이와 같은 욕구를 가진 정신장애인의 가족을 지원하기 위해 다음과 같은 서비스가 제공될 수 있다.

(1) 체계적 교육 실시

정신장애인 가족에게 정신장애의 원인, 진단, 경과, 예후, 입원 · 퇴원, 이상한 행동과 난폭한 행동에 대한 대처 방법, 약 복용을 거부할 때 및 음성증상을 보일 때 등에 대해 체계적으로 교육을 실시하는 것이 필요하다. 이러한 교육은 질병, 필요한 치료 자원, 지지적 서비스에 대한 이해를 증진시키고 정보를 제공할 수 있을 뿐만 아니라, 질병에 대해 환자와 가족의 알 권리와 능력을 인식시키고, 치료 환경과 가정에서 고도로 조직되고 예측 가능한 환경을 조성할 수 있다(Anderson, 1977). 교육 중심의 가족개입 프로그램으로는 1980년대 이후부터 가족심리교육 및 (단기) 가족교육이 활발하게 전개되어 왔다. 두 유형의 교육적 가족개입 프로그램은 교육과 지지를 제공하고, 가족이 정신장애에 효과적으로 대처하도록 하는 것을 목적으로 한다는 공통점을 가진다.

반면에 다음의 차이점을 가지고 있다. 첫째, (단기) 가족교육은 전문가나 같은 정신장애인 가족에 의해 제공되는 서비스이며 가족심리교육은 임상에 근거

표 14-4 가족심리교육과 (단기) 가족교육

	가족심리교육	(단기) 가족교육
이론배경 및 개념적 기초	스트레스-취약성 모형: 높은 표출 감정을 가진 가족에게 환자의 재발 원인인 스트레스원이 있음	스트레스-대처-적응 모형: 정신질환자 가족을 다른 종류의 외상적 혹은 힘든 생애사건을 겪고 있는 가족과 유사하게 보며, 가족들이 보이는 행동은 어렵고 복잡한 문제를 해결하기 위한 노력 또는 정상적 반응이라고 봄
주요 목표	가족의 부정적 영향 및 표출 감정 수준의 감소를 통해 질병 재발 감소	가족교육을 통한 질병에의 대처기술 습득으로 가족의 부담과 스트레스 감소
주요 프로그램 내용	• 교육: 질병 원인, 증상, 진단, 과정, 치료에 대한 정보 제공 • 치료: 문제해결, 의사소통 기술, 대처기술 훈련	• 교육: 가족심리교육과 같은 내용의 교육 외에 지지 제공, 대처 방법 가이드, 대처기술훈련, 정신보건체계의 자원 정보 제공, 숙제 부과
기간 포맷	• 최소 9개월 이상 혹은 2년 이상 • 미리 계획된 포맷의 교육과 훈련 • 개별 혹은 다가족 등 다양	• 몇 시간에서부터 10~12주 • 미리 계획된 포맷 혹은 필요에 따라 집단 워크숍/개인 혹은 집단자문 등 다양
서비스 제공자	전문적인 훈련을 받은 치료자 (치료자의 전문적 훈련 정도가 성공 여부에 중요함)	• 전문가나 훈련받은 가족 • 전문가와 가족이 함께 제공
개입에 대한 성과지표	• 환자에 초점: 재발률/재입원율 감소, 환자 기능 증가, 치료에의 순응 증가	가족에 초점: 가족 부담, 고통, 불안 감소, 가족의 지식, 환자에 대한 태도 변화, 가족의 자기효능감, 대처능력 향상, 가족의 삶의 질 향상
모형에 대한 평가	• 가족에의 개입을 통해 환자의 치료와 재활에 구체적인 성과를 보여주고 있으며, 성과 유지가 비교적 장기간임 • 이론적 근거가 가족 비난을 시사할 수 있음 • 가족의 특별한 욕구를 다루지 못하고 있음 • 상당한 정도의 시간과 인력의 투자를 요하므로 가족의 참여의지와 동기가 필요하여, 보편적 활용에 제한적임	• 비용 효과 면에서 우수 • 환자 변화에는 효과적이지 못함 • 성과의 유지가 제한적

출처: 서진환(2002), p. 142.

하여 전문가가 자문과 교육을 제공하는 것이다. 둘째, 가족심리교육은 가족의 문제해결, 의사소통기술, 대처기술훈련을 통해 가족의 부정적 영향 및 표출 감정 수준을 감소시켜 궁극적으로 정신장애인의 질병 재발률을 감소시키고자 하는 치료적 목적을 가지고 있다. 그러나 (단기) 가족교육은 가족욕구에 초점을 두고 정신장애에 대한 대처기술을 향상시킴으로써 가족의 부담과 스트레스를 경감시키려는 목적을 가진다. 서진환(2002)은 가족심리교육과 (단기) 가족교육의 차이점을 〈표 14-4〉와 같이 정리하였다.

(2) 자조집단

자조집단(self-help)은 정신장애인 가족과 같이 공통의 문제나 상황을 겪는 사람들이 자발적으로 모여 자원과 정보를 모으고 상호 원조, 서비스 및 보호를 제공하는 비전문가 조직이라 할 수 있다. 노튼, 원더스먼 및 골드먼(Norton, Wandersman, & Goldman, 1993)의 연구에 따르면, 자조집단에 참여함으로써 참여자들은 정신장애에 대한 정보 확보, 정신장애를 겪는 가족에 대한 대처능력 향상, 문제해결 능력 향상의 혜택을 경험하는 것으로 나타났다. 그 밖에 보다 적극적인 참여자는 사회적 영역에서 도움이 되며, 책임감 향상 및 조직 기여도에 대한 인식 증가, 정신장애를 겪는 가족원에 대처하는 능력 향상 등의 이득을 얻는 것으로 나타났다.

자조집단은 가족원들이 경험을 공유함으로써, 낙인과 가족에 대한 사회적 편견에 공동으로 대처하기에는 유용하지만, 정신장애인의 가족이 전문가와 결별하고 오로지 자조집단에 의존하고 정신장애를 겪는 과정 중 필요한 정보와 대처 방법을 향상시키기에는 어려움이 있다(박선영, 2009). 이러한 한계점을 보완하고, 정신장애인 가족에게 필요한 자원을 연결하며 지원하는 정신보건전문가의 역할이 필요하다. 우리나라에서는 대한정신보건가족협회에서 자조집단이 구성되어 있다. 1995년 7월에 창립한 대한정신보건가족협회는 전국 17개 지부와 253개의 지회로 구성되어 있으며, 각 지부마다 자조적으로 가족회의 모임을 갖고 있다.

(3) 가족치료

가족치료는 정신장애인의 증상이나 행동 변화를 위해 그가 속한 가족에게 의사소통 기술과 효율적 문제해결 기술을 가르침으로써 가족의 역량을 강화시키는 것이다. 가족 역량강화를 위해서는 가족의 공동체 의식을 증진시켜 상호 의존적 관계를 형성하고, 비공식적 지지체계를 활성화시키며, 가족 전체의 통합성을 강조하는 등 가족의 강점을 강조하는 것이 필요하다.

표 14-5 힘 북돋아 주기

문제 영역	해결 방안	전문인이 가족의 힘을 북돋아 주는 방법
• 붕괴된 의사소통 • 사생활에 대한 요구, 개인적 공간에 대한 통제, 규칙적인 일과 유지, 돈 관리, 옷 입기 등을 포함한 일상생활기술 • 환각, 망상, 기이한 행위에 대한 반응, 특히 폭력이나 자살 위험에 대한 대처 • 알코올과 약물 이용	• 가족원들이 가족 중에 정신장애인이 있다는 사실을 인정하기 • 자가 간호 프로그램 계획하기 • 개인적 활동과 흥미를 지속적으로 추구하기 • 자조집단과 같은 어떤 조직에 참여하기 • 정신장애인과 함께 살지 않는 이들의 조언과 의견을 피하기 • 행복할 수 있다는 것을 기억하기 • 자신을 비난하는 것을 멈추기	• 상호 목적을 명백히 하기 • 가족에게 특수한 모형에 부합한 것을 강요하지 않기 • 자신의 한계를 알기 • 가족과 팀으로 일하기 • 가족의 강점을 지적하기 • 시간을 활용하여 가족을 격려하기 • 정신질환과 투약에 대한 정보를 제공하기 • 실제적 조언을 하기 • 지역사회 자원에 대한 정보를 제공하기 • 지역적 가족 지지와 옹호 집단에 참여를 격려하기 • 개인적으로 헌신하기 • 다양한 신념들을 배우기 • 자신의 지지를 개발하기

출처: 강선경(2010), p. 455 재구성

4) 직업재활

직업을 갖는다는 것은 정신장애인이 신체적 · 정신적 · 심리적 · 사회적 기능을 적절히 수행하여 사회 속의 한 구성원으로서 독립적인 생활을 영위할 수 있음을 의미한다. 직업활동은 정신장애인에게 경제적 이득을 얻고 사회활동을 할 수 있는 통로일 뿐만 아니라, 사회에 통합되어 사회인으로 살아갈 수 있도록 하며, 정신병적 증상을 감소시키고 병을 관리하고자 하는 동기를 부여한다. 그러므로 정신장애를 가진 정신장애인이 일을 할 수 있도록 돕는 것은 치료와 재활의 궁극적인 목표라 할 수 있다. 1995년에 제정된 「정신보건법」은 정신장애인의 지역사회 거주 기간을 증가시키면서, 정신장애인의 치료와 관리가 입원 중심이 아닌, 재활과 지역사회정신보건 중심으로 전환되기 시작했다. 「정신보건법」 제정 이후 지역사회정신보건센터와 사회복귀시설이 전국적으로 늘어나면서 재활 프로그램의 하나로서 직업재활이 정신장애인에게 제공되고 있다.

만성정신질환을 가진 사람이 직장을 구하고 일을 유지하는 데는 많은 어려움이 있을 수 있다. 정신장애인은 질병 특성에 의한 정신병리적 증상과 이와 관련되거나 이 결과로 나타나는 심리사회적 기능장애, 취업과 관련된 교육이나 경험 부족에 의한 구직활동에서의 구체적 기술의 부족 등으로 직업생활에 관련하여 여러 문제를 가질 수 있다(서진환, 1998). 특히, 일을 하기 위해서는 사회기술, 직업기술, 대응능력, 증상관리 기술을 습득하고, 이를 유지할 수 있는 관리가 필요하다. 이러한 다양한 영역들 중에 어느 한 부분이라도 결손이 있다면, 직장을 유지하는 데 어려움이 있을 수 있기 때문이다. 그러므로 직업재활은 재활에 관계하는 여러 전문 분야 중에서 장애인이 직업을 확보하고 유지할 수 있도록 돕는 활동을 말한다(김기태 외, 2001). 즉, 직업재활은 직업능력의 회복, 직업선택, 직업훈련, 직업알선 등을 통해 직업을 유지할 수 있도록 관련된 지속적이고 종합적인 원조를 제공하는 것이다. 정신장애인이 사회에 복귀하여 사회에 통합되고 자립할 수 있도록 서비스를 제공하는 것으로, 직업재활은 정신장애인의 증상의 완화보다는 능력 향상을 목적으로 한다.

(1) 직업재활의 7단계

직업재활의 과정은 직업기술의 평가, 직업 적응, 직업기술 훈련, 보호작업장 취업, 임시고용, 직업 배치, 직업 유지의 7단계로 나뉜다(Liberman, 1987; 김기태 외, 2001).

1 1단계 직업기술의 평가

〈표 14-6〉에서 보듯이, 정신장애인은 직업수행에 관련된 심리적 요인들을 방해하는 증상을 보일 수 있다. 직업을 갖고 유지하기 위해서는 인지, 속도, 끈기, 성실성, 열성과 동기, 대인기능, 정직과 신뢰, 스트레스에 대한 인내 등이 필요하다. 그러므로 직업재활을 위해서는 정신장애인이 나타내는 증상이 직업수행에 얼마나 부정적 영향을 미치는지, 그리고 정신장애인의 기술적 능력

표 14-6 직업수행에 관련된 심리적 요인들

심리적 요인	직업수행에서의 영향력	부정적 영향을 미치는 정신장애
인지	지능, 기억, 학업기술, 그리고 이러한 기술을 활용하는 능력	지적 장애, 뇌 손상, 정신분열증, 우울장애, 불안
속도	적절한 속도의 업무 수행 능력	우울장애, 강박장애, 수동 공격성 성격장애
끈기	완성할 때까지 업무에 매달리는 능력	양극성 장애 조증, 주의력결핍 과잉행동 장애, 연극성 성격장애, 신체증상 장애, 정신분열증
성실성	개인적 문제가 있건 정서적 문제가 있건 간에 매일 출근함	광장공포증, 신체증상 장애, 회피성 · 반사회성 · 경계선 성격장애, 주요 우울장애, 양극성 장애 조증
열성과 동기	일을 잘하고 싶어 하고 잘하려고 노력함. 목표가 성취될 때까지 끈기 있게 노력함	반사회성 · 분열성 · 수동 공격성 성격장애, 주요 우울장애
대인기능	상사의 슈퍼비전을 수용하고 동료나 다른 사람들과 잘 지내는 능력	양극성 장애 조증, 외상 후 스트레스 장애, 반사회성 · 수동 공격성 · 분열성 · 경계선 · 자기애성 성격장애
정직과 신뢰	진실되고 솔직 담백하며 직장에서 거짓말이나 도둑질하는 실수 없이 자제할 수 있음	반사회성 · 경계선 성격장애
스트레스에 대한 인내	마감일 지키기나 어려운 사람과 일하기 같이 직업적 스트레스를 견뎌 내는 능력	정신분열증, 외상 후 스트레스 장애, 신체증상 장애, 광장공포증, 주요 우울장애
직업 특정적 자격요건	문서작성 속도, 갈등 해소 기술, 대인관계 기술	자격 요건에 따라 달라짐

출처: Fischler & Booth (2004), p. 5.

(competency)과 작업적응 능력(work adjust competency)이 어느 정도인지를 평가하여야 한다. 과거의 직업력은 기술적 능력과 작업적응 능력에 대한 중요한 자료를 제공하는데, 과거 직장의 근무 연한, 직장 이동 여부, 직위, 취업 시의 잠재적이고 장기적인 문제점 등이 포함된다. 정신장애인의 자기보고, 또는 중요한 주변 사람과의 면담을 통해 직업력에 대한 정보를 얻을 수 있으며, 보고된 기술을 실제로 확인해 보는 것이 필요하다(황태연, 이금진, 2002). 그 밖에 기술적 능력과 작업적응 능력에 대한 평가는 표준화된 작업사정도구를 활용하거나 실제 작업장에서 현장 관찰 등을 통해 이루어질 수 있다.

2 2단계 직업 적응

직장에 적응하기 위해서는 동료를 돕거나 도움을 요청하는 등 다른 사람과 어울려 일을 할 수 있는 능력이 필요하다. 또한 직무에 관련된 비판 수용력이나 지시에 대한 순응도 등 직업 때문에 생기는 일상의 스트레스를 다루는 능력이 필요하다. 예를 들어, 직장생활에 잘 적응하기 위해서는 다음과 같은 능력이 필요하다(김기태 외, 2001).

- 출석과 시간 엄수
- 개인위생과 복장
- 휴식시간의 활용
- 직무에 관계된 칭찬 수용력
- 직무에 관계된 비판 수용력
- 지시에 대한 순응도
- 동료 돕기
- 업무의 우선순위 결정하기
- 동료에게 도움을 요청하기
- 작업장의 일반적인 규칙 준수
- 대화에 응하기
- 동료에게 말 걸기
- 특별한 요청하기

- 감독자, 고객 및 권위를 가진 사람들과의 상호작용

3 3단계 직업기술 훈련

정신장애인이 직업수행에 관련된 지식과 기술을 훈련과정에서 습득하고, 이를 직무에 적용하는 데는 어려움이 있을 수 있다. 우선, 정신장애인의 직무 수행 동기를 유발함으로써 정신장애인이 가진 기술을 적절히 발휘할 수 있도록 하는 것이 필요하다(이계존, 2000). 직업기술 훈련은 정신장애인의 경력, 흥미, 기존의 기술, 환자가 이용 가능한 기술훈련 프로그램, 할 수 있는 일의 형태, 시간, 자원 등에 따라서 다양해질 수 있으며, 궁극적 목표 도달을 위해 점차 높아지는 목표를 설정하여 훈련하고 재강화의 사용을 자유롭게 하는 단계별 교육방법이 필요하다(김기태 외, 2001).

4 4단계 보호작업장 취업

이 단계에서는 정상 고용의 준비가 되어 있지 않은 정신장애인을 위해 비슷한 작업경험을 제공한다. 정신장애인은 치료 환경에서 습득한 자율적 능력과 사회기술을 직업환경에 적용하여 활용하기 어려워할 수 있다. 따라서 이러한 보호적 환경에서 직업적응훈련을 하는 단계가 필요하다. 보호작업장의 환경에서 일로부터의 압력 감소, 작업일수 감소, 작업의 단순화, 구조화되고 긍정적인 작업 환경 등을 통해 정신장애인의 직업환경으로의 적응능력을 높일 수 있다.

5 5단계 임시고용

보호작업장의 환경에서 잘 근무한 정신장애인을 위해 고안된 과도기적 고용의 단계다. 정신보건전문가나 재활치료자의 관리 · 감독하에 기업 내의 작업장에서의 실제 작업이 시행된다. 사업주와 계약하여 1명 이상의 정신장애인에게 일을 배당하여 재활치료자의 감독하에 정상인의 수준으로 책임을 부여하여 일하게 하고, 그에 해당하는 정상임금을 받게 한다(김기태 외, 2001).

6 6단계 직업 배치

정신장애인의 직업재활 과정에서 취업을 알선하는 직업 배치는 쉽지 않은 단계다. 정신장애인에 대한 부정적인 인식에서 비롯된 사업주의 고용 기피가 존재하기 때문이다. 따라서 정신장애인 고용의 성공적 사례를 개발하고, 이를 홍보함으로써 정신장애인 고용에 대한 인식을 점진적으로 개선하는 것이 필요하다. 정신장애인의 장애 특성을 고려하여 대인관계나 직무 수행과 관련한 스트레스가 적은 직무를 선택함으로써, 직무 수행이 성공할 가능성이 높은 직종을 개발하는 것이 중요하다. 또한, 고용 형태를 탄력적으로 적용하여 시간제 고용, 단시간 근로, 계약직 등을 통해 직장 적응 및 직무 적응 능력의 단계적 향상을 시도하는 것도 고려해야 한다(이계존, 2000). 그 밖에 만성정신장애인은 장기적인 질병 기간 동안의 사회적 고립과 단절, 교육이나 경험 부족으로 직업 세계에 대한 정보 습득과 활용 기술이 부족할 수 있다. 또한 구직 및 구인 정보의 습득과 이해, 자기소개서 · 이력서의 작성, 채용 면접 등 구직활동에 대한 기술이 부족하고, 이런 다양한 문제 상황에서 적절하게 대처하기 어려울 수 있다. 따라서 정신장애인이 직장을 구하는 데는 상담자나 재활치료자의 도움이 필요하다. 취업을 알선하는 방식에는 상담자 의뢰체계와 구직클럽 프로그램 방식의 두 가지가 있을 수 있다(김기태 외, 2001).

- **상담자 의뢰체계**: 상담자와 정신장애인이 일대일의 서비스 관계를 맺어 상담자가 직접 정신장애인 개인에게 맞는 직장을 찾아주거나 직업훈련 과정의 선택을 도와주는 방식
- **구직클럽 프로그램 방식**: 상담자 의뢰체계와는 달리, 재활치료자의 도움하에 정신장애인 스스로 책임감을 가지고 직장을 구하는 접근 방법으로, 정신장애인은 구인광고 등의 자료를 찾는 법, 이력서 쓰는 법, 효과적인 전화 사용법, 면접에 적합한 옷차림, 면접할 때의 태도 등의 직장 구하기 기술을 배우고 난 후, 구직활동을 스스로 하는 방식

7 7단계 직업 유지

직업을 유지하기 위해서는 다양한 상황에 대처할 수 있는 적응능력이 필요하다. 특히, 일반적으로 정신장애인은 인지능력 및 사회기술의 저하로 다양한 상황에서 문제에 즉각적으로 대처하는 데 어려움을 겪을 수 있다(이계존, 2000).

특히, 주거지 문제, 금전 관리 문제, 새로운 사람과의 교제 문제, 일상생활과 직장생활과의 조화 문제 등 고용됨으로써 발생하는 생활방식의 변화나 새로운 작업자리에 대한 적응문제는 정신장애인의 직장생활을 위협할 수 있는 잠재적 스트레스 요인들이 될 수 있다(김기태 외, 2001). 그러므로 직업 유지의 단계에서는 과거보다 더 높은 수준의 재활치료적 개입이 필요하며, 정신장애인의 직업생활과 관련된 여러 문제점에 대해 추수지도가 실시되어야 한다. 추수지도는 주기적으로, 필요시 여러 개입 방법을 통해 이루어져야 하며, 이미 고용된 정신장애인과 연락하여 치료와 적응의 진행과정을 평가하는 것을 포함한다.

〈읽을거리〉

"정신질환자가 무슨 직장생활?" 무조건 무능력자로 취급

[늘어나는 정신질환, 구멍 뚫린 보건정책] 아파도 일할 수 있다

지능과 무관해도 '편견' 환자라는 사실 알려지면 회사 동료들조차 기피

취업 막는 법규도 문제…일부 병원선 호전 환자를 공장 · 식당 등에 취업 추천

오후 5시 30분까지 꼬박 하루 8시간 동안 경기도 용인에 있는 식용유 공장에서 기름을 용기에 넣고 포장하는 일을 하는 50대 남성 이 모 씨. 남들과 별다를 것 없는 평범한 삶이지만 하루하루가 감사하다. 사실 업무가 몰릴 땐 주말에도 쉴 수가 없고, 오랜 시간 고된 노동을 하다 보면 여기저기 쑤시고 아파 오기도 한다. 하지만 20대 후반 갑작스럽게 생긴 우울증과 조현병(정신분열병) 때문에 젊은 시절 내내 병원을 오가며 변변한 일자리 없이 연명했던 이 씨는 자신의 힘으로 일하고 돈을 벌 수 있다는 사실이 얼마나 소중한지 잘 안다.

용인정신병원 환자 지역사회 취업 현황

사업장	인원(명)	작업 내용
H/C	5	식당 홀 서빙, 주방 보조
Y산업	5	국수, 식용유 생산, 포장
D산업	30	주방용품 생산, 포장
W산업	30	생활용품 생산, 포장
DG레이	8	X선 스캔
Y병원	20	청소, 세탁
기타	20	용역, 요양보호사 등
합계	118	

"노후를 위해 1억 모으기가 목표"라는 이 씨는 "난 운이 좋은 편"이라고 말한다. 정신질환을 앓는 주변 환우들 중에는 일을 하고 싶어 하고 충분히 할 수 있는데도 기회를 얻지 못한 채 여전히 가족에 의지해 지낼 수밖에 없는 경우가 태반이라는 것이다. 그들을 더 힘들게 하는 건 정신질환자가 무슨 일을 제대로 할 수 있겠냐는 사회의 차가운 시선이다.

슬슬 피하는 동료들

이 씨가 식용유 회사에 몸담은 지는 10년이 넘었다. 이제 일 잘한다는 소리도 듣고, 짝 찾아 결혼도 했다. 이렇게 자리 잡기까지 참 오래 걸렸다. 발병 초기 젊을 땐 특히 힘들었다. 병원을 다니며 치료를 잘 받아 증상이 심하지 않았기 때문에 얼마든지 일할 수 있었지만, 정신질환 병력을 이유로 받아주는 일터가 없었다. 홀어머니는 점점 나이가 드셨고, 형도 넉넉한 형편이 아니어서 가족의 도움으로 근근이 생계를 이어가는 것도 한계에 부딪혔다.

다행히 동네 한 가게에서 점원으로 일할 수 있는 기회를 얻었다. 물건들 정리하며 손님 응대하고 계산하는 업무였고, 성실하게 근무했다. 일하면서 치료도 규칙적으로 받아 증상도 거의 나타나지 않았다. 하지만 이 씨가 정신질환을 앓고 있단 사실을 알게 된 동네 사람들이 이 씨를 슬슬 피하기 시작했다. 식용유 회사로 옮긴 뒤에도 한동안 동료들이 자신과 말을 섞지 않으려 했다. '정신질환자도 일할 수 있다' 는 사실을 인정받기 위해 10여 년을 마음고생한 이 씨는 "이런 상황을 겪으면서 직장생활이 가능한데도 일하는 걸 포기하는 환자들이 많다."고 말했다.

〈중 략〉

정신질환=지적 장애? NO!

전문가들은 정신질환자는 일을 못한다는 편견을 법이 부추긴다고 지적한다. 예를 들어, 수의사법과 축산법은 각각 정신질환자가 수의사와 수정사가 될 수 없다고 면허 취득을 제한하고 있다. 건설기계관리법에는 정신미약자는 건설 기계 조종사가 되지 못하도록, 유선 및 도선 사업법에는 정신이상자에게 배를 빌려 주거나 운송을 맡기지 못하도록 돼 있다. 산업안전보건법은 정신병이 있는 경우 아예 근로를 금지하거나 제한할 수 있다고 명시해 놓았다.

전문의의 진단이나 검사 없이 단지 정신과 질환이 있거나 과거에 있었다는 이유만으로 특정 업종에서 일할 수 있는 기회가 원천적으로 막혀 있는 것이다. 국가인권위원회는 "정신이상자, 정신미약자 같은 모호한 용어도 병의 유형이나 증상의 정도와 관계없이 정신질환이 있으면 모두 무능한 사람이라는 잘못된 인식을 만들어 낸다."고 지적했다.

간질처럼 발작하며 정신을 잃어 안전에 문제가 생길 수 있는 병은 취업 자격을 규제하는 나라가 많지만, 단순히 정신질환 진단을 받았다는 이유만으로 면허를 제한하거나 박탈하는 경우는 외국엔 없다는 게 전문의들의 견해다.

출처: 한국일보 (2012. 9. 26.)

5) 다양한 주거 프로그램

정신장애인이 생활하는 주거시설은 24시간 감독을 받는 집단 거주시설에서부터, 사회로 나가는 과도기적 단계의 중간 거주시설 등 다양한 형태가 있다. 양옥경(2006)은 정신장애인에게 주거 프로그램을 연결시켜 줄 때 다음의 네 가지 원칙에 따를 것을 제안하였다.

- 원칙 1: 주거시설의 선택을 지역 선호도, 주택유형 선호도, 동거인 선호도 등 주거에 관련한 정신장애인의 개별적 욕구에 맞춘다.
- 원칙 2: 원하는 기간 동안 정착하여 지역사회 생활을 할 수 있도록 반영구적 시설을 보장함으로써 주거시설에의 배치는 반영구적일 수 있도록 한다.
- 원칙 3: 주거시설 프로그램은 직업재활, 일상생활 프로그램, 지역사회적응 프로그램 등 재활 프로그램에 직접적으로 연결되어야 한다.
- 원칙 4: 주거시설에 배치된 정신장애인을 담당하는 사례관리자가 있어야 하며, 사례관리자가 원칙 1~3을 진행해야 한다.

정신장애인의 주거시설은 크게 응급, 훈련, 지원, 지지 및 독립의 5단계의 유형으로 나뉜다(양옥경, 2006).

- 응급주거: 정신장애인이 증상의 위기를 넘기기 위해 필요한 주거시설로, 24시간 의료행위가 행해지는 정신과 병원이나 정신건강센터 등을 의미함. 1일에서 3주 정도까지 잠시 머무는 장소로 활용하기에 좋을 시설임
- 훈련주거: 3교대로 근무하는 정신보건전문요원들이 있으며, 재활 프로그

램이 활발하게 제공되는 시설로 평균 4개월에서 2년 정도까지 생활할 수 있음. 중간의 집(halfway house)으로 불릴 수 있는 주거 형태임

- 중간의 집(또는 중간 거주시설): 일주일 동안 항상 직원이 관리 · 감독하며, 환자에게 방을 제공하고 매일의 일상생활을 도와줌. 병원에서 퇴원한 후에 이곳에서 보통 6~8개월 정도 머문 후에 사회로 나가게 되는 일종의 과도기적 주거 기관임. 사회화와 재사회화를 조장하고, 직업재활과 건설적 여가 선용을 강조함

- 지원주거: 밤에는 정신보건전문요원들이 없는 2교대 근무제로 보통 1~3년에 걸친 긴 기간 동안 재활치료 또는 사회생활 및 직업훈련을 받으면서 생활하는 곳임
  - 그룹홈(group home): 지역사회 내에서 정신장애를 가진 소수의 사람들이 집단을 이루어 최소한의 감독을 받으며, 재활을 목적으로 동거함. 관리인이 주거시설 내에서 또는 주거시설 근처에 거주하여 감독하는 그룹홈과 관리인이 없는 그룹홈으로 분류할 수 있음
  - 위탁가정(foster home): 정신장애인이 자신의 가족 이외의 위탁 가족과 함께 가족적 분위기에서 사는 것으로, 책임을 맡은 한 명 이상의 성인과 주로 아동이나 청소년 대상자가 함께 생활하는 가족 형태의 주거시설임
  - 요양시설(board-and-care home): 같이 기숙하는 직원이 있는 대단위 집단 주거시설로, 약물 투여, 거실과 식사 제공, 다양한 수준의 슈퍼비전이 제공됨. 노인 환자나 만성신체질환을 가진 만성 환자들이 주로 사용하지만, 만성정신질환을 가진 환자도 사용함
- 지지주거: 독립적 지역사회 생활을 위한 준비 단계로서 정신보건전문요원 없이 정신장애인들만 독자적으로 기능을 수행하면서 생활하며, 정기적으로 정신보건전문요원들이 방문을 통해 모니터링함
  - 반독립주거시설: 정규적으로 방문하는 사례관리자가 있으며, 정신장애인의 개별적 욕구와 능력에 따라 개별화된 프로그램이 준비됨. 정신장애인은 자신의 책임 아래 약물을 복용하며 안정적인 직업을 가지고, 살 곳을 구하며 주위에 의미 있는 인간관계를 형성하고 다양한 사회적 지지체계에 참여하게 됨. 미국의 원격지도주거(satellite housing), 지도감독 아파

트(supervised apartment), 보호 아파트(sheltered apartment)라고 불리는 것들이 여기에 속함

- 독립주거: 보통 집 또는 아파트에서 독립생활을 하는 것으로, 일상생활이 독자적으로 가능한 정신장애인이 주거하며, 사례관리가 이루어져야 함

「정신보건법」 제16조(2008. 3. 21 개정)에서는 정신장애인이 사회복귀에 적응하기 위해 머무르는 시설에 대하여 정신질환자생활시설, 정신질환자지역사회재활시설, 정신질환자직업재활시설, 그리고 그 밖에 대통령령으로 정하는 시설로 종류를 나누고 있다. 그리고 「정신보건법 시행규칙」의 별표 6의 2에서는 사회복귀시설의 구체적인 종류 및 사업에 대해 추가적으로 설명하고 있다.

- 정신질환자생활시설: 정신질환자가 필요한 기간 동안 생활하면서 재활에 필요한 상담 · 훈련 등의 서비스를 받아 사회복귀를 준비하거나 장애로 인하여 장기간 생활하는 시설
  - 입소생활시설: 가정에서 생활하기 어려운 정신질환자에게 주거, 생활지도, 교육, 직업재활 훈련 등의 서비스를 제공하여 가정으로의 복귀, 재활, 자립 및 사회적응을 지원하는 시설
  - 주거제공시설: 정신질환자가 일정 정도 자기관리 능력을 가지고 있으나, 가정에서 생활하기 어려운 정신질환자에게 주거, 생활지도, 교육 등의 서비스를 제공하며, 가정으로의 복귀, 재활, 자립 및 사회적응을 지원하는 시설
- 정신질환자지역사회재활시설: 정신질환자 복지관, 의료재활시설, 체육시설, 수련시설, 공동생활가정 등 정신질환자에게 전문적인 상담 · 훈련 등을 제공하거나 여가활동 및 사회참여 활동 등에 필요한 편의를 제공하는 시설
  - 주간재활시설: 정신질환자에게 작업 · 기술 지도, 직업훈련, 사회적응 훈련, 취업지원 등의 서비스를 제공하는 시설
  - 심신수련시설: 정신질환자가 문화 · 예술, 취미 · 오락 및 심신수련 활동을 할 수 있도록 지원하고, 이와 관련된 편의를 제공하는 시설
  - 공동생활가정: 독립적 생활이 어려운 정신질환자들이 공동으로 생활하

며, 심리적 안정, 생활 안내 등의 서비스를 통하여 자립 역량을 함양하는 시설

- 정신질환자직업재활시설: 일반 고용이 어려운 정신질환자가 특별히 준비된 작업환경에서 직업 적응, 직무기능 향상 등 직업재활 훈련을 받거나 직업생활을 할 수 있도록 지원하며, 일정한 기간이 지난 후 직업능력을 갖추면 고용시장에 참여할 수 있도록 지원하는 시설
- 그 밖에 대통령령으로 정하는 시설
  - 중독자 재활시설: 알코올, 약물 등 유해약물이나 도박, 인터넷 게임 등 유해행위에 의존하거나 그 유해약물이나 유해행위를 남용하여 중독된 정신질환자를 치유하거나 재활을 돕는 시설
  - 정신질환자 생산품판매시설: 정신질환자가 생산한 생산품을 판매하거나 유통을 대행하고, 정신질환자가 생산한 생산품이나 서비스에 관한 상담, 홍보, 마케팅, 판로 개척, 정보 제공 등을 지원하는 시설
  - 정신질환자 종합시설: 사회복귀시설 중 2개 이상의 사회복귀시설이 결합되어 정신질환자에게 생활지원, 주거지원, 재활훈련, 심신수련 등의 기능을 복합적 · 종합적으로 제공하는 시설

6) 사례관리

수용시설에 격리되어 있던 정신장애인을 가정과 지역사회로 되돌아오게 하는 탈시설화의 영향으로 많은 정신장애인들이 지역사회로 돌아왔으나, 지역사회 내에서 제대로 관리와 보호를 받지 못하였다. 지역사회 내 이용할 수 있는 자원에 접근하는 것이 어렵게 되자 정신장애인과 그 가족에게 과도한 보호부담이 주어졌다. 이에 지역사회에 복잡하게 분산된 서비스를 통합적으로 조직화하고 제공하는 서비스 관리체계가 필요하게 되었다. 또한, 복합적인 문제와 욕구를 가진 정신장애인들이 증가함에 따라 기존의 단편적 서비스가 아닌 통합적이고 체계적인 서비스 전달에 대한 요구가 증대하였다. 이와 같은 요구에 따라 사례관리가 등장하게 되었다. 사례관리는 특정 클라이언트의 복합적 욕구를 충족시키기 위하여 전문사회복지사가 클라이언트와 그 가족의 욕구를 사정하고 다

양한 서비스 패키지를 배정하고 조정하며 점검하고 평가와 옹호를 하는 서비스 제공의 한 방법이다(National Associaiton of Social Workers, 1992). 사례관리는 지역사회의 다양한 서비스와 자원을 통합하여 복합적 욕구를 가진 클라이언트에게 효율적으로 연계함으로써 보호의 지속성을 실현시키는 것을 목적으로 한다(민소영, 2006).

사례관리는 지역사회정신보건센터를 중심으로 만성정신장애인을 위한 실천 방법으로 확대되어 가고 있다. 지역사회의 만성정신장애인을 위한 사례관리는 서비스의 목적, 대상, 수행 방식 등에 따라 매개자 모델, 임상 사례관리 모델, 적극적인 지역사회 치료 모델, 집중적인 사례관리 모델, 재활모델, 그리고 강점 모델로 나뉜다(민소영, 2006).

- 매개자(broker) 모델: 책임 있는 한 명의 서비스 제공자가 50명 이상의 클라이언트에게 필요한 서비스나 서비스 제공자를 상호 조정해 주는 등 자원을 원활하게 중개하는 역할이 강조됨. 많은 클라이언트에 대한 부담감이 있으며, 위기 상황 대처에만 급급하고, 적절한 임상적 서비스를 제공하기에는 한계가 있음
- 임상 사례관리(clinical case management) 모델: 심리교육과 심리치료를 포함한 임상적 기능을 수행함으로써 사례관리자가 보다 임상적 기술을 갖추어야 함. 사례관리자에게 전문적 임상 실천 지식과 기술을 교육하는 데 한계가 있으며, 실제로 전문적 임상치료자는 사례관리를 위한 시간적 여유나 관심, 금전적 보상이 부족함
- 적극적인 지역사회 치료(assertive community treatment: ACT) 모델: 중증 만성정신질환을 가지고 있거나 정신의료서비스를 빈번하게 이용하는 정신장애인을 대상으로 지역사회 내에서 포괄적 서비스를 사례관리 팀이 직접 제공함. 사례관리 팀은 다양한 분야의 전문성을 가진 다학제의 사람들로 구성되며, 종결 시점 없이 24시간 서비스를 지속적으로 제공함. 고비용의 부담, 만성중증장애인이 사례관리 팀의 다양한 제공자들과 한꺼번에 상호관계를 형성해야 하는 어려움 등이 있음
- 집중적인 사례관리(intensive case management: ICM) 모델: 정신의료서비스

를 만성적으로 빈번하게 이용하는 정신장애인에게 더 초점을 둔 모델로, 클라이언트가 거주하는 지역사회 내에서 일상생활기술을 습득할 수 있도록 여러 서비스를 제공함. 클라이언트와 실무자 간의 낮은 담당 비율을 가지며, 적극적인 지역사회 치료 모델과는 달리 팀 접근을 실행하지 않음

- 재활(rehabilitation)모델: 지역사회 생활 유지와 개인의 목표 성취에 중점을 두며, 클라이언트가 설정한 지역사회 환경과 목표에 장애가 되는 환경적 요인을 극복하도록 사례관리자가 일상생활 및 사회 기술을 개발하고 훈련시킴으로써 재활에 개입함
- 강점(strengths)모델: 정신장애인의 지역사회 통합을 이루기 위해 클라이언트가 살아가는 지역사회에서 접근할 수 있는 자원을 활용하고 획득하는 기술을 가르침. 클라이언트가 가지고 있는 강점을 강조하고, 클라이언트의 자기결정하에 개입이 이루어지도록 함

7) 낮병원

낮병원은 심한 정신장애를 가진 환자를 위해 계획된 주요 증상적 · 의료적 · 정신적 · 심리사회적인 면을 포함한 통원 가능한 치료 프로그램으로서, 집중적이고 포괄적이며 종합적인 전문가 팀에 의해 제공되는 취업 전 단계의 치료다(Parker & Knoll, 1990). 낮병원은 지역사회에 기반을 둔 치료 프로그램으로, 입원이 필요한 정신과 환자의 통상 입원에 대한 대안적 치료 형태다. 낮병원은 정신장애인의 지역사회 적응을 촉진하여 입원치료의 기간을 단축시키고, 재입원을 예방하는 것에 중점을 두며, 각 환자의 욕구에 맞추어 다양한 접근이 이루어지는 치료적 공동체의 개념이 강하다(김영란, 2001). 밤에는 집에서 지내고, 낮동안에 병원을 방문하여 프로그램에 참가하고 집으로 돌아가기 때문에, 정신장애인을 지역사회에 조기에 복귀시키기 위해 외래치료로의 이행과정을 담당하는 중간 단계라고 할 수 있다.

우리나라의 낮병원은 1975년 광주 성요한병원에서 최초로 시작하였으며, 1976년 국립서울정신병원, 1980년 서울대병원 정신과, 1985년 국립나주정신병원 등에서 운영되기 시작했다(김영란, 2001). 1990년대에 지역사회정신보건이

활성화되면서 낮병원은 본격적으로 보편화되었다.

학습활동

- 정신장애인의 가족이 겪는 정서와 보호부담에 대해 생각해 봅시다.
- 다음의 링크를 확인해 보고 어떤 사회복귀시설이나 정신사회재활 프로그램들이 있는지 조사해 봅시다.
  한국사회복귀시설협회: http://www.kpr.or.kr/menu03/menu03_01.php
  한국정신사회재활협회: http://www.kapr.or.kr/link04.html

정리해봅시다

1. 정신사회재활
   - 정신사회재활은 정신장애에 의해 오랫동안 기능적 장애를 가진 사람이 스스로 선택한 환경 내에서 최소한의 전문적 개입을 받으며 성공적이고 만족스러운 독립적 삶을 살아가기 위해 필요한 기능을 증진시키는 것이다.
2. 정신사회재활의 구성요소
   - 정신사회재활의 구성요소로는 사회기술 훈련, 환자교육, 가족교육, 직업재활, 다양한 주거 프로그램, 사례관리, 낮병원이 있다.
   - 사회기술 훈련: 지역사회 생활에 필수적인 생활기술을 습득시킴으로써, 독립적 일상생활을 수행하기 위한 실제적 역량을 강화한다.
   - 환자교육: 증상관리와 약물관리에 대한 교육 등 정신장애를 극복해 나가는 데 필요한 내용을 교육한다.
   - 가족교육: 높은 보호부담을 갖는 정신장애인의 가족을 위해 가족교육, 자조집단, 가족치료의 서비스를 제공한다.
   - 직업재활: 정신장애인이 직업을 확보하고 유지할 수 있도록 지속적이고 종합적인 원조를 제공한다.
   - 다양한 주거 프로그램: 정신장애인의 주거시설은 크게 응급, 훈련, 지원, 지지 및 독립의 5단계의 유형으로 나뉘며, 중간 거주시설, 그룹홈, 위탁가정, 요양시설, 반독립주거시설 등이 있다.
   - 사례관리: 클라이언트의 복합적 욕구를 충족시키기 위해 욕구사정, 서비스 조정 · 점검 ·

연계, 평가 및 옹호를 통해 통합적이고 체계적으로 서비스를 전달한다.

- 낮병원: 집중적이고 포괄적이며 종합적인 전문가 팀에 의해 제공되는 지역사회에 기반을 둔 통원 가능한 치료 프로그램이다.

참고문헌

강선경(2010). 정신병리. 경기: 집문당.

김기태, 황성동, 최송식, 박동길, 최말옥(2001). 정신보건복지론. 경기: 양서원.

김영란(2001). 낮 병원을 이용하는 정신질환자의 사회기술훈련 프로그램 효과에 관한 연구. 광주대학교 산업대학원 석사학위논문.

김이영(2004). 통합정신재활서비스의 재활성과 및 삶의 질에 관한 연구. 계명대학교 대학원 박사학위논문.

김현숙(2002). 만성정신질환자의 정신사회재활모형 구축. 서울대학교 대학원 박사학위논문.

민소영(2006). 만성 정신장애인을 위한 사례관리 모형과 수행 구조에 대한 탐색적 연구. 사회복지연구, 30, 215-242.

박병선, 배성우(2013). 정신사회재활서비스 사정 및 성과 척도개발: 정신사회재활모델을 중심으로. 정신보건과 사회사업, 41(1), 114-142.

박선영(2009). 미국과 한국의 정신장애인 가족의 자조집단에 대한 고찰. 사회과학논총, 28(2), 51-80.

서미경(2007). 정신장애와 가족. 경기: 집문당.

서진환(1998). 정신분열병 환자를 위한 직업재활 프로그램의 개발과 효과성 연구: 문제해결 기술훈련을 중심으로. 연세대학교 대학원 박사학위논문.

서진환(2002). 우리나라 정신장애인 가족개입 프로그램의 고찰-정신분열병 환자가족을 위한 교육중심 프로그램-. 한국가족치료학회지, 10(2), 133-168.

양옥경(1995). 정신장애인 가족에 관한 연구-가족의 보호부담, 대처기제, 서비스 욕구를 중심으로. 신경정신의학, 34(3), 809-829.

양옥경(2006). 정신보건과 사회복지. 경기: 나남출판.

유수현(2001). 지역사회복지관에서의 정신장애인 재활프로그램의 개발 필요성. 정신보건과 사회사업, 11, 30-52.

이계존(2000). 정신장애인 직업재활체계의 수립에 관한 연구. 조사연구, 2, 7-158.

이경아(2001). 지역사회 정신보건센터에서의 임상기술개발. 한국정신보건사회사업학회

춘계학술대회.

이수희(2010). 정신장애인의 재활에 영향을 미치는 요인-회복요인을 중심으로. 가톨릭 대학교 대학원 석사학위논문.

이용표(2003). 현장과제를 활용한 정신장애인 사회기술훈련 프로그램의 효과: 역량강화와 증상에 관한 훈련효과를 중심으로. **정신보건과 사회사업, 15**, 77-105.

전석균(1994). 정신분열증 환자의 재활을 위한 사회기술훈련 프로그램의 효과성에 관한 연구. 숭실대학교 대학원 박사학위논문.

전혜성(2011). 정신장애인배우자의 스트레스에 영향을 미치는 생심리사회적 요인 연구. **한국가족복지학, 33**(9), 349-373.

황태연, 이금진(2002). 정신장애인을 위한 직업재활프로그램-보호작업장 실태조사와 프로그램을 중심으로-. **조사연구, 6**(2).

Anderson, C. M. (1977). Psychoeducational program for families of patients with schizophrenia. In W. R. McFarlane (Ed.). *Family therapy in schizophrenia* (pp. 99-116). New York: Guilford Press.

Anthony, W., Cohen, M., Farkas, M., & Gagne, C. (2002). *Psychiatric rehabilitation.* Boston, MA: Boston University, Center for Psychiatric Rehabilitation.

Anthony, J., & Petronis, K. (1991). Suspected risk factors for depression among adults 18-33 years old. *Epidemiology, 2,* 123-132.

Fischler, G., & Booth, N. (2004). **정신장애와 직업기능, 그리고 직장편의: 재활전문인력을 위한 입문서** (김상희 역). 서울: 시그마프레스. (원전 출판 1999년)

Liberman, R. R. (1987). *Psychiatric rehabilitation of chronic mental patients.* Washington, DC: American Psychiatric Press.

Marsh, D. T. (1992). *Families and mental illness: New directions in professional practice.* New York: Praeger Publishers.

National Association of Social Workers (1992). *NASW standards for social work case management.* Washington, DC: Author.

Norton, S., Wandersman, A., & Goldman, C. R. (1993). Perceived costs and benefits of membership in a self-help group: Comparisons of members and nonmembers of the Alliance for the mentally ill. *Community Mental Health Journal, 29*(2), 143-160.

Parker, S., & Knoll, J. (1990). Partial hospitalization: An update. *The American Journal of Psychiatry, 147*(2), 156-160.

제15장

정신보건법과 정책 및 정신장애인의 인권

MENTAL

학습목표

- 「정신보건법」의 목적과 기본 이념 및 정신보건법의 주요 내용을 파악한다.
- 우리나라의 정신보건정책의 추진 방향과 전달체계를 파악한다.
- 정신장애인의 인권문제와 과제에 대해 이해한다.

HEALTH

학습내용

- 「정신보건법」의 주요 내용
  - 「정신보건법」의 개요
  - 정신보건시설 및 정신보건사업
  - 보호 및 치료
  - 정신질환자의 권익보호 및 지원
  - 정신보건심의위원회 및 전문 인력
  - 수급자의 권리보호
- 「정신건강증진법」의 입법 예고
- 정신보건정책 및 전달체계
  - 정신보건정책
  - 전달체계
- 정신장애인과 인권

1. 「정신보건법」의 주요 내용

1) 「정신보건법」의 개요

「정신보건법」은 1995년 12월 30일 법률 제5133호로 제정되었으며, 1996년 12월 31일에 시행되었다. 1997년 12월 31일 전면 개정으로 정신요양병원이 폐지되었고, 지역사회정신보건사업 비용에 대한 국가 지원 근거를 마련하였으며, 정신질환자 퇴원 절차 간소화로 인권보호를 강화하였다. 「정신보건법」의 목적은 정신질환의 예방, 정신질환자의 의료 및 사회복귀에 필요한 사항을 규정함으로써 국민의 정신건강 증진에 이바지하기 위해서다(제1항1조). 「정신보건법」의 기본 이념은 정신질환자의 인권보호이며, 그 내용은 다음과 같다.

- 모든 정신질환자는 인간으로서의 존엄과 가치, 최적의 치료를 받을 권리를 보장받고, 정신질환이 있다는 이유로 부당한 차별대우를 받지 아니할 권리가 있다.
- 미성년자인 정신질환자에 대해서는 특별히 치료, 보호 및 필요한 교육을 받을 권리가 보장되어야 한다.
- 입원치료가 필요한 정신질환자에 대해서는 항상 자발적 입원이 권장되어야 한다.
- 입원 중인 정신질환자는 가능한 한 자유로운 환경이 보장되어야 하며, 다른 사람들과 자유로이 의견교환을 할 수 있도록 보상되어야 한다.

「정신보건법」에서는 국가의 의무와 실태조사의 의무, 정신보건사업계획 수립의 의무, 국민의 의무 등 의무에 대해서 다음과 같이 명시하고 있다.

1 국가 등의 의무(제4조)

- 국가와 지방자치단체는 국민의 정신건강을 증진시키고, 정신질환을 예방하며, 정신질환자의 치료 · 재활 및 장애 극복과 사회복귀 촉진을 위한 연구 · 조사와 지도 · 상담 등 필요한 조치를 하여야 한다.
- 국가와 지방자치단체는 정신질환의 예방과 치료 및 재활을 위하여 정신보건센터와 정신보건시설을 연계하는 정신보건서비스 전달체계를 확립하여야 한다.

2 실태조사(제4조의2)

보건복지부장관은 이 법의 적절한 시행을 위하여 정신질환자의 실태조사를 5년마다 실시하여야 한다.

3 정신보건사업계획의 수립(제4조의3)

- 보건복지부장관은 5년마다 국가정신보건사업계획을 수립하고, 특별시장 · 광역시장 · 도지사 · 특별자치도지사와 시장 · 군수 · 구청장은 국가정신보건사업계획에 따라 각각 특별시 · 광역시 · 도 · 특별자치도와 시 · 군 · 구 단위의 정신보건사업계획(지역정신보건사업계획)을 수립하여야 한다. 이 경우 「지역보건법」 제3조에 따른 지역보건의료계획과 연계되도록 하여야 한다.
- 제1항에 따른 국가정신보건사업계획 및 지역정신보건사업계획에는 다음 각 호의 사항이 포함되어야 한다.
  - 생애주기별 정신건강증진사업
  - 지역사회 정신보건사업
  - 정신질환의 치료 및 정신질환자의 재활사업
  - 정신질환에 대한 인식개선사업
  - 정신질환자의 권익증진사업
  - 정신질환에 대한 지역사회조사 및 사업평가
  - 그 밖에 정신건강의 증진을 위한 사업으로서 대통령령으로 정하는 사업

④ **국민의 의무**(제5조)

국민은 정신질환의 예방과 정신건강 증진을 위하여 국가 및 지방자치단체가 실시하는 조사 및 관련 정신보건사업에 협력하여야 한다.

⑤ **정신보건시설의 설치 · 운영자의 의무**(제6조)

정신보건시설의 설치 · 운영자는 정신질환자와 그 보호의무자에게 이 법에 의한 권리와 권리의 행사에 관한 사항을 알려야 하며, 입원 및 거주 중인 정신질환자가 인간으로서의 존엄과 가치를 보장받으며 자유롭게 생활할 수 있도록 노력하여야 한다.

⑥ **인권교육**(제6조의2)

정신보건시설의 설치 · 운영자, 종사자는 인권에 관한 교육을 받아야 한다.

⑦ **보호의무자의 의무**(제22조)

- 보호의무자는 피보호자인 정신질환자로 하여금 적정한 치료를 받도록 노력하여야 하며, 정신건강의학과 전문의의 진단에 의하지 아니하고 정신질환자를 입원시키거나 입원을 연장시켜서는 아니 된다.
- 보호의무자는 보호하고 있는 정신질환자가 자신 또는 타인을 해치지 아니하도록 유의하여야 하며, 정신건강의학과 전문의의 진단에 따라 정신질환자가 입원 · 퇴원할 수 있도록 협조하여야 한다.
- 보호의무자는 정신질환자의 재산상의 이익 등 권리보호를 위하여 노력하여야 하며 정신질환자를 유기하여서는 아니 된다.

2) 정신보건시설 및 정신보건사업

(1) 정신보건시설

정신보건시설에는 국공립정신병원, 정신요양시설, 정신질환자 사회복귀시설이 있다. 첫째, 국공립정신병원(제8조)은 지역사회정신보건사업을 수행하고 지역사회정신보건사업인력에 대한 교육 · 훈련을 담당한다. 보건복지부장관 또는 시 · 도지사는 정신병원을 설치하는 경우 그 병원이 지역적으로 균형 있게 분포되도록 하여야 하며, 정신질환자에 대하여 지역사회관리가 가능하도록 하여야 한다. 둘째, 정신요양시설(제10조)은 보건복지부장관의 허가를 받아 사회복지법인 기타 비영리법인이 설치 · 운영할 수 있다. 정신요양시설에서의 요양과 사회복귀를 위한 훈련은 보건복지부장관이 정하는 바에 의하여 행해져야 하며, 보건복지부장관 또는 시 · 도지사는 정신요양시설의 장에게 정신질환자의 요양과 사회복귀 촉진을 위한 훈련에 지장이 없는 범위 안에서 지역주민 · 사회단체 · 언론기관 등이 정신요양시설의 운영상황을 파악할 수 있도록 당해 시설의 개방을 요구할 수 있다. 셋째, 정신질환자 사회복귀시설(제16조)은 정신질환자가 필요한 기간 동안 생활하면서 재활에 필요한 상담 · 훈련 등의 서비스를 받아 사회복귀를 준비하거나 장애로 인하여 장기간 생활하는 시설로서, 정신질환자 생활시설, 정신질환자 지역사회재활시설, 정신질환자 직업재활시설, 기타 대통령령으로 정하는 시설로 나뉠 수 있다.

정신의료기관의 시설, 장비의 기준, 의료인 등 종사자의 수 및 자격 등에 관하여 필요한 사항은 정신의료기관의 규모 등을 고려하여 보건복지부령으로 정하며, 보건복지부장관은 정신질환자에 대한 효율적인 의료의 제공을 위하여 다음에 해당하는 경우에 정신의료기관의 규모를 제한할 수 있다(제12조).

- 300병상 이상의 정신의료기관을 개설하고자 하는 경우
- 정신의료기관의 병상 수를 300병상 미만에서 기존의 병상 수를 포함하여 300병상 이상으로 증설하고자 하는 경우
- 300병상 이상의 정신의료기관을 운영하는 자가 병상 수를 증설하고자 하는 경우

또한, 다음 중 어느 하나에 해당하는 행위로 금고 이상의 형을 선고받고 그 형의 집행이 종료되거나 집행을 받지 아니하기로 확정된 후 5년이 경과되지 아니한 자 또는 그가 대표자로 있는 법인은 정신요양시설 또는 정신의료기관을 설치하거나 개설할 수 없다(제12조의2).

- 자의입원의 퇴원 신청이나 퇴원 명령에도 정신질환자를 퇴원 또는 퇴소(이하 '퇴원 등'이라 한다)시키지 아니한 행위
- 시청 · 군수 · 구청장에 의한 입원 조치 해제에도 정신질환자를 퇴원시키지 아니한 행위
- 정신건강의학과 전문의의 진단 없이 정신질환자를 입원 또는 입소(이하 '입원 등'이라 한다)시키거나 입원 등을 연장시킨 행위

정신의료기관은 입원 당시 대면 진단, 계속입원심사 청구 및 결과, 투약 등

표 15-1 정신의료기관이 보존해야 할 기록의 내용

번호	구분	보존 내용	보존 기간
1호	입원 당시 대면 진단	• 진단을 받은 자의 성명, 주소, 주민등록번호 • 동반한 보호의무자의 성명, 주소, 주민등록번호 • 주된 증상, 진단 결과, 입원의 필요성, 대면 진단 일시	
2호	계속입원 심사 청구 및 결과	• 청구대상자의 성명, 주소, 주민등록번호 • 동의한 보호의무자의 성명, 주소, 주민등록번호 • 최초 입원 등의 연월일 • 계속입원이 필요하다는 정신과 전문의의 소견, 판정 결과	10년
3호	투약 등 치료 내용	• 투약 지시자 · 수행자, 투약 내용, 투약 일시	
4호	치료 프로그램	• 치료 프로그램의 내용 결과, 지시자 · 수행자 및 실시 일시	
5호	격리 · 강박	• 격리 · 강박을 하는 사유와 내용 • 격리 · 강박 당시의 환자의 병명 · 증상, 격리 · 강박의 지시자 · 수행자 및 개시 · 종료 시간	5년
6호	통신 · 면회 제한	• 통신 · 면회를 제한하는 사유와 내용 • 통신 · 면회 제한 당시의 환자의 병명 · 증상, 통신 · 면회 제한의 지시자 · 수행자 및 개시 · 종료 시간	

※ 구분별 보존 내용을 보존 내용의 각 항목을 갈음할 수 있는 서식 또는 별지가 있는 경우 해당 서류로 갈음할 수 있으나, 보존 내용과 그 내용이 없거나 상이한 경우에는 그 사유 및 내용을 진료기록부 등에 명기하여 보존하여야 하며, 4호 치료 프로그램은 정신과 전문의의 지도하에 전문가(전공의, 정신보건전문요원, 간호사 등 종사자)가 환자에게 제공하는 프로그램으로, '건강보험 행위 급여 · 비급여 목록표 및 급여상대가치점수'에서 제2부 제8장 정신요법료 각 항목 중 정신과 의사 외의 전문가가 실시할 수 있는 것으로 작업 및 오탁요법, 정신과적 재활요법과 이에 준하는 것임.

출처: 보건복지부(2012), p. 432.

치료 내용, 치료 프로그램, 격리 · 강박, 통신 · 면회 제한에 대한 기록을 보존해야 한다(제18조의2).

정신보건시설에 대한 평가(제18조의3)는 보건복지부장관에 의해 3년마다 실시하여야 한다. 다만, 「의료법」 제58조의4에 따른 의료기관 인증의 신청 및 「사회복지사업법」 제43조에 따른 사회복지시설평가로서 정신보건시설평가를 갈음할 수 있다.

(2) 지역사회정신보건사업의 수행

지역사회정신보건사업을 수행하는 기관으로는 보건소, 국공립정신의료기관, 정신보건센터, 정신보건사업지원단, 정신보건연구기관이 있다.

1 보건소(제13조)

- 국가 및 지방자치단체는 보건소를 통하여 정신보건시설 간 연계체계 구축, 정신질환의 예방, 정신질환자의 발견 · 상담 · 진료 · 사회복귀훈련 및 이에 관한 사례관리 등 지역사회정신보건사업을 기획 · 조정 및 수행할 수 있다.
- 보건소에는 대통령령이 정하는 바에 따라 제7조의 규정에 의한 정신보건전문요원을 둘 수 있다.

2 국공립정신의료기관

- 국가 및 지방자치단체는 국공립정신의료기관을 통하여 제1항의 규정에 의한 지역사회정신보건사업을 지원하고, 시 · 군 · 구 간 연계체계 구축, 응급정신의료서비스 제공 등 광역 단위의 사업을 수행하며, 그 밖에 지역사회정신보건사업의 활성화를 위하여 필요한 사업을 수행하여야 한다.

3 정신보건센터

- 국가 및 지방자치단체는 지역사회정신보건사업을 전문적으로 수행하게 하기 위하여 보건소 또는 국공립정신의료기관에 정신보건센터를 설치하거나 그 사업을 대통령령이 정하는 기관 또는 단체에 위탁할 수 있다.
- 국가 및 지방자치단체는 지역사회정신보건사업의 실시를 위하여 시 ·

군 · 구 단위로 정신질환자의 발견 · 상담 · 진료 · 사회복귀훈련 및 이에 관한 사례관리 등을 실시하기 위한 정신보건센터를 설치하도록 노력하여야 한다.

④ 정신보건사업지원단

- 지역사회정신보건사업의 집중적이고 전문적인 지원을 위하여 보건복지부장관은 중앙정신보건사업지원단을, 시 · 도지사는 지방정신보건사업지원단을 각각 설치 · 운영할 수 있다.

⑤ 정신보건연구기관의 설치(제14조)

- 국가는 정신보건의 향상을 도모하기 위하여 정신보건연구를 위한 기관을 설치하여야 한다.

3) 보호 및 치료

(1) 보호의무자

정신질환자의 「민법」상의 부양의무자 또는 후견인은 정신질환자의 보호의무자가 된다(제21조). 「정신보건법」에 따르면 직계혈족이 정신질환자의 보호의무자가 되는데, 직계혈족은 부모, 조부모, 증조부모, 외조부모, 외증조부모가 포함되는 직계 존속과 직계 비속으로 나뉠 수 있다. 형제자매는 방계혈족으로 친족에 해당되기 때문에 생계를 같이하는 경우에만 보호의무자가 될 수 있다. 다만, 금치산자 및 한정치산자, 파산선고를 받고 복권되지 아니한 자, 당해 정신질환자를 상대로 한 소송이 계속 중인 자 또는 소송한 사실이 있었던 자와 그 배우자, 미성년자, 행방불명자는 보호의무자가 될 수 없다. 보호의무자가 없거나 보호의무자가 부득이한 사유로 인하여 그 의무를 이행할 수 없는 경우에는 당해 정신질환자의 주소지(주소지가 없거나 알 수 없는 경우에는 현재지)를 관할하는 시장 · 군수 또는 구청장이 그 보호의무자가 된다.

(2) 자의입원, 보호의무자에 의한 입원, 시장 · 군수 · 구청장에 의한 입원, 응급입원

정신장애인이 입원을 하는 방법으로는 자의입원(제23조), 보호의무자에 의한 입원(제24조), 시장 · 군수 · 구청장에 의한 입원(제25조), 응급입원(제26조)이 있다. 첫째, 자의입원은 정신질환자가 입원 또는 입소 신청서를 제출하고 정신의료기관 또는 정신요양시설에 자의로 입원하는 것을 말한다. 둘째, 보호의무자에 의한 입원은 비자의 입원으로, 정신의료기관 등의 장은 정신질환자의 보호의무자 2인의 동의(보호의무자가 1인인 경우에는 1인의 동의)가 있고 정신건강의학과 전문의가 입원 등이 필요하다고 판단한 경우에 한하여 당해 정신질환자를 입원 등을 시킬 수 있다. 이때 당해 보호의무자로부터 보건복지부령으로 정하는 입원 등의 동의서 및 보호의무자임을 확인할 수 있는 서류를 받아야 한다. 셋째, 시장 · 군수 · 구청장에 의한 입원도 비자의 입원이며, 정신질환으로 자신 또는 타인을 해할 위험이 있다고 의심되는 자를 발견한 정신건강의학과 전문의 또는 정신보건전문요원은 시장 · 군수 · 구청장에게 당해인의 진단 및 보호를 신청할 수 있다. 넷째, 응급입원은 정신질환자로 추정되는 자로서 자신 또는 타인을 해할 위험이 큰 자를 발견한 자는 그 상황이 매우 급박하여 의사와 경찰관의 동의를 얻어 정신의료기관에 응급입원을 의뢰할 수 있다.

「정신보건법」에 따르면, 정신질환을 가진 사람의 입원 이후, 정해진 기간 내에 계속 입원을 할 것인지에 대한 심사를 받도록 되어 있다(제24조). 보호의무자에 의해 입원한 경우에는 입원의 기간은 6개월 이내로 하도록 되어 있다. 다만, 정신의료기관 등의 장은 6개월이 지난 후에도 계속하여 입원 등의 치료가 필요하다는 정신건강의학과 전문의의 진단이 있고 보호의무자가 제1항에 따른 입원 등의 동의서를 제출한 때에는 6개월마다 시장 · 군수 · 구청장에게 입원 등의 치료에 대한 심사를 청구하여야 한다. 시장 · 군수 · 구청장에 의해 입원한 경우에는, 입원한 자가 입원 후 3개월이 경과하면 당해 환자에 대한 입원조치를 해제하여야 하며, 이를 환자가 입원하고 있는 정신의료기관의 장에게 서면 또는 전자문서로 통지하여야 한다. 이 경우 당해 정신의료기관의 장은 지체 없이 당해 환자를 퇴원시켜야 한다. 하지만 시장 · 군수 · 구청장은 2인 이상의 정신건강의학과 전문의에 의한 진단 또는 정신보건심판위원회의 심사 결과 당해

표 15-2 정신장애인 입원 · 퇴원 요건 및 절차 요약

입원 종류	근거 조문	주요 내용	비고
자의입원	「정신 보건법」 제23조	〈입원 요건〉 • 본인의 신청+정신과 전문의 진단 〈퇴원 절차〉 • 본인의 신청(신청서 또는 구두)	• 1년에 1회 이상 퇴원의사를 확인하고, 진료기록부에 기재
보호 의무자에 의한 입원	「정신 보건법」 제24조	〈입원 요건〉 • 보호의무자 2인 동의+정신과 전문의 진단 • 입원 후 6개월마다 계속 입원 여부 심사 〈퇴원 절차〉 • 환자 또는 입원 신청서를 제출한 보호의무자의 신청(신청서 또는 구두) 〈보호의무자의 범위-「민법」 974조〉 • 직계혈족 및 그 배우자 • 생계를 같이하는 친족	• 보호의무자가 1인인 경우 1인 동의 • 부득이한 경우 사유서를 제출하고, 7일 이내에 보완(7일 경과 시 퇴원 조치)
시 · 군 · 구청장에 의한 입원	「정신 보건법」 제25조	〈입원 요건〉 • 자신 또는 타인을 해할 위험이 있는 자를 발견한 정신과 전문의 또는 정신보건전문요원이 시 · 군 · 구청장에게 진단 및 보호 신청+정신과 전문의 진단 • 2주 이내에 정신과 의사 2인이 입원 진단을 내릴 경우 3개월까지 국공립병원, 종합병원에 입원 조치 〈퇴원 절차〉 • 정신과 전문의의 퇴원 결정	• 입원 3개월 후 계속 입원(3개월 1회) 심사
응급입원	「정신 보건법」 제26조	〈입원 요건〉 • 자해 · 타해의 위험이 큰 자로 상황이 급박한 경우 이를 발견한 자 + 경찰관의 동의 • 정신과 전문의가 아니라도 일반 의사의 진단으로도 입원 가능 〈퇴원 절차〉 • 정신과 전문의의 퇴원 결정	• 72시간까지 가능, 이후 필요 시 다른 입원 종류로 전환

출처: 보건복지부(2012), p. 435.

정신질환자가 퇴원 시 정신질환으로 자신 또는 타인을 해할 위험이 있다고 명백히 인정되는 진단 또는 심사 결과가 있는 경우에는 당해인을 계속 입원시킬 수 있으며, 그 기간은 계속 입원일로부터 3개월 이내로 하도록 되어 있다.

〈참고하기〉

정신보건법 제25조제4항의 규정에 의한 자신 또는 타인을 해할 위험의 기준

1. '자신 또는 타인을 해할 위험'의 인정 기준
   - 정신병에 의해 의식장애가 심한 상태: 의식의 혼탁과 지남력, 기억력, 충동조절 능력 상실 등의 증상이 심하여 자신 또는 타인을 해할 위험이 높은 상태
   - 정신병에 의한 망상에 의해 행동이 지배당하는 상태: 다음에 열거한 망상이 심하여 그 망상에 따라 행동하면 자신 또는 타인을 해할 가능성이 높은 상태
     - 누가 자신을 해치려 한다는 피해적 내용의 망상이 심한 경우(피해망상, 추적망상, 음독망상, 조정망상 등)
     - 자신은 살아야 할 가치가 없다는 비관적 내용을 포함하는 망상이 심한 경우(죄책망상, 빈곤망상, 허무망상, 자살사고 등)
     - 자신은 누구보다도 위대하기 때문에 무슨 일도 할 수 있다는 내용의 망상이 심한 경우(과대망상)
     - 서로 연결되지 않은 각종 망상을 동시에 가지고 있어서 극도의 정신혼란을 보이는 경우
   - 정신병에 의한 환각에 의해 행동이 지배당하는 상태: 다음에 열거한 내용의 환각이 있어서 그 환각에 따라 행동하면 자신 또는 타인을 해할 가능성이 높은 상태
     - 환자에게 어떤 행동을 하라고 지시하는 내용의 환각
     - 환자를 비난하는 내용의 환각
     - 환자를 자극하여 흥분시키는 내용의 환각
   - 정신병으로 현실판단 능력이 심하게 손상되어 예측 불가능한 행동을 할 가능성이 높은 상태
   - 심한 우울증으로 삶의 의욕을 상실하여 자해의 가능성이 높은 상태
   - 정신병의 증상으로 극도로 흥분하여 난폭한 행동을 하는 상태

2. 정신병의 범주

   여기에서 정신병이라 함은 다음과 같은 정신장애를 말함
   - 정신분열장애
   - 기준장애증 조증 상태 또는 우울 상태
   - 술 또는 습관성 물질 복용에 의한 정신장애
   - 각종 기질성 정신장애
   - 기타 정신병적 상태

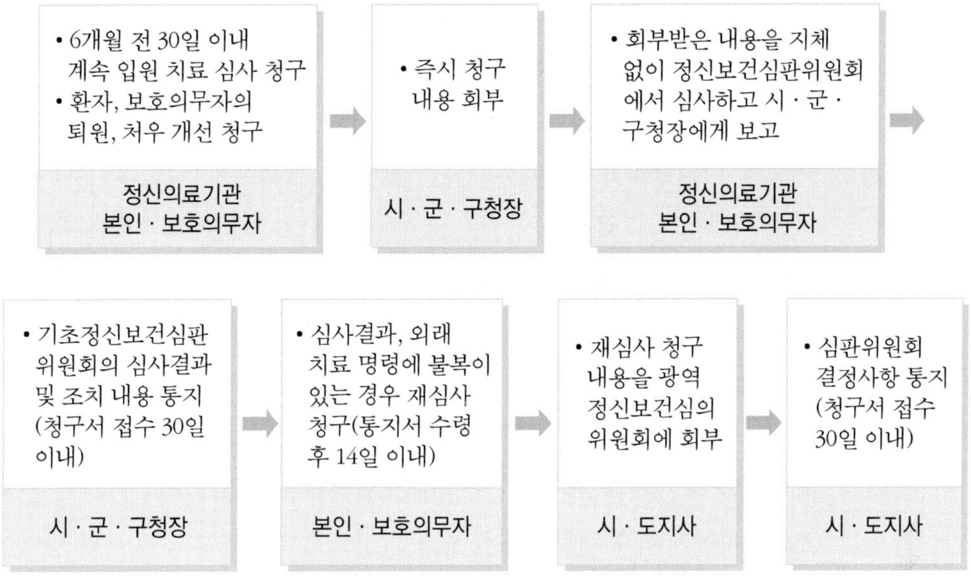

[그림 15-1] 계속 입원 치료 청구 등의 심사

출처: 보건복지부(2012), p. 444.

4) 정신장애인의 권익보호 및 지원

「정신보건법」에서는 정신질환자의 권익보호 및 지원을 위해 여러 가지 내용을 명시하고 있다. 권익보호 조치(제40조~제46조)는 다음과 같다.

- **입원금지 등**(제40조): 응급입원의 경우를 제외하고는 정신건강의학과 전문의의 진단에 의하지 아니하고 정신질환자를 정신의료기관 등에 입원시키거나 입원 등을 연장시킬 수 없다.
- **권익보호**(제41조): 누구든지 정신질환자였다는 이유로 교육 및 고용의 기회를 박탈하거나 기타 불공평한 대우를 하여서는 안 된다. 정신질환자, 그 보호의무자 또는 보호를 하고 있는 자의 동의 없이 정신질환사에 대하여 녹음 · 녹화 · 촬영할 수 없다. 정신보건시설의 장은 입원 등을 한 정신질환자에 대하여 정신건강의학과 전문의의 지시에 의한 의료 또는 재활의 목적이 아닌 노동을 강요하여서는 안 된다.
- **비밀누설의 금지**(제42조): 정신질환자에 관련된 직무를 수행하였던 자 또는

수행하는 자는 이 법 또는 다른 법령에서 특히 규정된 경우를 제외하고는 그 직무의 수행과 관련하여 알게 된 타인의 비밀을 누설하거나 발표하여서는 아니 된다.

- **수용 및 가혹행위 금지**(제43조): 정신질환자를 의료보호할 수 있는 시설 외의 장소에 정신질환자를 수용하여서는 안 되며, 정신보건시설에 입원 또는 입소하거나 시설을 이용하는 정신질환자를 폭행하거나 가혹행위를 하여서는 아니 된다.
- **특수치료의 제한**(제44조): 정신질환자에 대한 전기충격요법 · 인슐린혼수요법 · 마취하최면요법 · 정신외과요법 기타 대통령령이 정하는 특수치료 행위는 당해 정신의료기관이 구성하는 협의체에서 결정하되 본인 또는 보호의무자에게 특수치료에 대한 필요한 정보를 제공하고 그 동의를 얻어야 한다.
- **행동제한의 금지**(제45조): 의료를 위하여 필요한 경우에 한하여 통신의 자유, 면회의 자유 기타 대통령령이 정하는 행동의 자유를 제한할 수 있으나, 최소한의 범위 안에서 이를 행하여야 하며 그 이유를 진료기록부에 기재하여야 한다.
- **환자의 격리제한**(제46조): 환자를 격리시키거나 묶는 등의 신체적 제한을 가하는 것은 환자의 증상으로 보아서 본인 또는 주변 사람이 위험에 이를 가능성이 현저히 높고 신체적 제한 외의 방법으로 그 위험을 회피하는 것이 뚜렷하게 곤란하다고 판단되는 경우에 그 위험을 최소한으로 줄이고, 환자 본인의 치료 또는 보호를 도모하는 목적으로 행하여져야 한다. 이 경우 격리는 당해 시설 안에서 행하여져야 한다. 이 경우에는 정신건강의학과 전문의의 지시에 따라야 하며 이를 진료기록부에 기재하여야 한다.

「정신보건법」에서는 정신질환자를 위한 지원 조치를 다음과 같이 명시하고 있다(제47조~제48조).

- **직업지도 등**(제47조): 국가 또는 지방자치단체는 정신질환으로부터 회복된 자가 그 능력에 따라 적당한 직업지도 · 직업훈련을 받을 수 있도록 노력하

고 이들에게 적절한 직종의 개발과 그 보급을 위하여 노력하여야 한다.

- 단체 · 시설의 보호 · 육성 등(제48조): 국가 또는 지방자치단체는 정신질환자의 사회복귀 촉진 및 권익보호를 목적으로 하는 단체 또는 시설을 보호 · 육성하고, 이에 필요한 비용을 보조할 수 있다.

5) 정신보건심의위원회 및 전문 인력

(1) 정신보건전문요원

보건복지부장관은 정신보건 분야에 관한 전문지식과 기술을 갖추고 보건복지부령으로 정하는 수련기관에서 수련을 받은 자에게 정신보건전문요원의 자격증을 교부할 수 있으며, 정신보건전문요원은 정신보건임상심리사 · 정신보건간호사 및 정신보건사회복지사가 있으며, 다음에 해당하는 자는 정신보건전문요원이 될 수 없다.

- 금치산자 및 한정치산자
- 파산선고를 받은 자로서 복권되지 아니한 자
- 이 법, 「형법」「보건범죄 단속에 관한 특별조치법」「지역보건법」「후천성면역결핍증 예방법」「의료법」「응급의료에 관한 법률」「농어촌 등 보건의료를 위한 특별조치법」「시체 해부 및 보존에 관한 법률」「혈액관리법」「마약류 관리에 관한 법률」「약사법」「모자보건법」「사회복지사업법」 그 밖에 대통령령이 정하는 의료관계법령을 위반하여 금고 이상의 형의 선고를 받고 그 집행이 종료되지 아니하거나 집행을 받지 아니하기로 확정되지 아니한 자

한편, 정신보건에 관하여 시 · 도지사와 시장 · 군수 · 구청장의 자문에 응하고 정신보건에 관한 중요한 사항의 심의와 심사를 위하여 정신보건심의위원회가 설치되며, 계속 입원 치료 청구 등의 심사 등을 위해 정신보건심판위원회가 설치된다(〈표 15-3〉 참조).

표 15-3 정신보건심의위원회와 정신보건심판위원회의 비교

구분		정신보건심의위원회	정신보건심판위원회
위원회 설치	목적	정신보건에 관하여 시 · 도지사와 시장 · 군수 · 구청장의 자문에 응하고 정신보건에 관한 중요한 사항의 심의와 심사를 위하여 설치 *법 제27조①	제31조, 제35조 및 제36조의 규정에 의한 심사를 위하여 설치 *법 제28조⑥
	구조	중앙–보건복지부 광역–시 · 도 기초–시 · 군 · 구 *법 제27조①	광역–시 · 도 기초–시 · 군 · 구 *법 제27조②
	직무	1. 이의제기된 치료 행위의 심사 2. 처우 개선에 대한 심사 3. 퇴원 및 계속 입원 여부에 대한 심사 4. 외래 치료 명령에 관한 사항 *법 제28조③ *2번, 3번이 심판위원회의 직무에 해당함	1. 법 제24조 제3항(계속 입원 치료 심사) 및 제29조제1항(퇴원 및 처우 개선)에 대한 심사 2. 법 제25조(시장 · 군수 · 구청장에 의한 입원) 환자의 3개월 연장 심사 *법 제27조②
	보고	위원회 의결사항을 보건복지부장관, 시 · 도지사 또는 시장 · 군수 · 구청장에게 보고 *시행령 제12조	왼쪽과 같음
위원장	구성	위원장 1인, 부위원장 1인을 둠 *시행령 제9조①	위원장 1인, 부위원장 1인을 둠 *시행령 제16조①
	위원장	위원장은 정신보건 업무를 담당하는 시 · 군 · 구의 과장 또는 보건소장이 되고, 부위원장은 위원 중에서 호선 *시행령 제9조②	위원장은 심의위원회의 부위원장이 되고, 부위원장은 심판위원회 위원 중에서 호선 *시행령 제16조②
	직무	위원장은 위원회를 대표하고, 사무를 통할하며, 부위원장은 위원장이 부득이한 사유로 직무를 수행할 수 없는 때 그 직무를 대행 *시행령 제10조①②	왼쪽과 같음 *시행령 제16조③
	권한	위원장은 당해 위원회 회의를 소집하며, 그 의장이 됨 *시행령 제11조①	왼쪽과 같음 *시행령 제16조③

(계속)

위원 구성	구성 · 임기	5인 이상 15인 이내로 구성, 임기는 2년, 계속 연임 가능 *법 제28조④ 단, 공무원인 위원의 임기는 해당 직위의 재임기간으로 함 *시행령 제9조③	정신보건심판위원회는 정신보건심의위원회 위원 중에는 5인 이상 10인 이내의 위원으로 구성 *법 제28조⑥ 공무원 위원의 임기는 왼쪽과 같음 *시행령 제16조③
	필수 포함 위원	위원은 시장 · 군수 · 구청장이 각각 임명 또는 위촉하되, 다음 각 호에서 청한 자 중에서 각각 1인 이상을 포함(5종) 1. 정신과 전문의 2. 판사 · 검사 또는 변호사 3. 정신보건전문요원 4. 정신질환자의 가족 5. 정신보건 전문지식과 경험을 가진 다음의 자 –정신보건시설의 운영자 –심리학 · 간호학 · 사회복지학 또는 사회사업학 전임강사 이상 자 –정신보건업무 관계 공무원 –그 밖에 정신보건 전문지식과 경험이 있다고 인정하는 자 *법 제28조⑤	심판위원은 시 · 도지사 및 시장 · 군수 · 구청장이 임명하며, 다음의 위원을 필수적으로 구성(3종) 1. 정신과 전문의 2. 정신보건전문요원 3. 판사 · 검사 또는 변호사 *법 제28조⑥

*중앙정신보건심의위원회 및 광역정신보건심의위원회는 각각 10인 이상 30인 이내로 구성됨
출처: 보건복지부(2012), p. 446.

6) 수급자의 권리보호

수급자의 권리보호를 위해, 정신의료기관 등에 입원 등을 하고 있는 자 또는 그 보호의무자는 시장 · 군수 · 구청장에게 자신 또는 당해 입원 환자의 퇴원 또는 처우 개선을 청구할 수 있다(제29조). 기초정신보건심의위원회는 퇴원 등의 심사를 회부받은 때에는 지체 없이 이를 정신보건심판위원회에서 심사하여 그 결과를 시장 · 군수 · 구청장에게 보고하여야 한다(제31조). 심사청구를 한 자 및 계속 입원이 결정된 정신질환자가 시장 · 군수 · 구청장의 심사결과 통지 또는 외래치료 명령에 대하여 불복이 있거나 기간 내에 심사를 받지 못한 경우에

표 15-4 「정신보건법」 제55조 내지 57조의 3에 따른 정신의료기관 처벌 · 행정처분 기준

적용 법조	위반 내용	처벌 내용	준수 규정
법 제55조	1. 정신질환자를 유기한 자	5년 이하 징역, 2천만 원 이하 벌금	22조③
	2. 자의입원 환자 또는 보호의무자에 의한 입원 환자의 퇴원 요구에도 정신질환자를 퇴원시키지 아니한 자		23조② 24조④ ⑥ ⑧
	3. 중앙 · 지방정신보건심판위원회 및 보건복지부 및 시 · 도지사의 퇴원 또는 가퇴원 명령에 응하지 아니한 자		33조① 35조② 39조④
	4. 시 · 군 · 구청장의 입원 조치 해제요구에도 정신질환자를 퇴원시키지 아니한 자		36조①
	5. 응급입원 이외의 경우로 정신과 전문의의 진단 없이 정신질환자를 입원시키거나 입원을 연장한 자		40조①
	6. 정신질환자를 이 법 또는 다른 법령에 의한 시설 외의 장소에 수용한 자		43조
	6의2. 정신보건시설의 장 또는 그 종사자로서 정신보건시설에 입원 등을 하거나 시설을 이용하는 정신질환자에 대하여 폭행을 가하거나 가혹행위를 한 자		43조②
	7. 협의체의 결정이 없거나 정신질환자 또는 보호의무자의 동의를 얻지 아니하고 특수치료를 행한 자		44조①
	8. 보조금을 목적 외에 사용한 자		52조⑤
법 제56조	1. 사업정지 · 폐쇄명령을 위반한 자	3년 이하 징역, 1천만 원 이하 벌금	12조③, 18조①
	2. 신고를 하지 아니하고 사회복귀시설을 설치 · 운영한 자		15조②
	2의2. 정신질환자에게 정신과 전문의의 지시에 의한 의료 또는 재활의 목적이 아닌 노동을 강요한 자		41조③
	3. 직무상 알게 된 타인의 비밀을 누설하거나 발표한 자		42조
	4. 정신질환자의 통신 등의 자유를 제한한 자		45조①
	1. 1년에 1회 이상 퇴원할 의사가 있는지 여부를 확인하지 아니하거나 그 사항을 진료기록부에 기재하지 아니한 자		23조③
	2. 입원 동의서 또는 보호의무자임을 확인할 수 있는 서류를 받지 아니한 자		24조①

(계속)

법 제57조	3. 보호의무자에 의한 입원 환자의 계속 입원 신청을 하지 않거나 지연한 자	1년 이하 징역, 500만 원 이하 벌금	24조③
	4. 계속 입원이 필요하지 않은 응급입원 환자를 퇴원시키지 아니한 자		26조⑤
	5. 신상정보의 확인이나 조회 요청을 하지 아니한 자		26조의2①
	6. 중앙·지방정신보건심판위원회 및 보건복지부 및 시·도지사의 처우개선 명령에 응하지 아니한 자		33조① 35조② 39조④
	7. 동의를 얻지 아니하고 정신질환자에 대하여 녹음·녹화·촬영을 한 자		41조②
	8. 행동제한의 이유를 진료기록부에 기재하지 아니하거나 이를 거짓으로 기재한 자		45조②
	9. 정신과 전문의의 지시 없이 격리하거나, 이를 진료기록부에 기재하지 아니한 자		46조②
	10. 환자의 의사에 반하여 입원 환자나 입소자의 신청 또는 동의 없이 작업을 시키거나 정신과 전문의나 정신보건전문요원이 지시한 방법과 다르게 작업을 시킨 자		46조의2②
	11. 작업에 관한 사항을 진료기록부에 기재하지 아니하거나 이를 거짓으로 기재한 자		46조의2③

출처: 보건복지부(2012), pp. 457-458.

는 시·도지사에게 재심사를 청구할 수 있다(제34조).

또한, 다음과 같은 벌칙과 양벌규정 및 과태료에 대한 규정을 제시하고 있다. 법인의 대표자 또는 법인이나 개인의 대리인·사용인 기타 종업원이 그 법인 또는 개인의 업무에 관하여 제55조 내지 제57조의3의 위반 행위를 한 때에는 행위자를 벌하는 외에 그 법인 또는 개인에 대하여도 각 해당 조의 벌금형을 과하도록 되어 있다.

그 외에도 다음의 어느 하나에 해당하는 자는 100만 원 이하의 과태료에 처하도록 명시되어 있다.

- 정신요양시설의 폐지·휴지·재개설에 대한 신고를 하지 아니하거나 허위의 신고를 한 자

- 정신질환자나 보호의무자에게 입원이나 입원 연장에 관한 통지를 하지 아니한 자
- 임시 퇴원 시 입원 등의 치료를 의뢰한 보호의무자 또는 시·군·구청장에게 통보를 하지 아니한 자
- 보건복지부장관, 시·도지사 또는 시장·군수·구청장이나 보건소에 대해 보고를 하지 아니하거나 허위의 보고를 한 자, 관계 서류를 제출하지 아니하거나 허위의 서류를 제출한 자 또는 관계공무원·정신보건심의위원회 위원의 검사·심사를 거부·방해 또는 기피한 자
- 정신질환자였다는 이유로 교육 및 고용의 기회를 박탈하거나 기타 불공평한 대우를 한 자

2. 「정신건강증진법」의 입법 예고

1995년도에 제정된 「정신보건법」이 2013년 5월부터 7월까지 입법 예고를 통해 「정신건강증진법」으로 바뀔 예정이다. 2013년 5월에 입법 예고된 「정신건강증진법」의 주요 내용은 다음과 같다(보건복지부, 2013. 5. 20). 이번 개정안은 정신질환자의 범위를 '사고장애, 기분장애, 망상, 환각 등 정신질환으로 인하여 독립적으로 일상생활을 영위하는 데 중대한 제약이 있는 사람'으로 축소해 외래치료로 일상생활이 가능한 사람은 정신질환자의 범위에서 제외하도록 했다. 현행 「정신보건법」 제3조에서는 "정신병·인격장애·알코올 및 약물 중독 기타 비정신병적 정신장애를 가진 자"를 정신질환자로 정하고 있어 환자 상태의 경중도를 고려하지 않고 있으며, 정신과 의사와 단순한 상담을 한 사람도 정신질환자의 범주에 포함해 그동안 문제가 제기되어 왔다. 개정안에 따라 「정신건강증진법」상의 정신질환자는 입원치료 등이 요구되는 중증환자로 범위가 대폭 축소되며, 외래치료로 일상생활이 가능한 경증 정신질환자는 그 범주에서 제외된다. 또한, 보건복지부는 2013년 4월 1일부터 약물 처방이 동반되지 않는 정신건강의학과 외래상담 시 건강보험 청구 과정에서 정신질환 기록이 남지 않도록 질병코드를 분리하여 적용하고 있다.

이어 개정안은 보험업법상 보험상품의 가입 · 갱신 · 해지와 관련해 정당한 사유 없이 정신질환을 사유로 피보험자를 차별(제한 · 배제 · 분리 · 거부)할 수 없다고 명시했다. 차별 행위가 발생한 경우에는 그것이 정당하게 이뤄졌다는 사실을 보험 제공자 측에서 입증하도록 했다. 또한, 개정안은 정신건강문제의 조기발견 및 만성화 방지를 위한 '생애주기별 정신질환 조기발견체계'를 구축할 수 있는 근거 조항을 신설했다. 아울러 보호의무자에 의한 정신의료기관의 비자발적 입원 요건을 현행보다 더 엄격히 하고, 입원 적정성 여부 심사도 강화했다. 현재는 입원이 필요한 질환이 있거나 환자 자신의 건강 또는 안전, 타인에게 해를 끼칠 위험이 있으면 입원 대상자가 된다. 그러나 개정안에서는 입원이 필요한 질환이 있으면서 환자 자신의 건강 또는 안전, 타인에게 해를 끼칠 위험이 함께 있는 경우에만 입원 대상자가 된다. 입원 적정성 최초 심사 주기를 현행 입원 후 6개월에서 2개월로 단축하고, 심사기구인 정신건강증진심의위원회의 인적 구성을 다양화해 정신질환을 직접 경험하고 회복한 사람, 인권 전문가, 정신건강 전문가 등도 참여토록 했다.

그 밖에 정신건강증진 장을 신설해 초 · 중 · 고등학교 및 대학교, 300인 이상 사업장, 경찰, 소방기관 소속원에 대한 정신교육을 의무화하고, 매년 10월 10일을 '정신건강의 날'로 지정하도록 했다. 이에 따라 현행 「정신보건법」의 명칭도 「정신건강증진법」으로 바꾸도록 했다. 그리고 모든 시 · 군 · 구에 정신건강증진센터 설치를 의무화해 지역 중심의 정신건강서비스를 제공하는 핵심기관으로 육성하고, 정신건강정책 연구기능 강화를 위한 국립정신건강연구기관 설립 근거 조항도 마련했다.

3. 정신보건정책 및 전달체계

1) 정신보건정책

보건복지부에서는 2012년 정신보건사업 추진 방향을 정신질환에 대한 인식개선 및 정신질환자 권익증진, 지역사회 중심의 통합적인 정신보건서비스 제공, 아동 · 청소년 정신건강 조기검진 및 조기중재, 정신보건시설의 요양 및 치료 환경 대폭 개선 및 정신보건사업 기반 구축으로 다음과 같이 설정하였다.

(1) 정신질환에 대한 인식개선 및 정신질환자 권익증진

정신보건시설의 정신질환자 인권보호를 위해 시 · 도 및 시 · 군 · 구 정신보건심의위원회의 기능을 활성화시키고, 계속 입원치료 표준심사 지침 준수 및 퇴원율을 증가시키며, 보호의무자에 의한 입원 시 동의 의무자(2인)를 확대하고, 정신의료기관 기록보존 의무 신설 및 환자의 알 권리를 강화한다. 정신질환자 인권침해 방지 및 권익보호를 위해 정신보건시설 설치 · 운영자, 종사자 대상 인권교육을 연 4시간 이상 실시하고, 포괄적 행동제한의 금지 및 제한사유의 기록을 의무화한다. 그리고 입원 환자에 대한 격리를 제한하고, 그 시행 방법 및 기록 의무를 준수하도록 한다. 작업요법의 시간 · 장소 제한, 환자 동의, 기록 보존, 수입 지급에 대한 규정을 철저히 준수하게 한다. 또한, 정신질환의 인식개선 및 홍보를 위한 학회 및 민간단체를 지원한다.

(2) 지역사회 중심의 통합적인 정신보건서비스 제공

지역사회 중심의 통합적 정신보건서비스 제공을 위해 정신보건센터를 확충 및 운영 지원한다. 지역사회 내에서 정신질환자 예방 및 조기발견, 상담, 치료, 재활 및 사회복귀를 촉진할 수 있는 정신질환자 통합지원 관리체계를 구축하고, 표준형 및 광역형 정신보건센터 설치를 통해 지역사회 정신보건사업을 확대하고 질적 향상을 위한 기반을 마련한다.

지역정신보건 시범사업 실시를 통해, 정신질환 조기발견 · 상담, 응급 · 단기 입원, 치료, 주거 · 직업재활을 포함하는 지역사회 중심의 정신보건모형을 수립한다. 자살예방대책을 수립 및 시행하는데, 자살예방대책에는 다음의 사항들이 포함된다.

- 자살예방 및 생명존중문화 조성을 위한 법률
- 5개년 동안의 '자살예방 기본계획' 수립 및 이에 따른 시행계획 수립
- 자살예방 실태조사 실시

- 중앙자살예방센터 설치 및 운영
- (가칭) '생명존중재단' 설립을 통한 민간 중심의 생명존중 국민운동 추진
- 자살예방긴급전화(129) 및 정신건강전화(1577-0199) 운영을 통한 정신건강 증진 및 위기관리 도모
- 2009년부터 2013년까지의 제2차 자살예방종합대책에 따른 세부 추진계획 시행

또한 사회복귀시설 확충 및 운영을 지원함으로써, 정신질환자를 정신의료기관 또는 정신요양시설에 입원(입소)시키지 아니하고 사회적응 훈련, 작업훈련 등을 실시하여 조기에 사회에 복귀할 수 있도록 지원한다. 사회복귀시설의 재활, 사회적응 기능을 강화하고, 정신질환자의 사회복귀 활성화를 위해 사회복귀시설 확대 방안을 검토한다.

그 밖에 알코올 의존자, 가족 및 지역주민에게 알코올 중독 예방, 상담, 재활 훈련 등의 서비스를 제공하여 사회에 복귀할 수 있도록 지원하고, 알코올상담센터 확대 및 상담 · 사례관리 서비스를 강화함으로써 알코올 중독자에 대한 치료 재활체계를 강화한다. 음주운전이나 음주폭력 사범에 대한 치료명령 의무화 제도의 도입을 검토한다. 그리고 마약류 중독자 치료보호 지정기관 확대 운영 및 치료보호서비스 활성화, 마약류 중독자 치료보호 유관기관 간 협력체계 구축 및 연계 활성화, 그리고 마약류 중독자 자의입원 확대를 위한 홍보강화를 통해 마약 중독자에 대한 치료 · 보호 지원 체계도 강화한다.

(3) 아동 · 청소년 정신건강 조기검진 및 조기중재

아동 · 청소년의 주요 정신건강문제를 조기에 발견하여 사례별로 맞춤형 사후관리서비스를 제공함으로써 아동 · 청소년 정신건강 증진 및 건강한 성장을 도모한다. 교육부와 연계하여 아동 · 청소년 우울증, ADHD 등의 선별검사 및 사례관리를 확대한다. 학교, 보건소, 정신보건센터, 의료기관 등 상호 연계 및 의뢰체계를 구축하고, 고위험군 아동 · 청소년에 대한 낙인에 주의하여 지속적이고 포괄적인 서비스를 제공한다.

(4) 정신보건시설의 요양 및 치료 환경 대폭 개선

정신요양시설 운영 내실화 및 여건을 개선하기 위해 정신질환자의 요양·보호 수준 및 질 향상을 위해 일상생활, 건강진단, 진료 및 투약, 의료기관 이용, 정신재활 및 사회복귀 훈련 등 각종 정신보건서비스 제공을 내실화한다. 간호사와 생활지도원의 2교대를 실시하고, 노후시설 등 기능 보강 예산지원으로 정신질환자들의 쾌적한 생활을 보장한다. 또한, 정신요양시설의 서비스를 지속적으로 평가하고 환류한다.

(5) 정신보건사업 기반 구축

정신보건서비스 전달 및 연계 체계를 강화하기 위해, 정신보건센터, 사회복귀시설, 알코올상담센터, 정신의료기관, 정신요양시설 상호 간에 연계체계를 구축한다. 보건소는 지역사회 내 포괄적 정신보건서비스 제공을 위한 기획·조정 역할을 담당하며, 담당 정신보건전문요원을 양성한다. 5개 국립정신병원과 연계하여 권역별로 정신보건전문요원 수련기관에 대해 상시 지도·점검 체계를 마련한다. 신규 및 기존 운영기관에 대한 실태조사 등 수련기관의 질 향상을 유도한다. 그리고 정신보건전문요원 중장기 인력수급 계획을 마련한다.

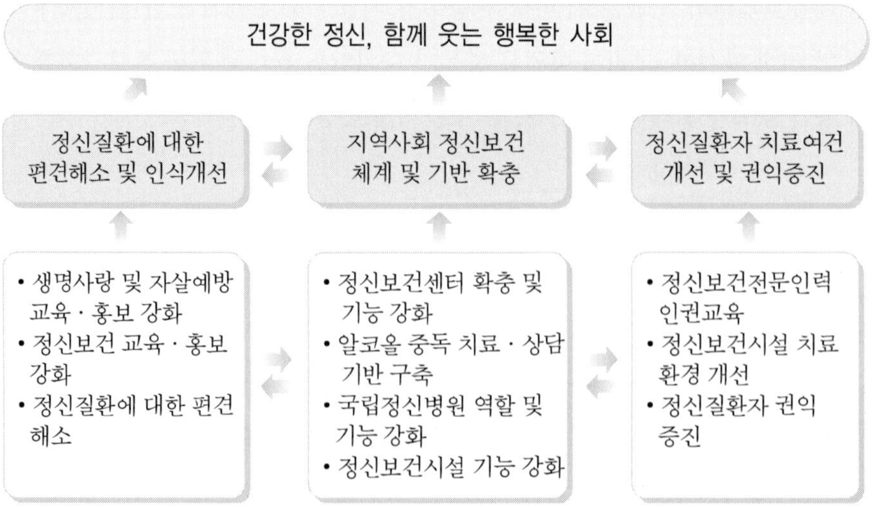

[그림 15-2] 정신보건사업 비전 및 추진 방향

출처: 보건복지부(2012), p. 9.

중앙 및 지방 정신보건사업지원단 기능 활성화 및 연계체계를 강화하기 위해서, 변화하는 정신보건 환경에 대처하기 위한 다양한 영역의 정책을 개발하고, 정신건강 증진을 도모할 수 있는 정책 근거를 마련한다. 정신보건사업 내실화 및 전국단위 사업을 추진하고, 중앙정신보건사업지원단과 지방정신보건사업지원단의 연계 활성화를 추진한다.

2) 전달체계

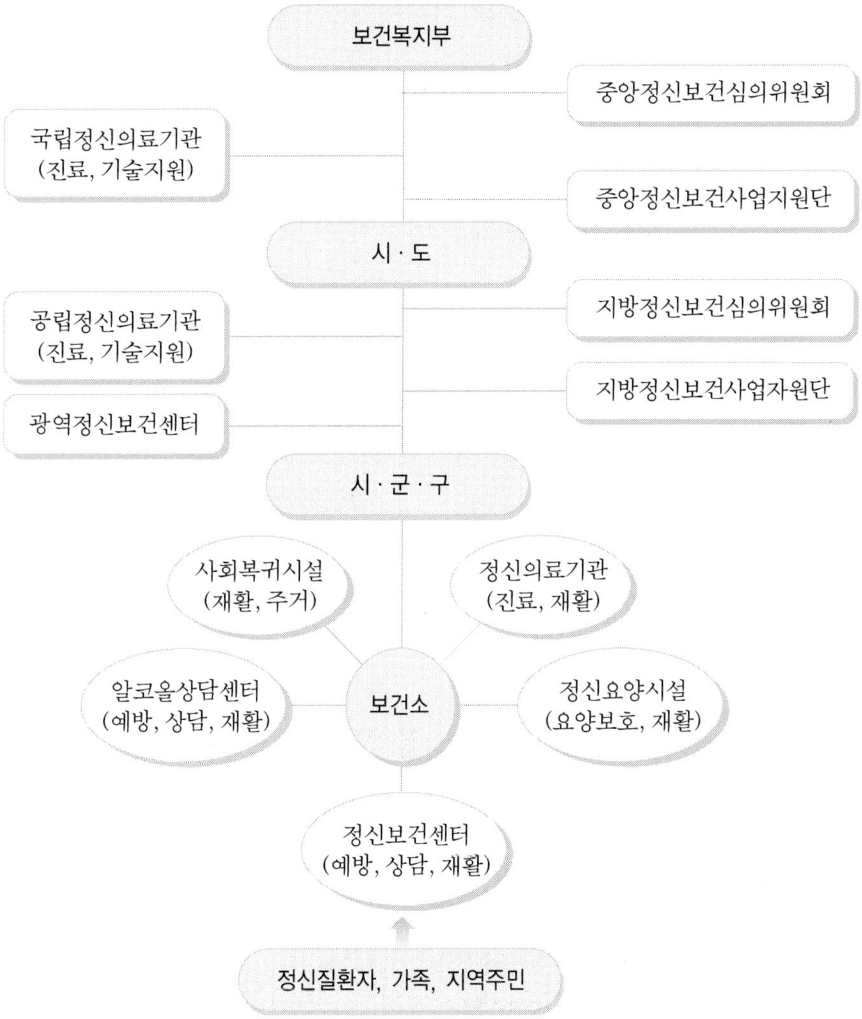

[그림 15-3] 정신보건서비스 전달체계

출처: 보건복지부(2012), p. 20.

전달체계란 서비스 제공자들 사이에 또는 서비스 제공자와 수급자 사이에 존재하는 조직체계와 서비스의 이동 통로를 의미하며, 전달체계에 따라 사회복지정책의 가치나 목적이 달라질 수 있기 때문에 매우 중요하다 할 수 있다. 현재 우리나라는 정신보건센터를 중심으로 병원과 사회복귀시설을 배치한 정신보건서비스 전달체계를 갖추고 있다. [그림 15-3]은 2013년 현재 정신보건서비스가 어떻게 전달되는지를 보여 준다.

4. 정신장애인과 인권

정신보건법에는 정신장애인의 인권보호를 위해 비자의 입원에 대한 규제 및 계속 입원치료 청구 등의 심사에 대한 내용이 포함되어 있지만, 「정신보건법」의 자의입원, 보호의무자에 의한 입원, 시장·군수·구청장에 의한 입원, 응급입원 등에 대한 조항은 여러 인권문제들을 야기할 가능성이 높다.

표 15-5 현장 방문 대상 정신보건시설 종류별 입원 유형별 입원(입소) 환자 현황 (단위: 명, %)

	시설수	입원 환자 수	자의입원	보호의무자에 의한 입원		응급입원
				보호의무자가 가족	보호의무자가 시장·군수·구청장	
총계	72	12,889(100.0)	2,258(17.5)	9,183(71.2)	1,436(11.1)	11(.1)
정신의료기관 소계	60	11,334(100.0)	2,014(17.8)	8,742(77.1)	566(5.0)	11(.1)
국립정신병원	3	1,167(100.0)	261(22.4)	897(76.9)	1(.1)	7(.6)
공립정신병원	3	854(100.0)	247(28.9)	604(70.7)	3(.4)	0
사립정신병원	19	5,587(100.0)	765(13.7)	4,387(78.5)	431(7.7)	4(.06)
종합병원 정신과	7	558(100.0)	177(31.7)	380(68.1)	1(.18)	0
병원 정신과	16	2,635(100.0)	495(18.8)	2,016(76.5)	124(4.7)	0
정신과의원	12	533(100.0)	69(12.9)	458(85.9)	6(1.13)	0
정신요양시설	5	1,285(100.0)	23(1.8)	392(30.5)	870(67.7)	0
사회복귀시설	5	221(100.0)	221(100.0)	0	0	0
미인가 시설	2	49(100.0)	0	49(100.0)	0	0

출처: 국가인권위원회(2008), p. 11.

국가인권위원회(2008)의 정신보건시설 재원자 및 시설 실태조사에 따르면, 자의입원은 대상 정신보건시설 입원(입소) 환자 중에 17.5%(2,258명)를 차지하고 있으며, 보호의무자에 의한 입원은 71.2%(9,183명), 보호의무자가 시장 · 군수 · 구청장인 행려 또는 무연고 입원(입소) 환자가 11.1%(1,436명)였다. 2009년 인권위원회 보고서에서도 정신장애인들의 비자의 입원율은 전체 입원 환자의 86%에 달하는 것으로 나타났으며, 6개월 이상 장기 입원율도 53%를 상회하는 것으로 보고되었다. 또한, 퇴원 후 즉시 재입원하는 관행이 반복되는 것으로 나타났다. 스스로 자신의 권리를 주장하기가 어려운 정신장애의 특성상, 정신장

표 15-6 정신보건시설 관련 국가인권위원회 유형별 진정 실태 (2001.11.~2008.12.)

침해 유형		내용	진정 수(건)	비율(%)
입원	입원	비자의 입원	572	21.92
	비자의 입원	사설 응급 구조단에 의한 인권 침해	33	1.26
재원중	치료	강제 투약	92	3.53
		약물과다, 치료 미흡	198	7.59
		부당한 작업 치료	124	4.75
	가혹행위	부당한 격리 · 강박	261	10.00
		폭력(언어적 · 육체적)	241	9.24
	사생활 보호	감시카메라 설치	51	1.95
	외부와의 소통 제한	면회 · 외출 · 외박 금지	83	3.18
		전화 · 서신 제한, 검열	205	7.86
	알 권리 및 종교의 자유 제한	정보 제공 거부 · 불충분	28	1.07
		종교 강요, 종교 제한	14	0.54
	성폭력	성폭력, 성희롱	22	0.84
	시설 등	시설환경, 위생, 병원인력 부족	215	8.24
퇴원	퇴원 불허	퇴원 불허	379	14.53
	퇴원 지연	계속 입원 심사 청구 누락	32	1.23
이의제기 및 권리구제	진정 방해	인권위원회 진정 방해	59	2.26
합계			2,609	100.00

출처: 국가인권위원회(2009), p. 4.

애인 본인의 의사와 상관없이 입원되거나 필요 이상으로 장기 입원되는 경우가 많았다. 또한, 환자들의 알 권리와 사생활 보호, 신체의 자유(비자의 입원, 퇴원 불허, 부당한 격리 · 강박, 가혹행위, 외부와의 소통권 제한) 등 기본적 인권 및 최소한의 자기결정권조차도 무시되고 있는 실정이다. 특히, 이러한 인권문제들이 겉으로 드러나지 않은 경우가 많아, 실제로는 더 많은 정신장애인들의 인권유린이 일어나고 있는 것으로 추정된다(국가인권위원회, 2009). 이에, 정신장애인의 인권을 위한 여러 정책적 방안이 요구되고 있다.

〈읽을거리〉

사망 부른 정신병원내 환자 폭행…인권위, 경찰 수사의뢰

정신과 의원에 입원한 아동 환자가 성인 환자들의 구타를 견디지 못하고 탈출하다 추락사한 사건과 관련해 국가인권위원회(인권위)가 경찰에 수사를 의뢰했다. 인권위는 지난해 7월 충북 청주시 A정신과 의원 환자 김 모(16) 군을 폭행한 성인 환자 김 모 씨 등 3명과 이를 방치한 보호사 강 모 씨에 대해 관할 경찰서에 수사를 의뢰했다고 24일 밝혔다. 인권위는 또 청주시에 A의원에 입원한 환자들에 대한 처우와 치료 환경에 대해 재점검하고 확인된 위법 행위에 대해서는 행정처분을 할 것을 권고했다.

인권위에 따르면 김 군은 피해망상, 감정조절 어려움 등으로 입원치료가 필요하다는 진단에 따라 지난해 7월 18일 A의원에 입원했다. 김 군은 입원 사흘만인 7월 21일 휴대전화를 훔쳐 사용했다는 이유로 김 씨에게 폭행을 당했고 같은 달 27일과 30일 두 차례 의원을 탈출했지만 모두 응급이송단에 의해 A의원으로 복귀했다. 김 군은 처음 탈출을 시도했을 때 초등학교 시절부터 알고 지내던 태권도장 관장 B씨를 찾아가 "병원에서 아저씨들이 괴롭힌다"고 하소연하기도 했다. 하지만 A의원 측은 태권도장으로 찾아가 복귀를 완강히 거부하는 김 군에게 신경안정제를 두 차례 주사한 뒤 의원으로 데려갔다. 보호사 강 씨는 김 군이 돌아올 때마다 김 씨 등 3명에게 교육(폭행)을 지시했고, 김 군은 이들에게 뺨을 맞거나 '앉았다 일어서기' '머리 박기' 등의 가혹행위를 당했다.

결국 김 군은 폭행과 가혹행위를 견디지 못하고 7월 31일 의원 창문으로 세 번째 탈출을 시도하다 추락해 사망했다…….

출처: 뉴시스 (2012. 5. 24.)

학습활동

- 정신보건정책이 나아가야 할 방향에 대해 생각해 봅시다.
- 정신보건기관 · 시설에서의 인권침해 사례들을 찾아봅시다.
- 비자의 입원에 관련한 인권문제에 대해 생각해 봅시다.

정리해봅시다

1. 「정신보건법」

- 정신질환의 예방, 정신질환자의 의료 및 사회복귀에 필요한 사항을 규정함으로써 국민의 정신건강 증진에 이바지하고자 「정신보건법」이 재정되었다. 「정신보건법」은 정신보건시설, 보호 및 치료, 권익보호 및 지원 등에 관하여 다음과 같은 주요 내용을 포함한다.
  - –정신보건법의 개요: 기본 이념, 국가, 자치단체 및 국민의 의무규정, 정신보건전문요원
  - –정신보건시설 및 정신보건사업: 정신의료기관, 정신요양시설, 사회복귀시설, 보건소, 정신보건연구기관
  - –보호 및 치료: 자의입원, 보호의무자에 의한 입원, 시 · 도지사에 의한 입원, 응급입원, 퇴원의 청구, 심사
  - –정신질환자의 권익보호 및 지원: 입원금지, 비밀누설금지, 수용금지, 행동제한금지, 비용의 부담 · 징수, 보조금 심사청구
  - –정신보건심의위원회 및 전문 인력: 정신보건심의위원회, 정신보건심판위원회, 정신보건전문요원
  - –수급자의 권리보호: 벌칙(정신질환자를 유기한 자, 퇴원시키지 아니한 자, 정신질환자에 대하여 녹음 · 녹화 · 촬영을 한 자), 과태료

2. 「정신건강증진법」의 입법 예고

- 정신질환자의 범위를 축소해서 외래치료로 일상생활이 가능한 사람은 정신질환자의 범위에서 제외한다.
- 보험상품의 가입 · 갱신 · 해지와 관련해 정신질환을 사유로 피보험자를 차별할 수 없다.
- 보호의무자에 의한 정신의료기관이 비자발적 입원요건을 엄격히 한다.

3. 정신보건정책 및 전달체계

- 2012년도 정신보건사업 추진 방향은 다음과 같다.
  - 정신질환에 대한 인식개선 및 정신질환자 권익증진
  - 지역사회 중심의 통합적 정신보건서비스 제공
  - 아동 · 청소년 정신건강 조기검진 및 조기중재
  - 정신보건시설의 요양 및 치료 환경 대폭 개선
  - 정신보건사업 기반 구축
- 전달체계란 서비스 제공자들 사이 또는 서비스 제공자와 수급자 사이에 존재하는 조직체계와 서비스의 이동통로를 의미하며, 사회복지정책의 가치나 목적은 전달체계에 따라 달라질 수 있기 때문에 매우 중요하다 할 수 있다.

4. 정신장애인과 인권

- 정신장애인의 알 권리와 사생활 보호, 신체의 자유(비자의 입원, 퇴원 불허, 부당한 격리 · 강박, 가혹행위, 외부와의 소통권 제한) 등 기본적 인권 및 최소한의 자기결정권조차도 무시되고 있는 실정이다. 정신장애인의 인권을 보호하기 위한 정책적 과제가 제기되고 있다.

참고문헌

국가인권위원회(2008). 정신보건시설 재원자 및 시설 실태조사. Retrieved on 2013. 9. 7 from www.humanrights.go.kr.

국가인권위원회(2009). 정신장애인 인권 보호와 증진을 위한 국가보고서. Retrieved on 2013. 9. 7 from www.humanrights.go.kr.

보건복지부(2012). 2012년 정신보건사업 안내. 보건복지부 건강정책국 정신건강정책과. Retrieved on 2013. 9. 7 from http://www.mw.go.kr/front_new/jb/sjb030301vw.jsp?PAR_ MENU_ID=03&MENU_ID=030503&CONT_SEQ=266316&page=1

보건복지부(2013. 5. 20.) 정신질환자 범위 축소 및 보험가입 차별 금지, 정신건강증진의 장 신설 등 법 패러다임 전환. Retrieved on 2013. 9. 7 from http://www.mw.go.kr/front_new/al/sal0301vw.jsp?PAR_MENU_ID=04&MENU_ID=0403&CONT_SEQ=286589&page=1

찾아보기

인명

내용

저자소개

이순민

한국외국어대학교 영어교육학과, 학사
University of Illinois, at Urbana-Champaign, School of Social Work, 석사(MSW)
Virginia Commonwealth University, School of Social Work, 박사(Ph.D.)
현 세종사이버대학교 사회복지학부 사회복지학과 조교수

〈주요 저서 및 연구〉

『사회복지 윤리와 철학』(학지사, 2012)

「시각장애대학생들의 학업스트레스와 학업성취의 관계 연구: 자기조절학습능력과 학업적 자기효능감의 조절효과 검증을 중심으로」. 시각장애연구, 29. (오윤진과 공동연구, 2013)

「시각장애대학생의 학교생활 적응 결정요인에 관한 연구」. 재활복지, 17. (오윤진과 공동연구, 2013)

「시각장애대학생의 학업적 상호작용, 학습지원서비스 만족, 학업적 자기효능감 및 학교생활 적응 간의 관계에 관한 연구: 학업적 자기효능감의 매개효과 검증을 중심으로」. 시각장애연구, 29. (오윤진과 공동연구, 2013)

「전문성 향상의 관점에서 본 미국, 일본, 한국의 사회복지 자격제도 비교」. 사회복지연구, 42. (임효연과 공동연구, 2011)

「Exploring relationships of factors influencing career choices among Asian American social worker」. 사회복지연구, 40. (2009)

정신건강론

2014년 3월 10일 1판 1쇄 발행
2023년 4월 20일 1판 7쇄 발행

지은이 • 이 순 민

펴낸이 • 김 진 환
펴낸곳 • (주) 학지사
04031 서울특별시 마포구 양화로 15길 20 마인드월드빌딩 5층
대표전화 • 02) 330-5114 팩스 • 02) 324-2345
등록번호 • 제313-2006-000265호
홈페이지 • http://www.hakjisa.co.kr
페이스북 • https://www.facebook.com/hakjisabook

ISBN 978-89-997-0325-6 93330

정가 **20,000원**